建设工程法规

主　编　崔建鑫　董文涛

副主编　尹　茜　邱微微

　　　　任　鹏　王　佳

　　　　闫海燕

北京理工大学出版社

BEIJING INSTITUTE OF TECHNOLOGY PRESS

内 容 提 要

本书主要讲述了土木工程建筑相关的法律、法规及规章。全书共八章，分别为建设工程基本法律知识，施工许可法律制度，建设工程招标投标法律原理与实务，建设工程合同与劳动合同，建设工程施工环境保护、节约能源和文物保护法律制度，建设工程安全法律制度，建设工程质量法律制度，解决建设工程纠纷法律制度。

本书可作为高等院校相关专业教材，也可作为建筑类从业人员的岗位培训教材和相关工程技术人员的参考用书。

图书在版编目（CIP）数据

建设工程法规 / 崔建鑫, 董文涛主编. -- 北京：
北京理工大学出版社, 2022.1
　　ISBN 978-7-5763-0896-9

　　Ⅰ. ①建… Ⅱ. ①崔… ②董… Ⅲ. ①建筑法—中国
—高等职业教育—教材 Ⅳ. ①D922.297

中国版本图书馆CIP数据核字(2022)第015453号

出版发行 / 北京理工大学出版社有限责任公司

社　　　址 / 北京市海淀区中关村南大街5号

邮　　　编 / 100081

电　　　话 / （010）68914775（总编室）

　　　　　　（010）82562903（教材售后服务热线）

　　　　　　（010）68944723（其他图书服务热线）

网　　　址 / http://www.bitpress.com.cn

经　　　销 / 全国各地新华书店

印　　　刷 / 北京紫瑞利印刷有限公司

开　　　本 / 787毫米 × 1092毫米　1/16

印　　　张 / 16　　　　　　　　　　　　　　　　　责任编辑 / 钟　博

字　　　数 / 388千字　　　　　　　　　　　　　　文案编辑 / 钟　博

版　　　次 / 2022年1月第1版　2022年1月第1次印刷　　责任校对 / 周瑞红

定　　　价 / 78.00元　　　　　　　　　　　　　　责任印制 / 边心超

图书出现印装质量问题，请拨打售后服务热线，本社负责调换

前　言

　　《建设工程法规》可作为高等院校土建类专业及其他院校相关专业使用的建设法规教材，也可作为建筑类从业人员的岗位培训教材和相关工程技术人员的参考用书。本书在课程内容设置上，强化了学生与岗位需求的衔接，使学生毕业后能快速适应工作岗位，具有进行法律纠纷防范与处理的专业能力，并能为增强其法律意识、依法从业奠定良好的基础。

　　本书坚持现代高等教育理念和职业能力本位原则，以土木工程建筑岗位需要的法律知识为主线，依据我国建筑业新颁布实施的法律、法规及规章，根据高等院校土木工程专业的教学大纲要求编写，引入大量案例，以突出操作性。全书重点阐述了建设工程许可，建设工程招标投标，建设工程合同，建设工程安全管理，建设工程质量管理，建设工程环境、文物保护及节能，建设工程争议处理等法律原理与实务。

　　本书共分八章，其中第一章、第四章由山东城市建设职业学院崔建鑫编写；第二章由山东城市建设职业学院尹茜编写；第三章由山东城市建设职业学院董文涛编写；第五章由山东城市建设职业学院邱微微编写；第六章、第八章由山东城市建设职业学院任鹏编写；第七章由山东城市建设职业学院王佳编写。山东协和学院闫海燕负责本书相关资料的整理工作，崔建鑫负责全书的统筹、统稿和修改工作。

　　本书在编写过程中，参阅了目前已出版的国内建筑类法学的优秀教材、专著和网络媒体上的资料，在此致以诚挚的谢意。由于编者水平有限，时间仓促，书中难免存在不足之处，敬请各位读者不吝赐教。

编　者

目 录

第一章　建设工程基本法律知识

知识目标

识记建设法规的基本理论，掌握建筑法律关系主体和代理的主要内容。掌握《中华人民共和国民法典》（以下简称《民法典》）关于建设工程的物权制度、债权制度和知识产权制度的主要内容。初步掌握抵押、质押、担保三种常见担保制度的内容，了解工程保险的基本内容。

能力目标

1. 能识别建筑法律关系中各方主体；
2. 能判定建设工程纠纷所属类型，准确适用物权、债权和知识产权的相关法律规定；
3. 能对工程采用何种保险制度进行识别和适用，通过保险制度防范未知法律和经济风险，保护自己的合法权益。

第一节　建设工程法规概述

案例引入

甲公司因建办公楼与乙建筑承包公司签订了工程总承包合同。其后，经甲同意，乙分别与丙和丁签订了工程勘察设计合同及工程施工合同。勘察设计合同约定，由丙对甲的办公楼与其附属工程提供设计服务，并按勘察设计合同的约定交付有关的设计文件和资料。工程竣工验收时，发现存在严重质量问题，经核查，是由于设计不合规所致的。原来丙未对现场进展仔细勘察即自行进行设计，导致设计不合理，给甲带来了重大损失。丙以与甲没有合同关系为由拒绝承当责任，乙又以自己不是设计人为由推卸责任。甲遂以丙为被告向法院起诉。

请分析：本案例中谁应当承担法律责任？

分析：

本案例中，甲是发包人，乙是总承包人，丙和丁是分包人，《中华人民共和国建筑法》（以下简称《建筑法》）第二十九条规定："建筑工程总承包单位可以将承包工程中的部分工程发包给具有相应资质条件的分包单位；但是，除总承包合同中约定的分包外，必须经建设单位认可。……建筑工程总承包单位按照总承包合同的约定对建设单位负责；分包单位按照分包合同的约定对总承包单位负责。总承包单位和分包单位就分包工程对建设单位承担连带责任。"因此，对该案例的工程质量问题，乙作为总承包人应当承担责任，而丙作为分包人也应当承担责任。总承包人以不是自己勘察设计的理由企图不对发包人承担责任，分包人以与发包人没有合同关系为由不向发包人担责，都是错误的。

一、建设工程法规的概念

建设工程法规是指由国家立法或行政机关制定的，调整建筑领域内国家行政机关、企事业单位和公民个人之间的相互关系的法律规范的总称。

建设工程法规具有综合性的特点，从立法主体来看，不仅包括全国人大及其常委会、国务院、相关部委，还包括地方人大，省级人民政府、较大市人民政府等；从涵盖的法律法规来看，不仅包括民事法律法规、行政法律法规，还包括刑事法律法规；从调整对象来看，不仅包括行政管理关系、民事主体内部的权利义务关系，还包括建筑工程领域与其他领域的协作关系。

二、具有中国特色的法律体系

（一）中国特色社会主义法律体系的构成

中国特色社会主义法律体系，是以宪法为统帅，以法律为主干，以行政法规、地方性法规为重要组成部分，由宪法相关法、民商法（民法与商法。关于民法和商法的关系，国际上有两种体例：一是民商合一，二是民商分立。依据我国现今要求和现代民法发展趋势，我国采取的是民商合一体例。）、行政法、经济法、社会法、刑法、诉讼与非诉讼程序法等多个法律部门组成的有机统一整体。

1. 宪法

宪法是中国特色社会主义法律体系的统帅。宪法是国家的根本法，在中国特色社会主义法律体系中居于统帅地位，是国家长治久安、民族团结、经济发展、社会进步的根本保障。在中国，各族人民、一切国家机关和武装力量、各政党和各社会团体、各企业事业组织，都必须以宪法为根本的活动准则，并负有维护宪法尊严、保证宪法实施的职责。中国宪法在中国特色社会主义法律体系中具有最高的法律效力，一切法律、行政法规、地方性法规的制定都必须以宪法为依据，遵循宪法的基本原则，不得与宪法相抵触。

2. 法律

法律是中国特色社会主义法律体系的主干。宪法规定，全国人大及其常委会行使国家立法权。全国人大及其常委会制定的法律，是中国特色社会主义法律体系的主干，解决的是国家发展中带有根本性、全局性、稳定性和长期性的问题，是国家法制的基础，行政法规和地方性法规不得与法律相抵触。全国人大及其常委会制定的法律，确立了国家经济建设、政治建设、文化建设、社会建设及生态文明建设各个方面重要的基本的法律制度，构成了中国特色社会主义法律体系的主干，也为行政法规、地方性法规的制定提供了重要依据。

3. 行政法规

国务院根据宪法和法律，制定行政法规，这是国务院履行宪法和法律赋予的职责的重要形式。行政法规可以就执行法律的规定和履行国务院行政管理职权的事项作出规定，同时，对应当由全国人大及其常委会制定法律的事项，国务院可以根据全国人大及其常委会的授权决定先制定行政法规。行政法规在中国特色社会主义法律体系中具有重要的地位，是将法律规定的相关制度具体化，是对法律的细化和补充。

国务院适应经济社会发展和行政管理的实际需要，按照法定权限和法定程序制定了大量行政法规，包括行政管理的各个领域，涉及国家经济、政治、文化、社会事务等各个方面，对于实施宪法和法律，保障改革开放和社会主义现代化建设，促进经济社会全面协调可持续发展，推进各级人民政府依法行政，发挥了重要的作用。

4. 地方性法规

根据宪法和法律，省、自治区、直辖市和较大的市的人大及其常委会可以制定地方性法规，这是人民依法参与国家事务管理、促进地方经济社会发展的重要途径和形式。省、自治区、直辖市的人大及其常委会根据本行政区域的具体情况和实际需要，在不同宪法、法律、行政法规相抵触的前提下，可以制定地方性法规。较大的市的人大及其常委会根据本市的具体情况和实际需要，在不与宪法、法律、行政法规和本省、自治区的地方性法规相抵触的前提下，可以制定地方性法规，报省、自治区的人大常委会批准后施行。民族自治地方的人民代表大会有权依照当地民族的政治、经济和文化特点，制定自治条例和单行条例。

5. 规章

在我国，制定规章的立法主体包括两个层次，一个是国务院各部、委员会、中国人民银行、审计署和具有行政管理职能的直属机构，可以根据法律和国务院的行政法规、决定、命令，在本部门的权限范围内，制定规章；另一个是自治区、直辖市和设区的市、自治州的人民政府，可以根据法律、行政法规和本省、自治区、直辖市的地方性法规，制定规章。

部门规章规定的事项应当属于执行法律或国务院的行政法规、决定、命令的事项。没有法律或国务院的行政法规、决定、命令的依据，部门规章不得设定减损公民、法人和其他组织权利或增加其义务的规范，不得增加本部门的权力或减少本部门的法定职责。地方政府规章内容则限定于执行法律、行政法规、地方性法规的规定需要制定规章的事项和属于本行政区域的具体行政管理事项。

6. 国际条约

国际条约是指我国与外国缔结、参加、签订、加入、承认的双边、多边的条约、协定和其他具有条约性质的文件。除我国在缔结时宣布持保留意见不受其约束的外，这些条约的内容都与国内法具有一样的约束力，所以也是我国法律的形式。例如，我国加入 WTO 后，WTO 中与工程建设有关的协定也对我国的建设活动产生约束力。

(二)中国特色社会主义法律体系的部门

1. 宪法相关法

宪法相关法是与宪法相配套、直接保障宪法实施和国家政权运作等方面的法律规范，调整国家政治关系，主要包括国家机构的产生、组织、职权和基本工作原则方面的法律，民族区域自治制度、特别行政区制度、基层群众自治制度方面的法律，维护国家主权、领土完整、国家安全、国家标志象征方面的法律，保障公民基本政治权利方面的法律。

2. 民商法(民法与商法)

民法是调整平等主体的公民之间、法人之间、公民和法人之间的财产关系与人身关系的法律规范，遵循民事主体地位平等、意思自治、公平、诚实信用等基本原则。商法调整商事主体之间的商事关系，遵循民法的基本原则，同时秉承保障商事交易自由、等价有偿、便捷安全等原则。

3. 行政法

行政法是关于行政权的授予、行政权的行使及对行政权的监督的法律规范，调整的是行政机关与行政管理相对人之间因行政管理活动发生的关系，遵循职权法定、程序法定、公正公开、有效监督等原则，既保障行政机关依法行使职权，又注重保障公民、法人和其他组织的权利。

4. 经济法

经济法是调整国家从社会整体利益出发，对经济活动实行干预、管理或调控所产生的社会经济关系的法律规范。经济法为国家对市场经济进行适度干预和宏观调控提供法律手段与制度框架，防止市场经济的自发性和盲目性所导致的弊端。

5. 社会法

社会法是调整劳动关系、社会保障、社会福利和特殊群体权益保障等方面的法律规范，遵循公平和谐和国家适度干预原则，通过国家和社会积极履行责任，对劳动者、失业者、丧失劳动能力的人及其他需要扶助的特殊人群的权益提供必要的保障，维护社会公平，促进社会和谐。

6. 刑法

刑法是规定犯罪与刑罚的法律规范。它通过规范国家的刑罚权，惩罚犯罪，保护人民，维护社会秩序和公共安全，保障国家安全。中国刑法确立了罪刑法定、法律面前人人平等、罪刑相适应等基本原则。

7. 诉讼与非诉讼程序法

诉讼与非诉讼程序法是规范解决社会纠纷的诉讼活动与非诉讼活动的法律规范。诉讼法律制度是规范国家司法活动解决社会纠纷的法律规范；非诉讼程序法律制度是规范仲裁机构或人民调解组织解决社会纠纷的法律规范。

上述法律部门确立的各项法律制度，涵盖了社会关系的各个方面，把国家各项工作、社会各个方面纳入了法治化轨道，为依法治国、建设社会主义法治国家提供了坚实的基础。法律已经成为中国公民、法人和其他组织解决各种矛盾与纠纷的重要手段，也为中国各级人民法院维护公民、法人和其他组织的合法权益提供了重要的依据。

(三)法的效力层级

法的效力层级，是指法律体系中的各种法的形式，由于制定的主体、程序、时间、适用范围等的不同，具有不同的效力，形成法的效力等级体系。

1. 宪法效力最高

宪法是国家的根本大法，具有最高的法律效力。宪法作为根本法和母法，还是其他立法活动的最高法律依据。一切法律、行政法规、地方性法规、自治条例和单行条例、规章都不得同宪法相抵触。

2. 上位法优于下位法

在我国法律体系中，法律的效力是仅次于宪法而高于其他法的形式。行政法规的法律地位和法律效力仅次于宪法与法律，高于地方性法规和部门规章。地方性法规的效力高于本级和下级地方政府规章；省、自治区人民政府制定的规章的效力高于本行政区域内设区的市、自治州人民政府制定的规章。

自治条例和单行条例依法对法律、行政法规、地方性法规作变通规定的，在本自治地方适用自治条例和单行条例的规定。经济特区法规根据授权对法律、行政法规、地方性法规作变通规定的，在本经济特区适用经济特区法规的规定。

部门规章之间、部门规章与地方政府规章之间具有同等效力，在各自的权限范围内施行。

3. 特别法优于一般法

特别法优于一般法，是指公法权力主体在实施公权力行为中，当一般规定与特别规定不一致时，优先适用特别规定。《中华人民共和国立法法》(以下简称《立法法》)规定，同一机关制定的法律、行政法规、地方性法规、自治条例和单行条例、规章，特别规定与一般规定不一致的，适用特别规定。

4. 新法优于旧法

新法、旧法对同一事项有不同规定时，新法的效力优于旧法。《立法法》规定，同一机关制定的法律、行政法规、地方性法规、自治条例和单行条例、规章，新的规定与旧的规定不一致的，适用新的规定。

第二节　建设工程基本法律知识

民法典总则编法条

一、建设工程法人制度

法人是自然人的对称，根据《民法典》第五十七条规定："法人是具有民事权利能力和民事行为能力，依法独立享有民事权利和承担民事义务的组织。"

(一)法人应当具备的基本条件

法人应当有自己的名称、组织机构、住所、财产或经费。法人成立的具体条件和程序，依照法律、行政法规的规定。

(1)依法成立。法人的产生必须经过法定的程序。法人的设立目的和方式必须符合法律的规定，设立法人，法律、行政法规规定须经有关机关批准，依照其规定。

(2)有必要的财产和经费或必要的经费来源。法人作为独立的民事主体，要独立进行各种民事活动，独立承担民事活动的后果。因此，法人应有必要的财产和经费或能够提供经费来源。这是其享有民事权利和承担民事义务的物质基础，也是其得以独立承担民事责任的财产保障。否则，法人无法进行各种民事活动。所谓必要的财产或者经费是指法人的财产或者经费应与法人的性质、规模等相适应。我国一些法律法规对有关法人的财产或者经费要求作了规定。

(3)有自己的名称、组织机构和场所。法人应该有自己的名称，通过名称的确定使自己与其他法人相区别。《企业名称登记管理规定》对企业名称的组成、适用等作了规定。根据该规定，企业的名称应依次由字号、行业或者经营特点、组织形式组成，并在企业名称前冠以企业所在地省或者市或者县行政区划名称。企业名称应当使用文字，民族自治地方的企业名称可以同时适用本民族自治地方通用的民族文字。企业使用外文名称的，其外文名称应当与中文名称相一致，并报登记主管机关登记注册。可见，企业名称不是可随便确定而使用的。

作为机关法人、事业单位法人、社会团体法人等非企业法人的名称，应与其活动范围、活动内容等相适应。这类非企业法人的名称，有的是国家直接命名而无须工商登记，如国家机关法人名称；有的则应根据活动性质命名，并依法进行登记，如社会团体法人依法由民政部门登记。总之，每一个法人都应有自己的名称。

法人是社会组织，法人的意思表示必须依法由法人组织机构来完成，每个法人都应该有自己的组织机构，如股份有限公司法人的组织机构依法应由三部分组成：权力机构——股东大会；执行机构——董事会；监督机构——监事会。三个机构有机地构成公司法人的组织机构，代表公司进行相应的活动。如果没有组织机构就不能成为法人。

法人应有自己的场所。作为法人的场所，可以是自己所有的，也可以是租赁他人的。法人的场所可以是一个，也可以是多个。法人的场所也是为了交易安全和便于国家主管机关监督。

（4）能够独立承担民事责任。法人必须能够以自己的财产或者经费承担在民事活动中的债务，在民事活动中给其他主体造成损失时能够承担赔偿责任。法人以其全部财产独立承担民事责任。

案例：

成都某公司的S分公司将其建设工程中的土石方工程承包给王某施工，并与王某签订了《土石方工程承包协议》，同时加盖了分公司项目部的资料章。土石方工程完工后，王某与该项目部负责人结算价款。但S分公司未按约定支付，王某以S分公司为被告诉至法院。考虑到分公司本身不具有法人资格，其资产也有可能不足以偿还债务，为了最大限度地保护债权人利益，故法院追加了成都总公司为本案被告。最终判决由S分公司承担支付责任，成都总公司对该债务承担连带清偿责任。

分析：

总公司对分公司的债务承担连带清偿责任。因为分公司不具有法人资格，故其民事责任应该由其总公司来承担，但又因其享有民事诉讼当事人的资格，能够独立参加民事诉讼，显然分公司和总公司应该承担连带责任，这样既有理论依据，也保护了债权人的利益。

（二）企业法人和建筑施工企业项目经理的法律关系

项目经理是指在建设工程施工过程中被指定的负责施工管理、履行施工合同的代表，一般由取得国家注册的建造师担任。我国的施工企业在进行施工项目管理时，实行项目经理责任制度。项目经理必须在取得建筑工程施工项目经理资格证书之后才能上岗。

项目经理部是施工企业为了完成某项建设工程施工任务而设立的组织。项目经理部是由一个项目经理与技术、生产、材料、成本等管理人员组成的项目管理班子，是一次性的具有弹性的现场生产组织机构。项目经理部不具备法人资格，而是施工企业根据建设工程施工项目而组建的非常设的下属机构。项目经理根据企业法人的授权，组织和领导本项目经理部的全面工作。

法定代表人是企业法人的法定对外代表，项目经理则是受企业法人的委派，对建设工程施工项目全面负责的项目管理者，是一种施工企业内部的岗位职务。由于施工企业同时会有数个、数十个甚至更多的建设工程施工项目在组织实施，导致企业法定代表人不可能成为所有施工项目的直接负责人。因此，在每个施工项目上必须有一个经企业法人授权的项目经理。

由于项目经理部不具备独立的法人资格，无法独立承担民事责任。所以，项目经理部行为的法律后果将由企业法人承担。例如，项目经理部没有按照合同约定完成施工任务，则应由施工企业承担违约责任；项目经理签字的材料款，如果不按时支付，材料供应商应当以施工企业为被告提起诉讼。

案例：

南京某公司（发包人）与南通某建筑公司（承包人）签订施工承包合同，合同中指定刘某担任工程项目经理，并就价款、工期等事项达成一致。施工中，刘某与发包人补充订立《工程质量及进度保证书》，就所施工的工程质量达标等级作出保证，并承诺如工程未能按合同期限竣工交付，愿每天支付 3 万元的延期违约金，刘某在承诺书上签字并加盖了项目部印章。该工程竣工后，承包人与发包人进行工程结算时，发包人提出因竣工交付延误，应从未结工程款中按《工程质量及进度保证书》中规定的标准扣除延期违约金。南通某建筑公司以保证书为刘某个人行为，公司不应承担相应责任为由拒绝支付违约金。南京某公司遂诉至法院。

问：承包人南通某建筑公司是否应当承担违约责任？

分析：

在该案例中，双方争议的焦点集中在项目经理权限范围及项目部经理印章的使用上，承包人在订立合同时是否就将项目经理的权限范围及项目部印章的使用事项作出明确的限定是分清该案例责任的焦点。如承包人南通某建筑公司以书面方式明确告知发包人无权签订保证书，则承包人不承担法律责任。

二、建设工程代理制度

(一)代理的法律特征

代理是指平等民事主体之间发生的一种民事法律关系，代理人以被代理人（又称本人）的名义，在代理权限内与第三人（又称相对人）实施民事行为，其法律后果直接由被代理人承受的民事法律制度。

1. 代理人必须在代理权限范围内实施代理行为

代理人实施代理活动的直接依据是代理权。因此，代理人必须在代理权限范围内与第三人或相对人实施代理行为。代理人实施代理行为时有独立进行意思表示的权利。代理制度的存在正是为了弥补一些民事主体没有资格、精力和能力去处理有关事务的缺陷。如果仅是代为传达当事人的意思表示或接受意思表示，而没有任何独立决定意思表示的权利，则不是代理，只能视为传达意思表示的使者。

2. 代理人一般应该以被代理人的名义实施代理行为

《民法典》规定，代理人在代理权限内，以被代理人名义实施的民事法律行为，对被代理人发生效力。

3. 代理人在代理权限内独立地向第三人进行意思表示

代理行为属于法律行为，代理人在代理权限范围内，有权根据情况独立进行判断，并直接向第三人进行意思表示，以实现代理目的。非独立进行意思表示的行为，不属于代理行为。如传递信息、居间行为等。

4. 代理行为的法律后果归属于被代理人

代理人在代理权限内，以被代理人的名义同相对人进行的具有法律意义的行为，在法律上产生与被代理人自己的行为同样的后果。因而，被代理人对代理人的代理行为承担民事责任。

(二)代理的种类

代理包括委托代理和法定代理。

(1)委托代理。委托代理是指代理人根据被代理人的授权委托行为而产生的代理。在委托代理关系中，被代理人称为委托人，代理人称为受托人。委托代理可以用书面形式，也可以用口头形式。法律规定用书面形式的，应当用书面形式。委托代理授权采用书面形式的，授权委托书应当载明代理人的姓名或者名称、代理事项、权限和期间，并由被代理人签名或者盖章。

(2)法定代理。法定代理是指代理人根据法律的直接规定而产生的代理。其主要适用于被代理人为无民事行为能力人或者限制民事行为能力人的情况。

案例：

甲乙离婚后，婚前生子小甲的抚养权归乙。小甲18周岁生日前一周，甲陪同小甲到某汽车4S店预订了一辆价值30万元的汽车作为生日礼物，并以小甲的名义预交了1万元的定金，小甲在合同上签字确认，但并未告诉乙。合同签订后三天、取车前三天甲出车祸去世。乙发现订车的事情后，找到4S店，要求解除合同并退还定金。4S店并无证据证明甲陪同小甲签订合同的事实。

问：购车合同是否有效？

分析：

根据案件事实，甲是小甲的法定代理人，而签订合同是经法定代理人甲同意的，合同是有效的。

(三)建设工程中代理法律关系

建设工程活动存在着很多代理关系，但在行使代理权时应该遵守国家的法律规定，不得超出法律的限制，滥用代理权或无权代理。

1. 建设工程的承包活动不得委托代理

《建筑法》规定，禁止承包单位将其承包的全部建筑工程转包给他人，禁止承包单位将其承包的全部建筑工程肢解以后以分包的名义分别转包给他人。施工总承包的，建筑工程主体结构的施工必须由总承包单位自行完成。同时，《民法典》也规定，依照法律规定、当事人约定或者民事法律行为的性质，应当由本人亲自实施的民事法律行为，不得代理。因此，承包单位应根据合同约定和法律规定，履行自己的施工义务。

2. 建设工程的代理行为是委托代理

建设工程代理行为多为民事法律行为的委托代理。民事法律行为的委托代理，可以用书面形式，也可以用口头形式。但是，法律规定用书面形式的，应当用书面形式。如项目经理在项目部的代理权限等。

书面委托代理的授权委托书应当载明代理人的姓名或者名称、代理事项、权限和期间，并由委托人签名或者盖章。委托书授权不明的，被代理人应当向第三人承担民事责任，代理人负连带责任。

3. 建设工程中的无权代理和表见代理

(1)无权代理。无权代理是指行为人不具有代理权，但以他人的名义与相对人进行法律行为。无权代理一般存在以下三种表现形式：

①自始未经授权。如果行为人自始至终没有被授予代理权，就以他人的名义进行民事行为，属于无权代理。

②超越代理权。代理权限是有范围的，超越了代理权限，依然属于无权代理。

③代理权已终止。行为人虽曾得到被代理人的授权，但该代理权已经终止的，行为人如果仍以被代理人的名义进行民事行为，则属无权代理。

《民法典》第一百七十一条规定："行为人没有代理权、超越代理权或者代理权终止后，仍然实施代理行为，未经被代理人追认的，对被代理人不发生效力。相对人可以催告被代理人自收到通知之日起三十日内予以追认。被代理人未作表示的，视为拒绝追认。行为人实施的行为被追认前，善意相对人有撤销的权利。撤销应当以通知的方式作出。行为人实施的行为未被追认的，善意相对人有权请求行为人履行债务或者就其受到的损害请求行为人赔偿。但是，赔偿的范围不得超过被代理人追认时相对人所能获得的利益。相对人知道或者应当知道行为人无权代理的，相对人和行为人按照各自的过错承担责任。"

(2)表见代理。表见代理是指虽然行为人事实上无代理权，但相对人有理由认为行为人有代理权而与其进行法律行为，其行为的法律后果由被代理人承担的代理。表见代理从广义上看也是无权代理，它是为了保护善意第三人的信赖利益与交易的安全，法律强制被代理人承担其法律后果。

表见代理的构成要件有四个，即须行为人无代理权；须有使相对人相信行为人具有代理权的事实或理由；须相对人为善意；须行为人与相对人之间的民事行为具备民事行为的有效要件。

表见代理其本质是无权代理。

案例：

某建筑企业公司(简称 A 公司)与某房地产公司(简称 B 公司)签订一份建设工程施工合同，由 A 承建体育城工程，实际施工人为 A 公司下属分公司。A 公司下属分公司将工程的土建部分转包给另一家建筑公司(简称 C 公司)，C 公司实际承包人又将部分工程转包给个人 D。D 以 A 公司名义与建材公司(简称 E)签订买卖合同，约定由 E 公司向 A 公司承建的工程工地供应木方、模板等材料，合同尾部需方及保证人栏均由 D 个人签字确认，A 公司未加盖印章。E 公司按约履行供货义务后，A 公司及分公司尚欠货款未结清。E 公司遂诉至法院，要求 A 公司归还欠款，D 承担担保责任。E 公司提交了其在施工工地 D 办公室所拍摄的显示 D 为工程质量领导小组及安全领导小组成员的铭牌照片、工程项目部向 D 施工队所发的要求确保在规定的时间节点完成工程进度的通知等证据，主张 A 应承担买卖合同的付款义务。

问：A公司是否应当承担付款义务？

分析：

根据法律规定，认定行为人与相对人订立合同的行为构成表见代理，应当具备的条件：一是行为人没有代理权；二是签订合同之时具有使相对人相信行为人具有代理权的事实或理由；三是相对人主观上须为善意且无过失；四是行为人与相对人签订的合同应具备合同有效的一般条件，即不具有无效和可撤销的内容。根据以上法律规定，D的行为不构成表见代理，主要理由如：

(1)D的行为是无权代理行为。本案例中，虽然买卖合同的需方填写的是A公司，但最终签字确认的是D个人，A公司并未签章；签约时D也未向E公司出示其代表A公司或受A公司委托订立买卖合同的授权委托书。因此，D以A公司的名义与E公司签订买卖合同的行为是无权代理行为。

(2)D与E公司签订合同时，不具有足以使E相信其有权代理A公司的事实和理由。E公司主张D代表A公司的主要证据是，项目部向D施工队所发的通知、函告及E公司称其在D办公室所拍摄的铭牌照片(A公司对照片的真实性不予认可)。通知及铭牌照片等证据仅能表明D的身份是"D施工队"负责人和工程项目质量领导小组及安全领导小组的成员，并不具有代表A公司对外购买建材的权限，且上述通知及照片均系E公司于合同订立之后的供货期间取得。因此，没有证据证明E公司在订立合同时相信D有权代表A公司。

(3)E公司具有过失。E公司在与D签订合同时，既不审查核实D的身份及有无代理权，又不要求A公司在合同上加盖印章；在合同履行过程中，也未要求A公司予以确认或追认，具有明显过错。

综上所示，D的行为不符合《民法典》第一百七十一条规定的表见代理构成要件，不构成表见代理。

三、建设工程物权制度

物权是指权利人依法对特定的物享有直接支配和排他的权利。

(一)物权的种类

物权包括所有权、用益物权和担保物权。

1. 所有权

所有权是指所有人依法对自己财产(包括不动产和动产)所享有的占有、使用、收益和处分的权利。它是一种财产权，又称财产所有权。所有权是物权中最重要也最完全的一种权利。当然，所有权在法律上也受到一定的限制。最主要的限制是，为了公共利益的需要，依照法律规定的权限和程序可以征收集体所有的土地和单位、个人的房屋及其他不动产。

财产所有权的权能，是指所有人对其所有的财产依法享有的权利。其包括占有权、使用权、收益权、处分权。

(1)占有权。占有权是指对财产实际掌握、控制的权能。占有权是行使物的使用权的前提条件，是所有人行使财产所有权的一种方式。占有权可以根据所有人的意志和利益分离出去，由非所有人享有。例如，根据货物运输合同，承运人对托运人的财产享有占有权。

(2)使用权。使用权是指对财产的实际利用和运用的权能。通过对财产实际利用和运用

满足所有人的需要，是实现财产使用价值的基本渠道。使用权是所有人所享有的一项独立权能。所有人可以在法律规定的范围内，以自己的意志使用其所有物。

（3）收益权。收益权是指收取由原物产生出来的新增经济价值的权能。原物新增的经济价值包括由原物直接派生出来的果实、由原物所产生出来的租金和利息、对原物直接利用而产生的利润等。收益往往是因为使用而产生的，因而，收益权也往往与使用权联系在一起。但是，收益权本身是一项独立的权能，而使用权并不能包括收益权。有时，所有人并不行使对物的使用权，仍可以享有对物的收益权。

（4）处分权。处分权是指依法对财产进行处置，决定财产在事实上或法律上命运的权能。处分权的行使决定着物的归属。处分权是所有人的最基本的权利，是所有权内容的核心。

2. 用益物权

用益物权是指非所有人对他人所有的不动产或者动产依法所享有的占有、使用和收益的权利。《民法典》物权编明确规定了土地承包经营权、建设用地使用权、宅基地使用权、居住权、地役权五种用益物权，另外，还明确了海域使用权、探矿权、采矿权、取水权和使用水域、滩涂从事养殖、捕捞的权利在法律效力上的用益物权属性。

案例：

1981年2月，黄某以一户三人（黄某与妻子张某、大儿子）名义申请了宅基地建房。同年12月，小儿子出生。2002年大儿子结婚，黄某因车祸去世。2003年，小儿子因结婚另行申请了宅基地建房；大儿子也将房屋拆除，在原宅基地上建了新房，张某随大儿子居住。2006年，大儿子居住房屋面临拆迁，获得了拆迁补偿款10万余元和宅基地使用权补偿款36万余元。小儿子得知后，认为宅基地补偿款属于申请宅基时的黄某、张某和大儿子共同所有，三人应各享有12万余元。父亲黄某已经去世，其享有的12万余元应作为遗产由母亲、哥哥和自己共同继承。大儿子反对，双方对簿公堂。

分析：

该案例从表面看争议标的是宅基地补偿款，实质是对宅基地使用权归属的争议。因宅基地使用权是宅基地补偿款的发生原因，明确了宅基地使用权的主体即明确了宅基地补偿款的所有者。宅基地使用权作为一项特殊的用益物权，与农民个人的集体经济组织成员资格紧密相关，因出生而获得（但并不一定实际享有），因死亡而消灭。黄某于2002年因车祸死亡，自然失去其集体经济组织成员的资格，不再是宅基地使用权的主体，宅基地补偿款当然也无权享有。小儿子要求分割宅基地补偿款的诉请于法无据，判决驳回。

3. 担保物权

担保物权是指为了担保债权的实现，由债务人或第三人提供特定的物或者权利作为标的物而设定的限定物权，如抵押权、质押（质权）、留置权等。担保物权不以标的物的实体利用为目的，而是注重于其交换价值，以确保债务的履行。担保物权人在债务人不履行到期债务或者发生当事人约定的实现担保物权的情形，依法享有就担保财产优先受偿的权利，但是法律另有规定的除外。

（1）抵押权。抵押权是债务人或第三人向债权人提供不动产或动产，作为清偿债务的担保而不转移占有所产生的担保物权。当债务人到期不履行债务时，抵押权人有权就抵押财产的价金优先受偿。债权人可以申请法院变卖抵押财产抵偿其债权；如有剩余应退还抵押人，如有不足仍可向债务人继续追索。但对不能强制执行的财产不能设定抵押权。

抵押权作为一种担保物权，在实践中被广泛使用。由于抵押物不转移占有，因此其既可以发挥其担保价值，也可以由所有人继续使用并发挥它的使用价值。基于抵押权这种区别于其他担保物权的优势，使抵押权在市场经济中对促进市场经济正常、良性运转起着促进和保护作用。

根据抵押的性质，抵押财产应该具有交换价值和可让与性。对能够成为抵押物的财产，《民法典》规定主要有建筑物和其他土地附着物；建设用地使用权；海域使用权；生产设备、原材料、半成品、产品；正在建造的建筑物、船舶、航空器；交通运输工具；法律、行政法规未禁止抵押的其他财产。抵押人可以将前款所列财产一并抵押。以建筑物抵押的，该建筑物占用范围内的建设用地使用权一并抵押。以建设用地使用权抵押的，该土地上的建筑物一并抵押。另外，基于抵押的性质及我国现有法律的规定，有些财产是不能成为抵押物的，如土地所有权、集体土地使用权、为公益目的成立的非营利法人的教育设施和医疗卫生设施等。

设立抵押权，当事人应当采用书面形式订立抵押合同。以建筑物和其他土地附着物、建设用地使用权、海域使用权和正在建造的建筑物、船舶、航空器进行抵押的，应当办理抵押登记。抵押权自登记时设立。以动产抵押的，抵押权自抵押合同生效时设立；未经登记，不得对抗善意第三人。

（2）质押。质押是指债务人或者第三人将其动产或权利移交债权人占有，将该动产或权利作为债权的担保。债务人不履行债务时，债权人有权依照法律规定以该动产或权利折价或者以拍卖、变卖该动产或权利的价款优先受偿。

质权是一种约定的担保物权，以转移占有为特征。债务人或者第三人为出质人，债权人为质权人，移交的动产或权利为质物。

我国法律中对质押的规定分为动产质押和权利质押。

①动产质押是指债务人或者第三人将其动产移交债权人占有，将该动产作为债权的担保。法律、行政法规禁止转让的动产不得出质。质权自出质人交付质押财产时设立。

②权利质押一般是将权利凭证交付质押人的担保。可以质押的权利包括各种银行票据、物流中的仓单、提单及可以转让的基金份额、股权等。

设立质权，当事人应当采用书面形式订立质押合同。质权自出质人交付质押财产时设立。

案例：

2010年10月6日，银行吸储员王某请朋友于某帮助吸储，于某将5万元现金交给王某代办存款。当日，王某将5万元现金存入银行，银行出具载明于某姓名的定期5年的存款单。次日，王某找于某要求借其存款单到某信用社质押贷款，于某同意。同月10日，王某将借于某的存款单质押给甲，向甲借款5万元，借款期限6个月，并约定借款逾期后不归还借款，则存款单归甲所有。借款逾期后，王某未偿还借款，甲便将王某质押的存款单交付乙，以偿还其欠乙的债务5万元。2011年2月6日，乙持存款单向银行要求提前支取5万元存款。银行因乙提前支取定期存款无存款人身份证而拒付。

后于某得知此情况，认为自己是存款单的所有权人，乙属非法持有存款单，要求银行向其支付存款。银行认为于某虽为存款人，但其未持有存款单，拒绝向于某支付存款。于某遂向法院起诉，要求银行支付5万元存款。

问：银行是否应当向于某支付存款？

分析：

王某作为银行的吸储员向于某吸储属职务行为，于某将5万元现金交王某到银行存款，银行出具载有于某姓名的存款单，储蓄合同生效，于某与银行之间形成储蓄合同关系。

王某向于某借用存款单到信用社质押贷款，其与于某之间形成借用存款单合同关系。于某将存款单借给王某向信用社质押贷款，在自己的权利上设定义务，是处分自己权利的行为。通过借用存款单合同，王某实际上是经于某的授权，享有用于某的存款单（债权）为自己担保信用社债务的权利。王某只能在权利人授权的范围内行使权利，否则为无权处分。王某的行为已经超出了于某的授权范围，属于无权处分。

因此，本案例存单的所有权仍为于某所有，银行应当向于某支付存款。

（3）留置权。留置权是指债权人按照合同约定占有债务人的动产，债务人不按照合同约定的期限履行债务的，债权人依照法律规定留置该财产，以该财产折价或者以拍卖、变卖该财产的价款优先受偿的权利。

债权人留置的动产，应当与债权属于同一法律关系，但是企业之间留置的除外。同一动产上已经设立抵押权或者质权，该动产又被留置的，留置权人优先受偿。

《民法典》规定，留置权人与债务人应当约定留置财产后的债务履行期限；没有约定或者约定不明确的，留置权人应当给债务人60日以上履行债务的期限，但是鲜活易腐等不易保管的动产除外。债务人逾期未履行的，留置权人可以与债务人协议以留置财产折价，也可以就拍卖、变卖留置财产所得的价款优先受偿。

留置权人负有妥善保管留置财产的义务；因保管不善致使留置财产毁损、灭失的，应当承担赔偿责任。

📖 **知识链接**

债的担保方式除上述抵押、质押和留置外，还有保证和定金。

1. 保证

保证是为保障债权的实现，保证人和债权人约定，当债务人不履行到期债务或者发生当事人约定的情形时，保证人履行债务或者承担责任的行为。

《民法典》设置了保证合同章节，对保证的性质、保证人资格、保证方式及保证合同内容做了明确规定。

保证合同是主债权债务合同的从合同。主债权债务合同无效的，保证合同无效，但是法律另有规定的除外。在保证人资格中，禁止机关法人和以公益为目的的非营利法人、非法人组织成为保证人。保证的方式包括一般保证和连带责任保证。一般保证人是在债务人不能履行债务时，由保证人承担保证责任；连带责任保证的债务人不履行到期债务或者发生当事人约定的情形时，债权人可以请求债务人履行债务，也可以请求保证人在其保证范围内承担保证责任。

2. 定金

定金是债的担保方式之一，当事人可以约定一方向对方给付定金作为债权的担保。定金合同自实际交付定金时成立。定金的数额由当事人约定；但是，不得超过主合同标的额的百分之二十，超过部分不产生定金的效力。实际交付的定金数额多于或者少于约定数额的，视为变更约定的定金数额。

债务人履行债务的，定金应当抵作价款或者收回。给付定金的一方不履行债务或者履行债务不符合约定，致使不能实现合同目的的，无权请求返还定金；收受定金的一方不履行债务或者履行债务不符合约定，致使不能实现合同目的的，应当双倍返还定金。

(二)物权的效力

物权是权利人直接支配其标的物的排他性权利。依物权的这种性质，它当然具有优先的效力。物权的优先效力也称为物权的优先权。其基本含义是指同一标的物上有数个相互矛盾、冲突的权利并存时，具有较强效力的权利排斥具有较弱效力的权利的实现。考察先后成立的物权之间及物权与债权之间的关系，物权的这种优先效力都是存在的。

1. 物权相互间的优先效力

物权间的优先效力是指以物权成立时间的先后确定物权效力的差异，例如，在同一物上设立数个抵押权，先发生的抵押权优于后发生的抵押权。物权相互之间以成立时间的先后确定其效力的强弱，本质上是对现存的、既得的物之支配权的保护。

2. 物权对于债权的优先效力

在同一标的物上物权与债权并存时，物权有优先于债权的效力，这主要表现在两个方面：一方面是在同一标的物上，既有物权又有债权时，物权有优先于债权的效力；另一方面在债权人依破产程序或强制执行程序行使其债权时，作为债务人财产的物上存在他人的物权时，该物权优先于一般债权人的债权。

案例：

张某与李某某等三人共同出资成立一有限责任公司。按照约定，张某以一套价值100万元的房屋出资。办理公司设立登记时，张某的出资在工商行政管理机关办理了登记手续。但公司成立后，张某未将该房屋过户给公司。公司成立后一年左右，张某将该房屋卖给王某，并办理了过户手续。公司向王某主张返还该房屋。

分析：

张某的出资在法律上为债权关系，而与王某的房产交易并过户是物权法律关系。根据我国法律规定，物权优于债权，该房屋的所有权为王某所有，公司无权要求王某返还，只能要求张某补足出资款。

(三)与土地相关的物权

1. 我国的土地所有权制度

土地所有权是国家或农民集体依法对归其所有的土地所享有的具有支配性和绝对性的权利。我国实行土地的社会主义公有制，即全民所有制和劳动群众集体所有制。城市的土地属于国家所有。农村和城市郊区的土地除由法律规定属于国家所有的外，属于农民集体所有；宅基地和自留地、自留山属于农民集体所有。任何单位和个人不得侵占、买卖或者以其他形式非法转让土地。土地使用权可以依法转让。

国家实行土地用途管制制度。国家编制土地利用总体规划，规定土地用途，将土地分为农用地、建设用地和未利用地。严格限制农用地转为建设用地，控制建设用地总量，对耕地实行特殊保护。建设用地使用权人应当合理利用土地，不得改变土地用途；需要改变土地用途的，应当依法经有关行政主管部门批准。

2. 建设用地使用权的取得

基于我国土地所有权的性质，我国建设用地使用权仅存在于国有土地上，集体所有的土地只有转为国有土地才设定建设用地使用权。

建设用地使用权采取出让或者划拨等方式取得。取得建设用地使用权后，建设用地使用权人依法对国家所有的土地享有占有、使用和收益的权利，有权利用该土地建造建筑物、构筑物及其附属设施。

📑 *知识链接*

划拨和出让

国有划拨用地是指国家机关用地，军事用地，城市基础设施用地，公益事业用地，国家重点扶持的能源、交通、水利等基础设施用地，法律、行政法规规定的其他用地等。划拨土地使用权，是指土地使用者通过除出让土地使用权外的其他各种方式依法取得的国有土地使用权，同时也是国家在一定年期内，继续向土地使用者无偿提供生产经营的场地。

国有土地的出让是指土地使用人有偿取得国有土地使用权。国有土地有偿使用的方式包括：国有土地使用权出让；国有土地租赁；国有土地使用权作价出资或者入股。

国有土地使用权出让、国有土地租赁等应当依照国家有关规定通过公开的交易平台进行交易，并纳入统一的公共资源交易平台体系。除依法可以采取协议方式外，应当采取招标、拍卖、挂牌等竞争性方式确定土地使用者。

3. 建设用地使用权的流转、续期和消灭

建设用地使用权人有权将建设用地使用权转让、互换、出资、赠予或者抵押，但法律另有规定的除外。

住宅建设用地使用权期间届满的，自动续期。续期费用的缴纳或者减免，依照法律、行政法规的规定办理。非住宅建设用地使用权期间届满后的续期，依照法律规定办理。该土地上的房屋及其他不动产的归属，有约定的，按照约定；没有约定或者约定不明确的，依照法律、行政法规的规定办理。

建设用地使用权因使用期限届满未续期、土地灭失和依法被收回而消灭的，土地使用权消灭的，出让人应当及时办理注销登记，登记机构应当收回建设用地使用权证书。

📑 *知识链接*

建设用地使用权人将建设用地使用权转让、互换、出资、赠予或者抵押，应当符合以下规定：

(1)当事人应当采取书面形式订立相应的合同。使用期限由当事人约定，但不得超过建设用地使用权的剩余期限。

(2)应当向登记机构申请变更登记。

(3)附着于该土地上的建筑物、构筑物及其附属设施一并处分。

四、建设工程债权制度

(一)债权概述

债是按照合同的约定或者依照法律的规定，在当事人间产生的特定的权利义务关系。享有权利的人是债权人，负有义务的人是债务人。与物权不同的是，债权是一种典型的相对权，只在债权人和债务人之间发生效力，原则上债权人和债务人之间的债的关系不能对抗第三人。

《民法典》规定，债权是因合同、侵权行为、无因管理、不当得利以及法律的其他规定，权利人请求特定义务人为或者不为一定行为的权利。

(二)债权的法律特征

(1)债权为财产上的请求权，不得通过限制债务人的人身来实施。

(2)债权为相对权。债的主体双方只能是特定的。债权人只能向特定的债务人主张权利，不得向债务人以外的第三人主张权利。

(3)债权具有相容性和平等性。债权的相容性和平等性是指同一标的物上可以成立内容相同的数个债权，并且其相互之间是平等的，在效力上不存在排他性和优先性。

(4)债权为有期限权利，不得设定无期限债权。

(三)建设工程中债的常见种类

建设工程债的产生，是指特定当事人之间债权债务关系的产生。引起债产生的一定的法律事实，就是债产生的根据。建设工程债产生的根据有合同、侵权、无因管理和不当得利。其中，《民法典》将无因管理和不当得利列为准合同。

1. 建设工程合同之债

建设工程合同之债是发生在建设单位与施工、勘察、设计、监理单位等建设活动参与者之间的债。对于建设单位而言，其合同的义务主要是支付工程款和提供工程所需要的各种资料等义务。对于施工、勘察、设计、监理等单位，其义务则是按照合同约定完成自己的工作。在建设工程合同之债中，未按合同约定履行义务的一方为债务人，另一方为债权人。例如，施工人按约定完工交工，建设单位未按约定支付工程款，则施工人是债权人，建设单位是债务人。

2. 买卖合同债

在建设工程活动中，会产生大量的买卖合同，主要是材料设备买卖合同。材料设备的买方可能是建设单位，也可能是施工单位。他们会与材料设备供应商产生债。

3. 侵权之债

在侵权之债中，最常见的是施工单位的施工活动产生的侵权。如施工噪声或者废水、废弃物排放等扰民，可能对工地附近的居民构成侵权。此时，居民是债权人，施工单位或者建设单位是债务人。

五、建设工程保险制度

(一)保险的法律概念

保险是指投保人根据合同约定，向保险人支付保险费，保险人对于合同约定可能发生的事故，因其发生所造成的财产损失承担赔偿保险金责任，或者当被保险人死亡、伤残、疾病或者达到合同约定的年龄、期限时承担给付保险金责任的商业保险行为。

保险是一种受法律保护的分散危险、消化损失的法律制度。因此，危险的存在是保险产生的前提。但保险制度上的危险具有损失发生的不确定性，包括发生与否的不确定性、发生时间的不确定性和发生后果的不确定性。

（二）保险合同

保险合同是指投保人与保险人约定保险权利义务关系的协议。投保人是指与保险人订立保险合同，并按照保险合同负有支付保险费义务的人；保险人是指与投保人订立保险合同，并承担赔偿或者给付保险金责任的保险公司。

保险合同一般是以书面方式订立。保险合同分为财产保险合同、人身保险合同。保险合同涉及保险公司、被保险人和受益人三方。其中，被保险人是指其财产或者人身受保险合同保障，享有保险金请求权的人，投保人可以为被保险人；受益人是指人身保险合同中由被保险人或者投保人指定的享有保险金请求权的人，投保人、被保险人可以为受益人。

1. 人身保险合同

人身保险合同是以人的寿命和身体为保险标的保险合同。投保人应向保险人如实申报被保险人的年龄、身体状况。投保人于合同成立后，可以向保险人一次支付全部保险费，也可以按照合同规定分期支付保险费。人身保险的受益人由被保险人或者投保人指定。

人身保险包括人寿保险、伤害保险、健康保险三种。保险人对人寿保险的保险费，不得用诉讼方式要求投保人支付。

2. 财产保险合同

财产保险合同是以财产及其有关利益为保险标的保险合同。在财产保险合同中，保险合同的转让应当通知保险人，经保险人同意继续承保后，依法转让合同。

在合同的有效期内，保险标的危险程度显著增加的，被保险人应当按照合同约定及时通知保险人，保险人可以按照合同约定增加保险费或者解除合同。建筑工程一切险和安装工程一切险即财产保险合同。

（三）建设工程保险的主要种类

建设工程活动涉及的法律关系复杂、风险多样。因此，建设工程活动涉及的险种也较多，主要包括建筑工程一切险（及第三者责任险）、安装工程一切险（及第三者责任险）、机器损坏险、机动车辆险、建筑职工意外伤害险、勘察设计责任保险、工程监理责任保险等。

1. 建筑工程一切险（及第三者责任险）

建筑工程一切险是承保各类民用、工业和公用事业建筑工程项目，包括道路、桥梁、水坝、港口等，在建造过程中因自然灾害或意外事故而引起的一切损失的险种。因在建工程抗灾能力差，危险程度高，一旦发生损失，不仅会对工程本身造成巨大的物质财富损失，甚至可能殃及邻近人员与财物。因此，随着各种新建、扩建、改建的建设工程项目日渐增多，许多保险公司已经开设这一险种。

建筑工程一切险往往还加保第三者责任险。第三者责任险是指在保险有效期内因在施工工地上发生意外事故造成在施工工地及邻近地区的第三者人身伤亡或财产损失，依法应由被保险人承担的经济赔偿责任。

（1）投保人与被保险人。2017年9月住房和城乡建设部、原工商总局经修订后联合颁布的《建设工程施工合同（示范文本）》中规定，除专用合同条款另有约定外，发包人应投保建筑工程一切险或安装工程一切险；发包人委托承包人投保的，因投保产生的保险费和其他相关费用由发包人承担。

建筑工程一切险的被保险人范围较宽，所有在工程进行期间，对该项工程承担一定风险的有关各方（即具有可保利益的各方），均可作为被保险人。如果被保险人不止一家，则各家接受赔偿的权利以不超过其对保险标的的可保利益为限。被保险人具体包括：业主或工程所有人；承包商或者分包商；技术顾问，包括业主聘用的建筑师、工程师及其他专业顾问。

（2）保险责任范围。保险人对下列原因造成的损失和费用，负责赔偿：自然事件，是指地震、海啸、雷电、飓风、台风、龙卷风、风暴、暴雨、洪水、水灾、冻灾、冰雹、地崩、山崩、雪崩、火山爆发、地面下陷下沉及其他人力不可抗拒的破坏力强大的自然现象；意外事故，是指不可预料的以及被保险人无法控制并造成物质损失或人身伤亡的突发性事件，包括火灾和爆炸。

（3）第三者责任险。建筑工程一切险如果附加了第三者责任险，则保险人对下列原因造成的损失和费用，负责赔偿：一是在保险期限内，因发生与所保工程直接相关的意外事故引起工地内及邻近区域的第三者人身伤亡、疾病或财产损失；二是被保险人因上述原因支付的诉讼费用以及事先经保险人书面同意而支付的其他费用。

建筑工程一切险的保险责任自保险工程在工地动工或用于保险工程的材料、设备运抵工地之时起始，至工程所有人对部分或全部工程签发完工验收证书或验收合格，或工程所有人实际占用或使用或接收该部分或全部工程之时终止。两者若有冲突，则以先发生者为准。

2. 安装工程一切险（及第三者责任险）

安装工程一切险是承保安装机器设备、储油罐、钢结构工程、起重机以及包含机械工程因素的各种安装工程的险种。由于科学技术日益进步，现代工业的机器设备已进入电子计算机操控的时代，工艺精密、构造复杂，技术高度密集，价格十分昂贵。在安装、调试机器设备的过程中遇到自然灾害和意外事故的发生都会造成巨大的经济损失。安装工程一切险可以保障机器设备在安装、调试过程中，被保险人可能遭受的损失能够得到经济补偿。

安装工程一切险往往也附加第三者责任险。

六、法律责任

法律责任是指行为人由于违法行为、违约行为或者由于法律规定而应承受的某种不利的法律后果。法律责任不同于其他社会责任，法律责任的范围、性质、大小、期限等均在法律上有明确规定。

按照违法行为的性质和危害程度，可以将法律责任分为违宪法律责任、刑事法律责任、民事法律责任、行政法律责任和国家赔偿责任。

（一）民事责任

民事责任是民事主体对于自己因违反合同，不履行其他民事义务，或者侵害国家的、集体的财产，侵害他人的人身财产、人身权利所造成法律后果，依法应当承担的民事法律责任。

民事责任可分为违约责任和侵权责任两类。《民法典》对民事责任的担责方式主要有以下几种：停止侵害；排除妨碍；消除危险；返还财产；恢复原状；修理、重做、更换；继续履行；赔偿损失；支付违约金；消除影响、恢复名誉；赔礼道歉。以上承担民事责任的方式，可以单独适用，也可以合并适用。

(二)行政责任

行政责任是指违反有关行政管理的法律法规规定，但尚未构成犯罪的行为，依法应承担的行政法律后果。行政责任主要有行政处罚和行政处分两种方式。

1. 行政处罚

行政处罚是指行政机关或其他行政主体依法定职权和程序对违反行政法规尚未构成犯罪的行政管理相对人给予行政制裁的具体行政行为。《中华人民共和国行政处罚法》(以下简称《行政处罚法》)规定了以下几种行政处罚的种类：警告、通报批评；罚款、没收违法所得、没收非法财物；暂扣许可证件、降低资质等级、吊销许可证件；限制开展生产经营活动、责令停产停业、责令关闭、限制从业；行政拘留；法律、行政法规规定的其他行政处罚。

在建设工程领域中，法律、行政法规所设定的行政处罚主要有警告、罚款、没收违法所得、责令限期改正、责令停业整顿、取消一定期限内参加依法必须进行招标的项目的投标资格、责令停止施工、降低资质等级、吊销资质证书(同时吊销营业执照)、责令停止执业、吊销执业资格证书或其他许可证等。

2. 行政处分

行政处分是指国家机关、企事业单位对所属的国家工作人员违法失职行为尚不构成犯罪，依据法律、法规所规定的权限给予的一种惩戒。行政处分种类有：警告、记过、记大过、降级、撤职、开除。如《建设工程质量管理条例》规定，国家机关工作人员在建设工程质量监督管理工作中玩忽职守、滥用职权、徇私舞弊，构成犯罪的，依法追究刑事责任；尚不构成犯罪的，依法给予行政处分。

(三)刑事责任

刑事责任是指犯罪人因实施犯罪行为应当承担的法律责任，按刑事法律的规定追究其法律责任，包括主刑和附加刑两种刑事责任。主刑，是对犯罪分子适用的主要刑罚，它只能独立使用，不能相互附加适用，主刑分为管制、拘役、有期徒刑、无期徒刑和死刑，附加刑分为罚金、剥夺政治权利、没收财产。对犯罪的外国人，也可以独立或附加适用驱逐出境。

➤ 知识筑基

1. 什么是法律？
2. 建筑工程领域中涉及的物权法律关系有哪些？
3. 建筑工程领域中涉及的债权法律关系有哪些？
4. 社会主义法律体系是如何构成的？
5. 我国民事法律责任有哪些？
6. 为何要在建筑工程领域大力推行保险制度？

第二章　施工许可法律制度

掌握申领建筑工程施工许可证的时间、范围、条件和程序，明确建筑工程施工许可证和开工报告的有效期；了解建筑企业资质等级的划分，遵守建筑企业资质管理制度；了解工程建设从业人员职业资格法律制度的规定。

1. 能熟练掌握施工许可证申请办理条件的规定；
2. 能进行延期开工、核验和重新办理条件的熟练应用；
3. 能进行建造师准入条件的具体应用。

第一节　建设工程施工许可制度

建筑工程施工
许可管理办法

案例引入

某乡镇为改善当地的经济环境，大力发展果品产业，在镇政府的倡导下，某果品加工厂决定投资 800 万元建设果汁生产厂，计划用地 30 亩，用于水果储存加工。经镇政府土地管理科批准，颁发了《建设工程用地许可证》和《建设工程规划类许可证》。在工程建设中，县建设局在巡视过程中发现了此项违规建设，责令立即停工并限期拆除非法建筑，返还农业用地。

请分析，本案例中果品加工厂有何过错，应如何处理？

分析：

《建筑法》第七条规定："建筑工程开工前，建设单位应当按照国家有关规定向工程所在地县级以上人民政府建设行政主管部门申请领取施工许可证。"该果品加工厂未取得施工许可证，却擅自开工建设厂房和果库，属于违反施工许可法律规定的行为。按照《建筑法》第六十四条规定"违反本法规定，未取得施工许可证或者开工报告未经批准擅自施工的，责令改正，对不符合开工条件的责令停止施工，可以处以罚款。"《建设工程质量管理条例》第五十七条规定："违反本条例规定，建设单位未取得施工许可证或者开工报告未经批准，擅自施工的，责令停止施工，限期改正，处工程合同价款百分之一以上百分之二以下的罚款。"据此，县建设局应当责令其停工并限期拆除非法建筑、返还农业用地，还可以根据具体情况处以工程合同价款 1% 以上 2% 以下的罚款。

另外，该果品加工厂开工建设所依据的《建设工程用地许可证》和《建设工程规划类许可证》为镇政府土地管理科颁发，超越了法律规定的职权，还应当依据《中华人民共和国城乡规划法》(以下简称《城乡规划法》)对有关机构和责任人作出相应处罚。

建设工程施工是一种专业性、技术性极强的特殊活动，对建设工程是否具备施工条件以及从事施工活动的单位和专业技术人员，依法实施行政许可，进行严格的管理和事前控制，对于规范建设市场秩序，保证建设工程质量和施工安全生产，提高投资效益，保障公民生命财产安全和国家财产安全具有十分重要的意义。

所谓行政许可，是指行政机关根据公民、法人或者其他组织的申请，经依法审查，准予其从事特定活动的行为。设定和实施行政许可应当依照法定的权限、范围、条件和程序。

建筑许可是行政许可的一种，是指住房城乡建设主管部门或其他有关行政主管部门依法准许、变更和终止公民、法人或非法人组织从事建筑活动的具体行政行为。建筑许可主要表现为建设工程施工许可制度、从事建设活动的单位资质制度和从事建设活动的个人资质制度。

我国目前对建设工程开工条件的审批，存在着颁发"施工许可证"和批准"开工报告"两种形式。多数工程是办理施工许可证，少数工程则为批准开工报告。

一、施工许可证和开工报告的适用范围

(一)施工许可证的适用范围

《建筑法》第七条规定："建筑工程开工前，建设单位应当按照国家有关规定向工程所在地县级以上人民政府建设行政主管部门申请领取施工许可证；但是，国务院建设行政主管部门确定的限额以下的小型工程除外。按照国务院规定的权限和程序批准开工报告的建筑工程，不再领取施工许可证。"

在中华人民共和国境内从事各类房屋建筑及其附属设施的建造、装修装饰和与其配套的线路、管道、设备的安装，以及城镇市政基础设施工程的施工，建设单位在开工前应当依照规定，向工程所在地的县级以上地方人民政府住房城乡建设主管部门(以下简称发证机关)申请领取施工许可证。

《建筑工程施工许可管理办法》规定，工程投资额在30万元以下或者建筑面积在300平方米以下的建筑工程，可以不申请办理施工许可证。省、自治区、直辖市人民政府住房城乡建设主管部门可以根据当地的实际情况，对限额进行调整，并报国务院住房城乡建设主管部门备案。

📖 知识链接

除国务院住房城乡建设主管部门确定的限额以下的小型工程不需领取施工许可证外，《建筑法》还有如下规定：抢险救灾及其他临时性房屋建筑和农民自建低层住宅的建筑活动，不适用本法；军用房屋建筑工程建筑活动的具体管理办法，由国务院、中央军事委员会依据本法制定；依法核定作为文物保护的纪念建筑物和古建筑等的修缮，依照文物保护的有关法律规定执行。

(二)开工报告的适用范围

开工报告制度是我国沿用已久的一种建设项目开工管理制度。1979年，原国家计划委

员会、国家基本建设委员会设立了该项制度。1984年将其简化。1988年以后又恢复了开工报告制度。2019年4月公布的《政府投资条例》规定，国务院规定应当审批开工报告的重大政府投资项目，按照规定办理开工报告审批手续后方可开工建设。因开工报告的效力与施工许可证相同，对申领开工报告的建筑工程，不再领取施工许可证。

二、施工许可证的申请主体和法定批准条件

（一）申请主体

《建筑法》规定，建设单位应当按照国家有关规定向工程所在地县级以上人民政府住房城乡建设主管部门申请领取施工许可证。

建设单位（又称业主或项目法人）是建设项目的投资者，为建设项目开工和施工单位进场做好各项前期准备工作，是建设单位应尽的义务。因此，施工许可证的申请领取，应该是由建设单位负责，而不是施工单位或者其他单位负责。

（二）法定批准条件

《建筑法》规定，申请领取施工许可证应当具备下列条件：已经办理该建筑工程用地批准手续；依法应当办理建设工程规划许可证的，已经取得建设工程规划许可证；需要拆迁的，其拆迁进度符合施工要求；已经确定建筑施工企业；有满足施工需要的资金安排、施工图纸及技术资料；有保证工程质量和安全的具体措施。

《建筑工程施工许可管理办法》进一步规定，建设单位申请领取施工许可证应当具备下列条件，并提交相应的证明文件：依法应当办理用地批准手续的，已经办理该建筑工程用地批准手续；在城市、镇规划区的建筑工程，已经取得建设工程规划许可证；施工场地已经基本具备施工条件，需要征收房屋的，其进度符合施工要求；已经确定施工企业；有满足施工需要的技术资料，施工图设计文件已按规定审查合格；有保证工程质量和安全的具体措施；建设资金已经落实，建设单位应当提供建设资金已经落实承诺书；法律、行政法规规定的其他条件。

（1）依法应当办理用地批准手续的，已经办理该建筑工程用地批准手续。2019年8月经修改后公布的《中华人民共和国土地管理法》（以下简称《土地管理法》）规定，经批准的建设项目需要使用国有建设用地的，建设单位应当持法律、行政法规规定的有关文件，向有批准权的县级以上人民政府自然资源主管部门提出建设用地申请，经自然资源主管部门审查，报本级人民政府批准。

（2）在城市、镇规划区的建筑工程，已经取得建设工程规划许可证。新颁布的《城乡规划法》规定，在城市、镇规划区内以划拨方式提供国有土地使用权的建设项目，经有关部门批准、核准、备案后，建设单位应当向城市、县人民政府城乡规划主管部门提出建设用地规划许可申请，由城市、县人民政府城乡规划主管部门依据控制性详细规划核定建设用地的位置、面积、允许建设的范围，核发建设用地规划许可证。

建设单位在取得建设用地规划许可证后，方可向县级以上地方人民政府土地主管部门申请用地，经县级以上人民政府审批后，由土地主管部门划拨土地。

在城市、镇规划区内以出让方式提供国有土地使用权的，在国有土地使用权出让前，城市、县人民政府城乡规划主管部门应当依据控制性详细规划，提出出让地块的位置、使

用性质、开发强度等规划条件，作为国有土地使用权出让合同的组成部分。未确定规划条件的地块，不得出让国有土地使用权。

以出让方式取得国有土地使用权的建设项目，建设单位在取得建设项目的批准、核准、备案文件和签订国有土地使用权出让合同后，向城市、县人民政府城乡规划主管部门领取建设用地规划许可证。

(3)施工场地已经基本具备施工条件，需要征收房屋的，其进度符合施工要求。施工场地应该具备的基本施工条件，通常要根据建设工程项目的具体情况决定。例如，已进行场区的施工测量，设置永久性经纬坐标桩、水准基桩和工程测量控制网；做好"三通一平"；在施工现场设置五图一牌等。实行监理的建设工程一般要由监理单位查看后填写"施工场地已具备施工条件的证明"，并加盖单位公章确认。

(4)已经确定施工企业。建设工程的施工必须由具备相应资质的施工企业来承担。因此，在建设工程开工前，建设单位必须依法通过招标或直接发包的方式确定承包该建设工程的施工企业，并签订建设工程承包合同，明确双方的责任、权利和义务。

按照规定应当招标的工程没有招标，应当公开招标的工程没有公开招标，或者肢解发包工程，以及将工程发包给不具备相应资质条件的企业的，所确定的施工企业无效。

(5)有满足施工需要的技术资料，施工图设计文件已按规定审查合格。技术资料一般包括地形、地质、水文、气象等自然条件资料和主要原材料、燃料来源，水电供应和运输条件等技术经济条件资料。我国有严格的施工图设计文件审查制度。

《建设工程勘察设计管理条例》规定，编制施工图设计文件，应当满足设备材料采购、非标准设备制作和施工的需要，并注明建设工程合理使用年限。

施工图设计文件审查机构应当对房屋建筑工程、市政基础设施工程施工图设计文件中涉及公共利益、公众安全、工程建设强制性标准的内容进行审查。县级以上人民政府交通运输等有关部门应当按照职责对施工图设计文件中涉及公共利益、公众安全、工程建设强制性标准的内容进行审查。

《建设工程质量管理条例》规定，施工图设计文件未经审查批准的，不得使用。

(6)有保证工程质量和安全的具体措施。《建设工程质量管理条例》规定，建设单位在开工前，应当按照国家有关规定办理工程质量监督手续。工程质量监督手续可以与施工许可证或者开工报告合并办理。

《建设工程安全生产管理条例》规定，建设单位在申请领取施工许可证时，应当提供建设工程有关安全施工措施的资料。住房城乡建设主管部门在审核发放施工许可证时，应当对建设工程是否有安全施工措施进行审查，对没有安全施工措施的，不得颁发施工许可证。

《建筑工程施工许可管理办法》中进一步规定，施工企业编制的施工组织设计中有根据建筑工程特点制订的相应质量、安全技术措施。建立工程质量安全责任制并落实到人。专业性较强的工程项目编制了专项质量、安全施工组织设计，并按照规定办理了工程质量、安全监督手续。

(7)建设资金已经落实。由于建筑活动需要较多的资金投入，占用资金时间也比较长，因此，在建筑工程施工过程中必须拥有足够的建设资金，这是保证施工顺利进行的重要的物质保障。建设单位应当提供建设资金已经落实承诺书。

(8)法律、行政法规规定的其他条件。按照《建筑法》的规定，只有全国人大及其常委会制定的法律和国务院制定的行政法规，才有权增加施工许可证新的申领条件，其他如部门规章、地方性法规、地方规章等都不得规定增加施工许可证的申领条件。据此，《建筑工程施工许可管理办法》明确规定，县级以上地方人民政府住房城乡建设主管部门不得违反法律法规规定，增设办理施工许可证的其他条件。

目前，已增加的施工许可证申领条件主要是消防设计审核。《中华人民共和国消防法》（以下简称《消防法》）规定，特殊建设工程未经消防设计审查或者审查不合格的，建设单位、施工单位不得施工；其他建设工程，建设单位未提供满足施工需要的消防设计图纸及技术资料的，有关部门不得发放施工许可证或者批准开工报告。

案例：

对黄河某灌区节水改造工程2018年度项目开工报告的批复为："你局2017年12月24日报来的《关于黄河灌区节水改造工程2018年度项目开工的请示》文件已收悉。根据水利部《关于加强水利工程建设项目开工管理工作的通知》（水建管〔2006〕144号）有关要求，对你局2018年度大型灌区续建配套与节水改造项目开工条件进行了审查。"经研究，批复如下：

（1）黄河灌区节水改造工程2018年度项目符合水建管〔2006〕144号文件开工条件的有关要求，同意于2018年元月15日起开工建设该项目。

（2）项目竣工后，由省水利厅主持验收。对项目预备费，要严格按照有关规定要求，不经批准，严禁动用。

但是，该项目开工报告被批准后，因故未能按时开工。该水利管理局于2018年3月10日、5月10日两次向省水利厅报告工程项目开工准备的进展情况，一直到2018年7月1日方始开工建设。

请问：该项目是否需重新办理开工报告的批准手续，为什么？

分析：

该项目不需要重新办理开工报告的批准手续。根据《建筑法》第十一条规定"按照国务院有关规定批准开工报告的建筑工程，因故不能按期开工或者中止施工的，应当及时向批准机关报告情况。因故不能按期开工超过6个月的，应当重新办理开工报告的批准手续。"在本案中，该项目开工报告从被批准到开工建设，虽然一再拖延开工，但是该水利管理局于2008年3月10日、5月10日两次向省水利厅报告工程项目开工准备的进展情况，且延迟开工的期间并未超过6个月。因此，按照法律的规定不需要重新办理开工报告的批准手续。

（三）施工许可的有效期和延期

《建筑法》规定，建设单位应当自领取施工许可证之日起3个月内开工。因故不能按期开工的，应当向发证机关申请延期；延期以两次为限，每次不超过3个月。既不开工又不申请延期或者超过延期时限的，施工许可证自行废止。

对于实行开工报告制度的建设工程，《建筑法》规定，按照国务院有关规定批准开工报告的建筑工程，因故不能按期开工或者中止施工的，应当及时向批准机关报告情况。因故不能按期开工超过6个月的，应当重新办理开工报告的批准手续。

（四）中止施工与恢复施工

1. 中止施工

所谓中止施工，是指建设工程开工后，在施工过程中因特殊情况的发生而中途停止施工的一种行为。中止施工的时间一般都比较长，恢复施工的日期难以在终止时确定。

中止施工的原因如下：

(1)地震、洪水等不可抗力；

(2)宏观调控压缩基建规模；

(3)停建、缓建在建工程；

(4)发现古文物等。

对于因故中止施工的，建设单位应当做好以下两个方面的工作：

(1)按照规定履行相关义务或责任，以防止建设工程在中止施工期间遭受不必要的损失，保证在恢复施工时可以尽快启动。

(2)向原发证机关报告中止施工的基本情况，报告内容包括中止施工的时间、原因、工程现状、维护管理措施等。此报告在中止施工之日起一个月内完成。

2. 恢复施工

恢复施工是指建筑工程中止施工后，造成中段施工的情况消除，继续进行施工的一种行为。

恢复施工时，中止施工不满一年的，建设单位应当向原发证机关报告恢复施工的有关情况。中止施工满一年的，在建设工程恢复施工前，建设单位还应当报发证机关核验施工许可证，看是否仍具备组织施工的条件，经核验符合条件的，应允许恢复施工，施工许可证继续有效；经核验不符合条件的，应当收回其施工许可证，不允许恢复施工，待条件具备后，由建设单位重新申领施工许可证。

案例：

某市高等专科学校由于在校学生增加，决定建设一座学生宿舍楼。通过招标，该高等专科学校选择了 A 施工单位，签订了施工合同，并委托某监理单位实施施工阶段的监理任务，也签订了委托监理合同。2010 年 3 月 15 日，监理单位按国家有关规定向本市住房城乡建设主管部门申请领取施工许可证，住房城乡建设主管部门于 2010 年 3 月 16 日收到申请书，认为符合条件，于 2010 年 4 月 20 日颁发了施工许可证，在按期开工后因故于 2010 年 10 月 15 日中止施工，直到 2012 年 3 月 1 日拟恢复施工。

问：

(1)施工许可证的申请和颁发过程有何不妥之处？并说明理由。

(2)该商业广场项目中止施工后，最迟应当在何时向发证机关报告？

(3)2012 年 3 月 1 日恢复施工时应该履行哪些程序？

分析：

(1)不妥之处 1：监理单位向住房城乡建设主管部门申请领取施工许可证。领取施工许可证由建设单位申请。

不妥之处 2：2010 年 4 月 10 日颁发施工许可证。住房城乡建设主管部门应当自收到申请之日起 15 日内，对符合条件的申请单位颁发施工许可证。

(2)《建筑法》第十条规定："在建的建筑工程因故中止施工的，建设单位应当自中止施工之日起 1 个月内，向发证机关报告，并按照规定做好建筑工程的维护管理工作。"据此，该房地产公司向发证机关报告的最迟期限应为 2010 年 11 月 15 日。

(3)《建筑法》第十条规定："建筑工程恢复施工时，应当向发证机关报告；中止施工满 1 年的工程恢复施工前，建设单位应当报发证机关核验施工许可证。"据此，该房地产公司在恢复施工前应当向发证机关报告恢复施工的有关情况，并应当报发证机关核验施工许可证；经核验符合条件的，方可恢复施工。

（五）违法行为应承担的法律责任

办理施工许可证或开工报告违法行为应承担的主要法律责任如下。

1. 未经许可擅自开工应承担的法律责任

《建筑法》规定，违反本法规定，未取得施工许可证或者开工报告未经批准擅自施工的，责令改正，对不符合开工条件的责令停止施工，可以处以罚款。

《建设工程质量管理条例》规定，建设单位未取得施工许可证或者开工报告未经批准，擅自施工的，责令停止施工，限期改正，处工程合同价款1％以上2％以下的罚款。

2. 规避办理施工许可证应承担的法律责任

《建筑工程施工许可管理办法》规定，对于未取得施工许可证或者为规避办理施工许可证将工程项目分解后擅自施工的，由有管辖权的发证机关责令停止施工，限期改正，对建设单位处工程合同价款1％以上2％以下罚款；对施工单位处3万元以下罚款。

3. 骗取和伪造施工许可证应承担的法律责任

《建筑工程施工许可管理办法》规定，建设单位采用欺骗、贿赂等不正当手段取得施工许可证的，由原发证机关撤销施工许可证，责令停止施工，并处1万元以上3万元以下罚款；构成犯罪的，依法追究刑事责任。

建设单位隐瞒有关情况或者提供虚假材料申请施工许可证的，发证机关不予受理或者不予许可，并处1万元以上3万元以下罚款；构成犯罪的，依法追究刑事责任。

建设单位伪造或者涂改施工许可证的，由发证机关责令停止施工，并处1万元以上3万元以下罚款；构成犯罪的，依法追究刑事责任。

4. 对单位主管人员等处罚的规定

给予单位罚款处罚的，对单位直接负责的主管人员和其他直接责任人员处单位罚款数额5％以上10％以下罚款。单位及相关责任人受到处罚的，作为不良行为记录予以通报。

第二节 工程建设从业单位资质许可管理制度

案例引入

2008年11月，某市加工厂（以下简称甲方）与某房地产开发企业（以下简称乙方）订立了建筑工程承包合同。合同规定：乙方为甲方建一框架结构厂房，跨度为15 m，总造价为280万元；承包方式为包工包料；建设工程工期由2008年11月25日至2010年5月25日，到2010年年底，工程仍未能完工，而且已完工的工程质量部分不合格，这期间甲方付给乙方工程款、材料垫付款共300万元。为此，双方发生纠纷，甲方将乙方诉至法院。

房屋建筑工程
施工总承包企
业资质等级标准

经查明：乙方在工商行政管理机关登记的经营范围为维修和承建小型非生产性建筑工程，无资格承包此工程。经有关部门鉴定：该项工程造价为285万元，未完工程折价为

20 万元，已完工程的厂房起重机梁质量不合格，返工费为 10 万元。

分析：

乙方在工商行政管理机关登记的经营范围为维修和承建小型非生产性建筑工程，无资格承包此工程。根据规定，工商企业法人应在工商行政管理机关核准的经营范围内进行经营活动，超范围经营的民事行为无效。

建筑企业在进行承建活动时，必须严格遵守核准登记的建筑工程承建技术资质等级范围，禁止超越资质等级承建工程。本案例被告的经营范围仅能承建小型非生产性建筑工程和维修项目，其技术等级不能承建与原告所签订合同规定的生产性厂房。因此，被告对合同无效及工程质量问题应负全部责任，应该承担工程质量的返工费，并偿还给原告多收的工程款。

《建筑法》规定，从事建筑活动的建筑施工企业、勘察单位、设计单位和工程监理单位，应当具备下列条件：有符合国家规定的注册资本；有与其从事的建筑活动相适应的具有法定执业资格的专业技术人员；有从事相关建筑活动所应有的技术装备；法律、行政法规规定的其他条件。《建筑法》还规定，本法关于施工许可、建筑施工企业资质审查和建筑工程发包、承包、禁止转包，以及建筑工程监理、建筑工程安全和质量管理的规定，适用于其他专业建筑工程的建筑活动。

《建设工程质量管理条例》进一步规定，施工单位应当依法取得相应等级的资质证书，并在其资质等级许可的范围内承揽工程。本条例所称建设工程，是指土木工程、建筑工程、线路管道和设备安装工程及装修工程。

《建筑业企业资质管理规定》规定，建筑业企业是指从事土木工程、建筑工程、线路管道设备安装工程、装修工程的新建、扩建、改建等活动的企业。

一、从业单位应具备的法定条件

(一)有符合国家规定的净资产

净资产是属于企业所有并可以自由支配的资产，即所有者权益。相对于注册资本而言，它能够更准确地体现企业的经济实力。所有建筑业企业都必须具备基本的责任承担能力。关于净资产，《建筑业企业资质标准》中做了详细的规定，例如，以建筑工程施工总承包企业为例，一级企业净资产 1 亿元以上；二级企业净资产 4 000 万元以上；三级企业净资产 800 万元以上。

(二)有与其从事的建筑活动相适应的具有法定执业资格的专业技术人员

工程建设施工活动专业性、技术性较强。因此，建筑业企业应当拥有注册建造师及其他注册人员、工程技术人员、施工现场管理人员和技术工人。

(三)有符合规定的已完成工程业绩

《关于简化建筑业企业资质标准部分指标的通知》中要求，调整建筑工程施工总承包一级及以下资质的建筑面积考核指标。按照调整后的企业工程业绩考核指标，建筑工程施工总承包的一级企业近 5 年承担过下列 4 类中的 2 类工程的施工总承包或主体工程承包，工程质量合格：

(1)地上 25 层以上的民用建筑工程 1 项或地上 18～24 层的民用建筑工程 2 项；

(2)高度 100 m 以上的构筑物工程 1 项或高度 80～100 m(不含)的构筑物工程 2 项；

(3)建筑面积 12 万 m² 以上的建筑工程 1 项或建筑面积 10 万 m² 以上的建筑工程 2 项；

(4)钢筋混凝土结构单跨 30 m 以上(或钢结构单跨 36 m 以上)的建筑工程 1 项或钢筋混凝土结构单跨 27～30 m(不含)[或钢结构单跨 30～36 m(不含)]的建筑工程 2 项。

二级企业近 5 年承担过下列 4 类中的 2 类工程的施工总承包或主体工程承包，工程质量合格：

(1)地上 12 层以上的民用建筑工程 1 项或地上 8～11 层的民用建筑工程 2 项；

(2)高度 50 m 以上的构筑物工程 1 项或高度 35～50 m(不含)的构筑物工程 2 项；

(3)建筑面积 6 万 m² 以上的建筑工程 1 项或建筑面积 5 万 m² 以上的建筑工程 2 项；

(4)钢筋混凝土结构单跨 21 m 以上(或钢结构单跨 24 m 以上)的建筑工程 1 项或钢筋混凝土结构单跨 18～21 m(不含)[或钢结构单跨 21～24 m(不含)]的建筑工程 2 项。

三级企业不再要求已完成的工程业绩。

同时，《关于简化建筑业企业资质标准部分指标的通知》进一步规定，对申请建筑工程、市政公用工程施工总承包特级、一级资质的企业，未进入全国建筑市场监管与诚信信息发布平台的企业业绩，不作为有效业绩认定。

(四)有从事相关建筑活动所应有的技术装备

施工单位必须使用与其从事施工活动相适应的技术装备，而许多大中型机械设备都可以采用租赁或融资租赁的方式取得。因此，目前的企业资质标准中对技术装备的要求并不多。

二、建筑业企业的资质许可管理制度

所谓建筑业企业，是指从事土木工程、建筑工程、线路管道设备安装工程、装修工程的新建、扩建、改建活动的企业。

(一)资质序列、类别和等级

《建筑业企业资质管理规定》规定，建筑业企业资质分为施工总承包资质、专业承包资质、施工劳务资质三个序列。

施工总承包资质序列设有建筑工程、公路工程、铁路工程、港口与航道工程等 12 个类别。施工总承包资质一般分为 4 个等级，即特级、一级、二级和三级。

专业承包资质序列设有地基基础工程、起重设备安装工程、预拌混凝土、电子与智能化工程、防水防腐保温工程等 36 个类别。

(二)资质许可

下列建筑业企业资质，由国务院住房城乡建设主管部门许可：

(1)施工总承包资质序列特级资质、一级资质及铁路工程施工总承包二级资质；

(2)专业承包资质序列公路、水运、水利、铁路、民航方面的专业承包一级资质及铁路、民航方面的专业承包二级资质，涉及多个专业的专业承包一级资质。

下列建筑业企业资质，由企业工商注册所在地省、自治区、直辖市人民政府住房城乡建设主管部门许可：

(1)施工总承包资质序列二级资质及铁路、通信工程施工总承包三级资质；

(2)专业承包资质序列一级资质(不含公路、水运、水利、铁路、民航方面的专业承包一级资质及涉及多个专业的专业承包一级资质)；

(3)专业承包资质序列二级资质(不含铁路、民航方面的专业承包二级资质)；铁路方面专业承包三级资质；特种工程专业承包资质。

下列建筑业企业资质，由企业工商注册所在地设区的市人民政府住房城乡建设主管部门许可：

(1)施工总承包资质序列三级资质(不含铁路、通信工程施工总承包三级资质)；

(2)专业承包资质序列三级资质(不含铁路方面专业承包资质)及预拌混凝土、模板脚手架专业承包资质；

(3)施工劳务资质；

(4)燃气燃烧器具安装、维修企业资质。

(三)资质证书的申请、延续和变更

1. 企业资质的申请

《建筑业企业资质管理规定》规定，企业可以申请一项或多项建筑业企业资质。企业首次申请或增项申请资质，应当申请最低等级资质。

企业申请建筑业企业资质，在资质许可机关的网站或审批平台提出申请事项，提交资金、专业技术人员、技术装备和已完成业绩等电子材料。

2. 企业资质证书的使用与延续

《建筑业企业资质管理规定》规定，资质证书有效期为5年。建筑业企业资质证书有效期届满，企业继续从事建筑施工活动的，应当于资质证书有效期届满3个月前，向原资质许可机关提出延续申请。

资质许可机关应当在建筑业企业资质证书有效期届满前做出是否准予延续的决定；逾期未做出决定的，视为准予延续。

3. 企业资质证书的变更

(1)办理企业资质证书变更的程序。《建筑业企业资质管理规定》规定，企业在建筑业企业资质证书有效期内名称、地址、注册资本、法定代表人等发生变更的，应当在工商部门办理变更手续后1个月内办理资质证书变更手续。

由国务院住房城乡建设主管部门颁发的建筑业企业资质证书的变更，企业应当向企业工商注册所在地省、自治区、直辖市人民政府住房城乡建设主管部门提出变更申请，省、自治区、直辖市人民政府住房城乡建设主管部门应当自受理申请之日起2日内将有关变更证明材料报国务院住房城乡建设主管部门，由国务院住房城乡建设主管部门在2日内办理变更手续。

上述规定以外的资质证书的变更，由企业工商注册所在地的省、自治区、直辖市人民政府住房城乡建设主管部门或者设区的市人民政府住房城乡建设主管部门依法另行规定。

变更结果应当在资质证书变更后15日内，报国务院住房城乡建设主管部门备案。

涉及公路、水运、水利、通信、铁路、民航等方面的建筑业企业资质证书的变更，办理变更手续的住房城乡建设主管部门应当将建筑业企业资质证书变更情况告知同级有关部门。

（2）企业更换、遗失补办建筑业企业资质证书。企业需更换、遗失补办建筑业企业资质证书的，应当持建筑业企业资质证书更换、遗失补办申请等材料向资质许可机关申请办理。资质许可机关应当在 2 个工作日内办理完毕。

（3）企业发生合并、分立、改制的资质办理。《建筑业企业资质管理规定》规定，企业发生合并、分立、重组及改制等事项，需承继原建筑业企业资质的，应当申请重新核定建筑业企业资质等级。

（四）不予批准企业资质升级申请和增项申请的规定

企业申请建筑业企业资质升级、资质增项，在申请之日起前 1 年至资质许可决定作出前，有下列情形之一的，资质许可机关不予批准其建筑业企业资质升级申请和增项申请：

（1）超越本企业资质等级或以其他企业的名义承揽工程，或允许其他企业或个人以本企业的名义承揽工程的；

（2）与建设单位或企业之间相互串通投标，或以行贿等不正当手段谋取中标的；

（3）未取得施工许可证擅自施工的；

（4）将承包的工程转包或违法分包的；

（5）违反国家工程建设强制性标准施工的；

（6）恶意拖欠分包企业工程款或者劳务人员工资的；

（7）隐瞒或谎报、拖延报告工程质量安全事故，破坏事故现场、阻碍对事故调查的；

（8）按照国家法律、法规和标准规定需要持证上岗的现场管理人员和技术工种作业人员未取得证书上岗的；

（9）未依法履行工程质量保修义务或拖延履行保修义务的；

（10）伪造、变造、倒卖、出租、出借或者以其他形式非法转让建筑业企业资质证书的；

（11）发生过较大以上质量安全事故或者发生过两起以上一般质量安全事故的；

（12）其他违反法律、法规的行为。

（五）企业资质证书的撤回、撤销和注销

1. 撤回

取得建筑业企业资质证书的企业，应当保持资产、主要人员、技术装备等方面满足相应建筑业企业资质标准要求的条件。企业不再符合相应建筑业企业资质标准要求条件的，县级以上地方人民政府住房城乡建设主管部门、其他有关部门，应当责令其限期改正并向社会公告，整改期限最长不超过 3 个月；企业整改期间不得申请建筑业企业资质的升级、增项，不能承揽新的工程；逾期仍未达到建筑业企业资质标准要求条件的，资质许可机关可以撤回其建筑业企业资质证书。

被撤回建筑业企业资质证书的企业，可以在资质被撤回后 3 个月内，向资质许可机关提出核定低于原等级同类别资质的申请。

2. 撤销

有下列情形之一的，资质许可机关应当撤销建筑业企业资质：

（1）资质许可机关工作人员滥用职权、玩忽职守准予资质许可的；

(2)超越法定职权准予资质许可的；

(3)违反法定程序准予资质许可的；

(4)对不符合资质标准条件的申请企业准予资质许可的；

(5)依法可以撤销资质许可的其他情形。

以欺骗、贿赂等不正当手段取得资质许可的，应当予以撤销。

3. 注销

有下列情形之一的，资质许可机关应当依法注销建筑业企业资质，并向社会公布其建筑业企业资质证书作废，企业应当及时将建筑业企业资质证书交回资质许可机关：

(1)资质证书有效期届满，未依法申请延续的；

(2)企业依法终止的；

(3)资质证书依法被撤回、撤销或吊销的；

(4)企业提出注销申请的；

(5)法律、法规规定的应当注销建筑业企业资质的其他情形。

📄 **知识链接**

有关撤回、撤销、注销、吊销四种行政行为的辨析

1. 撤回、撤销、注销、吊销的法律概念

(1)撤回。撤回主要是指行政机关基于公共利益和客观情况发生变更，将已经颁发的但期限尚未届满的行政许可收回。如因此造成被许可人损失的，行政机关应当给予其一定的补偿。

(2)撤销。撤销是行政机关在监督检查过程中实施的纠正措施，主要是指在行政机关进行监督检查的过程中，发现行政许可的实施过程中存在法律规定的违法情形时，撤销许可期限尚未届满的行政许可。

(3)注销。注销主要是指在某些特定情形下，由行政机关通过法定程序收回行政许可证件或者公告行政许可失去效力。

(4)吊销。与撤销、撤回、注销不同的是，《行政处罚法》第9条明确规定，暂扣或者吊销执照是行政处罚的一种类型。吊销是指因被许可人在从事许可事项的活动中存在严重违法情形，行政机关作出剥夺其从事许可事项资格的行政行为。

2. 撤回、撤销、注销、吊销的性质及辨析

(1)撤销与吊销。根据《行政处罚法》的规定，吊销明确属于行政处罚。撤销是行政机关作出撤销决定，不是行政处罚，而是行政机关对行政许可进行监督检查过程中发现的违法因素所进行的纠正。

(2)注销与吊销。首先，从性质上说，注销实际上是一种程序性行为，主要是指在许可证到期、被许可人事实上不能继续从事许可事项的、行政许可已经被终止的情况下，行政机关将该失去效力的行政许可进行登记消灭的行为，更类似于一种行政管理行为。而吊销则是针对行政相对人在从事许可事项的严重违法行为所作出的带有惩罚性的行政行为，吊销的对象是正在生效但期限尚未届满的许可证或执照。

此外，《中华人民共和国行政许可法》(以下简称《行政许可法》)中明确规定，"有下列情形之一的，行政机关应当依法办理有关行政许可的注销手续：……(四)行政许可依法被撤

销、撤回，或者行政许可证件依法被吊销的"。由此可知，注销与撤销、撤回、吊销在时间顺序上有明显区分，即撤销、撤回、吊销在前，注销在后，注销是撤销、撤回、吊销行政行为作出后的程序性行为。

（3）撤回与撤销、吊销。与撤销和吊销相比，撤回最大的特点是行为的合法性，即行政机关与被许可人均不存在过错，只因客观情况发生变化，所以行政机关需要收回已经颁发的许可。而撤销的主要事由是行政许可的实施存在违法因素，吊销则是在被许可人合法取得行政许可后，因在从事行政许可事项的活动中存在严重违法行为而被剥夺从事许可事项的资格。

（六）违法行为应承担的法律责任

施工企业资质违法行为应承担的主要法律责任如下。

1. 企业申请办理资质违法行为应承担的法律责任

《建筑法》规定，以欺骗手段取得资质证书的，吊销资质证书，处以罚款；构成犯罪的，依法追究刑事责任。

《建筑业企业资质管理规定》规定，申请人隐瞒有关真实情况或者提供虚假材料申请建筑业企业资质的，资质许可机关不予许可，并给予警告，申请企业在1年内不得再次申请建筑业企业资质。

企业以欺骗、贿赂等不正当手段取得建筑业企业资质的，由原资质许可机关予以撤销；由县级以上地方人民政府住房城乡建设主管部门或者其他有关部门给予警告，并处3万元的罚款；申请企业3年内不得再次申请建筑业企业资质。

企业未按照规定及时办理建筑业企业资质证书变更手续的，由县级以上地方人民政府住房城乡建设主管部门责令限期办理；逾期不办理的，可处以1 000元以上1万元以下的罚款。

2. 无资质承揽工程应承担的法律责任

《建筑法》规定，发包单位将工程发包给不具有相应资质条件的承包单位的，或者违反本法规定将建筑工程肢解发包的，责令改正，处以罚款。未取得资质证书承揽工程的，予以取缔，并处罚款；有违法所得的，予以没收。

《建设工程质量管理条例》进一步规定，建设单位将建设工程发包给不具有相应资质等级的勘察、设计、施工单位或者委托给不具有相应资质等级的工程监理单位的，责令改正，处50万元以上100万元以下的罚款。

未取得资质证书承揽工程的，予以取缔，对施工单位处工程合同价款2%以上4%以下的罚款；有违法所得的，予以没收。

《住宅室内装饰装修管理办法》规定，装修人违反本办法规定，将住宅室内装饰装修工程委托给不具有相应资质等级企业的，由城市房地产行政主管部门责令改正，处500元以上1 000元以下的罚款。

3. 超越资质等级承揽工程应承担的法律责任

《建筑法》规定，超越本单位资质等级承揽工程的，责令停止违法行为，处以罚款，可以责令停业整顿，降低资质等级；情节严重的，吊销资质证书；有违法所得的，予以没收。

《建设工程质量管理条例》进一步规定，勘察、设计、施工、工程监理单位超越本单位资质等级承揽工程的，责令停止违法行为；对施工单位处工程合同价款2%以上4%以下的罚款，可以责令停业整顿，降低资质等级；情节严重的，吊销资质证书；有违法所得的，予以没收。

4. 允许其他单位或者个人以本单位名义承揽工程应承担的法律责任

《建筑法》规定，建筑施工企业转让、出借资质证书或者以其他方式允许他人以本企业的名义承揽工程的，责令改正，没收违法所得，并处罚款，可以责令停业整顿，降低资质等级；情节严重的，吊销资质证书。对因该项承揽工程不符合规定的质量标准造成的损失，建筑施工企业与使用本企业名义的单位或者个人承担连带赔偿责任。

《建设工程质量管理条例》规定，勘察、设计、施工、工程监理单位允许其他单位或者个人以本单位名义承揽工程的，责令改正，没收违法所得；对施工单位处工程合同价款2%以上4%以下的罚款；可以责令停业整顿，降低资质等级；情节严重的，吊销资质证书。

5. 转包、违法分包等行为应承担的法律责任

《建筑法》规定，承包单位将承包的工程转包的，或者违反本法规定进行分包的，责令改正，没收违法所得，并处罚款，可以责令停业整顿，降低资质等级；情节严重的，吊销资质证书。承包单位有以上规定的违法行为的，对因转包工程或者违法分包的工程不符合规定的质量标准造成的损失，与接受转包或者分包的单位承担连带赔偿责任。

《建设工程质量管理条例》规定，承包单位将承包的工程转包或者违法分包的，责令改正，没收违法所得；对施工单位处工程合同价款0.5%以上1%以下的罚款；可以责令停业整顿，降低资质等级；情节严重的，吊销资质证书。

6. 以欺骗手段取得资质证书承揽工程应承担的法律责任

《建设工程质量管理条例》规定，以欺骗手段取得资质证书承揽工程的，吊销资质证书，处工程合同价款2%以上4%以下的罚款；有违法所得的，予以没收。

案例：

某工程项目由甲施工企业总承包，该企业将工程的土石方工程分包给乙分包公司，乙分包公司又与社会上的刘某签订任务书，约定由刘某组织人员负责土方开挖、装卸和运输，负责施工的项目管理、技术指导和现场安全，单独核算，自负盈亏。

问：该分包公司与刘某签订土石方工程任务书的行为应当如何定性，该作何处理？

分析：

本案例中，分包企业允许刘某以工程任务书形式承揽土石方工程，并将现场全权交由刘某负责，该项目施工中的技术、质量、安全管理及核算人员均由刘某自行组织而非该分包公司的人员，按照《房屋建筑和市政基础设施工程施工分包管理办法》第十五条规定，这种情况应视同允许他人以本企业名义承揽工程。

《建设工程质量管理条例》规定，勘察、设计、施工、工程监理单位允许其他单位或者个人以本单位名义承揽工程的，责令改正，没收违法所得；对施工单位处工程合同价款2%以上4%以下的罚款；可以责令停业整顿，降低资质等级；情节严重的，吊销资质证书。据此，对该分包公司应当作出相应的处罚。

三、建设工程勘察、设计单位资质许可管理制度

所谓工程勘察是指依据工程建设目标，通过对地形、地质、水文等要素进行测绘、勘

探、测试及综合分析评定，查明建设场地和有关范围内的地质地理环境特征，提供建设所需要的勘察成果资料及其相关的活动。

所谓工程设计是指依据工程建设目标，运用工程技术和经济方法，对建设工程的工艺、土木、建筑、公用、环境等系统进行综合策划、论证，编制建设所需要的设计文件及其相关的活动。

（一）资质分类和分级

1. 工程勘察资质

工程勘察资质分为工程勘察综合资质、工程勘察专业资质、工程勘察劳务资质。工程勘察综合资质只设甲级；工程勘察专业资质设甲级、乙级，根据工程性质和技术特点，部分专业可以设丙级；工程勘察劳务资质不分等级。

取得工程勘察综合资质的企业，可以承接各专业（海洋工程勘察除外）、各等级工程勘察业务；取得工程勘察专业资质的企业，可以承接相应等级相应专业的工程勘察业务；取得工程勘察劳务资质的企业，可以承接岩土工程治理、工程钻探、凿井等工程勘察劳务业务。

2. 工程设计资质

工程设计资质分为工程设计综合资质、工程设计行业资质、工程设计专业资质和工程设计专项资质。

工程设计综合资质只设甲级；工程设计行业资质、工程设计专业资质、工程设计专项资质设甲级、乙级。根据工程性质和技术特点，个别行业、专业、专项资质可以设丙级，建筑工程专业资质可以设丁级。

取得工程设计综合资质的企业，可以承接各行业、各等级的建设工程设计业务；取得工程设计行业资质的企业，可以承接相应行业相应等级的工程设计业务及本行业范围内同级别的相应专业、专项（设计施工一体化资质除外）工程设计业务；取得工程设计专业资质的企业，可以承接本专业相应等级的专业工程设计业务及同级别的相应专项工程设计业务（设计施工一体化资质除外）；取得工程设计专项资质的企业，可以承接本专项相应等级的专项工程设计业务。

（二）资质申请和审批

申请工程勘察甲级资质、工程设计甲级资质，以及涉及铁路、交通、水利、信息产业、民航等方面的工程设计乙级资质的，应当向企业工商注册所在地的省、自治区、直辖市人民政府住房城乡建设主管部门提出申请。其中，国务院国资委管理的企业应当向国务院住房城乡建设主管部门提出申请；国务院国资委管理的企业下属一层级的企业申请资质，应当由国务院国资委管理的企业向国务院住房城乡建设主管部门提出申请。

省、自治区、直辖市人民政府住房城乡建设主管部门应当自受理申请之日起 20 日内初审完毕，并将初审意见和申请材料报国务院住房城乡建设主管部门。

国务院住房城乡建设主管部门应当自省、自治区、直辖市人民政府住房城乡建设主管部门受理申请材料之日起 60 日内完成审查，公示审查意见，公示时间为 10 日。其中，涉及铁路、交通、水利、信息产业、民航等方面的工程设计资质，由国务院住房城乡建设主管部门送国务院有关部门审核，国务院有关部门在 20 日内审核完毕，并将审核意见送国务院住房城乡建设主管部门。

工程勘察乙级及以下资质、劳务资质、工程设计乙级（涉及铁路、交通、水利、信息产业、民航等方面的工程设计乙级资质除外）及以下资质许可由省、自治区、直辖市人民政府建设主管部门实施。具体实施程序由省、自治区、直辖市人民政府住房城乡建设主管部门依法确定。

省、自治区、直辖市人民政府住房城乡建设主管部门应当自作出决定之日起30日内，将准予资质许可的决定报国务院住房城乡建设主管部门备案。

（三）资质的定级和升级条件

企业首次申请、增项申请工程勘察、工程设计资质，其申请资质等级最高不超过乙级，且不考核企业工程勘察、工程设计业绩。

已具备施工资质的企业首次申请同类别或相近类别的工程勘察、工程设计资质的，可以将相应规模的工程总承包业绩作为工程业绩予以申报。其申请资质等级最高不超过其现有施工资质等级。

企业合并的，合并后存续或者新设立的企业可以承继合并前各方中较高的资质等级，但应当符合相应的资质标准条件。

（四）资质证书的使用与延续

《建设工程勘察设计资质管理规定》资质证书有效期为5年。资质有效期届满，企业需要延续资质证书有效期的，应当在资质证书有效期届满60日前，向原资质许可机关提出资质延续申请。

对在资质有效期内遵守有关法律、法规、规章、技术标准，信用档案中无不良行为记录，且专业技术人员满足资质标准要求的企业，经资质许可机关同意，有效期延续5年。

（五）企业资质证书的变更

企业在资质证书有效期内名称、地址、注册资本、法定代表人等发生变更的，应当在工商部门办理变更手续后30日内办理资质证书变更手续。

取得工程勘察甲级资质、工程设计甲级资质，以及涉及铁路、交通、水利、信息产业、民航等方面的工程设计乙级资质的企业，在资质证书有效期内发生企业名称变更的，应当向企业工商注册所在地省、自治区、直辖市人民政府住房城乡建设主管部门提出变更申请，省、自治区、直辖市人民政府住房城乡建设主管部门应当自受理申请之日起2日内将有关变更证明材料报国务院住房城乡建设主管部门，由国务院住房城乡建设主管部门在2日内办理变更手续。

前款规定以外的资质证书变更手续，由企业工商注册所在地的省、自治区、直辖市人民政府住房城乡建设主管部门负责办理。省、自治区、直辖市人民政府住房城乡建设主管部门应当自受理申请之日起2日内办理变更手续，并在办理资质证书变更手续后15日内将变更结果报国务院住房城乡建设主管部门备案。

涉及铁路、交通、水利、信息产业、民航等方面的工程设计资质的变更，国务院住房城乡建设主管部门应当将企业资质变更情况告知国务院有关部门。

（六）不予批准企业资质升级申请和增项申请的规定

从事建设工程勘察、设计活动的企业，申请资质升级、资质增项，在申请之日起前1年内有下列情形之一的，资质许可机关不予批准企业的资质升级申请和增项申请：
(1)企业相互串通投标或者与招标人串通投标承揽工程勘察、工程设计业务的；
(2)将承揽的工程勘察、工程设计业务转包或违法分包的；
(3)注册执业人员未按照规定在勘察设计文件上签字的；
(4)违反国家工程建设强制性标准的；
(5)因勘察设计原因造成过重大生产安全事故的；
(6)设计单位未根据勘察成果文件进行工程设计的；
(7)设计单位违反规定指定建筑材料、建筑构配件的生产厂、供应商的；
(8)无工程勘察、工程设计资质或者超越资质等级范围承揽工程勘察、工程设计业务的；
(9)涂改、倒卖、出租、出借或者以其他形式非法转让资质证书的；
(10)允许其他单位、个人以本单位名义承揽建设工程勘察、设计业务的；
(11)其他违反法律、法规行为的。

（七）企业资质证书的撤回、撤销和注销

企业取得工程勘察、设计资质后，不再符合相应资质条件的，建设主管部门、有关部门根据利害关系人的请求或者依据职权，可以责令其限期改正；逾期不改的，资质许可机关可以撤回其资质。

有下列情形之一的，资质许可机关或者其上级机关，根据利害关系人的请求或者依据职权，可以撤销工程勘察、工程设计资质：
(1)资质许可机关工作人员滥用职权、玩忽职守作出准予工程勘察、工程设计资质许可的；
(2)超越法定职权作出准予工程勘察、工程设计资质许可；
(3)违反资质审批程序作出准予工程勘察、工程设计资质许可的；
(4)对不符合许可条件的申请人作出工程勘察、工程设计资质许可的；
(5)依法可以撤销资质证书的其他情形。
以欺骗、贿赂等不正当手段取得工程勘察、工程设计资质证书的，应当予以撤销。
有下列情形之一的，企业应当及时向资质许可机关提出注销资质的申请，交回资质证书，资质许可机关应当办理注销手续，公告其资质证书作废：
(1)资质证书有效期届满未依法申请延续的；
(2)企业依法终止的；
(3)资质证书依法被撤销、撤回，或者吊销的；
(4)法律、法规规定的应当注销资质的其他情形。

（八）违反勘察设计资质管理规定的法律责任

(1)企业隐瞒有关情况或者提供虚假材料申请资质的，资质许可机关不予受理或者不予行政许可，并给予警告，该企业在1年内不得再次申请该资质。
(2)企业以欺骗、贿赂等不正当手段取得资质证书的，由县级以上地方人民政府住房城乡建设主管部门或者有关部门给予警告，并依法处以罚款；该企业在 3 年内不得再次申请该资质。

（3）企业不及时办理资质证书变更手续的，由资质许可机关责令限期办理；逾期不办理的，可处以 1 000 元以上 1 万元以下的罚款。

（4）企业未按照规定提供信用档案信息的，由县级以上地方人民政府住房城乡建设主管部门给予警告，责令限期改正；逾期未改正的，可处以 1 000 元以上 1 万元以下的罚款。

（5）涂改、倒卖、出租、出借或者以其他形式非法转让资质证书的，由县级以上地方人民政府住房城乡建设主管部门或者有关部门给予警告，责令改正，并处以 1 万元以上 3 万元以下的罚款；造成损失的，依法承担赔偿责任；构成犯罪的，依法追究刑事责任。

第三节　建筑企业从业人员执业资格许可制度

注册执业资格制度是指对具有一定专业学历和资历并从事特定专业技术活动的专业人员，在各自的专业范围内参加全国或行业组织的统一考试，获得相应的执业资格证书，经注册后在资格许可范围内执业的制度。执业资格制度是我国强化市场准入制度、提高项目管理水平的重要举措。

注册建造师执业管理办法(试行)

《建筑法》规定，从事建筑活动的专业技术人员，应当依法取得相应的执业资格证书，并在执业资格证书许可的范围内从事建筑活动。

工程建设从业人员执业资格主要包括注册建筑师、注册建造师、注册造价工程师、注册结构工程师、注册监理工程师等。

一、注册建造师执业资格制度

（一）注册建造师的概念

注册建造师是指从事建设项目总承包和施工管理关键岗位的执业注册人员。注册建造师分为一级注册建造师和二级注册建造师。建造师注册受聘后，可以建造师的名义担任建设工程项目施工的项目经理，从事其他施工活动的管理，从事法律、行政法规或国务院住房城乡建设主管部门规定的其他业务。

1. 注册建造师的考试

（1）一级建造师。一级建造师职业资格考试实行全国统一大纲、统一命题、统一组织的制度，由人事部、建设部共同组织实施，原则上每年举行一次考试。

凡遵守国家法律、法规，具备下列条件之一者，可以申请参加一级建造师执业资格考试：

①取得工程类或工程经济类大学专科学历，工作满 6 年，其中从事建设工程项目施工管理工作满 4 年。

②取得工程类或工程经济类大学本科学历，工作满 4 年，其中从事建设工程项目施工管理工作满 3 年。

③取得工程类或工程经济类双学士学位或研究生班毕业，工作满 3 年，其中从事建设工程项目施工管理工作满 2 年。

④取得工程类或工程经济类硕士学位，工作满 2 年，其中从事建设工程项目施工管理工作满 1 年。

⑤取得工程类或工程经济类博士学位，从事建设工程项目施工管理工作满 1 年。

(2)二级建造师。二级建造师执业资格实行全国统一大纲，各省、自治区、直辖市命题并组织考试的制度。住房和城乡建设部负责拟定二级建造师执业资格考试大纲，人力资源和社会保障部负责审定考试大纲。各省、自治区、直辖市人力资源和社会保障厅(局)，住房和城乡建设厅(委)按照国家确定的考试大纲和有关规定，在本地区组织实施二级建造师执业资格考试。

凡遵纪守法，具备工程类或工程经济类中等专科以上学历并从事建设工程项目施工管理工作满 2 年的人员，可报名参加二级建造师执业资格考试。

2. 建造师的注册

取得建造师执业资格证书的人员，必须经过注册登记，方可以建造师名义执业。住房和城乡建设部或其授权的机构为一级建造师执业资格的注册管理机构。省、自治区、直辖市建设行政主管部门或其授权的机构为二级建造师执业资格的注册管理机构。

申请注册的人员必须同时具备以下条件：

(1)取得建造师执业资格证书；

(2)无犯罪记录；

(3)身体健康，能坚持在建造师岗位上工作；

(4)经所在单位考核合格。

《注册建造师管理规定》中规定，申请人有下列情形之一的，不予注册：

(1)不具有完全民事行为能力的；

(2)申请在两个或者两个以上单位注册的；

(3)未达到注册建造师继续教育要求的；

(4)受到刑事处罚，刑事处罚尚未执行完毕的；

(5)因执业活动受到刑事处罚，自刑事处罚执行完毕之日起至申请注册之日止不满 5 年的；

(6)因前项规定以外的原因受到刑事处罚，自处罚决定之日起至申请注册之日止不满 3 年的；

(7)被吊销注册证书，自处罚决定之日起至申请注册之日止不满 2 年的；

(8)在申请注册之日前 3 年内担任项目经理期间，所负责项目发生过重大质量和安全事故的；

(9)申请人的聘用单位不符合注册单位要求的；

(10)年龄超过 65 周岁的；

(11)法律、法规规定不予注册的其他情形。

3. 建造师执业活动中违法行为应承担的法律责任

《注册建造师管理规定》规定，注册建造师在执业活动中有下列行为之一的，由县级以上地方人民政府住房城乡建设主管部门或者其他有关部门给予警告，责令改正，没有违法所得的，处以 1 万元以下的罚款；有违法所得的，处以违法所得 3 倍以下且不超过 3 万元的罚款：

（1）不履行注册建造师义务；

（2）在执业过程中，索贿、受贿或者谋取合同约定费用外的其他利益；

（3）在执业过程中实施商业贿赂；

（4）签署有虚假记载等不合格的文件；

（5）允许他人以自己的名义从事执业活动；

（6）同时在两个或者两个以上单位受聘或者执业；

（7）涂改、倒卖、出租、出借或以其他形式非法转让资格证书、注册证书和执业印章；

（8）超出执业范围和聘用单位业务范围内从事执业活动；

（9）法律、法规、规章禁止的其他行为。

案例：

某建设集团在2011年二级建造师注册过程中发生2人违规行为：一是该公司李某在申请二级建造师注册时，隐瞒其已在另一个单位注册的事实，提供虚假材料；二是该公司王某在申请二级建造师注册时，提供虚假材料，其实际年龄已67周岁。

问：本案例中2名当事人的行为应当作何处理？

分析：

《注册建造师管理规定》第三十三条规定："隐瞒有关情况或者提供虚假材料申请注册的，建设主管部门不予受理或者不予注册，并给予警告，申请人1年内不得再次申请注册。"本案例中的李某和王某隐瞒事实、提供虚假材料申请二级建造师注册的行为，均为违法行为，应当不予注册，给予警告，并在1年内不得再次申请注册。

4. 建造师的受聘单位和执业岗位范围

（1）建造师的受聘单位。一级建造师可以担任特级、一级建筑业企业资质的建设工程项目施工的项目经理；二级建造师可以担任二级及以下建筑业企业资质的建设工程项目施工的项目经理。

《注册建造师管理规定》进一步规定，取得资格证书的人员应当受聘于一个具有建设工程勘察、设计、施工、监理、招标代理、造价咨询等一项或者多项资质的单位，经注册后方可从事相应的执业活动。担任施工单位项目负责人的，应当受聘并注册于一个具有施工资质的企业。

（2）建造师执业范围。

①执业区域范围。

a. 一级注册建造师可在全国范围内以一级注册建造师的名义执业；

b. 通过二级建造师考核认定，或参加全国统考取得二级建造师证书并注册人员，可在全国范围内以二级注册建造师的名义执业。

工程所在地住房城乡建设主管部门和有关部门不得增设或者变相设置跨地区承揽工程项目执业准入条件。

②执业岗位范围。建造师经注册后，有权以建造师名义担任建设工程项目施工的项目经理及从事其他施工活动的管理，但不得同时担任两个及以上建设工程施工项目负责人。发生下列情形之一的除外：同一工程相邻分段发包或分期施工的；合同约定的工程验收合格的；因非承包方原因致使工程项目停工超过120天（含），经建设单位同意的。

注册建造师担任施工项目负责人期间原则上不得更换。如发生下列情形之一的，应当办理书面交接手续后更换施工项目负责人；发包方与注册建造师受聘企业已解除承包合同的；发包方同意更换项目负责人的；因不可抗力等特殊情况必须更换项目负责人的。

知识链接

建造师和项目经理的关系

建造师与项目经理定位不同，但所从事的都是建设工程的管理。建造师执业的覆盖面较大，可涉及工程建设项目管理的许多方面，担任项目经理只是建造师执业中的一项；项目经理则限于企业内某一特定工程的项目管理。建造师选择工作的权力相对自主，可在社会市场上有序流动，有较大的活动空间；项目经理岗位则是企业设定的，项目经理是企业法人代表授权或聘用的、一次性的工程项目施工管理者。可见，建造师是担任项目经理的前提条件，但是否能够担任是建筑施工企业决定，属于企业内部行为。也就是说建造师不一定是项目经理，但项目经理一定是建造师。

二、注册造价工程师

(一)造价工程师的概念

造价工程师，是指经全国统一考试合格，取得造价工程师执业资格证书，并经注册从事建设工程造价业务活动的专业技术人员。

凡从事工程建设活动的建设、设计、施工、工程造价咨询、工程造价管理等单位和部门，必须在计价、评估、审查(核)、控制及管理等岗位配备有造价工程师执业资格的专业技术人员。

(二)造价工程师的考试

根据《造价工程师职业资格制度规定》规定，一级造价工程师职业资格考试全国统一大纲、统一命题、统一组织；二级造价工程师职业资格考试全国统一大纲，各省、自治区、直辖市自主命题并组织实施。

凡遵守《中华人民共和国宪法》、法律、法规，具有良好的业务素质和道德品行，具备下列条件之一者，可以申请参加一级造价工程师职业资格考试：

(1)具有工程造价专业大学专科(或高等职业教育)学历，从事工程造价业务工作满5年；具有土木建筑、水利、装备制造、交通运输、电子信息、财经商贸大类大学专科(或高等职业教育)学历，从事工程造价业务工作满6年。

(2)具有通过工程教育专业评估(认证)的工程管理、工程造价专业大学本科学历或学位，从事工程造价业务工作满4年；具有工学、管理学、经济学门类大学本科学历或学位，从事工程造价业务工作满5年。

(3)具有工学、管理学、经济学门类硕士学位或者第二学士学位，从事工程造价业务工作满3年。

(4)具有工学、管理学、经济学门类博士学位，从事工程造价业务工作满1年。

(5)具有其他专业相应学历或者学位的人员，从事工程造价业务工作年限相应增加1年。

凡遵守中华人民共和国宪法、法律、法规，具有良好的业务素质和道德品行，具备下列条件之一者，可以申请参加二级造价工程师职业资格考试：

(1)具有工程造价专业大学专科(或高等职业教育)学历，从事工程造价业务工作满2年；具有土木建筑、水利、装备制造、交通运输、电子信息、财经商贸大类大学专科(或高等职业教育)学历，从事工程造价业务工作满3年。

(2)具有工程管理、工程造价专业大学本科及以上学历或学位，从事工程造价业务工作满1年；具有工学、管理学、经济学门类大学本科及以上学历或学位，从事工程造价业务工作满2年。

(3)具有其他专业相应学历或学位的人员，从事工程造价业务工作年限相应增加1年。

一级造价工程师职业资格考试合格者，由各省、自治区、直辖市人力资源社会保障行政主管部门颁发中华人民共和国一级造价工程师职业资格证书。

二级造价工程师职业资格考试合格者，由各省、自治区、直辖市人力资源社会保障行政主管部门颁发中华人民共和国二级造价工程师职业资格证书。

(三)造价工程师的注册

1. 注册管理机构

国务院住房城乡建设主管部门对全国注册造价工程师的注册、执业活动实施统一监督管理，负责实施全国一级注册造价工程师的注册，并负责建立全国统一的注册造价工程师注册信息管理平台；国务院有关专业部门按照国务院规定的职责分工，对本行业注册造价工程师的执业活动实施监督管理。省、自治区、直辖市人民政府住房城乡建设主管部门对本行政区域内注册造价工程师的执业活动实施监督管理，并实施本行政区域二级注册造价工程师的注册。

2. 注册的条件

申请注册的人员必须同时具备下列条件：

(1)取得职业资格。

(2)受聘于一个工程造价咨询企业或者工程建设领域的建设、勘察设计、施工、招标代理、工程监理、工程造价管理等单位。

(3)有下列情形不予注册：

①不具有完全民事行为能力的。

②申请在两个或者两个以上单位注册的。

③未达到造价工程师继续教育合格标准的。

④前一个注册期内工作业绩达不到规定标准或未办理暂停执业手续而脱离工程造价业务岗位的。

⑤受刑事处罚，刑事处罚尚未执行完毕的。

⑥因工程造价业务活动受刑事处罚，自刑事处罚执行完毕之日起至申请注册之日止不满5年的。

⑦因前项规定以外原因受刑事处罚，自处罚决定之日起至申请注册之日止不满3年的。

⑧被吊销注册证书，自被处罚决定之日起至申请之日止不满3年的。

⑨以欺骗、贿赂等不正当手段获准注册被撤销，自被撤销注册之日起至申请注册之日止不满3年的。

⑩法律、法规规定不予注册的其他情形。

3. 注册有效期

造价工程师初始注册有效期为 4 年。有效期满需继续执业的，应当在注册有效期满 30 日前，申请延续注册，延续注册的有效期为 4 年。对不符合注册条件的，不予重新注册。

4. 造价工程师的执业

一级注册造价工程师执业范围包括建设项目全过程的工程造价管理与工程造价咨询等。具体工作内容：

(1)项目建议书、可行性研究投资估算与审核，项目评价造价分析；

(2)建设工程设计概算、施工预算编制和审核；

(3)建设工程招标投标文件工程量和造价的编制与审核；

(4)建设工程合同价款、结算价款、竣工决算价款的编制与管理；

(5)建设工程审计、仲裁、诉讼、保险中的造价鉴定，工程造价纠纷调解；

(6)建设工程计价依据、造价指标的编制与管理；

(7)与工程造价管理有关的其他事项。

二级注册造价工程师协助一级注册造价工程师开展相关工作，并可以独立开展以下工作：

(1)建设工程工料分析、计划、组织与成本管理，施工图预算、设计概算编制；

(2)建设工程量清单、最高投标限价、投标报价编制；

(3)建设工程合同价款、结算价款和竣工决算价款的编制。

知识筑基

1. 施工许可证的申领条件有哪些？

2. 关于施工许可证的有效期有哪些规定？

3. 什么是工程建设从业单位？施工企业资质分为哪些？

4. 简述施工许可证的有效期和延期的处理方式。

5. 什么是注册建造师？注册建造师的资质分为哪几级？

真案实判

2013 年 5 月 7 日、6 月 9 日，原告中如建工公司与被告成武富达公司签订建设工程施工合同及补充条款，约定由原告承建被告成武富达公司的"富达东方城"C 区、A 区项目。签订合同时，涉案工程未进行招投标，也未取得建筑工程施工许可证。签订合同后，原告将涉案部分工程分包给三河市宏远达建筑劳务有限公司、孝昌县天祥建筑工程有限责任公司进行施工。2013 年 12 月份，因涉案工程未办理施工许可证，成武县住房和城乡建设局查封了涉案工地，并下发《施工许可催办通知》，要求在 2014 年 1 月 30 日前办理施工许可手续，如不办理，年后不得复工。此后，涉案工程处于停工状态。2014 年 6 月 25 日，被告对涉案工程进行公开招标，2014 年 8 月 21 日，原告中标。后原、被告亦未就涉案工程办理施工许可证。

2015年5月16日，原告方代表郭小兵、被告方代表侯某军签署《关于山东省成武县富达东方城项目相关问题处理的备忘录》一份，约定：

(1)双方同意终止双方签订的建设工程施工总承包合同的执行，对于已完工程有关依法应当享有的权利依然存在。

(2)被告应当支付原告的款项分为以下几部分：一是经被告确认的已完工程量部分；二是按原合同约定应付未付给原告的工程款利息；关于自2014年1月底至目前的停工损失部分，双方协商后另行确认。

2015年8月24日，原告向菏泽市中级人民法院提起民事诉讼，要求被告成武富达公司支付工程款及停工损失。2018年，涉案工程的劳务分包公司三河市宏远达建筑劳务有限公司和孝昌县天祥建筑工程有限责任公司将中如建工公司起诉至一审法院，要求中如建工公司赔偿因停工造成的各项损失。

问题：试对该案进行分析判决。

（该案摘自最高人民法院公报案例）

第三章　建设工程招标投标法律原理与实务

了解建设工程招标投标制度及建设工程招标的种类，熟悉建设工程招标的范围、建设工程招标投标的基本原则；掌握建设工程招标应具备的条件和招标方式与招标投标程序；熟悉建设工程招标投标监督管理制度及招标投标活动中违法行为和承担的法律责任。

1. 具有组织工程项目招标的基本技能；
2. 通过掌握工程招标、投标和决标的基本法律规定，能够识别招标投标过程中的违法行为。

第一节　建设工程招标投标立法概述

案例引入

某市工程投资金额为 4.5 亿元，7 月发布招标公告，通过招标，确定了中标单位。但实际早在 4 月，该工程已经开始现场施工。在项目施工现场的《工程公告牌》显示：项目施工单位为 A 公司和 B 公司，工期是 2010 年 4 月 1 日至 2011 年 5 月 31 日。该公司工程招标负责人在 7 月份接受记者采访时坦承："工程开工三个多月了，施工单位的招标投标确实没做完。"记者问及为什么会出现这种违反法定程序的问题，负责人解释说："这是个市场化运作的项目，所以当初没招标就交给施工单位干了。现在正补办招标投标手续，估计很快程序就走完了。"

分析：

先施工后补办招标投标手续，是《中华人民共和国招标投标法》（以下简称《招标投标法》）明令禁止的行为。不难看出上述项目存在有重大定施工单位、串标围标、腐败交易等嫌疑，情况调查清楚后相关人员必将受到严厉处罚。2000 年 1 月 1 日实施了《招标投标法》，2012 年 2 月 1 日实施了《中华人民共和国招标投标法实施条例》（以下简称《招标投标法实施条例》），时至今日招标人明招暗定、先施工后招标现象仍时有发生。有些招标人先施工后招标，生米做成熟饭，再通过给评标人员做工作，补充完善招标手续，使程序合法化。此类行为完全使招标流于形式并容易引发投诉甚至法律纠纷。针对此类现象监督管理部门应加强监管，完善监督举报机制，严肃处理违规行为，同时招标人也应加强依法招标的观念，以降低招标投标活动中的风险和隐患。

一、建设工程招标投标制度

建设工程招标投标，是建设单位对拟建的建设工项目通过法定的程序和方式吸引承包单位进行公平竞争，并从中选择条件优越者来完成建设工程任务的行为。招标与投标，实际上是一种商品交易方式。这种交易方式的成本比较高，但具有很强的价格竞争性。通过竞争，发包方或买受人在得到质量、期限等保证的同时，享受优惠的价格。特别是建设工程的发包，我国的法律法规明确规定除不宜招标的工程项目外，都应当实行招标发包。

招标投标是在市场经济条件下进行工程建设、货物买卖、中介服务等经济活动的一种竞争方式和交易方式。其特征是引入竞争机制以求达成交易协议或订立合同，是指招标人对工程建设、货物买卖、中介服务等交易业务事先公布采购条件和要求，吸引愿意承接任务的众多投标人参加竞争，招标人按照规定的程序和办法择优选定中标人的活动。

二、建设工程招标的种类

工程项目招标投标多种多样，按照不同的标准可以进行不同的分类。

(一)按工程建设程序分类

按工程建设程序可将建设工程招标投标分为建设项目前期咨询招标投标、勘察设计招标、材料设备采购招标、施工招标投标。

1. 建设项目前期咨询招标投标

建设项目前期咨询招标投标是指对建设项目的可行性研究任务进行的招标投标。投标方一般为工程咨询企业。中标的承包方要根据招标文件的要求，向发包方提供拟建工程的可行性研究报告，并对其结论的准确性负责。承包方提供的可行性研究报告，应获得发包方的认可。认可的方式通常为专家组评估鉴定。

2. 勘察设计招标

勘察设计招标是指根据批准的可行性研究报告，择优选择勘察设计单位的招标。勘察和设计是两种不同性质的工作，可由勘察单位和设计单位分别完成。勘察单位最终提出施工现场的地理位置、地形、地貌、地质、水文等在内的勘察报告。设计单位最终提供设计图纸和成本预算结果。设计招标还可以进一步分为建筑方案设计招标、施工图设计招标。当施工图设计不是由专业的设计单位承担，而是由施工单位承担，一般不进行单独招标。

3. 材料设备采购招标

材料设备采购招标是指在工程项目初步设计完成后，对建设项目所需的建筑材料和设备(如电梯、供配电系统、空调系统等)采购任务进行的招标。投标方通常为材料供应商、成套设备供应商。

(二)按工程项目承包的范围分类

按工程承包的范围可将工程招标划分为项目总承包招标、项目阶段性招标、设计施工招标、工程分承包招标、专项工程承包招标。

(1)项目全过程总承包招标，即选择项目全过程总承包人招标，这种又可分为两种类型，一是指工程项目实施阶段的全过程招标；二是指工程项目建设全过程的招标。前者是在设计任务书完成后，从项目勘察、设计到施工交付使用进行一次性招标；后者则是从项目的可行性研究到交付使用进行一次性招标，业主只需提供项目投资和使用要求及竣工、交付使用期限，其可行性研究、勘察设计、材料和设备采购、土建施工设备安装及调试、生产准备和试运行、交付使用，均由一个总承包商负责承包，即所谓"交钥匙工程"。承揽"交钥匙工程"的承包商被称为总承包商，绝大多数情况下，总承包商要将工程部分阶段的实施任务分包出去。

（2）工程分承包招标，是指中标的工程总承包人作为其中标范围内的工程任务的招标人，将其中标范围内的工程任务，通过招标投标的方式，分包给具有相应资质的分承包人，中标的分承包人只对招标的总承包人负责。

（3）专项工程承包招标，是指在工程承包招标中，对其中某项比较复杂，或专业性强、施工和制作要求特殊的单项工程进行单独招标。

（三）按行业或专业类别分类

按与工程建设相关的业务性质及专业类别划分，可将工程招标分为土木工程招标、勘察设计招标、材料设备采购招标、安装工程招标、建筑装饰装修招标、生产工艺技术转让招标、咨询服务（工程咨询）及建设监理招标等。

（1）土木工程招标，是指对建设工程中土木工程施工任务进行的招标。
（2）勘察设计招标投标，是指对建设项目的勘察设计任务进行的招标投标。
（3）货物采购招标投标，是指对建设项目所需的建筑材料和设备采购任务进行的招标。
（4）安装工程招标投标，是指对建设项目的设备安装任务进行的招标。
（5）建筑装饰装修招标投标，是指对建设项目的建筑装饰装修的施工任务进行的招标。
（6）生产工艺技术转让招标投标，是指对建设工程生产工艺技术转让进行的招标。
（7）工程咨询和建设监理招标投标，是指对工程咨询和建设监理任务进行的招标。

（四）按工程承发包模式分类

按承发包模式分类可将工程招标划分为工程咨询招标、交钥匙工程招标、设计施工招标、设计-管理招标、BOT 工程招标。

（1）工程咨询招标：是指以工程咨询服务为对象的招标行为。工程咨询服务的内容主要包括：工程立项决策阶段的规划研究、项目选定与决策；建设准备阶段的工程设计、工程招标；施工阶段的监理、竣工验收等工作。

（2）交钥匙工程招标："交钥匙"模式即承包商向业主提供包括融资、设计、施工、设备采购、安装和调试直至竣工移交的全套服务。交钥匙工程招标是指发包商将上述全部工作作为一个标的招标，承包商通常将部分阶段的工程分包，也即全过程招标。

（3）工程设计施工招标：是指将设计及施工作为一个整体标的以招标的方式进行发包，投标人必须为同时具有设计能力和施工能力的承包商。我国由于长期采取设计与施工分开的管理体制，具备设计、施工双重能力的施工企业为数较少。

（4）工程设计-管理招标：是指由同一实体向业主提供设计和施工管理服务的工程管理模式。这种模式时，业主只签订一份既包括设计也包括工程管理服务的合同，在这种情况下，设计机构与管理机构是同一实体。这一实体常常是设计机构施工管理企业的联合体。设计-管理招标即以设计管理为标的进行的工程招标。

(5)BOT 工程招标。BOT(Build-Operate-Transfer)即建造-运营-移交模式，是指东道国政府开放本国基础设施建设和运营市场，吸收国外资金，授给项目公司以特许权，由该公司负责融资和组织建设，建成后负责运营及偿还贷款，在特许期满时将工程移交给东道国政府。BOT 工程招标即是对这些工程环节的招标。

（五）按工程是否具有涉外因素分类

按工程是否具有涉外因素可将建设工程招标分为国内工程招标投标和国际工程招标投标。

(1)国内工程招标投标，是指对本国没有涉外因素的建设工程进行的招标投标。

(2)国际工程招标投标，是指对有不同国家或国际组织参与的建设工程进行的招标投标。国际工程招标投标，包括本国的国际工程(习惯上称涉外工程)招标投标和国外的国际工程招标投标两个部分。国内工程招标和国际工程招标的基本原则是一致的，但在具体做法上有差异。随着社会经济的发展和与国际接轨的深化，国内工程招标和国际工程招标在做法上的区别已越来越小。

三、建设工程招标投标活动的基本原则

建设工程招标投标活动的基本原则，就是建设工程招标投标活动应遵循的普遍的指导思想或准则。根据《招标投标法》第五条规定：招标投标活动应当遵循公开、公平、公正和诚实信用的原则。

（一）公开原则

招标投标活动的公开原则，首先要求进行招标活动的信息要公开。通过建立和完善建设工程项目报建登记制度，及时向社会发布建设工程招标投标信息，让有资格的投标者都能享受到同等的信息，便于进行投标决策。其次建设工程招标投标的程序公开。工程建设项目的招标投标应当经过哪些环节、哪些步骤，在每一环节、每一步骤有什么具体要求和时间限制，凡是适宜公开的，均应当予以公开；在建设工程招标投标的全过程中，招标单位的主要招标活动程序、投标单位的主要投标活动程序和招标投标管理机构的主要监管程序，必须公开。最后建设工程招标投标的结果公开。哪些单位参加了投标，最后哪个单位中了标，应当予以公开。

（二）公平原则

招标投标活动的公平原则，要求招标人严格按照规定的条件和程序办事，同等地对待每一个投标竞争者，不得对不同的投标竞争者采用不同的标准。招标人不得以任何方式限制或者排斥本地区、本系统以外的法人或者其他组织参加投标。

案例：

某省级单位建设一个局域网，采购预算为 450 万元。该项目招标文件注明的合格投标人资质必须满足：注册资金在 2 000 万元以上、有过 3 个以上省级成功案例的国内供应商，同时载明：有过本系统一个以上省级成功案例的优先。招标结果，一个报价只有 398 万元且技术服务条款最优的外省供应商落标，而中标的是报价为 448 万元的本地供应商(该供应商确实做过 3 个成功案例，其中在某省成功开发了本系统的局域网)。

分析：

采购人可以根据采购项目的特殊要求，规定供应商的特定条件，但不得以不合理的条件对供应商实行差别待遇或者歧视待遇，更不得以任何手段排斥其他供应商参与竞争。在招标公告或资质审查公告中，如果以不合理的条件限制、排斥其他潜在投标人公平竞争的权利，这就等于限制了竞争的最大化，有时可能会加大采购成本。量身定做衣服，合情合理；度身定向招标，违法违规。

(三)公正原则

在招标投标活动中招标人行为应当公正，对所有的投标竞争者都应平等对待，不能有特殊。特别是在评标时，评标标准应当明确、严格，对所有在投标截止日期以后送到的投标书都应拒收，与投标人有利害关系的人员都不得作为评标委员会的成员。招标人和投标人双方在招标投标活动中的地位平等，任何一方不得向另一方提出不合理的要求，不得将自己的意志强加给对方。

案例：

某1 200万元的系统集成项目招标。采购人在法定媒体上发布了公告，有7家实力相当的本、外地企业前往投标。考虑到本项目的特殊性，采购人希望本地企业中标，以确保硬件售后服务及软件升级维护随叫随到。于是，成立了一个5人评标委员会，其中3人是采购人代表，其余两人分别为技术、经济专家。通过正常的开标、评标程序，最终确定了本地一家企业作为中标候选人。

分析：

这个招标看似公正，其实招标单位在评委的选择上要了花招。根据有关规定，专家必须是从监管部门建成的专家库中以随机方式抽取，对采购金额超过300万元以上的项目，其评标委员会应当是7人以上的单数，且技术、经济方面的专家不得少于三分之二。该项目组成的5人评标委员会中采购人代表占3人，有控制评标结果之嫌疑。

(四)诚实信用原则

诚实信用原则也称诚信原则。这条原则要求招标投标当事人应以诚实、守信的态度行使权利，履行义务，以维护双方的利益平衡，双方当事人都必须以尊重自身利益的同等态度尊重对方利益，同时必须保证自己的行为不损害第三方利益和国家、社会的公共利益。诚信原则是建设工程招标投标活动中的重要道德规范，也是法律上的要求。诚信原则要求当事人和中介机构在进行招标投标活动时，必须具备诚实无欺、善意守信的品质，不得滥用权力损害他人利益，要在自己获得利益的同时充分尊重社会公德和国家的、社会的、他人的利益，自觉维护市场经济的正常秩序。

四、建设工程必须招标的范围

(一)强制招标的范围

工程建设项目是指工程及与工程建设有关的货物、服务。工程是指建设工程，包括建筑物和构筑物的新建、改建、扩建及其相关的装修、拆除、修缮等；与工程建设有关的货物，是指构成工程不可分割的组成部分，且为实现工程基本功能所必需的设备、材料等；

与工程建设有关的服务，是指为完成工程所需的勘察、设计、监理等服务。在中华人民共和国境内进行下列工程建设项目包括项目的勘察、设计、施工、监理以及与工程建设有关的重要设备、材料等的采购，必须进行招标：

(1)大型基础设施、公用事业等关系社会公共利益、公众安全的项目。

(2)全部或者部分使用国有资金投资或者国家融资的项目。

(3)使用国际组织或者外国政府贷款、援助资金的项目。

(4)全部或者部分使用国有资金投资或者国家融资的项目包括：使用预算资金200万元人民币以上，并且该资金占投资额10％以上的项目；使用国有企业事业单位资金，并且该资金占控股或者主导地位的项目。

使用国际组织或者外国政府贷款、援助资金的项目包括：使用世界银行、亚洲开发银行等国际组织贷款、援助资金的项目；使用外国政府及其机构贷款、援助资金的项目。

上述规定范围内的项目，其勘察、设计、施工、监理以及与工程建设有关的重要设备、材料等的采购达到下列标准之一的，必须进行招标：

(1)施工单项合同估算价在400万元人民币以上。

(2)重要设备、材料等货物的采购，单项合同估算价在200万元人民币以上。

(3)勘察、设计、监理等服务的采购，单项合同估算价在100万元人民币以上。同一项目中可以合并进行的勘察、设计、施工、监理以及与工程建设有关的重要设备、材料等的采购，合同估价合计达到以上规定标准的，必须招标。

(二)可以不进行招标的建设工程项目

(1)《招标投标法》规定可以不进行招标的项目如下：

①涉及国家安全、国家秘密、抢险救灾或者属于利用扶贫资金实行以工代赈、需要使用农民工等特殊情况，不适宜进行招标的项目按照国家有关规定可以不进行招标。

②使用国际组织或者外国政府贷款、援助资金的项目进行招标，贷款方、资金提供方对招标投标的具体条件和程序有不同规定的，可以适用其规定，但违背社会公共利益的除外。

(2)根据《招标投标法实施条例》的要求，有下列情形之一的，可以不进行招标：

①需要采用不可替代的专利或者专有技术；

②采购人依法能够自行建设、生产或者提供；

③已通过招标方式选定的特许经营项目投资人依法能够自行建设、生产或者提供；

④需要向原中标人采购工程、货物或者服务，否则将影响施工或者功能配套要求；

⑤国家规定的其他特殊情形。

(3)《工程建设项目勘察设计招标投标办法》规定，按照国家规定需要履行项目审批、核准手续的依法必须进行招标的项目，有下列情形之一的，经项目审批、核准部门审批、核准，项目的勘察设计可以不进行招标：

①涉及国家安全、国家秘密、抢险救灾或者属于利用扶贫资金实行以工代赈、需要使用农民工等特殊情况，不适宜进行招标；

②主要工艺、技术采用不可替代的专利或者专有技术，或者其建筑艺术造型有特殊要求；

③采购人依法能够自行勘察、设计；

④已通过招标方式选定的特许经营项目投资人依法能够自行勘察、设计；

⑤技术复杂或专业性强，能够满足条件的勘察设计单位少于三家，不能形成有效竞争；

⑥已建成项目需要改、扩建或者技术改造，由其他单位进行设计影响项目功能配套性；

⑦国家规定的其他特殊情形。

(4)《工程建设项目施工招标投标办法》规定，依法必须进行施工招标的工程建设项目有下列情形之一的，可以不进行施工招标：

①涉及国家安全、国家秘密、抢险救灾或者属于利用扶贫资金实行以工代赈需要使用农民工等特殊情况，不适宜进行招标；

②施工主要技术采用不可替代的专利或者专有技术；

③已通过招标方式选定的特许经营项目投资人依法能够自行建设；

④采购人依法能够自行建设；

⑤在建工程追加的附属小型工程或者主体加层工程，原中标人仍具备承包能力，并且其他人承担将影响施工或者功能配套要求；

⑥国家规定的其他情形。

第二节　建设工程招标投标的程序

案例引入

某单位制冷改造工程施工招标，由于设计院设计深度不足，招标人提供的图纸、清单、技术规定等资料并不满足招标的前提条件，而招标人因工期紧等理由，坚持马上发布公告进行招标，并打算采取预算比例下浮报价的方式。招标文件发售阶段又陆续发出澄清文件对技术文件部分进行补充和说明。开标后因图纸与清单内容核算不一致，投标人对招标文件投标报价法的理解不同等原因，导致投标人报价的基础不一致，评委在评标过程中花费了大量时间和精力进行仔细的计算复核，最终将投标人的报价调整至统一报价基础进行比较评审，并导致其中若干个标段流标。

中华人民共和国
招标投标法实施条例

分析：

建设工程项目土建安装等施工招标的前提条件有以下几条：

(1)招标人已经依法成立；

(2)项目已经按照规定履行了审批或核准手续；

(3)资金或资金来源已经落实；

(4)具有满足招标的技术条件，如技术规格、图纸、使用功能等。清单图纸等技术资料是保证招标顺利进行的必要前提条件，图纸应由专业设计单位制作，清单应由有足够经验的造价工程师编制，招标人在招标前应仔细审核图纸、清单、技术规定以保证各种技术资料对工程量的描述统一、各项工作内容完整明确。

如果在不具备招标条件的情况下发布公告进行招标，将导致招标投标工作从开始就存在不确定的因素，如存在清单和图纸不能一一对应或设计深度不够等情形，而这些不确定的因素所造成的结果就是中标造价不能真正反映工程的实际情况，使工程在施工过程中出现较大的变动甚至出现返工，最终给招标投标双方之中的某一方造成经济损失。

所以在进行招标投标工作时，一定要对所有有可能影响报价的前提条件做到完整明确，避免因为招标前提条件的某种缺失，使工程蒙受不必要的损失或引发供应商不满而发生投诉事件。

一、建设工程招标应具备的条件

为了完善和维护建设工程项目招标程序，招标人必须在招标前做好准备工作，招标项目按照国家有关规定需要履行项目审批手续的，应当先履行审批手续，取得批准。招标人应当有进行招标项目的相应资金或者资金来源已经落实，并应当在招标文件中如实载明。

1. 勘察设计招标条件

(1)招标人已经依法成立；

(2)按照国家有关规定需要履行项目审批、核准或者备案手续的，已经审批、核准或者备案；

(3)勘察设计有相应资金或者资金来源已经落实；

(4)所必需的勘察设计基础资料已经收集完成；

(5)法律法规规定的其他条件。

工程建设项目勘察设计招标投标办法

2. 施工招标条件

(1)招标人已经依法成立；

(2)初步设计及概算应当履行审批手续的，已经批准；

(3)有相应资金或资金来源已经落实；

(4)有招标所需的设计图纸及技术资料。

工程建设项目施工招标投标办法

3. 货物招标条件

(1)招标人已经依法成立；

(2)按照国家有关规定应当履行项目审批、核准或者备案手续的，已经审批、核准或者备案；

(3)有相应资金或者资金来源已经落实；

(4)能够提出货物的使用与技术要求。

工程建设项目货物招标投标办法

二、招标的方式

《招标投标法》规定，招标分为公开招标和邀请招标。

（一）公开招标

公开招标，是指招标人以招标公告的方式邀请不特定的法人或者其他组织投标。依法必须进行招标的项目的招标公告，应当通过国家指定的报刊、信息网络或者其他媒介发布。

公开招标程序最严密、最规范，有利于招标人防范风险，保证招标的效果；有利于防范招标投标活动操作人员和监督人员的舞弊现象。

公开招标是适用范围最为广泛、最有发展前景的招标方式。在国际上，招标通常都是指公开招标。在某种程度上，公开招标已成为招标的代名词。

(二)邀请招标

邀请招标，是指招标人以投标邀请书的方式邀请特定的法人或者其他组织投标。招标人采用邀请招标方式的，应当向三个以上具备承担招标项目的能力、资信良好的特定的法人或者其他组织发出投标邀请书。

国务院发展计划部门确定的国家重点项目和省、自治区、直辖市人民政府确定的地方重点项目不适宜公开招标的，经国务院发展计划部门或者省、自治区、直辖市人民政府批准，可以进行邀请招标。

《招标投标法实施条例》进一步规定，国有资金占控股或者主导地位的依法必须进行招标的项目，应当公开招标；但有下列情形之一的，可以邀请招标：

(1)技术复杂、有特殊要求或者受自然环境限制，只有少量潜在投标人可供选择；

(2)采用公开招标方式的费用占项目合同金额的比例过大。

(三)公开招标与邀请招标的区别

(1)招标信息的发布方式不同。公开招标是利用招标公告发布招标信息；而邀请招标则是采用向三家以上具备实施能力的投标人发出投标邀请书，请他们参与投标竞争。

(2)公开程度不同。公开招标必须按规定程序和标准进行，透明度高；邀请招标的公开程度相对要低些。

(3)对投标人的资格审查时间不同。进行公开招标时，由于投标响应者较多，为了保证投标人具备相应的实施能力，以及缩短评标时间，突出投标的竞争性，通常设置资格预审程序。而邀请招标由于竞争范围较小；且招标人对邀请对象的能力有所了解，不需要再进行资格预审，但评标阶段还要对各投标人的资格和能力进行审查与比较，通常称为"资格后审"。

(4)适用条件。公开招标方式适用范围广。若公开招标响应者少，达不到预期目的，可以采用邀请招标方式委托建设任务。

📄 知识链接

工程招标代理机构是指对工程的勘察、设计、施工、监理以及与工程建设有关的重要设备(进口机电设备除外)、材料采购招标的代理。工程招标代理机构是自主经营、自负盈亏、依法取得工程招标代理资质证书、在资质证书许可的范围内从事工程招标代理业务，享有民事权利承担民事责任的社会中介组织。工程招标代理机构可以跨省、自治区、直辖市承担工程招标代理业务。任何单位和个人不得限制或者排斥工程招标代理机构依法开展工程招标代理业务。

工程招标代理机构资格分为甲级、乙级和暂定级。申请工程招标代理资格的机构应当具备下列条件：

(1)是依法设立的中介组织，具有独立法人资格；

(2)与行政机关和其他国家机关没有行政隶属关系或者其他利益关系；

(3)有固定的营业场所和开展工程招标代理业务所需设施及办公条件；

(4)有健全的组织机构和内部管理的规章制度；

(5)具备编制招标文件和组织评标的相应专业力量；

(6)具有可以作为评标委员会成员人选的技术、经济等方面的专家库；

(7)法律、行政法规规定的其他条件。

三、建设工程招标基本程序

(一)履行项目审批手续

招标项目按照国家有关规定需要履行项目审批手续的，应当先履行审批手续，取得批准。招标人应当有进行招标项目的相应资金或者资金来源已经落实，并应当在招标文件中如实载明。其招标范围、招标方式、招标组织形式应当报项目审批、核准部门审批、核准。核准确定的招标范围、招标方式、招标组织形式通报有关行政监督部门。

(二)委托招标代理机构

招标人具有编制招标文件和组织评标能力的，可以自行办理招标事宜，任何单位和个人不得强制其委托招标代理机构办理招标事宜。依法必须进行招标的项目，招标人自行办理招标事宜的，应当向有关行政监督部门备案。招标代理机构在其资格许可和招标人委托的范围内开展招标代理业务，任何单位和个人不得非法干涉。招标代理机构不得在所代理的招标项目中投标或者代理投标，也不得为所代理的招标项目的投标人提供咨询。

工程建设项目招标代理机构资格认定办法

(三)编制招标文件及标底

招标人应当根据招标项目的特点和需要编制招标文件。招标文件应当包括招标项目的技术要求、对投标人资格审查的标准、投标报价要求和评标标准等所有实质性要求与条件，以及拟签订合同的主要条款。国家对招标项目的技术、标准有规定的，招标人应当按照其规定在招标文件中提出相应要求。

招标文件不得要求或者标明特定的生产供应者以及含有倾向或者排斥潜在投标人的其他内容。招标人对已发出的招标文件进行必要的澄清或者修改的，应当在招标文件要求提交投标文件截止时间至少15日前，以书面形式通知所有招标文件收受人。该澄清或者修改的内容为招标文件的组成部分。

标底是我国工程项目招标中的一个特有概念。招标人可以根据建设工程项目的特点决定是否编制标底。招标项目可以不设标底，进行无标底招标也可以设置标底，以此为参照进行有标底招标。

(四)发布招标公告或投标邀请书

招标人采用公开招标方式的，应当发布招标公告。依法必须招标项目的招标公告和公示信息除依法需要保密或者涉及商业秘密的内容外，应当按照公益服务、公开透明、高效便捷、集中共享的原则，依法向社会公开。依法必须招标项目的资格预审公告和招标公告，应当载明以下内容：

(1)招标项目名称、内容、范围、规模、资金来源；

(2)投标资格能力要求，以及是否接受联合体投标；

(3)获取资格预审文件或招标文件的时间、方式；

(4)递交资格预审文件或投标文件的截止时间、方式；

(5)招标人及其招标代理机构的名称、地址、联系人与联系方式；

(6)采用电子招标投标方式的，潜在投标人访问电子招标投标交易平台的网址和方法；

(7)其他依法应当载明的内容。

招标人采用邀请招标方式的，应当向三个以上具备承担招标项目的能力、资信良好的特定的法人或者其他组织发出投标邀请书。投标邀请书也应当载明招标人的名称和地址、招标项目的性质、数量、实施地点和时间以及获取招标文件的办法等事项。

(五)资格审查

资格审查分为资格预审和资格后审。

《招标投标法实施条例》规定，招标人采用资格预审办法对潜在投标人进行资格审查的，应当发布资格预审公告、编制资格预审文件。资格预审主要审查潜在投标人或投标人是否符合下列条件：

(1)具有独立订立合同的能力；

(2)未处于被责令停业，投标资格被取消或者财产被接管、冻结和破产状态；

(3)企业没有因骗取中标，严重违约以及发生重大工程质量、安全生产事故等问题，被有关部门暂停投标资格并在暂停期内的；

(4)企业的资质类别、等级和项目经理的资质等级满足招标公告要求；

(5)以联合体形式申请资格预审的，联合体的资格(资质)条件必须符合要求，并附有共同投标协议；

(6)资格预审申请书中的重要内容没有失实或者弄虚作假；

(7)企业具备安全生产条件，并取得安全生产许可证；

(8)项目经理无在建工程，或者虽有在建工程，但合同约定范围内的全部施工任务已临近竣工阶段，并已经同原发包人提出竣工验收申请，原发包人同意其参加其他工程项目的投标竞争；

(9)符合法法规规定的其他条件。

资格预审结束后，招标人应当及时向资格预审申请人发出资格预审结果通知书。未通过资格预审的申请人不具有投标资格。通过资格预审的申请人少于3个的，应当重新招标。

招标人采用资格后审办法对投标人进行资格审查的，应当在开标后由评标委员会按照招标文件规定的标准和方法对投标人的资格进行审查。资格审查应主要审查潜在投标人或者投标人是否符合下列条件：

(1)具有独立订立合同的能力；

(2)具有履行合同的能力，包括专业、技术资格和能力，资金、设备和其他物质设施状况，管理能力，经验、信誉和相应的从业人员；

(3)没有处于被责令停业，投标资格被取消，财产被接管、冻结、破产状态；

(4)在最近3年内没有骗取中标、严重违约及重大工程质量问题；

(5)国家规定的其他资格条件。

资格审查时，招标人不得以不合理的条件限制、排斥潜在投标人或者投标人，不得对潜在投标人或者投标人实行歧视待遇。招标人不得改变载明的资格条件或者以没有载明的资格条件对潜在投标人或者投标人进行资格审查，任何单位和个人不得以行政手段或者其他不合理方式限制投标人数量。

案例：

某单位扩建项目招标，该项目采用公开招标资格预审式进行，项目共8个标段，招标人在开标前20天组织了资格预审，所有通过资格预审的供应商购买了招标文件并准时参加了开标大会。评标过程中评委发现了如下问题：1标段某设备采购，A公司、B公司投标文件中无产品制造可证；2标段某设备安装，C公司提供的营业执照不合格、D公司无类似工程业绩；8标段某设备更换，E公司未提供安全生产可证。由于本次招标采用资格预审式进行资格审查，所以开标后无法用资格预审公告中规定的资格条件否决上述投标人的投标。因为资格预审的失误，给项目评标带来了很大的阻碍并导致部分标段流标。

事后经监管部门调查核实，招标人为达到意向单位通过审查的目的，并没有对外邀请技术经济面的专家参与资格预审，资格预审相关存档文件中外聘中立专家签字皆由招标人本单位员工代签。

分析：

《工程建设项目施工招标投标办法》第十六条规定：招标人可以根据招标项目本身的特点和需要，要求潜在投标人或者投标人提供满足其资格要求的文件，对潜在投标人或者投标人进行资格审查。《招标投标法实施条例》第十八条规定：资格预审应当按照资格预审文件载明的标准和方法进行。所以对供应商进行审查是招标人的法定责任和义务，因为资格预审这项工作直接影响到最后的中标结果，所以招标人应该予以足够的重视。《评标委员会和评标方法暂行规定》第九条规定：评标委员会由招标人或其委托的招标代理机构熟悉相关业务的代表，以及有关技术、经济等面的专家组成，成员人数为五人以上单数，其中技术、经济等方面的专家不得少于成员总数的三分之二。上述案例中招标人用本单位员工代替外聘专家签字明显违反了本条规定。

招标人应聘请足够数量的、符合条件的技术经济专家参与审查。审查过程中专家评委应严格把关做到审查流程严谨、审查资料齐全。既不能排斥歧视潜在投标人，又不能让不符合条件的供应商蒙混过关。

（六）开标

（1）开标的时间和地点。开标应在招标文件确定的投标截止时间的同一时间公开进行；开标地点应是在招标文件中规定的地点；开标时，投标人的法定代表人或授权代理人应参加开标会议。

（2）开标会议。公开招标和邀请招标均应举行开标会议，体现招标的公开、公平和公正原则。开标会议由招标人组织并主持，可以邀请公证部门对开标过程进行公证。招标人应对开标会议做好签订记录，以证明投标人出席开标会议。

开标会议开始后，应按报送投标文件时间先后的逆顺序进行唱标，当众宣读有效投标的投标人名称、投标报价、工期、质量、主要材料用量，以及招标人认为有必要的内容，但提交合格"撤回通知"和逾期送达的投标文件不予启封。

招标人应对唱标内容做好记录，并请投标人法定代表人或授权代理人签订确认。在开标时，投标文件出现下列情形之一的，应当作为无效投标文件，不得进入评标：

①投标文件未按照招标文件的要求予以密封的；

②投标文件中的投标函未加盖投标人的企业及企业法定代表人印章的，或者企业法定

代表人委托代理人没有合法、有效的委托书(原件)及委托代理人印章的;

③投标文件的关键内容字迹模糊、无法辨认的;

④投标人未按照招标文件的要求提供投标保证金或者投标保函的;

⑤组成联合体投标的,投标文件未附联合体各方共同投标协议的。

(3)开标会议程序。

①主持人宣布开标会议开始;

②宣读招标单位法定代表人资格证明书及授权委托书;

③介绍参加开标会议的单位和人员;

④宣布公证、唱标、记录人员名单;

⑤宣布评标原则、评标办法;

⑥由招标单位检验投标单位提交的投标文件和资料,并宣读核查结果;

⑦宣读投标单位的投标报价、工期、质量、主要材料用量、投标保证金、优惠条件等;

⑧宣读评标期间的有关事项;

⑨宣布休会,进入评标阶段。

(七)评标

1. 评标委员会的建立

评标由招标人依法组建的评标委员会负责。招标人应当采取必要的措施,保证评标在严格保密的情况下进行。任何单位和个人不得非法干预、影响评标的过程和结果。

依法必须进行招标的项目,其评标委员会由招标人的代表和有关技术、经济等方面的专家组成,成员人数为 5 人以上单数,其中技术、经济等方面的专家不得少于成员总数的三分之二。与投标人有利害关系的人不得进入相关项目的评标委员会;已经进入的应当更换。评标委员会成员的名单在中标结果确定前应当保密。

2. 投标文件的澄清与说明

评标时,评标委员会可以要求投标人对投标文件中含义不明确的内容做必要的澄清或者说明,例如,投标文件有关内容前后不一致、明显打字(书写)错误或纯属计算上的错误等,评标委员会应通知投标人做出澄清或说明,以确认其正确的内容。澄清的要求和投标人的答复均应采用书面形式,且投标人的答复必须经法定代表人或授权代表人签字,作为投标文件的组成部分。

但是,投标人的澄清或说明,仅仅是对上述情形的解释和补正,不得有下列行为:

(1)超出投标文件的范围。例如,投标文件中没有规定的内容,澄清时加以补充;投标文件提出的某些承诺条件与解释不一致等。

(2)改变或谋求、提议改变投标文件中的实质性内容。所谓实质性内容,是指改变投标文件中的报价、技术规格或参数、主要合同条款等内容。这种实质性内容的改变,其目的就是使不符合要求的或竞争力较差的投标变成竞争力较强的投标。实质性内容的改变将会引起不公平的竞争,因此是不允许发生的。

案例:

某办公楼的招标人于 2009 年 3 月 20 日向具备承担该项目能力的甲、乙、丙三家承包商发出投标邀请书,其中说明,3 月 25 日在该招标人总工程师室领取招标文件,4 月 5 日14 时为投标截止时间。该 3 家承包商均接受邀请,并按规定时间提交了投标文件。开标时,由招标人检查投标文件的密封情况，确认无误后，由工作人员当众拆封，并宣读了该3家承包商的名称、投标价格、工期和其他主要内容。评标委员会委员由招标人直接确定，共由4人组成，其中招标人代表2人，经济专家1人，技术专家1人。问题：从所介绍的背景资料来看，该项目在招标投标过程中有哪些方面不符合《招标投标法》的规定？

分析：

(1)从3月25日发放招标文件到4月5日提交投标文件截止，这段时间太短。根据《招标投标法》第二十四条规定：依法必须进行招标的项目，自招标文件开始发出之日起至投标人提交投标文件截止之日止，最短不得少于20天。

(2)开标时，不应由招标人检查投标文件的密封情况。根据《招标投标法》第三十六条规定：开标时，由投标人或者其推选的代表检查投标文件的密封情况，也可以由招标人委托的公证机构检查并公证。

(3)评标委员会委员不应全部由招标人直接确定，而且评标委员会成员组成也不符合规定。根据《招标投标法》第三十七条规定：评标委员会由招标人的代表和有关技术、经济等方面的专家组成，成员人数为5人以上单数，其中技术、经济等方面的专家不得少于成员总数的2/3。评标委员会中的技术、经济专家，一般招标项目应采取(从专家库中)随机抽取方式，特殊招标项目可以由招标人直接确定。本项目是办公楼项目，显然属于一般招标项目。

3. 综合评审

评标委员会成员应当按照招标文件规定的评标标准和方法，客观、公正地对投标文件提出评审意见。评标委员会成员不得私下接触投标人，不得收受投标人给予的财物或者其他好处，不得向招标人征询确定中标人的意向，不得接受任何单位或者个人明示或者暗示提出的倾向或者排斥特定投标人的要求，不得有其他不客观、不公正履行职务的行为。

招标项目设有标底的，招标人应当在开标时公布。标底只能作为评标的参考，不得以投标报价是否接近标底作为中标条件，也不得以投标报价超过标底上下浮动范围作为否决投标的条件。有下列情形之一的，评标委员会应当否决其投标：

(1)投标文件未经投标单位盖章和单位负责人签字；

(2)投标联合体没有提交共同投标协议；

(3)投标人不符合国家或者招标文件规定的资格条件；

(4)同一投标人提交两个以上不同的投标文件或者投标报价，但招标文件要求提交备选投标的除外；

(5)投标报价低于成本或者高于招标文件设定的最高投标限价；

(6)投标文件没有对招标文件的实质性要求和条件作出响应；

(7)投标人有串通投标、弄虚作假、行贿等违法行为。

评标完成后，评标委员会应当向招标人提交书面评标报告和中标候选人名单。中标候选人应当不超过3个，并标明排序。评标报告应当由评标委员会全体成员签字。对评标结果有不同意见的评标委员会成员应当以书面形式说明其不同意见和理由，评标报告应当注明该不同意见。评标委员会成员拒绝在评标报告上签字又不书面说明其不同意见和理由的，视为同意评标结果。

(八)中标

招标人根据评标委员会提出的书面评标报告和推荐的中标候选人确定中标人。招标人也可以授权评标委员会直接确定中标人。

根据《评标委员会和评标方法暂行规定》的规定，中标人的投标应当符合下列条件之一：

(1)能够最大限度地满足招标文件中规定的各项综合评价标准；

(2)能够满足招标文件的实质性要求，并且经评审的投标价格最低，但是投标价格低于成本的除外。

案例：

某单位设备采购公开招标，在招标公告中规定采用资格后审式，三个投标商进行了投标。资格审查时，发现其中一个投标商的生产许可证过期，确定其资格条件不满足招标文件要求，该投标商资格审查没有通过，否决其投标；其他两个投标商，资格条件、技术能力满足要求，评标委员会对投标文件进行了评审，认为两家投标商在技术、价格方面具有竞争性，评标委员会对两家投标商进行详细的综合评审，向招标人推荐了中标候选人。

分析：

《评标委员会和评标方法暂行规定》第二十七条规定，评标委员会按规定否决不合格投标或者界定为废标后，因有效投标不足三个使得投标明显缺乏竞争的，评标委员会可以否决全部投标。投标人少于三个或者所有投标被否决的，招标人应当依法重新招标。如果评标委员会一致认为本次开标在商务、技术、价格面具存在足够竞争性，那么评标委员会可以对剩余两家投标商进行详细的综合评审，向招标人推荐中标候选人。

(九)签订合同

中标人确定后，招标人应当向中标人发出中标通知书，并同时将中标结果通知所有未中标人。中标通知书对招标人和中标人均具有法律效力。中标通知书发出后，招标人改变中标结果的，或者中标人放弃中标项目的，应依法承担法律责任。招标人和中标人应当自中标通知书发出之日起30日内，按照招标文件和中标人的投标文件订立书面合同。招标人和中标人不得再订立背离合同实质性内容的其他协议。招标文件要求中标人提交履约保证金的，中标人应当提交。招标人与中标人签订合同后，招标人应及时通知其他投标人其投标未被接受，按要求退回招标文件、图纸和有关技术资料；招标人收取投标定金的，应当将投标定金退还给中标人和未中标人。因违反规定被没收的投标定金不予退回。

📄 **知识链接**

联合体投标是指两个或两个以上法人或者其他组织可以组成一个联合体，以一个投标人的身份共同投标。实践中，大型复杂项目，对资金和技术要求比较高，单靠一个投标人的力量不能顺利完成的，可以联合几家企业集中各自的优势以一个投标人的身份参加投标。联合体内部成员是相对松散的独立单位，法律或者招标文件对投标人资格条件有要求的，联合体各方均应具备规定的相应的资格条件，而不能相互替代。

所谓联合体投标，是指两个或两个以上法人或者其他组织组成一个联合体，以一个投标人的身份共同投标的行为。对于联合体投标可做如下理解：

(1)联合体承包的联合各方为法人或者法人之外的其他组织。形式可以是两个以上法人组成的联合体、两个以上非法人组织组成的联合体，或者是法人与其他组织组成的联合体。

(2)联合体是一个临时性的组织，不具有法人资格。组成联合体的目的是增强投标竞争能力，减少联合体各方因支付巨额履约保证金而产生的资金负担，分散联合体各方的投标风险，弥补有关各方技术力量的相对不足，提高共同承担的项目完工的可靠性。如果属于共同注册并进行长期的经营活动的"合资公司"等法人形式的联合体，则不属于《招标投标法》所称的联合体。

(3)联合体的组成是"可以组成"，也可以不组成。是否组成联合体由联合体各方自己决定。对此《招标投标法》第三十一条也有相应的规定。这说明联合体的组成属于各方自愿的共同的一致的法律行为。

(4)联合体对外"以一个投标人的身份共同投标"。也就是说，联合体虽然不是一个法人组织，但是对外投标应以所有组成联合体各方的共同的名义进行，不能以其中一个主体或者两个主体(多个主体的情况下)的名义进行，即"联合体各方""共同与招标人签订合同"。这里需要说明的是，联合体内部之间权利、义务、责任的承担等问题则需要依据联合体各方订立的合同为依据。

(5)联合体共同投标的联合体各方应具备一定的条件。例如，根据《招标投标法》的规定，联合体各方均应具备承担招标项目的相应能力；国家有关规定或者招标文件对投标人资格条件有规定的，联合体各方均应当具备规定的相应资格条件。

(6)联合体共同投标一般适用于大型建设项目和结构复杂的建设项目。对此《建筑法》第二十七条有类似的规定。

联合体各方均应当具备《招标投标法》或者国家规定的资格条件和承担招标项目的相应能力。对投标联合体资质条件的要求如下：

(1)联合体各方均应具有承担招标项目必备的条件，如相应的人力、物力、资金等。

(2)国家或招标文件对投标人资格条件有特殊要求的，联合体各个成员都应当具备规定的相应资格条件。

(3)同一专业的单位组成的联合体，应当按照资质等级较低的单位确定联合体的资质等级。例如，在三个投标人组成的联合体中，有两个是甲级资质等级，有一个是乙级，则这个联合体只能定为乙级。本条之所以这样规定，是促使资质优等的投标人组成联合体，防止货物供应商或承包商来完成，保证招标质量。

四、建设工程投标

(一)建设工程投标的概念

建设工程投标，是指投标人(或承包人)根据所掌握的信息，按照招标人的要求参与投标竞争，以获得建设工程承包权的法律活动。建设工程投标行为实质上是参与建筑市场竞争行为，是众多投标人综合实力的较量，投标人通过竞争取得建设工程承包权。

(二)建设工程投标组织

投标人进行工程投标，不仅比报价的高低，而且比技术、经验、实力和信誉。特别是当前国际承包市场中，越来越多的工程项目是技术密集型项目，势必要给承包商带来两个方面的挑战：一方面是技术上的挑战，要求承包商具有先进的施工技术，能够完成高、新、尖、难工程；另一方面是管理上的挑战，要求承包商具有现代先进的组织管理水平，能够以较低价中标，靠管理和索赔获利。因此进行工程投标，需要有专门的机构和人员负责组织和管理投标活动的全过程。为迎接技术和管理方面的挑战，在竞争中取胜，投标人的投标班子应该由如下三种类型的人才组成。

1. 经营管理类人才

经营管理类人才是指制定和贯彻经营方针与规划、负责工作的全面筹划和安排、具有决策能力的人员。其包括经理、副经理、总工程师、总经济师等具有决策权的人员，以及其他经营管理人才

2. 技术专业类人才

所谓技术专业类人才，主要是指工程设计及施工中的各类技术人员，如建筑师、土木工程师、电气工程师、机械工程师等各类专业技术人员。他们应拥有本学科最新的专业知识，具备熟练的实际操作能力，以便在投标时能从本公司的实际技术水平出发，考虑各项专业实施方案。

3. 商务金融类人才

所谓商务金融类人才，是指从事金融、贸易、税法，保险采购、保函、索赔等专业知识方面的人才。财务人员要懂税收、保险、涉外财会、外汇管理和结算等方面的知识。

除上述关于投标班子的组成和要求外，还需注意保持投标班子成员的相对稳定，不断提高其素质和水平，对于提高投标的竞争力至关重要；同时，逐步采用或开发有关投标报价的软件，使投标报价工作更加快速、准确。

（三）建设工程投标程序

建设工程投标人取得投标资格并愿意参加投标，其参加投标一般要经过以下几个程序：

（1）投标人了解并跟踪招标信息，提出投标申请。建筑企业根据招标广告或投标邀请书，分析招标工程的条件，依据自身的实力，选择并确定投标工程向招标人提出投标申请，并提交有关资料。

（2）接受招标人的资质审查。

（3）购买招标文件及有关技术资料。

（4）参加现场踏勘，并对有关疑问提出询问。

（5）编制投标书及报价，投标书是投标人的投标文件，是对投标文件提出的要求和条件作出的实质性响应。

（6）参加开标会议。

（7）接受中标通知书，与招标人签订合同。

第三节　建设工程招标投标的管理与监督

案例引入

某 2 500 万元的环境自动监测系统项目招标。据了解，国内具有潜在资质的供应商至少有 5 家（其中领导意向最好是本地的一家企业中标）。鉴于该项目采购金额大、覆盖地域广、技术参数复杂、服务要求特殊等，采购人在招标文件中对定标条款作了特别说明：本次招标授权评标委员会推荐 3 名中标候选人（排名不分先后），由采购人代表对中标候选人进行

现场考察后，最终确定一名中标者。招标结果，那家本地企业按得分高低排名第三。经现场考察，采购人选定了那家本地企业作为唯一的中标人。

分析：

考察定标在法律上并无禁止性条款。就采购人而言，要把一个采购金额比较大且自己从未建设过的环境自动监测系统项目，托付给一个不熟悉的供应商有点不放心，单从这个心理层面上讲，对中标候选人进行现场考察定标，是无可非议的，也是合情合理的。问题是本案例出现的情况有点不正常。领导意向最好是本地的企业中标，这就等于排斥了外地的4家潜在投标人；考察定标的标准没有在标书中阐明，所以人为定标的成分很大；采购人授权评标委员会推荐3名中标候选人，以排名不分先后的名义，不按得分高低定标，似乎有失偏颇。按照现有制度规定，评标委员会推荐的3名中标候选人，应当按得分高低进行排序，在无特殊情况下，原则上必须将合同授予第一中标候选人。

一、建设工程招标投标监督管理制度

工业（含内贸）、水利、交通、铁道、民航、信息产业等行业和产业项目的招标投标活动的监督执法，分别由经贸、水利、交通、铁道、民航、信息产业等行政主管部门负责各类房屋建筑及其附属设施的建造和与其配套的线路、管道、设备的安装项目和市政工程项目的招标投标活动的监督执法，由住房城乡建设主管部门负责；进口机电设备采购项目的招标投标活动的监督执法，由外经贸行政主管部门负责。

《建筑法》规定："建设工程招标的开标、评标、定标由建设单位依法组织实施，并接受有关行政主管部门的监督。"

《招标投标法》规定："依法必须进行招标的项目，招标人应当自确定中标人之日起十五日内，向有关行政监督部门提交招标投标情况的书面报告。"

《工程建设项目施工招标投标办法》规定："各级发展改革、工业和信息化、住房城乡建设、交通运输、铁道、水利、商场、民航等部门依照《国务院办公厅印发国务院有关部门实施招标投标活动行政监督的职责分工意见的通知》（国办发〔2000〕34号）和各地规定的职责分工，对工程施工招标投标活动实施监督，依法查处工程施工招标投标活动中的违法行为。"

《国务院办公厅印发国务院有关部门实施招标投标活动行政监督的职责分工意见的通知》规定："对于招投标过程（包括招标、投投、开标、评标、中标）中泄露保密资料、泄露标底、串通招标、串通投标、歧视排斥投标等违法活动的监督执法，按现行的职责分工，分别由有关行政主管部门负责并受理投标人和其他利害关系人的投诉。"

二、招标投标活动中的违法行为

招标投标过程涉及招标人、投标人、招标代理机构、有关行政监督部门、评标委员会、招标投标活动直接负责的主管人员和其他直接责任人员，以及任何干涉招标投标活动正常进行的单位或个人多方主体，违法行为的表现形式多种多样。此处，仅对招标人和投标人常见的违法行为进行介绍。

（一）限制、排斥投标人的行为

《招标投标法》规定，依法必须进行招标的项目，其招标投标活动不受地区或者部门的限制。任何单位和个人不得违法限制或者排斥本地区、本系统以外的法人或者其他组织参加投标，不得以任何方式非法干涉招标投标活动。

(1)就同一招标项目向潜在投标人或者投标人提供有差别的项目信息;

(2)设定的资格、技术、商务条件与招标项目的具体特点和实际需要不相适应或者与合同履行无关;

(3)依法必须进行招标的项目以特定行政区域或者特定行业的业绩、奖项作为加分条件或者中标条件;

(4)对潜在投标人或者投标人采取不同的资格审查或者评标标准;

(5)限定或者指定特定的专利、商标、品牌、原产地或者供应商;

(6)依法必须进行招标的项目非法限定潜在投标人或者投标人的所有制形式或者组织形式。

(二)投标人相互串通投标的行为

《招标投标法》规定，投标人不得相互串通投标报价，不得排挤其他投标人的公平竞争，损害招标人或者其他投标人的合法权益。

(1)投标人之间协商投标报价等投标文件的实质性内容;

(2)投标人之间约定中标人;

(3)投标人之间约定部分投标人放弃投标或者中标;

(4)属于同一集团、协会、商会等组织成员的投标人按照该组织要求协同投标;

(5)投标人之间为谋取中标或者排斥特定投标人而采取的其他联合行动。

案例:

(1)某单位设备采购招标，在开标现场发现两个投标人的联系人为同一个人，经过与投标人进行联系确认后，投标人自己承认代理两家的生产商的设备，经过评标委员会评审，按照法律规定取消两个投标人的投标资格。

(2)某单位施工招标，评标过程中，评标委员会专家发现三个投标人的纸质投标文件的关键环节一致性比较高，投标文件电子文档属性显示:三个投标文件为同一作者制作、最后一次保存日期为同一天、最后一次打印时间为同一天且彼此相隔不到10分钟，三份投标文件中相对应部分的标点符号及错别字都惊人的一致，经过评标委员会评审，按照法律规定取消三个投标人的投标资格。

(3)某单位设备招标，在进行资格审查时，评标专家发现在某一标段，三家投标人用同一传真一次将三家投标单位的资格预审文件传到招标公司，资格预审委员会按照法律规定直接取消三家投标人的投标资格。

(4)某单位工程设计招标，招标公司在查看保证金时发现，有两家投标人的保证金从同一人的私人账户汇出，评标专家确认保证金汇款底单后，经过评标委员会评审，按照法律规定取消这两家投标人的投标资格。

分析:

按照《招标投标法实施条例》第四十条规定有下列情形之一的，视为投标人相互串通投标:

(1)不同投标人的投标文件由同一单位或者个人编制;

(2)不同投标人委托同一单位或者个人办理投标事宜;

(3)不同投标人的投标文件载明的项目管理成员为同一人;

(4)不同投标人的投标文件异常一致或者投标报价呈规律性差异；

(5)不同投标人的投标文件相互混装；

(6)不同投标人的投标保证金从同一单位或者个人的账户转出。

在招标工作中还存在以下情况：参加同一标段投标的不同投标人投标文件装订顺序相同、排版相同；不同投标人文件相互混装或相互盖错公章等。这些都是投标人相互串通投标的情形。

（三）招标人与投标人串通的行为

《招标投标法》规定，投标人不得与招标人串通投标，损害国家利益、社会公共利益或者他人的合法权益。

(1)招标人在开标前开启投标文件并将有关信息泄露给其他投标人；

(2)招标人直接或者间接向投标人泄露标底、评标委员会成员等信息；

(3)招标人明示或者暗示投标人压低或者抬高投标报价；

(4)招标人授意投标人撤换、修改投标文件；

(5)招标人明示或者暗示投标人为特定投标人中标提供方便；

(6)招标人与投标人为谋求特定投标人中标而采取的其他串通行为。

案例：

(1)某单位工程设备招标，在评标委员会进入评审阶段时，招标人代表介绍该项目前期准备情况，重点介绍了某设备厂家的实地考察、该厂家的设备业绩、优点等情况；要求给该厂家给予关照，经过评标专家的评审后，推荐该厂家为中标候选人，引起其他投标厂家的投诉。

(2)某单位施工招标，招标人代表在评标过程中，为了让某单位中标，与评标专家反复沟通、劝说，让评标专家故意给该单位打高分，最终该单位以微弱优势排名第一，评标委员会按照排序向领导小组推荐了中标候选人，引起其他投标厂家的投诉。

(3)某单位设备招标，有7家投标人进行投标，其中有招标人常年的供货商A。经评审供货商B排名第一，供货商A排名第二。招标人代表私下找到供货商B，明确告知供货商B即使其中标，招标人也不会与其签订合同；即使签订合同也不会按期汇款等，劝供货商B主动退出投标，由供货商A补偿供货商B的经济损失，并给予适当补偿。供货商B在仔细衡量后，放弃了中标资格，同时向主管部门进行了投诉。

(4)某单位施工招标，资格预审委员会审查后，确定五家合格的施工单位，其中建筑施工企业K公司，是本项目一期厂房的施工单位，与招标人保持着良好的合作关系。K公司主动与招标人联系后，招标人代表将其他四家投标单位的名称、联系方式等全部提供给K公司，并告知招标人的标底价，最终K公司获得中标资格，引起其他投标厂家的投诉。

分析：

这四个案例，招标人明显违反了《招标投标法实施条例》，是串通投标的行为。

《评标委员会和评标方法暂行规定》第十六条规定：招标人或者其委托的招标代理机构应当向评标委员会提供评标所需的重要信息和数据，但不得带有明示或者暗示倾向或者排斥特定投标人的信息。招标人设有标底的，标底在开标前应当保密，并在评标时作为参考。

上述招标人的行为具有典型的招标人与投标人串通投标的特点，招标人公开向评标专家明示、商谈、与投标人协商为特定投标人谋取中标，中标结果应为无效中标，按照法律规定，应重新进行招标。

（四）投标人以行贿手段谋取中标的行为

《招标投标法》规定，禁止投标人以向招标人或者评标委员会成员行贿的手段谋取中标。

投标人以行贿手段谋取中标是一种严重的违法行为，法律后果是中标无效，有关责任人和单位要承担相应的行政责任或刑事责任，给他人造成损失的还应承担民事赔偿责任。

案例：

北京市丰台区第五小学教学楼装修和操场维修项目违规评标案。2009年，北京市丰台区第五小学委托丰台区政府采购中心就该校教学楼装修和操场维修项目进行公开招标。南京金陵建筑装饰有限公司为达到中标目的，与区政府采购中心副主任阴某文串通，并许诺事成后给予"好处费"。评标前，阴某文唆使评标委员会校方代表胡某彤给金陵公司打最高分。评标中，阴某文将其他评委分情况泄露给胡某彤，胡某彤在阴某文指使下调低了其他公司分数，使金陵公司中标。事后，阴某文送给胡某彤一张价值人民币5 000元的"权金城"会员卡。丰台区财政局作出撤销中标通知书的行政处理决定。阴某文受到开除公职处分，胡某彤受到开除党籍、开除公职处分。

（五）骗取中标的行为

《招标投标法》规定，投标人不得以低于成本的报价竞标，也不得以他人名义投标或者以其他方式弄虚作假，骗取中标。

骗取中标的行为包括以下几项：
(1)使用通过受让或者租借等方式获取的资格、资质证书投标；
(2)使用伪造、变造的许可证件；
(3)提供虚假的财务状况或者业绩；
(4)提供虚假的项目负责人或者主要技术人员简历、劳动关系证明；
(5)提供虚假的信用状况。

三、法律责任

《招标投标法》规定的法律责任主体有招标人、投标人、招标代理机构、有关行政监督部门、评标委员会成员、有关单位对招标投标活动直接负责的主管人员和其他直接责任人员，以及任何干涉招标投标活动正常进行的单位或个人。其各自应承担的法律责任如下。

（一）招标人违法行为应承担的法律责任

(1)必须进行招标的项目而不招标的，将必须进行招标的项目化整为零或者以其他任何方式规避招标的，责令限期改正，可以处项目合同金额5‰以上10‰以下的罚款；对全部或者部分使用国有资金的项目，可以暂停项目执行或者暂停资金拨付；对单位直接负责的主管人员和其他直接责任人员依法给予处分。

(2)招标人以不合理的条件限制或者排斥潜在投标人的，对潜在投标人实行歧视待遇的，强制要求投标人组成联合体共同投标的，或者限制投标人之间竞争的，责令改正，可以处1万元以上5万元以下的罚款。

（3）依法必须进行招标的项目的招标人向他人透露已获取招标文件的潜在投标人的名称、数量或者可能影响公平竞争的有关招标投标的其他情况的，或者泄露标底的，给予警告，可以并处 1 万元以上 10 万元以下的罚款；对单位直接负责的主管人员和其他直接责任人员依法给予处分；构成犯罪的，依法追究刑事责任。影响中标结果的，中标无效。

（4）依法必须进行招标的项目，招标人违反规定，与投标人就投标价格、投标方案等实质性内容进行谈判的，给予警告，对单位直接负责的主管人员和其他直接责任人员依法给予处分。影响中标结果的，中标无效。

（5）招标人在评标委员会依法推荐的中标候选人以外确定中标人的，依法必须进行招标的项目在所有投标被评标委员会否决后自行确定中标人的，中标无效，责令改正，可以处中标项目金额 5‰以上 10‰以下的罚款；对单位直接负责的主管人员和其他直接责任人员依法给予处分。

（6）招标人与中标人不按照招标文件和中标人的投标文件订立合同的，或者招标人、中标人订立背离合同实质性内容的协议的，责令改正；可以处中标项目金额 5‰以上 10‰以下的罚款。

（二）招标代理机构违法行为应承担的法律责任

《招标投标法》规定，招标代理机构违反规定，泄露应当保密的与招标投标活动有关的情况和资料的，或者与招标人、投标人串通损害国家利益、社会公共利益或者他人合法权益的，处 5 万元以上 25 万元以下的罚款，对单位直接负责的主管人员和其他直接责任人员处单位罚款数额 5％以上 10％以下的罚款；有违法所得的，并处没收违法所得；情节严重的，禁止其一年至二年内代理依法必须进行招标的项目并予以公告，直至由工商行政管理机关吊销营业执照；构成犯罪的，依法追究刑事责任。给他人造成损失的，依法承担赔偿责任。影响中标结果的，中标无效。

（三）评标委员会成员违法行为应承担的法律责任

（1）评标委员会成员收受投标人的财物或者其他好处的，评标委员会成员或者参加评标的有关工作人员向他人透露对投标文件的评审和比较、中标候选人的推荐以及与评标有关的其他情况的，给予警告，没收收受的财物，可以并处 3 000 元以上 5 万元以下的罚款，对有所列违法行为的评标委员会成员取消担任评标委员会成员的资格，不得再参加任何依法必须进行招标的项目的评标；构成犯罪的，依法追究刑事责任。

（2）评标委员会成员有下列行为之一的，由有关行政监督部门责令改正；情节严重的，禁止其在一定期限内参加依法必须进行招标的项目的评标；情节特别严重的，取消其担任评标委员会成员的资格：

①应当回避而不回避；

②擅离职守；

③不按照招标文件规定的评标标准和方法评标；

④私下接触投标人；

⑤向招标人征询确定中标人的意向或者接受任何单位或者个人明示或者暗示提出的倾向或者排斥特定投标人的要求；

⑥对依法应当否决的投标不提出否决意见；

⑦暗示或者诱导投标人作出澄清、说明或者接受投标人主动提出的澄清、说明;

⑧其他不客观、不公正履行职务的行为。

(3)评标委员会成员收受投标人的财物或者其他好处的,没收收受的财物,处3千元以上5万元以下的罚款,取消担任评标委员会成员的资格,不得再参加任何依法必须进行招标项目的评标;构成犯罪的,依法追究刑事责任。

案例:

某单位设备招标,评标委员会按照招标文件规定的标准进行评审,招标人代表知道排名后,向本单位相关领导进行汇报,招标单位不同意排名第一的候选人,招标人代表反复做通每个评标专家的工作,评标专家重新进行了打分,向招标领导小组推荐招标单位满意的候选人,引起其他投标厂家的投诉。

分析:

《评标委员会和评标方法暂行规定》第十三条规定:评标委员会成员应当客观、公正地履行职责,遵守职业道德,对所提出的评审意见承担个人责任。评标委员会成员不得与任何投标人或者与招标结果有利害关系的人进行私下接触,不得收受投标人、中介人、其他利害关系人的财物或者其他好处,不得接受任何单位或者个人明示或者暗示提出的倾向或者排斥特定投标人的要求,不得有其他不客观、不公正履行职务的行为。《招标投标法》第三十八条规定:招标人应当采取必要的措施,保证评标在严格保密的情况下进行。任何单位和个人不得非法干预、影响评标的过程和结果。

(四)投标人违法行为应承担的法律责任

(1)投标人相互串通投标或者与招标人串通投标的,投标人以向招标人或者评标委员会成员行贿的手段谋取中标的,中标无效,处中标项目金额5‰以上10‰以下的罚款,对单位直接负责的主管人员和其他直接责任人员处单位罚款数额5%以上10%以下的罚款;有违法所得的,并处没收违法所得;情节严重的,取消其1年至2年内参加依法必须进行招标的项目的投标资格并予以公告,直至由工商行政管理机关吊销营业执照;构成犯罪的,依法追究刑事责任。给他人造成损失的,依法承担赔偿责任。

(2)投标人以他人名义投标或者以其他方式弄虚作假,骗取中标的,中标无效,给招标人造成损失的,依法承担赔偿责任;构成犯罪的,依法追究刑事责任。依法必须进行招标的项目的投标人有以上所列行为尚未构成犯罪的,处中标项目金额5‰以上10‰以下的罚款,对单位直接负责的主管人员和其他直接责任人员处单位罚款数额5%以上10%以下的罚款;有违法所得的,并处没收违法所得;情节严重的,取消其1年至3年内参加依法必须进行招标的项目的投标资格并予以公告,直至由工商行政管理机关吊销营业执照。

(3)投标人有下列行为之一的属于上述(1)规定的情节严重行为,由有关行政监督部门取消其1年至2年内参加依法必须进行招标的项目的投标资格:

①以行贿谋取中标;

②3年内2次以上串通投标;

③串通投标行为损害招标人、其他投标人或者国家、集体、公民的合法利益,造成直接经济损失30万元以上;

④其他串通投标情节严重的行为。

投标人自以上规定的处罚执行期限届满之日起3年内又有以上所列违法行为之一的,

或者串通投标、以行贿谋取中标情节特别严重的，由工商行政管期理机关吊销营业执照。

（4）投标人以他人名义投标或者以其他方式弄虚作假骗取中标的，中标无效；构成犯罪的，依法追究刑事责任；尚不构成犯罪的，依照上述（2）的规定处罚。依法必须进行招标的项目的投标人未中标的，对单位的罚款金额按照招标项目合同金额依照招标投标法规定的比例计算。投标人有下列行为之一的，属于上述（2）规定的情节严重行为，由有关行政监督部门取消其1年至3年内参加依法必须进行招标的项目的投标资格：

①伪造、变造资格、资质证书或者其他许可证件骗取中标；

②3年内2次以上使用他人名义投标；

③弄虚作假骗取中标给招标人造成直接经济损失30万元以上；

④其他弄虚作假骗取中标情节严重的行为。

投标人自以上规定的处罚执行期限届满之日起3年内又有以上所列违法行为之一的，或者弄虚作假骗取中标情节特别严重的，由工商行政管理机关吊销营业执照。

（5）出让或者出租资格、资质证书供他人投标的，依照法律、行政法规的规定给予行政处罚；构成犯罪的，依法追究刑事责任。

（6）投标人或者其他利害关系人捏造事实、伪造材料或者以非法手段取得证明材料进行投诉，给他人造成损失的，依法承担赔偿责任。

案例：

2017年2月，被告人周某某得知本市的太平集至林业队公路项目（X096）正在招标，其找到被告人徐某某借用徐某挂靠的3家公司参与投标；周某某找到被告人高某某，为提高中标概率，高某某联系他人挂靠的8家公司一同参与围标；高某某又找到被告人贺某某让其借用其他公司资质参与围标并向其支付了6万元的好处费，贺某某联系了4家公司；在投标前，周某某和高某某经商议确定了各家公司的投标报价并让其他公司按照事先确定的报价参与投标。上面的15家公司递交标书后，其中6家公司的标书经审核不具备投标资格被视为无效标。经招标部门审核最终入围此次招标活动的公司一共有83家。其串通围标过程中，多人涉及"好处费""投标保证金"。2017年2月23日，该项目开标，河南泉隆路某工程有限公司以41 411 313.06元的价格中标了第一标段；郑州九鼎路某工程有限公司以41 115 313.51元的价格中标了第二标段。案发后，招标部门将此次招标投标活动作废标处理。其中，河南泉隆路某工程有限公司是被告人高某某本人挂靠的一家公司；郑州九鼎路某工程有限公司是被告人彭某某联系的由被告人陈某某、汪某某（约定收取好处费12 000元）共同挂靠的（由被告人贺某某联系的公司）。

判决结果：被告人周某某犯串通投标罪，判处有期徒刑十个月，宣告缓刑一年，并处罚金六十万元（刑期从判决执行之日起计算）；被告人高某犯串通投标罪，判处有期徒刑六个月，宣告缓刑一年，并处罚金五十万元（刑期从判决执行之日起计算）；被告人汪某某犯串通投标罪，单处罚金四十万元；被告人贺某某犯串通投标罪，单处罚金三十万元（罚金于判决生效后十日内缴纳）；被告人徐某某犯串通投标罪，单处罚金三十万元；被告人陈某某、汤某某、刘某某、汪某某犯串通投标罪，单处罚金每人各二十万元；被告人周某某犯串通投标罪，单处罚金十五万元（罚金于判决生效后十日内缴纳）；被告人翁某某犯串通投标罪，单处罚金十二万元；被告人汪某某、彭某某犯串通投标罪，单处罚金每人各十万元；对被告人贺某某、陈某某、汤某某、汪某某、刘某某、周某某退缴的赃款予以没收，上交国库。

（五）中标人违法行为应承担的法律责任

（1）中标人将中标项目转让给他人的，将中标项目肢解后分别转让给他人的，违反本法规定将中标项目的部分主体、关键性工作分包给他人的，或者分包人再次分包的，转让、分包无效，处转让、分包项目金额5‰以上10‰以下的罚款；有违法所得的，并处没收违法所得；可以责令停业整顿；情节严重的，由工商行政管理机关吊销营业执照。

（2）中标人不履行与招标人订立的合同的，履约保证金不予退还，给招标人造成的损失超过履约保证金数额的，还应当对超过部分予以赔偿；没有提交履约保证金的，应当对招标人的损失承担赔偿责任。中标人不按照与招标人订立的合同履行义务，情节严重的，取消其2年至5年内参加依法必须进行招标的项目的投标资格并予以公告，直至由工商行政管理机关吊销营业执照。因不可抗力不能履行合同的，不适用以上规定。

（六）监管人违法行为应承担的法律责任

对于招标投标活动依法负有行政监督职责的国家机关工作人员徇私舞弊、滥用职权或者玩忽职守，构成犯罪的，依法追究刑事责任；不构成犯罪的，依法给予行政处分。

案例：

辽宁省沈阳欧盟经济开发区二期道路排水基础设施工程串通投标案。赵某在担任沈阳欧盟经济开发区规划建设局副局长兼招标投标管理办公室主任期间，利用职务便利，为请托人提供帮助，多次收受贿赂计人民币67万余元。其中，在负责开发区二期道路排水基础设施7个工程项目公开招标中，为使太平洋建设集团有限公司顺利中标，在未办理审批手续的情况下，委托招标代理机构办理招标事宜；授意招标代理机构与太平洋公司进行实质性谈判；向太平洋公司张某泄露标底，指使张某寻找单位串通投标，4次收受张某贿赂共计人民币5.5万元。赵某受到开除党籍、开除公职处分，2010年11月因犯受贿罪被依法判处有期徒刑六年。

（七）其他情况

（1）任何单位和个人违反《招标投标法》的规定，限制或者排斥本地区、本系统以外的法人或者其他组织参加投标的，为招标人指定招标代理机构的，强制招标人委托招标代理机构办理招标事宜的，或者以其他方式干涉招标投标活动的，责令改正；对单位直接负责的主管人员和其他直接责任人员依法给予警告、记过、记大过的处分，情节较重的，依法给予降级、撤职、开除的处分。

（2）依法必须进行招标的项目违反《招标投标法》的规定，中标无效的，应当依照《招标投标法》规定的中标条件，从其余投标人中重新确定中标人或者依照《招标投标法》重新进行招标。

➤ **知识筑基**

1. 什么是建设工程招标？其应遵循的原则是什么？
2. 建设工程必须招标的范围有哪些？

3. 公开招标与邀请招标的区别有哪些?

4. 招标的基本程序是怎样的?

5. 招标投标活动中的违法行为有哪些?

真案实判

2003年3月10日,临潼公司依照约定进入恒升公司位于陕西省西安市建工路8号的恒升大厦综合楼工程工地进行施工。同年9月10日,临潼公司与恒升公司签订《建设工程施工合同》,约定:恒升公司(甲方)将其建设的恒升大厦综合楼项目的土建、安装、设备及装饰、装修和配套设施等工程发包给临潼公司(乙方)。开竣工日期:2003年3月10日至2005年9月10日。合同价款:承包总价以决算为准,由乙方包工包料。价款计算以设计施工图纸加变更作为依据。土建工程执行99定额,安装工程执行2001定额,按相关配套文件进行取费,工程所用材料定额规定需要做差价的以当期信息价为准。定额信息价购买不到的,甲乙双方协商议价,高出定额部分作差价处理。施工现场签证作为合同价款组成部分并入合同价款内。价款支付及调整:工程施工到正负零时,甲方向乙方首次支付已完工程量95%的工程款。正负零以下工程,作为乙方第一次报量期。正负零以上工程,由乙方每月25日将当月工程量报甲方,经其审核后在次月1~3日内将上月所完工程量价款95%支付给乙方。竣工与决算:已完工程验收后,乙方应在15天内提出决算,甲方收到决算后在30天内审核完毕,甲方无正当理由在批准竣工报告后30天内不办理结算,从第31天起按施工企业向银行计划外贷款的利率支付拖欠工程款利息,并承担违约责任。违约与索赔:甲方不按合同约定履行自己的各项义务、支付款项及发生其他使合同无法履行的行为,应承担违约责任。相应顺延工期,按协议条款约定支付违约金和赔偿因其违约给乙方造成的窝工等损失。乙方不能按合同工期竣工,按协议条款约定支付违约金,赔偿因违约给甲方造成的损失。双方施工现场总代表人:甲方何西京,乙方张安明。合同还对双方应负责在开工前办理的事项、材料设备供应、设计、质量与验收等均做了具体明确的约定。

2004年4月5日,西安市城乡建设监察大队对未经招标的恒升大厦综合楼工程进行了处罚,恒升公司即委托临潼公司张安明在西安市招投标办公室补办了工程报建手续,双方所签合同已经备案。诉讼中双方持有的合同,内容区别是有无29—3条。恒升公司持有西安市城市建设档案馆出具的备案合同附有此条。其内容为:本工程为乙方垫资工程,以实结算,实做实收,按工程总价优惠8个点,工程结算以本合同为准。

2005年2月2日,恒升公司与临潼公司、设计单位、监理公司等就恒升大厦综合楼地基与基础分部工程,主体(1~10层)分部工程进行验收,认定该工程为合格工程。11~24层主体工程已完工但未进行竣工验收,恒升公司承认主体已封顶。同年2月26日,临潼公司作出恒升大厦综合楼《建设工程主体完决算书》,决算工程造价为31 020 507.31元,并主张已送达恒升公司,但无恒升公司签收的文字记录及其他证据佐证,恒升公司不予认可。后双方发生纠纷,致使工程于2005年4月停工至今。

一审法院依据临潼公司申请,委托陕西华春建设项目管理有限责任公司对恒升大厦综合楼已完工程造价和截至2006年6月22日的停窝工损失进行鉴定。2006年11月25日、2007年1月12日,陕西华春建设项目管理有限责任公司作出华春鉴字(2006)07号鉴定报告及对该报告的异议答复、补充意见确认:恒升大厦综合楼已完工程造价为20 242 313.44元;2004年4月至2006年6月22日的停窝工损失为346 421.84元。该工程造价中混凝土使用现场搅拌价，且按工程总造价优惠 8 个点即 1 818 793.15 元及四项保险费 175 452.75 元。对该鉴定结论，临潼公司认为该工程造价应依照合同约定采用信息价；商品混凝土应采用购买价；备案合同 29—3 内容是恒升公司事后添加的，所以优惠 8 个点即 1 818 793.15 元没有依据。恒升公司则认为，临潼公司停工的原因完全在于其自身，故停窝工损失根本没有计算的合法依据。

恒升公司主张已支付工程款 12 219 182.8 元，但临潼公司仅对 2004 年 6 月 20 日、9 月 15 日张安明以工程款内容签收的 175 万元予以确认。对其他款项一审法院依据庭审质证意见做以下分类：（一）项下 277 393 240 元恒升公司认为全部用于工程，应认定为已付工程款。临潼公司认可该笔款项用于工程，但认为是归还其借款 480 万元。（二）项下款项共计 680 万元，恒升公司主张依张安明要求支付至陕西致圣装饰工程有限公司（以下简称致圣公司），因张安明系该公司总经理。对此临潼公司不予认可，认为收款主体非临潼公司。（三）项下款项 208 410 元，恒升公司主张由于临潼公司施工中不慎造成的支出，应认定为已付工程款。临潼公司认为依照监理公司的签证应由恒升公司承担。（四）项下款项 6 868 404 元，恒升公司认为临潼公司口头承诺从工程款中予以扣减，应认定为已付工程款。临潼公司认为与本案无关，不予认可。

另查明：临潼公司工地代表张安明，系致圣公司总经理，该公司的法定代表人张宏发与其是父子关系。

原告请求：判令恒升公司立即支付拖欠的工程款 2 948 039 106 元及逾期利息 2 825 417 元；判令恒升公司赔偿临潼公司停、窝工损失 200 万元；判令恒升公司承担本案诉讼费用。

最高院认为：根据临潼公司的上诉请求和庭审调查辩论，双方当事人争议的焦点问题为：（一）本案所涉工程应以哪个《建设工程施工合同》文本作为结算依据；（二）一审判决关于混凝土采用现场搅拌价计算恒升大厦已完工程造价是否适当；（三）恒升公司已向临潼公司支付工程款的数额；（四）临潼公司主张的停窝工损失是否应得到支持；（五）恒升公司应从何时开始向临潼公司支付所欠工程款利息。

（一）关于本案所涉工程应以哪个《建设工程施工合同》文本作为结算依据的问题。

恒升公司与临潼公司于 2003 年 9 月 10 日签订《建设工程施工合同》，2004 年 4 月 5 日在西安市城乡建设委员会进行了备案。双方当事人在一审举证期限内向一审法院提供的《建设工程施工合同》文本内容是一致的，即没有 29—3 条款的内容，长安监理公司出具的《情况说明》也证明《建设工程施工合同》的文本没有 29—3 条款的内容。《建设工程施工合同》第十一条约定了工程进度款问题，对具体的工程进度和付款期限做了明确约定，恒升公司自己也主张已向临潼公司支付工程款 12 219 182.8 元，而 29—3 条款的内容与《建设工程施工合同》第十一条明显矛盾。

最高人民法院《关于审理建设工程施工合同纠纷案件适用法律问题的解释》第二十一条规定："当事人就同一建设工程另行订立的建设工程施工合同与经过备案的中标合同实质性内容不一致的，应当以备案的中标合同作为结算工程价款的根据。"该条是指当事人就同一建设工程签订两份不同版本的合同，发生争议时应以备案的中标合同作为结算工程价款的依据，而不是指以存档合同文本为依据结算工程价款。恒升公司提交的西安市城市建设档案馆存档的《建设工程施工合同》文本，该合同文本上的 29—3 条款是恒升公司何西京书写的，没有证据证明该条款系经双方当事人协商一致。故应以一审举证期限届满前双方提交的同样内容的《建设工程施工合同》文本作为本案结算工程款的依据。一审判决仅凭招标投标补办手续档案中有临潼公司向恒升公司出具的"法人代表授权委托书"，认定备案合同手续是由临潼公司工地代表张安明办理并按恒升公司提交的存档合同文本作为工程价款结算根据，缺乏事实和法律依据，本院应予纠正。

（二）一审判决关于混凝土采用现场搅拌价计算恒升大厦已完工程造价是否适当的问题。

根据恒升大厦工程设计施工方案关于采用商品混凝土的具体要求、长安监理公司工程主体质量评估报告中关于采用商品混凝土符合规范要求的评估结论、长安监理公司出具的关于全部采用商品混凝土的情况说明以及临潼公司从陕西尧柏混凝土有限公司购买商品混凝土的发票等一系列证据，足以证明本案所涉工程采用的是商品混凝土而非现场搅拌混凝土。陕西华春建设项目管理有限责任公司对恒升大厦综合楼已完工程造价作出的华春鉴字（2006）07号鉴定报告也认为，"恒升大厦已完工程总造价2 384 604 739元是在该工程所采用的混凝土为商品混凝土且单价采用实际购买价的情况下计算的结果。以此单价为依据所鉴定的恒升大厦已完工程总造价相对于其他两种总造价较真实。"故恒升大厦已完工程总造价应以鉴定结论中的23 846 047.39元为依据，对恒升公司以混凝土现场搅拌价格计算工程造价的主张及临潼公司以商品混凝土市场信息价计算工程造价的主张均不予采信。

（三）关于恒升公司已向临潼公司支付工程款的数额问题。

一审判决认定恒升公司已付工程款数额为10 532 342.4元，临潼公司认为该认定数额错误。临潼公司提出异议的有三个方面，其一是主张恒升公司向其借款480万元应从恒升公司的已付工程款中予以扣除。本院认为，临潼公司的诉讼请求是要求判令恒升公司支付拖欠的工程款及利息，赔偿停、窝工损失。支付工程款与借款是两个不同的法律关系，临潼公司主张将借款480万元从恒升公司已付工程款中直接扣除缺乏相应的法律依据，本院不予支持，临潼公司主张的借款问题应另行解决。其二是临潼公司主张恒升公司支付给致圣公司的580万元不应全部认定为恒升公司已付工程款。本院认为，对于恒升公司已付工程款数额的认定问题，一般来讲，收款人应当是临潼公司，如果是按临潼公司的要求向其他单位付款，恒升公司应出具临潼公司委托付款方面的证据，而恒升公司并没有提供相关证据。鉴于临潼公司已认可其中的340万元为恒升公司已付工程款，故恒升公司支付给致圣公司的340万元应认定为恒升公司已付工程款。其三是临潼公司主张天然气泄漏事故造成的支出208 410元应由恒升公司承担。本院认为，对天然气泄漏事故造成的支出208 410元，应以长安监理公司最后出具的说明为依据，临潼公司主张由恒升公司承担依据不足，本院不予采信。综上，恒升公司已付工程款的数额应认定为8 132 342.4元。

（四）关于临潼公司主张的停窝工损失是否应得到支持的问题。

虽然陕西华春建设工程项目管理有限责任公司2006年11月25日出具的鉴定报告中，对于恒升大厦工程停、窝工损失计算为346 421.84元，但该鉴定报告也明确说明："该工程停、窝工时间为自2004年4月至2006年6月22日，但数量没有建设单位指定的工地代表签证。"一审判决以临潼公司未按合同约定申报工程量及申请支付工程款，也未提供监理公司确认的停、窝工证据，故对临潼公司主张的停、窝工损失不予支持。由于二审中临潼公司也没有提供相关证据支持其主张，故对临潼公司上诉要求恒升公司按鉴定报告计算的346 421.84元支付停、窝工损失，本院也不予支持。

（五）关于恒升公司应从何时开始向临潼公司支付所欠工程款利息的问题。

依照最高人民法院《关于审理建设工程施工合同纠纷案件适用法律问题的解释》第十八

条规定:"利息从应付工程价款之日计付。当事人对付款时间没有约定或者约定不明的,下列时间视为应付款时间:(一)建设工程已实际交付的,为交付之日;(二)建设工程没有交付的,为提交竣工结算文件之日;(三)建设工程未交付,工程价款也未结算的,为当事人起诉之日。"合同有约定的,应当遵从当事人约定,只有在当事人对付款时间没有约定或者约定不明的,才分别不同情况适用该条司法解释的规定。从本案双方当事人签订的《建设工程施工合同》的约定来看,约定工程施工到正负零时,甲方向乙方首次支付已完工程量95%的工程款。正负零以下工程,作为乙方第一次报量期。正负零以上工程,由乙方每月25日将当月工程量报甲方,经其审核后在次月1~3日内将上月所完工程量价款95%支付给乙方。故一审判决恒升公司从临潼公司起诉之日起支付工程欠款利息不当,本院予以纠正。临潼公司主张从2005年4月12日停工之日起支付利息,本院照准。

(本案摘自最高人民法院公报案例)

第四章　建设工程合同与劳动合同

识记合同的基本理论；掌握合同订立的过程，合同的主要内容；掌握合同的生效要件，无效合同、可撤销合同制度，以及合同被确认无效或被撤销的后果。

1. 能掌握合同订立的全部程序，确保合同基本条款的合法性；
2. 学会签订合同，防止因合同不成立造成经济损失；
3. 确保能制定一份完整的合同，预防和减少合同纠纷，当合法利益受到侵害时，能够正确运用《民法典》合同编的法律知识保护自身合法利益。

第一节　合同的基本法律原理

民法典合同编法条

案例引入

甲棉纺厂与乙贸易公司依法签订一份棉花买卖合同，合同约定乙贸易公司向甲棉纺厂提供未经精加工的去籽棉花 100 吨，依合同约定执行国家定价，并规定违约者应支付违约金。在合同履行中，乙贸易公司因自己原因迟延 20 日交货，在此之前正好赶上市场上调整棉花收购价，调整后的棉花收购价比以前有所提高。乙贸易公司提出按照提价后的棉花收购价付款，甲棉纺厂不同意，认为乙贸易公司迟延交货，负有违约责任，应仍按原定价格支付货款。乙贸易公司不同意，拒绝交货，甲棉纺厂诉至法院，要求乙贸易公司按约定价格继续履行合同，并支付违约金。

请分析：乙贸易公司关于提价的理由是否有法律依据？为什么？

分析：

乙贸易公司关于提价的理由没有法律依据。因为，乙贸易公司未按合同约定的时间交货，属于逾期交付标的物的行为。根据《民法典》第五百一十三条规定："执行政府定价或者政府指导价的，在合同约定的交付期限内政府价格调整时，按照交付时的价格计价。逾期交付标的物的，遇价格上涨时，按照原价格执行；价格下降时，按照新价格执行。逾期提取标的物或者逾期付款的，遇价格上涨时，按照新价格执行；价格下降时，按照原价格执行。"因此，依此法律规定乙贸易公司不能提高棉花价格，应按原定价格接受甲棉纺厂的货款。

一、合同的概念与特征

(一)合同的概念

合同是指平等主体的自然人、法人、其他组织之间设立、变更、终止民事权利义务关系的协议。

(二)合同的法律特征

(1)合同是一种民事法律行为。民事法律行为,是指以意思表示为要素,并依其意思表示的内容引起民事法律关系设立、变更、终止的行为。合同是合同当事人意思表示的结果。

合同是指平等主体的自然人、法人、其他组织之间设立、变更、终止民事权利义务关系的协议。

(2)合同以设立、变更、终止民事权利义务为目的。设立是指当事人订立合同以形成某种法律关系;变更是指当事人经过协商达成一致意见,使得原有的合同关系在内容上发生变化;终止是指当事人协商一致以消灭原法律关系。

(3)合同是当事人协商一致的产物或者意思表示一致的协议。合同的此种民事法律行为,要求合同的主体是两个以上的当事人,当事人之间的意思表示是目标一致的,达成协议实现合同利益。

(4)合同的签订主体是两个或者两个以上当事人的法律行为,当事人如果是自然人,要求具备相对应的民事行为;如果是法人或其他组织,要求具备相对应的法律资格,在自己的经营范围内签订民事合同。如果有特别要求的,如烟草、食盐等特许经营的,应当具备相应的资格。

二、合同的订立

(一)合同订立的形式

合同的形式,是指作为合同内容的合意的外观方法和手段,是合同当事人意思表示一致的外在表现形式。合同的形式要采用书面形式、口头形式、其他形式。

《民法典》第四百六十九条规定:当事人订立合同,可以采用书面形式、口头形式和其他形式。

书面形式是合同书、信件、电报、电传、传真等可以有形地表现所载内容的形式。书面形式有利于交易的安全,有利于纠纷发生后证据的固化,因此重要的合同应该采用书面形式。

另外,根据《民法典》规定,以电子数据交换、电子邮件等方式能够有形地表现所载内容,并可以随时调取查用的数据电文,视为书面形式。

合同的口头形式指当事人只有口头语言为意思表示订立合同,而不用文字表达协议内容的合同形式,一般适用于能当场了结的合同关系。口头形式的优点在于方便快捷,节约时间;缺点在于发生合同纠纷时难以取证,无法明确判定责任。

其他形式是指当事人未以书面形式或者口头形式订立合同，但从双方从事的民事行为能够推定双方有订立合同意愿的。如房屋租赁合同，租赁期满后，出租人未提出让承租人退房，承租人也未表示退房而是继续交房屋租金，出租人仍然接受租金。尽管当事人没有重新签订合同，但是可以依当事人的行为推定合同仍然有效，继续履行。

(二)合同订立的程序

合同的订立又称缔约，是当事人为设立、变更、终止财产权利义务关系而进行协商。合同为一种协议，须当事人各方的意思表示一致才能成立。当事人为达成协议，相互为意思表示进行协商到达成合意的过程也就是合同的订立过程。

《民法典》第四百七十一条规定，当事人订立合同，可以采取要约、承诺方式或者其他方式。

1. 要约

要约是希望与他人订立合同的意思表示，该意思表示应当符合下列条件：

(1)内容具体确定；

(2)表明经受要约人承诺，要约人即受该意思表示约束。

要约生效的时间：以对话方式作出的意思表示，相对人知道其内容时生效。以非对话方式作出的意思表示，到达相对人时生效。以非对话方式作出的采用数据电文形式的意思表示，相对人指定特定系统接收数据电文的，该数据电文进入该特定系统时生效；未指定特定系统的，相对人知道或者应当知道该数据电文进入其系统时生效。当事人对采用数据电文形式的意思表示的生效时间另有约定的，按照其约定。

2. 承诺

承诺是受要约人同意要约的意思表示。承诺的内容应当与要约的内容一致。受要约人对要约的内容作出实质性变更的，为新要约。有关合同标的、数量、质量、价款或者报酬、履行期限、履行地点和方式、违约责任和解决争议方法等的变更，是对要约内容的实质性变更。

承诺是一种法律行为，一旦做出对当事人具有法律约束力。承诺应当以通知方式作出，但是，根据交易习惯或者要约表明可以通过行为作出承诺的除外。

承诺应当在要约确定的期限内到达要约人。要约没有确定承诺期限的，承诺应当依照下列规定到达：要约以对话方式作出的，应当即时作出承诺；要约以非对话方式作出的，承诺应当在合理期限内到达。

📖 知识链接

要约邀请又称为"要约引诱"，是指希望他人向自己发出要约的表示。要约邀请是当事人订立合同的预备行为，只是引诱他人发出要约，不能因相对人的承诺而成立合同。根据《民法典》第四百七十三条规定，要约邀请是希望他人向自己发出要约的表示。拍卖公告、招标公告、招股说明书、债券募集办法、基金招募说明书、商业广告和宣传、寄送的价目表等为要约邀请。

在建筑行业中，比较典型的要约邀请是招标公告。招标人采取招标通知或者招标公告的方式，向不特定的人发出，以吸引投标人投标，是引诱他人发出要约，自己根据要约做出承诺，从而签订合同。因此，要约邀请可以向不特定的任何人发出，也不需要在要约邀请中详细表示，无论对于发出邀请人还是接受邀请人，都没有约束力。

（三）合同的内容

合同的内容是指合同当事人订立合同的各项具体意思表示，具体体现为合同的各项条款。在不违反法律强制性规定的情况下，合同的内容由当事人约定，一般包括以下条款：

（1）当事人的姓名或者名称和住所。

（2）标的，如有形财产、无形财产、劳务、工作成果等。

（3）数量，应选择使用共同接受的计量单位、计量方法和计量工具。

（4）质量，可约定质量检验方法、质量责任期限与条件、对质量提出异议的条件与期限等，质量要求不明确的，按照强制性国家标准履行；没有强制性国家标准的，按照推荐性国家标准履行；没有推荐性国家标准的，按照行业标准履行；没有国家标准、行业标准的，按照通常标准或者符合合同目的的特定标准履行。

（5）价款或者报酬，应规定清楚计算价款或者报酬的方法。

（6）履行期限、地点和方式。

（7）违约责任，可在合同中约定定金、违约金、赔偿金额及赔偿金的计算方法等。

（8）解决争议的方法。

📄 知识链接

预约合同，根据《民法典》第四百九十五条规定，当事人约定在将来一定期限内订立合同的认购书、订购书、预订书等，构成预约合同。当事人一方不履行预约合同约定的订立合同义务的，对方可以请求其承担预约合同的违约责任。

在实践中，预约合同大量存在。如在商品房买卖中，经常会有认购书，这些协议会在内容条款上约定未来某个时间期限签订正式的商品房买卖合同。除此之外，企业之间在经济往来中，会有经过初步协商达成的各种框架协议、意向书、备忘录，也属于预约合同。

三、合同的效力

合同效力，是指依法成立受法律保护的合同，对合同当事人产生的必须履行其合同的义务，不得擅自变更或解除合同的法律拘束力，即法律效力。由于合同当事人的意志符合国家意志和社会利益，国家赋予当事人的意志以拘束力，要求合同当事人严格履行合同，否则即依靠国家强制力，要当事人履行合同并承担违约责任。

依法成立的合同，自成立时生效，但是法律另有规定或者当事人另有约定的除外。

依法成立的合同，受法律保护。依法成立的合同，仅对当事人具有法律约束力，但是法律另有规定的除外。

（一）合同的生效要件

有效合同是指依照法律的规定成立并在当事人之间产生法律约束力的合同。合同作为一种民事法律行为，应具有以下条件方为有效：

（1）行为人具有相应的民事行为能力；

(2)意思表示真实；

(3)不违反法律、行政法规的强制性规定，不违背公序良俗。

合同成立后生效，会在合同当事人之间产生法律约束力。依法成立的合同对当事人具有法律约束力，当事人应当按照约定履行自己的义务，不得擅自变更或者解除合同。如果一方当事人不履行合同义务，另一方当事人可根据合同的具体规定要求对方履行或承担违约责任。

(二)无效合同

无效合同，是指已成立，但因欠缺法定有效要件，在法律上确定的当然自始不发生法律效力的合同。无效合同分为部分无效和全部无效两种。部分无效的合同，是指合同的某些条款虽然违反法律规定，但并不影响其他条款法律效力的合同。

根据《民法典》规定，无效合同主要表现在以下几个方面。

1. 不具备相应的民事行为能力的行为人签订的合同

在我国，无民事行为能力人签订的合同无效。无民事行为能力人因为年龄或智力原因无法对自己的行为及后果进行准确辨知，因此，法律对其主体资格进行了限制。其无法承担法律责任，因此无民事行为能力人签订的合同无效。

所谓无民事行为能力人指的是：不满8周岁的未成年人；不能辨认自己行为的成年人；以及不能辨认自己行为的8周岁以上的未成年人。不能辨认自己行为，是指因智力、精神健康原因所致；因醉酒导致不能辨认自己行为的，不属于无民事行为能力人，不得以此为由主张行为无效。

案例：

一位50岁的聋哑人与他人签订了一份合同，合同内容是通过第三方会手语的人帮忙翻译的，合同签订后，聋哑人的家属主张这份合同是无效的。

分析：

聋哑人虽然听力和语言表达有障碍，但他们可以正确认知事物，也能基于自己的内心表达意思，并非不能辨认、控制自己行为的精神病人，只要双方约定的内容没有违反法律，也不存在欺诈、胁迫等情况，那么聋哑人实施的民事行为就是有效的。

2. 以虚假意思表示或以虚假意思表示隐藏的行为签订的合同

行为人与相对人以虚假的意思表示签订的合同无效。行为人有时为达到非法目的，会隐瞒自己的真实意思表示。例如，建设工程施工合同中经常出现的"阴阳合同"，签订合同的双方提交政府备案的是"阳合同"，价格高，而真正执行的是另一份合同，此种情形下，因为"阳合同"并非当事人真实意思，因而无效。

另一种虚伪表示行为是实践中常见的名实不符的合同，如名为买卖实为借贷的合同。

3. 违反法律行政法规效力性强制性规定的合同无效

《民法典》第一百五十三条中规定，违反法律、行政法规的强制性规定的民事法律行为无效。但是，该强制性规定不导致该民事法律行为无效的除外。

国家强制性法律法规应当严格遵守，违反此规定的合同无效。但是还应注意，我国强制性规定分为效力性和管理性两种，只有违反了效力性强制性规定才导致合同无效。另外，现实中也存在大量规章、规范性文件的强制性规定，只有违反了"法律、行政法规"的效力性强制性规定才导致合同无效。

案例：

甲乙双方签订二手商品房买卖合同，双方约定甲方将房子以120万元的价格卖给乙方。但鉴于该房屋是甲方单位公有产权，一年后才能落户于甲方名下。因此，甲乙双方房屋产权过户时间为一年后甲方取得该房屋产权后30日内。但一年后，由于房屋价格大涨，甲方拒绝按照合同约定履行过户义务，并声称自己在签订合同时没有取得产权，违反了《城市房地产转让管理规定》第六条：未依法登记领取权属证书的房屋禁止转让的规定，合同无效。

分析：

合同有效，甲方应当按照合同约定继续履行过户义务。《城市房地产转让管理规定》属于管理性规定，不应以此作为合同无效的法律根据。且在《民法典》第二百一十五条中规定，当事人之间订立有关设立、变更、转让和消灭不动产物权的合同，除法律另有规定或者当事人另有约定外，自合同成立时生效；未办理物权登记的，不影响合同效力。因此，该合同是有效的。

4. 违背公序良俗签订的合同无效

《民法典》第一百五十三条规定，违背公序良俗的民事法律行为无效，学理上简称"背俗无效"，因此基于此而签订的合同也无效。

所谓公序良俗，是指公共秩序、善良风俗。违背公序良俗的民事法律行为，如为赌博而签订的合同等行为，法律给予其否定性评价，认定行为无效。政治秩序、金融秩序等涉及不特定多数人公共利益的，也属于公共秩序范畴。

案例：

任某与赵某同居生活三年才发现赵某竟是有妇之夫，气愤不过，扬言要将这件事情让赵某的家里人知道，赵某害怕家庭破裂，遂向任某承诺给其30万元分手费。因赵某一时拿不出那么多钱，就向任某出具了一张30万元的借条，承诺在一年内将30万元全部支付给任某。一年过去后赵某对任某避而不见，也未向任某支付这30万元。如果任某持该借条向法院起诉要求赵某偿还30万元，能否得到支持。

分析：

任某不能得到法律的支持。债的发生必须以一定的法律事实为依据，实践中当事人因分手等原因，一方承诺向另一方给付分手费，并出具借条，债权人仅凭借条起诉，法院会根据当事人之间的关系、借款金额、出借人的经济能力、交付方式、交易习惯及当事人的陈诉等相关证据，综合判断借款事实是否发生。如果债权人不能提供证据证明借款交付的事实，也不能就借款发生的具体情况作出合理说明的，对其请求不予支持。

在本案例中，任某并未向赵某提供过借款，其借贷关系并不存在，所以不能得到法律支持。

5. 恶意串通损害他人利益而签订的合同无效

《民法典》第一百五十四条规定，行为人与相对人恶意串通，损害他人合法权益的民事法律行为无效。基于恶意串通而与他人签订的合同无效。

值得注意的是，行为人和相对人之间必须具有意思联络、共同恶意，方可构成恶意串通。如果只有一方具有损害他人权益的主观恶意，另一方不知情或者虽然知情但并无主观恶意的，不构成恶意串通。例如，甲先将房屋卖给乙，并签订了合同但尚未过户，后又将房屋高价卖给丙,并完成过户;即使丙知道甲存在一房二卖行为,但丙出高价买房主观上并无不妥,不构成恶意串通。

四、合同的履行

(一)合同履行的概念

合同履行,是指合同债务人按照合同的约定或法律的规定,全面、适当地完成合同义务,使债权人的债权得以实现,表现为当事人执行合同义务的行为。当合同义务执行完毕时,合同也就履行完毕。首先,合同的履行是债务人完成合同义务的行为。这种特定行为既可表现为积极的作为,如支付价款、提供劳务、交付产品等,也可以表现为消极的不作为,如保守商业秘密行为。其次,合同的履行要求达到实现债权的结果。正是因为合同关系的存在,使得债权实现物质利益或者相等的价值。

(二)合同履行的原则

合同成立后,当事人应当按照约定全面履行自己的义务。在合同履行的过程中,当事人应当遵循诚信原则,根据合同的性质、目的和交易习惯履行通知、协助、保密等义务。当事人在履行合同过程中,应当避免浪费资源、污染环境和破坏生态。

1. 全面履行原则

全面履行原则又称适当履行原则,是指当事人除按合同规定的标的履行外,还要按合同规定的数量、质量、期限、地点、价金、结算方式等全面、适当地履行。任何一方不履行约定的义务,其行为就构成违约行为。

2. 诚实信用原则

在合同履行过程中,双方当事人应诚实信用、互助合作地共同完成合同义务。合同是双方民事法律行为,不仅是债务人一方的事情,债务人实施给付,需要债权人积极配合受领给付,才能达到合同目的。在合同履行的过程中,债务人比债权人更多地应受诚实信用、适当履行等原则的约束。

案例:

甲油料厂与某供销社订立一份农副产品供销合同,双方约定由供销社在 1 个月内向甲油料厂供应黄豆 30 t,每吨单价为 1 000 元。在合同履行期间,乙公司找到供销社表示愿意以每吨 1 500 元的单价购买 20 t 黄豆,供销社见其出价高,就将 20 t 本来准备运给甲油料厂的黄豆卖给了乙公司,致使只能供应 10 t 黄豆给甲油料厂。甲油料厂要求供销社按照合同的约定供应剩余的 20 t 黄豆,供销社表示无法按照原合同的条件供货,并要求解除合同。甲油料厂不同意,坚持要求供销社履行合同。

分析:

合同签订后双方都应该以诚实信用为原则全面履行自己的义务。在本案例中,供销社违反了合同履行的基本原则,也违反了合同约定,应该按照合同约定承担违约责任并继续履行合同义务。

(三)合同履行规则

合同生效后,当事人就质量、价款或者报酬、履行地点等内容没有约定或者约定不明确的，可以协议补充；不能达成补充协议的，按照合同相关条款或者交易习惯确定。

1. 合同条款不明确时的履行规则

合同生效后，当事人就有关合同内容没有约定或约定不明确的，可以协议补充；不能补充协议的，按照合同的有关条款或者交易习惯确定。仍不能确定的，适用下列规定：

(1)质量要求不明确的，按照强制性国家标准履行；没有强制性国家标准的，按照推荐性国家标准履行；没有推荐性国家标准的，按照行业标准履行；没有国家标准、行业标准的，按照通常标准或者符合合同目的的特定标准履行。

(2)价款或者报酬不明确的，按照订立合同时履行地的市场价格履行；依法应当执行政府定价或者政府指导价的，依照规定履行。

(3)履行地点不明确，给付货币的，在接受货币一方所在地履行；交付不动产的，在不动产所在地履行；其他标的，在履行义务一方所在地履行。

(4)履行期限不明确的，债务人可以随时履行，债权人也可以随时请求履行，但是应当给对方必要的准备时间。

(5)履行方式不明确的，按照有利于实现合同目的的方式履行。履行方式，是指采取什么方法来实现合同所规定的双方当事人的义务。例如，建设工程的交付时间、计量计价方法、验收方法、结算方法等。当事人应当按照法律、行政法规或合同规定的方法履行，不得擅自变更。

(6)履行费用的负担不明确的，由履行义务一方负担；因债权人原因增加的履行费用，由债权人负担。

2. 其他几种特殊的履行规则

(1)通过互联网订立的合同交易规则：通过互联网等信息网络订立的电子合同的标的为交付商品并采用快递物流方式交付的，收货人的签收时间为交付时间。电子合同的标的为提供服务的，生成的电子凭证或者实物凭证中载明的时间为提供服务时间；前述凭证没有载明时间或者载明时间与实际提供服务时间不一致的，以实际提供服务的时间为准。

其中，如果电子合同的标的物为采用在线传输方式交付的，合同标的物进入对方当事人指定的特定系统且能够检索识别的时间为交付时间。电子合同当事人对交付商品或者提供服务的方式、时间另有约定的，按照其约定。

(2)执行政府指导价的合同履行规则：执行政府定价或者政府指导价的，在合同约定的交付期限内政府价格调整时，按照交付时的价格计价。逾期交付标的物的，遇价格上涨时，按照原价格执行；价格下降时，按照新价格执行。逾期提取标的物或者逾期付款的，遇价格上涨时，按照新价格执行；价格下降时，按照原价格执行。

(3)金钱给付之债的履行规则：以支付金钱为内容的债，除法律另有规定或者当事人另有约定外，债权人可以请求债务人以实际履行地的法定货币履行。

(4)选择之债的履行规则：标的有多项而债务人只需履行其中一项的，债务人享有选择权；但是，法律另有规定、当事人另有约定或者另有交易习惯的除外。享有选择权的当事人在约定期限内或者履行期限届满未做选择，经催告后在合理期限内仍未选择的，选择权转移至对方。

当事人行使选择权应当及时通知对方，通知到达对方时，标的确定。标的确定后不得变更，但是经对方同意的除外。可选择的标的发生不能履行情形的，享有选择权的当事人不得选择不能履行的标的，但是该不能履行的情形是由对方造成的除外。

（5）连带债务的履行规则：债权人为二人以上，部分或者全部债权人均可以请求债务人履行债务的，为连带债权；债务人为二人以上，债权人可以请求部分或者全部债务人履行全部债务的，为连带债务。连带债权或者连带债务，由法律规定或者当事人约定。

连带债务人之间的份额难以确定的，视为份额相同。实际承担债务超过自己份额的连带债务人，有权就超出部分在其他连带债务人未履行的份额范围内向其追偿，并相应地享有债权人的权利，但是不得损害债权人的利益。其他连带债务人对债权人的抗辩，可以向该债务人主张。被追偿的连带债务人不能履行其应分担份额的，其他连带债务人应当在相应范围内按比例分担。

部分连带债务人履行、抵销债务或者提存标的物的，其他债务人对债权人的债务在相应范围内消灭；该债务人可以依据前条规定向其他债务人追偿。部分连带债务人的债务被债权人免除的，在该连带债务人应当承担的份额范围内，其他债务人对债权人的债务消灭。部分连带债务人的债务与债权人的债权同归于一人的，在扣除该债务人应当承担的份额后，债权人对其他债务人的债权继续存在。债权人对部分连带债务人的给付受领迟延的，对其他连带债务人发生效力。

（四）合同履行中的抗辩权

在双方合同中，合同当事人都承担义务，往往一方的权利与另一方的义务之间具有相互依存、互为因果的关系。为了保证双方合同中当事人利益关系的公平，法律做出了规定：当事人一方在对方未履行或者不能保证履行时，一方可以行使不履行的保留性权利，这就是对抗对方当事人要求履行的抗辩权。合同履行中的抗辩权有下列几种。

1. 同时履行抗辩权

当事人互负债务，没有先后履行顺序的，应当同时履行。一方在对方履行之前有权拒绝其履行请求。一方在对方履行债务不符合约定时，有权拒绝其相应的履行请求。

案例：

甲某向乙公司购买一辆越野车，在签订的买卖合同中约定，甲某以25万元向乙公司购买一辆汽车，2018年2月10日双方交易。到2018年3月10日，甲、乙都未履行合同中的义务，即甲某没有向乙公司支付汽车价款25万元，乙公司也没有向甲某交付汽车。那么甲乙双方主张哪种抗辩权？

分析：

甲乙双方可主张同时履行抗辩权，要求对方履行相对应的义务。甲某方可要求乙公司交付汽车，乙公司可要求甲某支付25万元的汽车货款。

2. 后履行抗辩权

当事人互负债务，有先后履行顺序，应当先履行债务一方未履行的，后履行一方有权拒绝其履行请求。先履行一方履行债务不符合约定的，后履行一方有权拒绝其相应的履行请求。

3. 不安抗辩权

不安抗辩权又称先履行抗辩权，是指双方合同成立后，应先履行债务的一方当事人有确切证据证明对方不能履行债务或者有不能履行债务的可能时，在对方未履行其债务或提供担保前，有拒绝履行自己所负债务的权利。

根据《民法典》第五百二十七条规定，应当先履行债务的当事人，有确切证据证明对方有下列情形之一的，可以中止履行：经营状况严重恶化；转移财产、抽逃资金，以逃避债务；丧失商业信誉；有丧失或者可能丧失履行债务能力的其他情形。

当事人没有确切证据中止履行的，应当承担违约责任。

五、合同的保全

合同保全是指法律为防止因债务人财产的不当减少致使债权人债权的实现受到危害，债务人责任财产保全的法律措施。合同保全制度分为代位权和撤销权。

（一）代位权

代位权是指债务人怠于行使其对第三人享有的权利而有害于债权人的债权时，债权人为保全自己的债权，以自己的名义代位向第三人行使债务人现有债权的权利。例如，甲欠乙2万元，丙欠甲3万元，由于甲不行使对丙的债权，以致使其无力偿还对乙的债务，乙可以依据代位权行使甲对丙的债权，请求丙履行对甲的债务。

代位权行使的条件包括以下几个方面：
(1)债权人对债务人的债权合法，确定，且必须已届清偿期。
(2)债务人怠于行使其到期债权。
(3)债务人怠于行使权利的行为已经对债权人造成损害。
(4)债务人的债权不是专属于债务人自身的债权。如基于扶养关系、抚养关系、赡养关系、继承关系产生的给付请求权和劳动报酬，退休金、养老金、抚恤费、安置费、人寿保险、人身伤害赔偿请求权等权利。

（二）撤销权

撤销权是指当债务人放弃对第三人的债权、实施无偿或者低价处分财产的行为损害债权人的利益时，债权人可以依法请求人民法院撤销债务人所实施的行为。代位权表现为债务人行为上的消极不作为，撤销权表现为债务人行为上的积极作为。
(1)债务人实施了一定的处分财产的行为，处分财产的行为主要有放弃到期债权、无偿转让财产、在财产上设立抵押、以明显不合理的低价出让财产等。
(2)债务人实施处分财产行为时具有主观上的故意，而债务人交易的另一方当事人也具有主观故意性，不是善意的第三人。
(3)当债务人采取不正当或非法方式转移财产，导致其资不抵债，明显损害债权人的合法权益，致使债权人行使撤销权。

📄知识链接

甲向乙借款1万元，到期没有偿还，而甲的经济状况十分糟糕，除下列权利外别无财产可供偿还，在符合条件的情况下，债权人乙可以代位行使甲的权利是（　　）。

A. 甲对其儿女的请求支付赡养费的权利

B. 甲对其母的继承权

C. 甲对其债务人所享有的偿还货款的请求权

D. 甲因被第三人打伤而对第三人享有的损害赔偿请求权

分析：

答案为 C。原因为《民法典》规定，专属于债务人自身的债权不能成为代位权的标的。所谓专属于债权人自身的债权，是指基于扶养关系、抚养关系、赡养关系、继承关系产生的给付请求权和劳动报酬、退休金、养老金、抚恤金、安置费、人寿保险、人身伤害赔偿请求权等权利。

六、合同的变更、转让与终止

（一）合同的变更

合同的变更是指生效的合同在未履行或未履行完毕之前，由于主、客观情况的变化而使合同的内容发生变化。合同的变更是合同关系的部分变化，如标的数量的增减，价款的变化，时间、地点、方式的变化。

合同签订后当事人协商一致，可以变更合同。当事人对合同变更的内容约定不明确的，推定为未变更。

（二）合同的转让

合同的转让，是指在不改变合同关系内容的前提下，当事人一方将其合同权利、合同义务或者合同权利义务，全部或者部分转让给第三人。根据转让内容的不同，合同转让包括合同权利的转让、合同义务的转让及合同权利和义务的概括转让三种类型。

为市场的自由流转，法律赋予当事人最大限度处置自己事务的权利，但在合同转让过程中，仍要注意以下要点：一是债权人转让债权，未通知债务人的，该转让对债务人不发生效力；二是债权转让的通知不得撤销，但是经受让人同意的除外；三是债权人转让债权的，受让人取得与债权有关的从权利，但是该从权利专属于债权人自身的除外；四是受让人取得从权利不应该从权利未办理转移登记手续或者未转移占有而受到影响。

（三）合同的终止

合同权利义务的终止是指依法生效的合同，因具备法定情形和当事人约定的情形，合同债权、债务归于消灭，债权人不再享有合同权利，债务人不必再履行合同义务，合同当事人双方终止合同关系，合同的效力随之消灭。

《民法典》第五百五十七条规定，有下列情形之一的，债权债务终止：债务已经履行；债务相互抵销；债务人依法将标的物提存；债权人免除债务；债权债务同归于一人；法律规定或者当事人约定终止的其他情形。

合同解除的，该合同的权利义务关系终止。

七、违约责任

违约责任，是指当事人不履行合同义务或者履行合同义务不符合合同约定而依法应当承担的民事责任。违约责任是合同责任中一种重要的形式，违约责任不同于无效合同的后果，违约责任的成立以有效的合同存在为前提的。

（一）违约形态

违约形态主要包括以下几项。

1. 预期违约

预期违约也称先期违约，是指在履行期限到来之前，一方无正当理由而明确表示其在履行期到来后将不履行合同，或者其行为表明其在履行期到来以后将不可能履行合同。

《民法典》第五百七十八条规定："当事人一方明确表示或者以自己的行为表明不履行合同义务的，对方可以在履行期限届满前请求其承担违约责任。"

案例：

自然人甲与乙签订了一份房屋买卖合同，合同约定，甲方将自有三间街面房卖给乙方作价 5 万元。合同同时约定，自合同签订之日起，乙方向甲方预付房款 2 万元，余款在办理完房屋过户手续时一次交清。办理房屋过户手续的时间为 2018 年 12 月 5 日。合同签订后，乙方依约向甲方支付了房款 2 万元。同年 8 月 5 日，甲方将自有三间街面房卖给了自然人丙，作价 6 万元，并于同年 10 月 5 日将该房屋的所有权过户给丙。乙知道此事后，于 11 月 5 日向甲主张解除合同，并要求甲承担违约责任。双方为此引起纠纷。

分析：

本案例涉及预期违约导致的合同解除问题。在本案例中，自然人甲与自然人乙签订的房屋买卖合同合法有效，其规定的办理过户的时间为 2018 年 12 月 5 日，但自然人甲作为债务人在合同履行期限到来之前就将自己的房屋卖给自然人丙，并且办理了房屋过户手续，这一行为表明，自然人甲不履行合同。该不履行合同是在合同履行期限到来之前，通过行为表明的，因此构成预期违约，自然人乙订立合同的目的落空，对此，自然人乙可以自然人甲的预期违约而行使合同解除权。当然，除可解除合同外，自然人乙还可要求自然人甲承担违约责任。

2. 实际违约

在履行期限到来以后，当事人不履行或不完全履行合同义务，都将构成实际违约。实际违约行为有以下几种类型：

（1）拒绝履行，是指在合同期限到来以后，一方当事人无正当理由拒绝履行合同规定的全部义务。

（2）迟延履行，是指合同当事人的履行违反了履行期限的规定。其包括债务人的给付迟延和债权人的受领迟延。

（3）不适当履行，是指债务人履行了债务，但其履行有瑕疵或给债权人造成损害的情形。分为瑕疵给付与加害给付两种。瑕疵给付，是指债务人虽然履行了债务，但因履行有瑕疵，以致减少或丧失该履行本身的价值或效用，其所侵害的是债权人对于正确履行所能取得的利益，即履行利益。如债务人交付有传染病的家畜，使该家禽的价值减少等。加害给付，是指因债务人的不当履行造成债权人履行利益以外的其他损失。如债务人交付有传染病的家畜，致使债权人的其他家畜感染死亡等。

（4）部分履行，是指合同虽然履行，但履行不符合数量的规定，或者履行在数量上存在着不足。

（二）违约责任的承担方式

当事人一方不履行合同义务或者履行合同义务不符合约定的，应当承担继续履行、采取补救措施或者赔偿损失等违约责任。

（1）赔偿损失是最重要的违约责任形式。赔偿损失具有根本救济功能，任何其他责任形式都可以转化为损害赔偿。

（2）赔偿损失是以支付金钱的方式弥补损失。金钱为一般等价物，任何损失一般都可以转化为金钱，因此，赔偿损失主要是指金钱赔偿。但在特殊情况下，也可以以其他物代替金钱作为赔偿。

（3）赔偿损失是由违约方赔偿守约方因违约所遭受的损失。首先，赔偿损失是对违约行为所造成的损失的赔偿，与违约行为无关的损失不在赔偿之列。其次，赔偿损失是对守约方所遭受损失的一种补偿，而不是对违约行为的惩罚。

（4）赔偿损失责任具有一定的任意性。违约赔偿的范围和数额可由当事人约定。当事人既可以约定违约金的数额，也可以约定损害赔偿的计算方法。

第二节　建设工程合同

一、建设工程施工合同的内容

根据《民法典》规定，施工合同的内容一般包括工程范围、建设工期、中间交工工程的开工和竣工时间、工程质量、工程造价、技术资料交付时间、材料和设备供应责任、拨款和结算、竣工验收、质量保修范围和质量保证期、相互协作等条款。

（一）工程范围

工程范围是指施工的界区，是施工人进行施工的工作范围。由于施工具有动态的特征，合同签订时的工程范围，并不一定与竣工结算时的工程范围相等，中间有可能发生工程设计变更，而导致工程量增加或减少。

（二）建设工期

建设工期是指施工人完成施工任务的期限。在《建设工程施工合同示范文本》（GF－2017－0201）中给出的定义是，在合同协议书约定的承包人完成工程所需的期限，包括按照合同约定所做的期限变更。

在实践中，有的发包人常常要求缩短工期，施工人为了赶进度，往往导致严重的工程质量问题。因此，为了保证工程质量，双方当事人应当在施工合同中确定合理的建设工期。

1. 开工日期及开工通知

开工日期包括计划开工日期和实际开工日期。

经发包人同意后，监理人发出的开工通知应符合法律规定。监理人应在计划开工日期

7 天前向承包人发开工通知，工期自开工通知中载明的开工日期起算。

知识链接

在实践中，由于各种原因，可能开工日期与合同约定不一样，双方对开工日期的认定不能达成一致，那么就会发生争议。为此我国最高人民法院发布了解决此问题的司法解释，当事人对建设工程实际开工日期有争议的，需要按照以下情形予以确定：

（1）开工日期为发包人或者监理人发出的开工通知载明的开工日期；开工通知发出后，尚不具备开工条件的，以开工条件具备的时间为开工日期；因承包人原因导致开工时间推迟的，以开工通知载明的时间为开工日期。

（2）承包人经发包人同意已经实际进场施工的，以实际进场施工时间为开工日期。

（3）发包人或者监理人未发出开工通知，亦无相关证据证明实际开工日期的，应当综合考虑开工报告、合同、施工许可证、竣工验收报告或者竣工验收备案表等载明的时间，并结合是否具备开工条件的事实，认定开工日期。

2. 工期顺延

由于不可抗力或设计变更等情况的出现，使得工期不得不延期，双方当事人如果约定顺延工期应当经发包人或者监理人签证等方式确认。如果承包人未取得工期顺延的确认，但能够证明在合同约定的期限内向发包人或者监理人申请过工期顺延且顺延事由符合合同约定，承包人可以以此为由主张工期顺延。

3. 竣工日期

竣工日期包括计划竣工日期和实际竣工日期。计划竣工日期是计划中的工程结束的日期，含有主体工程还有各项水电暖工程；实际竣工日期是建设项目的全部工程建设实际完工的日期。计划竣工日期和实际竣工日期并不一定重合，实际竣工日期可能早于也可能晚于计划竣工日期。

知识链接

在实践中，由于各种原因，承发包双方对竣工日期的认定也不能达成一致，为此我国最高人民法院发布了解决此问题的司法解释，当事人对建设工程实际竣工日期有争议的，需要按照以下情形予以确定：

（1）建设工程经竣工验收合格的，以竣工验收合格之日为竣工日期；

（2）承包人已经提交竣工验收报告，发包人拖延验收的，以承包人提交验收报告之日为竣工日期；

（3）建设工程未经竣工验收，发包人擅自使用的，以转移占有建设工程之日为竣工日期。

（三）中间交工工程的开工和竣工时间

中间交工工程是指施工过程中的阶段性工程。为了保证工程各阶段的交接，顺利完成工程建设，当事人应当明确中间交工工程的开工时间和竣工时间。

（四）工程质量

工程质量条款是明确施工人施工要求，确定施工人责任的依据。施工人必须按照工程设计图纸和施工技术标准施工，不得擅自修改工程设计，不得偷工减料。发包人也不得明示或者暗示施工人违反工程建设强制性标准，降低建设工程质量。

（五）工程造价

工程造价是指进行工程建设所需的全部费用，包括人工费、材料费、施工机械使用费、措施费等。在实践中，有的发包人为了获得更多的利益，往往压低工程造价，而施工人为了盈利或不亏本，不得不偷工减料、以次充好，结果导致工程质量不合格，甚至造成严重的工程质量事故。因此，为了保证工程质量，双方当事人应当合理确定工程造价。

（六）技术资料交付时间

技术资料主要是指勘察、设计文件及其他施工人据以施工所必需的基础资料。当事人应当在施工合同中明确技术资料的交付时间。

（七）材料和设备供应责任

材料和设备供应责任，是指由哪一方当事人提供工程所需材料设备及其应承担的责任。材料和设备可以由发包人负责提供，也可以由施工人负责采购。如果按照合同约定由发包人负责采购建筑材料、构配件和设备的，发包人应当保证建筑材料、构配件和设备符合设计文件和合同要求。施工人则须按照工程设计要求、施工技术标准和合同约定，对建筑材料、构配件和设备进行检验。

（八）拨款和结算

拨款是指工程款的拨付。结算是指施工人按照合同约定和已完工程量向发包人办理工程款的清算。拨款和结算条款是施工人请求发包人支付工程款和报酬的依据。

招标工程的合同价款由发包人、承包人依据中标通知书中的中标价格在协议书内约定。非招标工程的合同价款由发包人、承包人依据工程预算书在协议书内约定。合同价款在协议书内约定后，双方应当按照合同约定履行自己的义务，任何一方不得擅自改变。

对于无效的施工合同的价款结算如何处理，我国最高人民法院在司法解释中也给予了规定：建设工程施工合同无效，但是建设工程经验收合格的，可以参照合同关于工程价款的约定折价补偿承包人。也就是即使建设工程施工合同因缺少法律规定的有效要件而无效，但只要质量合格，仍然可以根据合同约定的价款进行结算。

📄 知识链接

建设工程优先受偿权，是指承包人对于建设工程的价款就该工程折价或者拍卖的价款享有优先受偿的权利，优先于一般的债权。

《民法典》第八百零七条规定，发包人未按照约定支付价款的，承包人可以催告发包人在合理期限内支付价款。发包人逾期不支付的，除根据建设工程的性质不宜折价、拍卖外，承包人可以与发包人协议将该工程折价，也可以请求人民法院将该工程依法拍卖。建设工程的价款就该工程折价或者拍卖的价款优先受偿。

建设工程价款优先受偿权(以下简称优先权)是为保护承包人合法权益而设置的法定优先权，在建设工程施工合同纠纷中，对于保护承包人特别是其背后处于弱势的农民工权益、维护社会稳定，具有重要的意义。

（九）竣工验收

竣工验收条款一般应当包括验收范围与内容、验收标准与依据、验收人员组成、验收方式和日期等内容。

（十）质量保修范围和质量保证期

建设工程质量保修范围和质量保证期，应当按照《建设工程质量管理条例》的规定执行。

（十一）双方相互协作条款

双方相互协作条款一般包括双方当事人在施工前的准备工作，施工人及时向发包人提出开工通知书、施工进度报告书、对发包人的监督检查提供必要协助等。

二、建设工程施工合同的法定形式

建设工程施工合同应当采用书面形式。

书面形式合同的内容明确，有据可查，对于防止和解决争议有积极意义。口头形式合同具有直接、简便、快速的特点，但缺乏凭证，一旦发生争议，难以取证，且不易分清责任。其他形式合同可以根据当事人的行为或者特定情形推定合同的成立，也可以称之为默示合同。

三、《建设工程施工合同示范文本》(GF—2017—0201)介绍

《建设工程施工合同示范文本》(GF－2017－0201)(以下简称 2017 施工合同示范文本)是一种格式文本合同。格式合同是当事人为了重复使用而预先拟订合同条款，并在订立合同时未与对方协商的合同。我国的施工合同示范文本则是由中华人民共和国住房和城乡建设部与中华人民共和国国家工商行政管理总局联合制定的。其目的是规范建筑市场秩序，维护建设工程施工合同当事人的合法权益。

（一）2017 施工合同示范文本的性质和适用范围

2017 施工合同示范文本为非强制性使用文本，当事人自愿选择适用。示范文本最早产生的原因在于，建设工程合同内容繁杂，履行周期长，大多数当事人自己拟定的合同条款不完备，不规范，漏洞比较多。上述这些问题不仅给合同履行带来很大困难，影响合同履约率，还会导致合同纠纷增多，解决纠纷的难度增大。

2017 施工合同示范文本适用于房屋建筑工程、土木工程、线路管道和设备安装工程、装修工程等建设工程的施工承发包活动。合同当事人可结合建设工程具体情况，根据 2017 施工合同示范文本订立合同，并按照法律法规规定和合同约定承担相应的法律责任及合同权利义务。

(二)2017 施工合同示范文本的合同结构

2017 施工合同示范文本由合同协议书、通用合同条款和专用合同条款三部分组成。

1. 合同协议书

2017 施工合同示范文本合同协议书共计 13 条，主要包括工程概况、合同工期、质量标准、签约合同价和合同价格形式、项目经理、合同文件构成、承诺以及合同生效条件等重要内容，集中约定了合同当事人基本的合同权利义务。

2. 通用合同条款

通用合同条款是合同当事人根据《建筑法》等法律法规的规定，就工程建设的实施及相关事项，对合同当事人的权利义务作出的原则性约定。

通用合同条款共计 20 条，具体条款分别为：一般约定，发包人，承包人，监理人，工程质量，安全文明施工与环境保护，工期和进度，材料与设备，试验与检验，变更，价格调整，合同价格、计量与支付，验收和工程试车，竣工结算，缺陷责任与保修，违约，不可抗力，保险，索赔和争议解决。前述条款安排既考虑了现行法律法规对工程建设的有关要求，也考虑了建设工程施工管理的特殊需要。

3. 专用合同条款

专用合同条款是对通用合同条款原则性约定的细化、完善、补充、修改或另行约定的条款。合同当事人可以根据不同建设工程的特点及具体情况，通过双方的谈判、协商对相应的专用合同条款进行修改补充。在使用专用合同条款时，应注意以下事项：

(1)专用合同条款的编号应与相应的通用合同条款的编号一致；

(2)合同当事人可以通过对专用合同条款的修改，满足具体建设工程的特殊要求，避免直接修改通用合同条款；

(3)在专用合同条款中有横道线的地方，合同当事人可针对相应的通用合同条款进行细化、完善、补充、修改或另行约定；如无细化、完善、补充、修改或另行约定，则填写"无"或划"/"。

第三节 劳动合同法律制度

中华人民共和国
劳动合同法

案例引入

王某大学毕业后应聘到北京某外资机械厂工作，与该厂签订了为期 3 年的劳动合同。由于王某工作认真、技术过硬，被任命为该厂某车间的技术员。后来，王某得知自己的母校有了所学专业的硕士招生点，遂向单位提出继续考学的请求。经双方协商，单位出具报考证明，但要求王某硕士毕业后回原单位工作。随后，王某报名参加了考试并被录取。但此时机械刚好有一条生产线上马，急需技术人员，而王某又是所在车间的技术骨干，所以机械厂要求王某继续留在单位参加新生产线的调试与生产。但王某认为读研机会难得，不愿放弃。王某报考的学校发函到当地人事局提档时，遭到机械厂拒绝。双方发生争议后，王某遂向当地劳动争议仲裁委员会提出仲裁申请,要求机械厂履行承诺,解除劳动合同,允许学校提档。

分析:

劳动争议仲裁委员会经过审理,裁决支持王某的请求,并裁决机械厂办理完王某的提档手续。事实上,当王某所在的机械厂为其出具考研证明时,双方对关于王某的考研问题已经达成合意,机械厂同意了王某报考,就要承担无条件地解除劳动合同的义务,不得再以任何借口撤销。一旦考研成功,王某就享有解除劳动合同的权利,同时机械厂就有履行事先约定的义务。而之后机械厂以单位新生产线上马、技术人才缺乏为由拒绝王某复试和提档,违反了自己当初的承诺,没有承担相应的义务。根据《中华人民共和国劳动合同法》(以下简称《劳动合同法》)第五十条"用人单位应当在解除或者终止劳动合同时出具解除或者终止劳动合同的证明,并在十五日内为劳动者办理档案和社会保险关系转移手续"的规定,本案例中的机械厂则必须在解除劳动合同之日后的15日内为王某办理档案转移手续,而不是1个月内,否则应承担相应的赔偿责任。

劳动合同是在市场经济体制下,用人单位与劳动者进行双向选择,明确劳动合同双方当事人的权利和义务,保护劳动者的合法权益的协议。

我国在1994年通过了《中华人民共和国劳动法》,对劳动法律关系进行规范。随后,在2007年又通过了《劳动合同法》,对劳动法中的合同章节进行更完整的规定。除此之外,我国最高人民法院及劳动保障部门也相继出台了司法解释及细化的行政规章,对我国的劳动关系、劳动合同关系进行规范和调整。

一、订立劳动合同应当遵守的原则

订立劳动合同,应当遵循合法、公平、平等自愿、协商一致、诚实信用的原则。依法订立的劳动合同具有约束力,用人单位与劳动者应当履行劳动合同约定的义务。

用人单位招用劳动者时,应当如实告知劳动者工作内容、工作条件、工作地点、职业危害、安全生产状况、劳动报酬,以及劳动者要求了解的其他情况;用人单位有权了解劳动者与劳动合同直接相关的基本情况,劳动者应当如实说明。用人单位签订劳动合同,不得强迫诱骗劳动者签订合同,不得扣押劳动者的居民身份证和其他证件,不得要求劳动者提供担保或者以其他名义向劳动者收取财物。

用人单位在制定、修改或者决定有关劳动报酬、工作时间、休息休假、劳动安全卫生、保险福利、职工培训、劳动纪律以及劳动定额管理等直接涉及劳动者切身利益的规章制度或者重大事项时,应当经职工代表大会或者全体职工讨论,提出方案和意见,与工会或者职工代表平等协商确定。

住房和城乡建设部、人力资源社会保障部《建筑工人实名制管理办法(试行)》(建市〔2019〕18号)规定,全面实行建筑业农民工实名制管理制度,坚持建筑企业与农民工先签订劳动合同后进场施工。建筑企业应与招用的建筑工人依法签订劳动合同,对其进行基本安全培训,并在相关建筑工人实名制管理平台上登记,方可允许其进入施工现场从事与建筑作业相关的活动。

二、劳动合同的种类

劳动合同的期限是指劳动合同的有效时间,是劳动关系当事人双方享有权利和履行义务的时间。《劳动合同法》将劳动合同分为固定期限劳动合同、无固定期限劳动合同和以完成一定工作任务为期限的劳动合同。

(一)固定期限劳动合同

固定期限劳动合同,是指用人单位与劳动者约定合同终止时间的劳动合同。即在劳动合同中明确规定了劳动者和用人单位建立劳动关系的起始时间与终止时间。劳动合同期限届满,劳动关系即告终止。固定期限劳动合同的时间是固定且明确的,时间长短没有特殊规定,但应当多于试用期的时间。

(二)无固定期限劳动合同

无固定期限劳动合同,是指用人单位与劳动者约定无确定终止时间的劳动合同。无确定终止时间的劳动合同并不是没有终止时间,一旦出现了法定的解除情形(如到了法定退休年龄)或者双方协商一致解除的,无固定期限劳动合同同样可以解除。

用人单位与劳动者协商一致,可以订立无固定期限劳动合同。有下列情形之一,劳动者提出或者同意续订、订立劳动合同的,除劳动者提出订立固定期限劳动合同外,应当订立无固定期限劳动合同:

(1)劳动者在该用人单位连续工作满 10 年的;

(2)用人单位初次实行劳动合同制度或者国有企业改制重新订立劳动合同时,劳动者在该用人单位连续工作满 10 年且距法定退休年龄不足 10 年的;

(3)连续订立 2 次固定期限劳动合同,且劳动者没有《劳动合同法》第三十九条和第四十条第 1 项、第 2 项规定的情形,续订劳动合同的。需要注意的是,用人单位自用工之日起满 1 年不与劳动者订立书面劳动合同的,则视为用人单位与劳动者已订立无固定期限劳动合同。

(三)以完成一定工作任务为期限的劳动合同

以完成一定工作任务为期限的劳动合同,是指用人单位与劳动者约定以某项工作的完成为合同期限的劳动合同。

《劳动合同法》除对合同期限进行了明确外,还对试用期进行了明确规定,以解决实践中出现的用人单位签订较长试用期的劳动合同侵犯劳动者的合法权益。根据《劳动合同法》第十九条规定,劳动合同期限三个月以上不满一年的,试用期不得超过一个月;劳动合同期限一年以上不满三年的,试用期不得超过两个月;三年以上固定期限和无固定期限的劳动合同,试用期不得超过六个月。同一用人单位与同一劳动者只能约定一次试用期。以完成一定工作任务为期限的劳动合同或者劳动合同期限不满三个月的,不得约定试用期。试用期包含在劳动合同期限内。劳动合同仅约定试用期的,试用期不成立,该期限为劳动合同期限。

案例:

2018 年 5 月,某外资公司有 3 名员工已在该企业工作满 10 年,需要续签新的劳动合同。但该公司不打算再与其续签劳动合同。该公司人力资源部向 3 位员工下发了到期不再续签劳动合同的书面通知。但 3 位员工不服,认为在该公司工作了这么多年,公司不应该这样做，于是他们向有关人员进行咨询：是否应当签订无固定期限劳动合同？

分析：

依据《劳动合同法》第十四条规定，劳动者在该用人单位连续工作满 10 年的，劳动者提出或者同意续订、订立劳动合同的，应当订立无固定期限劳动合同。本案中，3 位员工已经在该公司工作了 10 年，依据《劳动合同法》规定，该公司必须与 3 位员工续签无固定期限劳动合同。3 位员工要求续签无固定期限劳动合同，尽管公司单方面不同意，依据上述规定，公司也必须与其续签无固定期限劳动合同，否则将构成违法。

三、劳动合同的基本条款

劳动合同应当以书面形式订立。

根据《劳动合同法》第十七条规定，劳动合同应当具备以下条款：用人单位的名称、住所和法定代表人或者主要负责人；劳动者的姓名、住址和居民身份证或者其他有效身份证件号码；劳动合同期限；工作内容和工作地点；工作时间和休息休假；劳动报酬；社会保险；劳动保护、劳动条件和职业危害防护；法律、法规规定应当纳入劳动合同的其他事项。

劳动合同除前款规定的必备条款外，用人单位与劳动者可以约定试用期、培训、保守秘密、补充保险和福利待遇等其他事项。

四、劳动合同的履行

劳动合同一经依法订立便具有法律效力。用人单位与劳动者应当按照劳动合同的约定，全面履行各自的义务。当事人双方既不能只履行部分义务，也不能擅自变更合同，更不能任意不履行合同或者解除合同，否则将承担相应的法律责任。

(一)用人单位的权利与义务

用人单位的合同权利包括以下几项：

(1)依法约定试用期和服务期权利。对试用期内考核不合格，不适应工作岗位要求的劳动者，可以解除劳动合同。

(2)约定服务期的权利。服务期是用人单位对劳动者提供专项培训费用进行技术培训的期限，劳动者因享受了培训带来的利益也就必须履行服务期内为用人单位提供劳动的义务，用人单位也因此有权要求劳动者履行服务期的约定。

(3)依法约定竞业限制的权利。在劳动关系结束后，要求特定的劳动者在法定时间内继续保守原用人单位的商业秘密及与知识产权相关的保密事项。

(4)依法解除劳动合同的权利。在法律规定或合同约定的解除合同成就时，有权解除劳动合同。

用人单位的合同义务包括以下几项：

(1)尊重劳动者知情权义务。如实告知工作内容、工作条件、工作地点、职业危害、安全生产状况、劳动报酬，以及劳动者要求了解的情况。

(2)不得扣押劳动者的证件和收取财物。

(3)劳动合同解除或者终止后对劳动者的义务。用人单位应出具终止合同证明，并在 15 日内办理档案和社会保险转移手续。

(二)劳动者的权利与义务

(1)劳动者有如下权利：

①劳动者有获得报酬的权利。劳动者按照合同约定提供了劳动后，有权依据合同约定获得相应的报酬。

②劳动者有获得休息的权利。根据相关规定，国家实行劳动者每日工作时间不超过八小时、平均每周工作时间不超过四十四小时的工时制度。用人单位应当保证劳动者每周至少休息一日。用人单位在法定节假日应当安排劳动者进行休息。

③劳动者要求劳动保护的权利。用人单位必须为劳动者提供符合国家规定的劳动安全卫生条件和必要的劳动防护用品，对从事有职业危害作业的劳动者应当定期进行健康检查。

④劳动者有获得职业培训的权利。用人单位应当建立职业培训制度，按照国家规定提取和使用职业培训经费，根据本单位实际，有计划地对劳动者进行职业培训。

⑤劳动者有获得社会保险的权利。劳动者在退休、患病和负伤、因工伤残或者患职业病、失业、生育时依法享受社会保险待遇。

(2)劳动者有如下义务：

①提高职业技能义务、执行安全卫生堆积和劳动纪律义务。

②遵守职业道德的义务。

③法律规定的其他义务，如依法发行劳动合同义务，保密义务，参加社会保险，缴纳保险费的义务。

五、劳动合同的解除

劳动合同的解除，是指当事人双方提前终止劳动合同、解除双方权利义务关系的法律行为，可分为协商解除、法定解除和约定解除三种情况。劳动合同的终止，是指劳动合同期满或者出现法定情形以及当事人约定的情形而导致劳动合同的效力消灭，劳动合同即行终止。

(一)用人单位与劳动者协商一致，可以解除劳动合同

根据《劳动合同法》、平等自愿、协商一致的原则，用人单位与劳动者就解除劳动合同达成一致时，劳动合同解除。

(二)劳动者可以单方解除劳动合同的规定

劳动者可以单方面提出与用人单位解除劳动合同，但应当提前 30 日以书面形式通知用人单位。劳动者在试用期内，则只需提前 3 日通知用人单位解除劳动合同。

用人单位有下列情形之一的，劳动者可以解除劳动合同：

(1)未按照劳动合同约定提供劳动保护或者劳动条件的；

(2)未及时足额支付劳动报酬的；

(3)未依法为劳动者缴纳社会保险费的；

(4)用人单位的规章制度违反法律、法规的规定，损害劳动者权益的；

(5)因《劳动合同法》第二十六条第一款规定的情形致使劳动合同无效的；

(6)法律、行政法规规定劳动者可以解除劳动合同的其他情形。

用人单位以暴力、威胁或者非法限制人身自由的手段强迫劳动者劳动的，或者用人单位违章指挥、强令冒险作业危及劳动者人身安全的，劳动者可以立即解除劳动合同，不需事先告知用人单位。

(三)用人单位可以单方解除劳动合同的规定

劳动合同单方解除是指劳动合同依法订立后，尚未全面履行完毕前，享有单方解除权的劳动合同当事人，按法定的条件和程序行使解除权，提前终止劳动合同效力，单方解除劳动合同约定的权利义务关系的行为。《劳动合同法》在赋予劳动者单方解除权的同时，也赋予用人单位对劳动合同的单方解除权，以保障用人单位的用工自主权。

根据法律规定，用人单位单方解除劳动合同有三种情况，即即时辞退解除劳动合同、预告辞退解除劳动合同和因经济性裁员而解除劳动合同。

即时辞退又称即时解除、随时解除或过错性辞退、过失性解除，是指用人单位在法定的条件出现时，无须向对方预告就可随时通知解除劳动合同的行为，法定的许可条件一般为劳动者经试用不合格或者劳动者违纪、违法达到一定严重程度，或者劳动者存在其他的过错。如劳动合同法中，因试用期间被证明不符合录用条件的，或者严重违反用人单位的规章制度的都属于即时辞退。

预告辞退又称预告解除、非过错性辞退，是指在劳动合同成立生效后，基于客观情况的变化、不可归责于任何一方的过失，使劳动合同无法履行，用人单位经过预告而解除劳动合同的行为。如劳动合同法规定的，劳动者患病或者非因工负伤，在规定的医疗期满后不能从事原工作，也不能从事由用人单位另行安排的工作的。或者劳动者不能胜任工作，经过培训或者调整工作岗位，仍不能胜任工作的。上述两种情况都属于预告辞退。预告辞退需要提前30日以书面形式通知劳动者本人或者额外支付劳动者1个月工资方可。

经济性裁员是指用人单位由于生产经营状况不善等经济性因素而出现劳动力过剩，便通过一次性辞退部分劳动者，以改善生产经营状况的情形。经济性裁员需要用人单位提前30日向工会或者全体职工说明情况，听取工会或者职工的意见，同时裁减人员方案应向劳动行政部门报告。如依据《劳动合同法》规定，生产经营发生严重困难或者依照企业破产法规定进行重整等情况出现时，可以进行经济性裁员。用人单位因上述原因裁减人员后，在六个月内重新招用人员的，应当通知被裁减的人员，并在同等条件下优先招用被裁减的人员。

劳动合同解除后，用人单位应当根据法律规定对劳动者进行经济补偿。经济补偿的标准，按劳动者在本单位工作的年限，每满1年支付1个月工资的标准向劳动者支付。6个月以上不满1年的，按1年计算；不满6个月的，向劳动者支付半个月工资的经济补偿。劳动者月工资高于用人单位所在直辖市、设区的市级人民政府公布的本地区上年度职工月平均工资3倍的，向其支付经济补偿的标准按职工月平均工资3倍的数额支付，向其支付经济补偿的年限最高不超过12年。月工资是指劳动者在劳动合同解除或者终止前12个月的平均工资。

案例：

2018年5月，小张大学毕业后，通过人才市场被一家设备公司聘用。小张所从事的工作技术含量较高，经过一段时间的实践仍不能胜任所从事的工作，于是公司决定解除与小张的劳动合同。但是，小张不同意解除合同。公司便不再分派小张任何工作，也停发了小张的工资，单方解除了与小张的劳动合同。

问：(1)该设备公司是否违反了《劳动合同法》的有关规定？

(2)该设备公司应当承担哪些责任？

分析：

(1)该设备公司违反了《劳动合同法》第四十条"有下列情形之一的，用人单位提前30日以书面形式通知劳动者本人或者额外支付劳动者 1 个月工资后，可以解除劳动合同：……（二）劳动者不能胜任工作，经过培训或者调整工作岗位，仍不能胜任工作的；……"的规定。据此，该公司认为小张不能胜任本职工作，应当对他进行培训或者调整工作岗位，如还不能胜任工作的，方可提前 30 日以书面形式通知小张本人或者额外支付劳动者 1 个月工资后，才能解除劳动合同。此外，该公司单方解除劳动合同，还应当按照《劳动合同法》第四十三条的规定，事先将理由通知工会。

（2）该设备公司应当承担向小张支付经济补偿的责任。《劳动合同法》第四十六条规定，用人单位依照《劳动合同法》第四十条的规定解除劳动合同的，用人单位应当向劳动者支付经济补偿。第四十七条规定，经济补偿按劳动者在本单位工作的年限，每满 1 年支付 1 个月工资的标准向劳动者支付。6 个月以上不满 1 年的，按 1 年计算；不满 6 个月的，向劳动者支付半个月工资的经济补偿。

六、劳动合同的终止

劳动合同的终止，是指劳动合同关系自然失效，双方不再履行。一般来说，有固定期限的劳动合同因期限届满而终止；无固定期限的劳动合同因合同约定的条件出现而终止；以完成某项工作任务为期限的劳动合同，因工作任务完成而终止。终止条件一经成就，劳动合同效力即行终止，这是劳动合同终止后的必然后果。在劳动合同终止后，由于生产、工作需要，在双方协商一致的条件下，可以在终止合同后再续订合同。

七、劳务派遣

劳务派遣（又称劳动力派遣、劳动派遣或人才租赁），是指依法设立的劳务派遣单位与劳动者订立劳动合同，依据与接受劳务派遣单位（即实际用工单位）订立的劳务派遣协议，将劳动者派遣到实际用工单位工作，由派遣单位向劳动者支付工资、福利及社会保险费用，实际用工单位提供劳动条件并按照劳务派遣协议支付用工费用的新型用工方式。其显著特征是劳动者的聘用与使用分离。

劳务派遣单位与劳动者具有劳动关系。依据《劳动合同法》的规定，以劳动的方式约定各自享有的权利和承担的义务。如被派遣劳动者享有与用工单位的劳动者同工同酬的权利。但因其违反用人单位的规章制度，用工单位可以将劳动者退回劳务派遣单位。

自 2017 年以来，我国建筑行业一直在进行建筑用工制度的改革。改革以推动建筑业劳务企业转型为方向，大力发展木工、电工、砌筑、钢筋制作等以作业为主的专业企业。以专业企业为建筑工人的主要载体，逐步实现建筑工人公司化、专业化管理。鼓励现有专业企业进一步做专做精，增强竞争力，推动形成一批以作业为主的建筑业专业企业，加快培育建筑产业工人队伍，推进农民工组织化进程。鼓励施工企业将一部分技能水平高的农民工招用为自有工人，不断扩大自有工人队伍。引导具备条件的劳务作业班组向专业企业发展。

📺 **➤ 知识筑基**

1. 《民法典》中对合同是如何定义的？
2. 《民法典》对无效合同的规定有哪些？
3. 合同的保全是什么？

4. 建设工程合同开工、竣工日期如何确定？

5. 《建设工程施工合同示范文本》(GF—2017—0201)的条款有哪些？

6. 根据《劳动合同法》的规定，用人单位和劳动者单方解除合同的条件是什么？

7. 在建筑行业，劳务用工制度未来的发展方向是什么？为什么？

真案实判

2011年9月1日，隆豪公司与方升公司签订《建设工程施工合同》约定：由方升公司为隆豪公司的建设工程施工。工程名称为海南藏文化产业创意园商业广场；工程内容为：建筑结构为独立基础、框架结构；层数为1层、局部2层和3层；建筑高度分别为5.70 m、10.20 m、14.10 m，建筑面积为36 745 m²，最终以双方审定的图纸设计面积为准；开工日期为2011年5月8日，竣工日期为2012年6月30日，工期为419天。工程单价为1 860元/m²，单价一次性包死，合同总价款为68 345 700元。

判决书

2011年5月15日，方升公司开始施工；2012年6月13日，方升公司、隆豪公司与相关单位组织主体验收；2011年6月，北京龙安华诚建筑设计有限公司(以下简称龙安华诚公司)完成设计图纸，同月27日双方当事人及有关单位进行图纸会审；2011年11月23日，方升公司、隆豪公司、监理单位、设计单位、勘察单位、质检单位在海南州共和县隆豪公司售房部形成《基础验收会议纪要》，工程基础验收合格。

2012年1月9日，龙安华诚公司向隆豪公司作出《设计变更通知单》，通知单内容为：对广场地砖、涂料、找平、找坡、结构板等进行变更；2012年3月31日，设计单位向隆豪公司发出了《海南州共和县恰卜恰镇藏文化产业创意园商业广场》的变更通知单，内容为面层、结构板等变更要求；2013年5月27日，设计单位下发了《设计修改通知单》，对原结施节点详图中过梁做了补充和变更；2012年3月、4月、5月，方升公司向监理单位分别报送《隆豪置业有限公司工程进度申报(审核)表》，监理单位盖有印鉴。

2012年6月19日，方升公司发出《通知》，要求隆豪公司于2013年6月23日前支付1 225.14万元工程款，否则将停止施工。2012年6月25日，隆豪公司发出《通知》，内容为：方升公司不按约履行合同，拖延工程进度，不按图施工，施工力量薄弱，严重违约，导致工程延误，给隆豪公司造成了巨大经济损失，要求解除合同，要求方升公司接到通知的一日内撤场、拆除临舍。之后，双方解除合同，方升公司撤场。

2012年6月28日，隆豪公司与四川省鸿盛实业集团有限公司(以下简称鸿盛实业公司)签订《建设工程施工合同》，以包工包料的方式，将方升公司未完成的全部工程发包给鸿盛实业公司施工。2012年7月22日，隆豪公司与青海兴业建设有限公司(以下简称兴业建设公司)签订《建设工程施工合同》，将鸿盛实业公司未完成施工内容发包给兴业建设公司施工。

方升公司请求：(1)判令隆豪公司向方升公司支付工程款22 439 200元，并支付违约金(工程款以及违约金以司法鉴定结果为准)；(2)本案诉讼费用由隆豪公司承担。

问题：试对该案例的合同关系进行分析。

(该案摘自最高人民法院公报案例)

第五章 建设工程施工环境保护、节约能源和文物保护法律制度

知识目标

识记我国环境保护的基本制度，熟悉施工现场噪声污染防治、大气污染防治、水污染防治和固体废物污染防治的相关规定；了解施工节约能源的管理制度及建筑节能的相关规定；了解我国文物保护相关的法律法规。

能力目标

1. 能识别建设工程施工过程中环境违法情况，并能及时预防；

2. 根据国家相关节能要求识别工作中节能法规的遵守情况，并能自觉遵守法律法规规定；

3. 能对施工场地出现的古文物进行正确的处理，按规定保护文物并保证施工的有序进行。

第一节 施工现场环境保护制度

《中华人民共和国
环境保护法》

案例引入

某建筑公司承接一项建筑工程，在开工前，并未向该市环境保护行政主管部门进行申报，由于施工过程中产生的噪声严重影响了周边居民的日常生活，被周边居民举报。当环保部门到工地查处时，发现工地正在夜间施工，对此该建筑公司负责人申辩称"他们并没有在夜间大规模施工，只是混凝土浇筑因工艺的特殊需要，开始之后就无法停止，即使是在夜间也无法停止"。但是该建筑公司并没有办理相关的夜间开工手续。经环保部门监测，该工地昼间噪声为 70 dB，夜间噪声为 54 dB，超过国家规定的建筑施工噪声源的噪声排放标准。于是环保部门进行了调解，并对该建筑公司未依法进行申报和办理夜间开工手续作出处罚。

但是，针对周边居民所举报的噪声污染并没有得到改善，广大居民仍处于噪声污染之中。周边居民在向律师咨询后，以相邻权受到侵害为由向人民法院提起诉讼，要求法院判令被告停止噪声污染，赔偿相关损失。人民法院受理后，经过调查认定，该建筑公司排放的噪声尽管符合国家规定的建筑施工噪声源的噪声排放标准，但超过了城市区域环境噪声标准中规定的区域标准限值，在事实上构成环境噪声污染，侵害了被告的相邻权。根据《民法典》规定，判决被告采取措施，消除噪声污染，赔偿原告精神损失 200 元。

我国的环境保护法有广义和狭义之分。狭义的环境保护法是指 1989 年 12 月 26 日实施的《中华人民共和国环境保护法》(以下简称《环境保护法》);广义的环境保护法是指与环境保护相关的法律体系,包括《环境保护法》《中华人民共和国环境噪声污染防治法》(以下简称《环境噪声污染防治法》)、《中华人民共和国大气污染防治法》(以下简称《大气污染防治法》)、《中华人民共和国水污染防治法》(以下简称《水污染防治法》)和《中华人民共和国固体废物污染环境防治法》(以下简称《固体废物污染环境防治法》)等。

《环境保护法》规定,排放污染物的企业事业单位和其他生产经营者,应当采取措施,防治在生产建设或者其他活动中产生的废气、废水、废渣、医疗废物、粉尘、恶臭气体、放射性物质以及噪声、振动、光辐射、电磁辐射等对环境的污染和危害。排放污染物的企业事业单位,应当建立环境保护责任制度,明确单位负责人和相关人员的责任。

《建筑法》中规定,建筑施工企业应当遵守有关环境保护和安全生产的法律、法规的规定,采取控制和处理施工现场的各种粉尘、废气、废水、固体废物以及噪声、振动对环境的污染和危害的措施。

《建设工程安全生产管理条例》进一步规定,施工单位应当遵守有关环境保护法律、法规的规定,在施工现场采取措施,防止或者减少粉尘、废气、废水、固体废物、噪声、振动和施工照明对人与环境的危害及污染。

一、施工现场环境噪声污染防治的规定

环境噪声,是指在工业生产、建筑施工、交通运输和社会生活中所产生的干扰周围生活环境的声音。环境噪声污染,则是指产生的环境噪声超过国家规定的环境噪声排放标准,并干扰他人正常生活、工作和学习的现象。

在工程建设领域,环境噪声污染的防治主要包括两个方面:一方面是施工现场环境噪声污染的防治;另一方面是建设项目环境噪声污染的防治。前者主要解决建设工程施工过程中产生的施工噪声污染问题;后者则是要解决建设项目建成后使用过程中可能产生的环境噪声污染问题。

(一)施工现场环境噪声污染的防治

施工噪声,是指在建设工程施工过程中产生的干扰周围生活环境的声音。

1. 排放建筑施工噪声应当符合建筑施工场界环境噪声排放标准

《环境噪声污染防治法》规定,在城市市区范围内向周围生活环境排放建筑施工噪声的,应当符合国家规定的建筑施工场界环境噪声排放标准。

建筑施工噪声,是指建筑施工过程中产生的干扰周围生活环境的声音。建筑施工场界,是指由有关主管部门批准的建筑施工场地边界或建筑施工过程中实际使用的施工场地边界。《建筑施工场界环境噪声排放标准》(GB 12523—2011)中规定,建筑施工过程中场界环境噪声不得超过规定的排放限值。

建筑施工场界环境噪声排放限值,昼间 70 dB (A),夜间 55 dB (A)。夜间噪声最大声级超过限值的幅度不得高于 15 dB(A)。"昼间"是指 6:00 至 22:00 之间的时段;"夜间"是指 22:00 至次日 6:00 之间的时段。县级以上人民政府为环境噪声污染防治的需要(如考虑时差、作息习惯差异等)而对昼间、夜间的划分另有规定的,应按其规定执行。

2. 使用机械设备可能产生环境噪声污染须申报

《环境噪声污染防治法》规定，在城市市区范围内，建筑施工过程中使用机械设备，可能产生环境噪声污染的，施工单位必须在工程开工15日以前向工程所在地县级以上地方人民政府生态环境主管部门申报该工程的项目名称、施工场所和期限、可能产生的环境噪声值以及所采取的环境噪声污染防治措施的情况。

3. 禁止夜间进行产生环境噪声污染施工作业

《环境噪声污染防治法》规定，在城市市区噪声敏感建筑物集中区域内，禁止夜间进行产生环境噪声污染的建筑施工作业，但抢修、抢险作业和因生产工艺上要求或者特殊需要必须连续作业的除外。

因特殊需要必须连续作业的，必须有县级以上人民政府或者其有关主管部门的证明。以上规定的夜间作业，必须公告附近居民。

噪声敏感建筑物集中区域，是指医疗区、文教科研区和以机关或者居民住宅为主的区域。

噪声敏感建筑物，是指医院、学校、机关、科研单位、住宅等需要保持安静的建筑物。

4. 政府监管部门的现场检查

《环境噪声污染防治法》规定，县级以上人民政府生态环境主管部门和其他环境噪声污染防治工作的监督管理部门、机构，有权依据各自的职责对管辖范围内排放环境噪声的单位进行现场检查。

被检查的单位必须如实反映情况，并提供必要的资料。检查部门、机构应当为被检查的单位保守技术秘密和业务秘密。检查人员进行现场检查，应当出示证件。

(二)建设项目环境噪声污染的防治

城市道桥、铁路(包括轻轨)、工业厂房等建设项目，在建成后的使用过程中可能会对周围环境产生噪声污染。因此，建设单位在建设前期就须依法规定防治措施，并同步建设环境噪声污染防治设施。

《环境噪声污染防治法》规定，新建、改建、扩建的建设项目，必须遵守国家有关建设项目环境保护管理的规定。

建设项目可能产生环境噪声污染的，建设单位必须提出环境影响报告书，规定环境噪声污染的防治措施，并按照国家规定的程序报生态环境主管部门批准。环境影响报告书中，应当有该建设项目所在地单位和居民的意见。

建设项目的环境噪声污染防治设施必须与主体工程同时设计、同时施工、同时投产使用。例如，建设经过已有的噪声敏感建筑物集中区域的高速公路和城市高架、轻轨道路，有可能造成环境噪声污染的，应当设置声屏障或者采取其他有效的控制环境噪声污染的措施；在已有的城市交通干线的两侧建设噪声敏感建筑物的，建设单位应当按照国家规定间隔一定距离，并采取减轻、避免交通噪声影响的措施等。

建设项目在投入生产或者使用之前，其环境噪声污染防治设施必须按照国家规定的标准和程序进行验收；达不到国家规定要求的，该建设项目不得投入生产或者使用。

案例：

2018年4月19日夜23时，某市环境保护行政主管部门接到居民投诉，称某项目工地有夜间施工噪声扰民情况。执法人员立刻赶赴施工现场，并在施工场界进行了噪声测量。经现场勘察：施工噪声源主要是推土机、挖掘机、打桩机等设备的施工作业噪声，施工场界噪声经测试为 65.4 dB(A)。通过调查，执法人员核实了此次夜间施工作业不属于抢修、抢险作业，也不属于因生产工艺要求必须进行的连续作业，并无有关主管部门出具的相关证明。

(1)本案例中，施工单位的夜间施工作业行为是否合法？如违法说明理由。

(2)对本案例中施工单位的夜间施工作业行为应如何处理？

分析：

(1)本案例中，施工单位的夜间施工作业行为构成了环境噪声污染违法行为。《环境噪声污染防治法》第三十条规定："在城市市区噪声敏感建筑物集中区域内，禁止夜间进行产生环境噪声污染的建筑施工作业，但抢修、抢险作业和因生产工艺上要求或者特殊需要必须连续作业的除外。因特殊需要必须连续作业的，必须有县级以上人民政府或者其有关主管部门的证明。前款规定的夜间作业，必须公告附近居民。"经执法人员核实，该施工单位夜间作业既不属于抢修、抢险作业，也不属于因生产工艺上要求必须进行的连续作业，并无有关主管部门出具的因特殊需要必须连续作业的证明。同时，该法第二十八条规定："在城市市区范围内向周围生活环境排放建筑施工噪声的，应当符合国家规定的建筑施工场界环境噪声排放标准。"经检测，该施工场界噪声为 65.4 dB(A)，超过了《建筑施工场界环境噪声排放标准》(GB 12523—2011)中关于夜间噪声最大声级超过限值的标准。

(2)依据《环境噪声污染防治法》第五十六条规定："在城市市区噪声敏感建筑物集中区域内，夜间进行禁止进行的产生环境噪声污染的建筑施工作业的，由工程所在地县级以上地方人民政府生态环境主管部门责令改正，可以并处罚款。"据此，对该施工单位应由市环境保护行政主管部门依法责令改正，还可以并处罚款。

(三)交通运输噪声污染的防治

交通运输噪声，是指机动车辆、铁路机车、机动船舶、航空器等交通运输工具在运行时所产生的干扰周围生活环境的声音。

《环境噪声污染防治法》规定，在城市市区范围内行驶的机动车辆的消声器和喇叭必须符合国家规定的要求。机动车辆必须加强维修和保养，保持技术性能良好，防治环境噪声污染。

警车、消防车、工程抢险车、救护车等机动车辆安装、使用警报器，必须符合国务院公安部门的规定；在执行非紧急任务时，禁止使用警报器。

(四)对产生环境噪声污染企业事业单位的规定

《环境噪声污染防治法》规定，产生环境噪声污染的企业事业单位，必须保持防治环境噪声污染的设施的正常使用；拆除或者闲置环境噪声污染防治设施的，必须事先报经所在地的县级以上地方人民政府生态环境主管部门批准。

产生环境噪声污染的单位，应当采取措施进行治理，并按照国家规定缴纳超标准排污费。征收的超标准排污费必须用于污染的防治，不得挪作他用。

对于在噪声敏感建筑物集中区域内造成严重环境噪声污染的企业事业单位，限期治理。被限期治理的单位必须按期完成治理任务。

(五)违法行为应承担的法律责任

《环境噪声污染防治法》规定，未经生态环境主管部门批准，擅自拆除或者闲置环境噪声污染防治设施，致使环境噪声排放超过规定标准的，由县级以上地方人民政府生态环境主管部门责令改正，并处罚款。

排放环境噪声的单位违反规定，拒绝生态环境主管部门或者其他依照规定行使环境噪声监督管理权的部门、机构现场检查或者在被检查时弄虚作假的，生态环境主管部门或者其他依照规定行使环境噪声监督管理权的监督管理部门、机构可以根据不同情节，给予警告或者处以罚款。

建筑施工单位违反规定，在城市市区噪声敏感建筑物集中区域内，夜间进行禁止进行的产生环境噪声污染的建筑施工作业的，由工程所在地县级以上地方人民政府生态环境主管部门责令改正，可以并处罚款。

机动车辆不按照规定使用声响装置的，由当地公安机关根据不同情节给予警告或者处以罚款。

受到环境噪声污染危害的单位和个人，有权要求加害人排除危害；造成损失的，依法赔偿损失。赔偿责任和赔偿金额的纠纷，可以根据当事人的请求，由生态环境主管部门或者其他环境噪声污染防治工作的监督管理部门、机构调解处理；调解不成的，当事人可以向人民法院起诉。当事人也可以直接向人民法院起诉。

二、施工现场废气、废水污染防治的规定

(一)施工现场大气污染防治的规定

在工程建设领域，大气污染的防治主要包括施工现场和建设项目两大方面。

1. 施工现场大气污染的防治

(1)施工现场大气污染防治的相关规定。《大气污染防治法》规定，企业事业单位和其他生产经营者应当采取有效措施，防止、减少大气污染，对所造成的损害依法承担责任。

企业事业单位和其他生产经营者向大气排放污染物的，应当依照法律法规和国务院生态环境主管部门的规定设置大气污染物排放口。禁止通过偷排、篡改或者伪造监测数据、以逃避现场检查为目的的临时停产、非紧急情况下开启应急排放通道、不正常运行大气污染防治设施等逃避监管的方式排放大气污染物。

建设单位应当将防治扬尘污染的费用列入工程造价，并在施工承包合同中明确施工单位扬尘污染防治责任。施工单位应当制订具体的施工扬尘污染防治实施方案。施工单位应当在施工工地设置硬质围挡，并采取覆盖、分段作业、择时施工、洒水抑尘、冲洗地面和车辆等有效防尘降尘措施。建筑土方、工程渣土、建筑垃圾应当及时清运；在场地内堆存的，应当采用密闭式防尘网遮盖。工程渣土、建筑垃圾应当进行资源化处理。

施工单位应当在施工工地公示扬尘污染防治措施、负责人、扬尘监督管理主管部门等信息。暂时不能开工的建设用地，建设单位应当对裸露地面进行覆盖；超过三个月的，应当进行绿化、铺装或者遮盖。禁止在人口集中地区和其他依法需要特殊保护的区域内焚烧沥青、油毡、橡胶、塑料、皮革、垃圾以及其他产生有毒有害烟尘和恶臭气体的物质。

运输煤炭、垃圾、渣土、砂石、土方、灰浆等散装、流体物料的车辆应当采取密闭或

者其他措施防止物料遗撒造成扬尘污染，并按照规定路线行驶。装卸物料应当采取密闭或者喷淋等方式防治扬尘污染。

贮存煤炭、煤矸石、煤渣、煤灰、水泥、石灰、石膏、砂土等易产生扬尘的物料应当密闭；不能密闭的，应当设置不低于堆放物高度的严密围挡，并采取有效覆盖措施防治扬尘污染。码头、矿山、填埋场和消纳场应当实施分区作业，并采取有效措施防治扬尘污染。

住房和城乡建设部办公厅《关于进一步加强施工工地和道路扬尘管控工作的通知》（建办质〔2019〕23号）规定，建设单位应将防治扬尘污染的费用列入工程造价，并在施工承包合同中明确施工单位扬尘污染防治责任。暂时不能开工的施工工地，建设单位应当对裸露地面进行覆盖；超过3个月的，应当进行绿化、铺装或者遮盖。

施工单位应制订具体的施工扬尘污染防治实施方案，在施工工地公示扬尘污染防治措施、负责人、扬尘监督管理主管部门等信息。施工单位应当采取有效防尘降尘措施，减少施工作业过程扬尘污染，并做好扬尘污染防治工作。

城市范围内主要路段的施工工地应设置高度不小于2.5m的封闭围挡，一般路段的施工工地应设置高度不小于1.8m的封闭围挡。施工工地的封闭围挡应坚固、稳定、整洁、美观。

施工现场的建筑材料、构件、料具应按总平面布局进行码放。在规定区域内的施工现场应使用预拌混凝土及预拌砂浆；采用现场搅拌混凝土或砂浆的场所应采取封闭、降尘、降噪措施；水泥和其他易飞扬的细颗粒建筑材料应密闭存放或采取覆盖等措施。

施工现场土方作业应采取防止扬尘措施，主要道路应定期清扫、洒水。拆除建筑物或构筑物时，应采用隔离、洒水等降噪、降尘措施，并应及时清理废弃物。施工进行铣刨、切割等作业时，应采取有效防扬尘措施；灰土和无机料应采用预拌进场，碾压过程中应洒水降尘。

施工现场的主要道路及材料加工区地面应进行硬化处理，道路应畅通，路面应平整坚实。裸露的场地和堆放的土方应采取覆盖、固化或绿化等措施。施工现场出入口应设置车辆冲洗设施，并对驶出车辆进行清洗。

土方和建筑垃圾的运输应采用封闭式运输车辆或采取覆盖措施。建筑物内施工垃圾的清运，应采用器具或管道运输，严禁随意抛掷。施工现场严禁焚烧各类废弃物。

鼓励施工工地安装在线监测和视频监控设备，并与当地有关主管部门联网。当环境空气质量指数达到中度及以上污染时，施工现场应增加洒水频次，加强覆盖措施，减少易造成大气污染的施工作业。

（2）防治扬尘污染的相关规定。施工现场大气污染的防治，重点是防治扬尘污染。《绿色施工导则》中规定：

①运送土方、垃圾、设备及建筑材料等，不污损场外道路。运输容易散落、飞扬、流漏的物料的车辆，必须采取措施封闭严密，保证车辆清洁。施工现场出口应设置洗车槽。

②土方作业阶段，采取洒水、覆盖等措施，确保作业区目测扬尘高度小于1.5m，不扩散到场区外。

③结构施工、安装装饰装修阶段，作业区目测扬尘高度小于0.5m。对易产生扬尘的堆放材料，应采取覆盖措施；对粉末状材料应封闭存放；场区内可能引起扬尘的材料及建筑垃圾搬运应有降尘措施，如覆盖、洒水等；浇筑混凝土前清理灰尘和垃圾时尽量使用吸

尘器，避免使用吹风器等易产生扬尘的设备；机械剔凿作业时可用局部遮挡、掩盖、水淋等防护措施；高层或多层建筑清理垃圾应搭设封闭性临时专用道或采用容器吊运。

④施工现场非作业区满足目测无扬尘的要求。对现场易飞扬物质采取有效措施，如洒水、地面硬化、围挡、密网覆盖、封闭等，防止扬尘产生。

⑤构筑物机械拆除前，做好扬尘控制计划。可采取清理积尘、拆除体洒水、设置隔挡等措施。

⑥构筑物爆破拆除前，做好扬尘控制计划。可采用清理积尘、淋湿地面、预湿墙体、屋面敷水袋、楼面蓄水、建筑外设高压喷雾状水系统、搭设防尘排栅和直升机投水弹等综合降尘。选择风力小的天气进行爆破作业。

⑦在场界四周隔挡高度位置测得的大气总悬浮颗粒物（TSP）月平均浓度与城市背景值的差值不大于 $0.08\ mg/m^3$。

⑧向大气排放污染物的，其污染物排放浓度不得超过国家和地方规定的排放标准。在人口集中地区和其他依法需要特殊保护的区域内，禁止焚烧沥青、油毡、橡胶、塑料、皮革、垃圾以及其他产生有毒有害烟尘和恶臭气体的物质。

2. 建设项目大气污染的防治

建设项目的环境影响报告书，必须对建设项目可能产生的大气污染和对生态环境的影响作出评价，规定防治措施，并按照规定的程序报生态环境主管部门审查批准。

建设项目投入生产或者使用之前，其大气污染防治设施必须经过生态环境主管部门验收，达不到国家有关建设项目环境保护管理规定的要求的建设项目，不得投入生产或者使用。

3. 对向大气排放污染物单位的监督管理

《大气污染防治法》规定，地方各级人民政府应当加强对建设施工和运输的管理，保持道路清洁，控制料堆和渣土堆放，扩大绿地、水面、湿地和地面铺装面积，防治扬尘污染。

从事房屋建筑、市政基础设施建设、河道整治以及建筑物拆除等施工单位，应当向负责监督管理扬尘污染防治的主管部门备案。

企业事业单位和其他生产经营者违反法律法规规定排放大气污染物，造成或者可能造成严重大气污染，或者有关证据可能灭失或者被隐匿的，县级以上人民政府生态环境主管部门和其他负有大气环境保护监督管理职责的部门，可以对有关设施、设备、物品采取查封、扣押等行政强制措施。

4. 违法行为应承担的法律责任

（1）施工单位应承担的法律责任。《大气污染防治法》规定，违反本法规定，以拒绝进入现场等方式拒不接受生态环境主管部门及其环境执法机构或者其他负有大气环境保护监督管理职责的部门的监督检查，或者在接受监督检查时弄虚作假的，由县级以上人民政府生态环境主管部门或者其他负有大气环境保护监督管理职责的部门责令改正，处 2 万元以上 20 万元以下的罚款；构成违反治安管理行为的，由公安机关依法予以处罚。

在人口集中地区和其他依法需要特殊保护的区域内，焚烧沥青、油毡、橡胶、塑料、皮革、垃圾以及其他产生有毒有害烟尘和恶臭气体的物质的，由县级人民政府确定的监督管理部门责令改正，对单位处 1 万元以上 10 万元以下的罚款，对个人处 500 元以上 2 000 元以下的罚款。

拒不执行停止工地土石方作业或者建筑物拆除施工等重污染天气应急措施的，由县级以上地方人民政府确定的监督管理部门处1万元以上10万元以下的罚款。

施工单位有下列行为之一的，由县级以上人民政府住房城乡建设主管部门按照职责责令改正，处1万元以上10万元以下的罚款；拒不改正的，责令停工整治：

①施工工地未设置硬质密闭围挡，或者未采取覆盖、分段作业、择时施工、洒水抑尘、冲洗地面和车辆等有效防尘降尘措施的；

②建筑土方、工程渣土、建筑垃圾未及时清运，或者未采用密闭式防尘网遮盖的。

运输煤炭、垃圾、渣土、砂石、土方、灰浆等散装、流体物料的车辆，未采取密闭或者其他措施防止物料遗撒的，由县级以上地方人民政府确定的监督管理部门责令改正，处2千元以上2万元以下的罚款；拒不改正的，车辆不得上道路行驶。

有下列行为之一的，由县级以上人民政府生态环境等主管部门按照职责责令改正，处1万元以上10万元以下的罚款；拒不改正的，责令停工整治或者停业整治：

①未密闭煤炭、煤矸石、煤渣、煤灰、水泥、石灰、石膏、砂土等易产生扬尘的物料的；

②对不能密闭的易产生扬尘的物料，未设置不低于堆放物高度的严密围挡，或者未采取有效覆盖措施防治扬尘污染的；

③装卸物料未采取密闭或者喷淋等方式控制扬尘排放的；

④存放煤炭、煤矸石、煤渣、煤灰等物料，未采取防燃措施的；

⑤码头、矿山、填埋场和消纳场未采取有效措施防治扬尘污染的；

⑥排放有毒有害大气污染物名录中所列有毒有害大气污染物的企业事业单位，未按照规定建设环境风险预警体系或者对排放口和周边环境进行定期监测、排查环境安全隐患并采取有效措施防范环境风险的；

⑦向大气排放持久性有机污染物的企业事业单位和其他生产经营者以及废弃物焚烧设施的运营单位，未按照国家有关规定采取有利于减少持久性有机污染物排放的技术方法和工艺，配备净化装置的；

⑧未采取措施防止排放恶臭气体的。

企业事业单位和其他生产经营者有下列行为之一，受到罚款处罚，被责令改正，拒不改正的，依法作出处罚决定的行政机关可以自责令改正之日的次日起，按照原处罚数额按日连续处罚：

①未依法取得排污许可证排放大气污染物的；

②超过大气污染物排放标准或者超过重点大气污染物排放总量控制指标排放大气污染物的；

③通过逃避监管的方式排放大气污染物的；

④建筑施工或者贮存易产生扬尘的物料未采取有效措施防治扬尘污染的。

(2)建设单位应承担的法律责任。建设单位未对暂时不能开工的建设用地的裸露地面进行覆盖，或者未对超过3个月不能开工的建设用地的裸露地面进行绿化、铺装或者遮盖的，由县级以上人民政府住房城乡建设主管部门依照前款规定予以处罚。

案例：

2021年1月22日，某县综合行政执法局执法人员巡查至县城芳华路时，发现当事人杭州××园林景观有限公司施工工地出入口出场车辆没有冲洗，施工现场地面尘土飞扬，涉嫌未采取冲洗地面和车辆等有效防尘降尘措施，车辆行驶后施工便道有扬尘，于当日立案调查。

某县综合行政执法局通过对当事人违法行为的调查，认定其在施工工地未采取有效防尘降尘措施的行为，违反了《大气污染防治法》第六十九条第三款之规定，依据《大气污染防治法》第一百一十五条第一款第一项之规定并结合自由裁量理由，对当事人作出处罚款人民币 40 000 元的行政处罚。

分析：

当事人杭州××园林景观有限公司在施工工地未采取有效防尘降尘措施的行为，违反了《大气污染防治法》第六十九条第三款"施工单位应当在施工工地设置硬质围挡，并采取覆盖、分段作业、择时施工、洒水抑尘、冲洗地面和车辆等有效防尘降尘措施。建筑土方、工程渣土、建筑垃圾应当及时清运；在场地内堆存的，应当采用密闭式防尘网遮盖。工程渣土、建筑垃圾应当进行资源化处理"的规定，已构成违法，依法应当给予行政处罚。某县综合行政执法局依据《大气污染防治法》第一百一十五条第一款第一项"违反本法规定，施工单位有下列行为之一的，由县级以上人民政府住房城乡建设主管部门按照职责责令改正，处 1 万元以上 10 万元以下的罚款；拒不改正的，责令停工整治：（一）施工工地未设置硬质围挡，或者未采取覆盖、分段作业、择时施工、洒水抑尘、冲洗地面和车辆等有效防尘降尘措施的"的规定，对当事人杭州××园林景观有限公司作出处罚款人民币 40 000 元的行政处罚。

根据大气污染防治的相关要求，建设单位要对施工扬尘治理负主要责任，将治理费用列入工程造价，并且在工程承包合同中明确相关内容并及时支付这部分费用。而施工单位作为现场人员，需要制订详细的治理计划并严格执行，而且要将责任落实到人，并且予以公示。

（二）施工现场水污染防治的规定

水污染，是指水体因某种物质的介入，而导致其化学、物理、生物或者放射性等方面特性的改变，从而影响水的有效利用，危害人体健康或者破坏生态环境，造成水质恶化的现象。水污染防治主要包括江河、湖泊、运河、渠道、水库等地表水体及地下水体的污染防治。

《水污染防治法》规定，水污染防治应当坚持预防为主、防治结合、综合治理的原则，优先保护饮用水水源，严格控制工业污染、城镇生活污染，防治农业面源污染，积极推进生态治理工程建设，预防、控制和减少水环境污染与生态破坏。

1. 施工现场水污染的防治

《水污染防治法》规定，排放水污染物，不得超过国家或者地方规定的水污染物排放标准和重点水污染物排放总量控制指标。

（1）禁止向水体排放油类、酸液、碱液或者剧毒废液。禁止在水体清洗装贮过油类或者有毒污染物的车辆和容器。禁止向水体排放、倾倒放射性固体废物或者含有高放射性和中放射性物质的废水。向水体排放含低放射性物质的废水，应当符合国家有关放射性污染防治的规定和标准。

（2）禁止向水体排放、倾倒工业废渣、城镇垃圾和其他废弃物。禁止将含有汞、镉、砷、铬、铅、氰化物、黄磷等的可溶性剧毒废渣向水体排放、倾倒或者直接埋入地下。存放可溶性剧毒废渣的场所，应当采取防水、防渗漏、防流失的措施。禁止在江河、湖泊、运河、渠道、水库最高水位线以下的滩地和岸坡堆放、存贮固体废弃物与其他污染物。

（3）在饮用水水源保护区内，禁止设置排污口。在风景名胜区水体、重要渔业水体和其他具有特殊经济文化价值的水体的保护区内，不得新建排污口。在保护区附近新建排污口，应当保证保护区水体不受污染。

（4）禁止利用渗井、渗坑、裂隙、溶洞，私设暗管，篡改、伪造监测数据，或者不正常运行水污染防治设施等逃避监管的方式排放水污染物。禁止利用无防渗漏措施的沟渠、坑塘等输送或者存贮含有毒污染物的废水、含病原体的污水和其他废弃物。

（5）兴建地下工程设施或者进行地下勘探、采矿等活动，应当采取防护性措施，防止地下水污染。人工回灌补给地下水，不得恶化地下水质。

2. 建设项目水污染的防治

《水污染防治法》规定，新建、改建、扩建直接或者间接向水体排放污染物的建设项目和其他水上设施，应当依法进行环境影响评价。

禁止在饮用水水源一级保护区内新建、改建、扩建与供水设施和保护水源无关的建设项目；已建成的与供水设施和保护水源无关的建设项目，由县级以上人民政府责令拆除或者关闭。

禁止在饮用水水源二级保护区内新建、改建、扩建排放污染物的建设项目；已建成的排放污染物的建设项目，由县级以上人民政府责令拆除或者关闭。

禁止在饮用水水源准保护区内新建、扩建对水体污染严重的建设项目；改建建设项目，不得增加排污量。

3. 发生事故或者其他突发性事件的规定

《水污染防治法》规定，企业事业单位发生事故或者其他突发性事件，造成或者可能造成水污染事故的，应当立即启动本单位的应急方案，采取隔离等应急措施，防止水污染物进入水体，并向事故发生地的县级以上地方人民政府或者生态环境主管部门报告。

4. 违法行为应承担的法律责任

《水污染防治法》规定，违反本法规定，有下列行为之一的，由县级以上人民政府生态环境主管部门责令改正或者责令限制生产、停产整治，并处10万元以上100万元以下的罚款；情节严重的，报经有批准权的人民政府批准，责令停业、关闭：

（1）未依法取得排污许可证排放水污染物的；

（2）超过水污染物排放标准或者超过重点水污染物排放总量控制指标排放水污染物的；

（3）利用渗井、渗坑、裂隙、溶洞，私设暗管，篡改、伪造监测数据，或者不正常运行水污染防治设施等逃避监管的方式排放水污染物的；

（4）未按照规定进行预处理，向污水集中处理设施排放不符合处理工艺要求的工业废水的。

在饮用水水源保护区内设置排污口的，由县级以上地方人民政府责令限期拆除，处10万元以上50万元以下的罚款；逾期不拆除的，强制拆除，所需费用由违法者承担，处50万元以上100万元以下的罚款，并可以责令停产整治。

除前款规定外，违反法律、行政法规和国务院生态环境主管部门的规定设置排污口的，由县级以上地方人民政府生态环境主管部门责令限期拆除，处2万元以上10万元以下的罚款；逾期不拆除的，强制拆除，所需费用由违法者承担，处 10 万元以上 50 万元以下的罚款；情节严重的，可以责令停产整治。

有下列行为之一的，由县级以上地方人民政府生态环境主管部门责令停止违法行为，限期采取治理措施，消除污染，处以罚款；逾期不采取治理措施的，生态环境主管部门可以指定有治理能力的单位代为治理，所需费用由违法者承担：

(1)向水体排放油类、酸液、碱液的；

(2)向水体排放剧毒废液，或者将含有汞、镉、砷、铬、铅、氰化物、黄磷等的可溶性剧毒废渣向水体排放、倾倒或者直接埋入地下的；

(3)在水体清洗装贮过油类、有毒污染物的车辆或者容器的；

(4)向水体排放、倾倒工业废渣、城镇垃圾或者其他废弃物，或者在江河、湖泊、运河、渠道、水库最高水位线以下的滩地、岸坡堆放、存贮固体废弃物或者其他污染物的；

(5)向水体排放、倾倒放射性固体废物或者含有高放射性、中放射性物质的废水的；

(6)违反国家有关规定或者标准，向水体排放含低放射性物质的废水、热废水或者含病原体的污水的；

(7)未采取防渗漏等措施，或者未建设地下水水质监测井进行监测的；

(8)加油站等的地下油罐未使用双层罐或者采取建造防渗池等其他有效措施，或者未进行防渗漏监测的；

(9)未按照规定采取防护性措施，或者利用无防渗漏措施的沟渠、坑塘等输送或者存贮含有毒污染物的废水、含病原体的污水或者其他废弃物的。

有前款第(3)项、第(4)项、第(6)项、第(7)项、第(8)项行为之一的，处 2 万元以上 20 万元以下的罚款。有前款第(1)项、第(2)项、第(5)项、第(9)项行为之一的，处 10 万元以上 100 万元以下的罚款；情节严重的，报经有批准权的人民政府批准，责令停业、关闭。

企业事业单位有下列行为之一的，由县级以上人民政府生态环境主管部门责令改正；情节严重的，处 2 万元以上 10 万元以下的罚款：

(1)不按照规定制订水污染事故的应急方案的；

(2)水污染事故发生后，未及时启动水污染事故的应急方案，采取有关应急措施的。

案例：

某市突降大雨，生态环境局执法人员巡查发现市区某路段有大面积的积水，便及时上报该局。不久，市政部门派人来疏通管道，从管道中清出大量的泥沙、水泥块，还发现井口内有一个非市政部门设置的排水口，其方向紧靠某工地一侧。经执法人员调查确认，该工地的排水管道是工地施工打桩时铺设，工地内没有任何污水处理设施，其施工废水直接排放到工地外。工地的排污口通向该路段一侧的雨水井，但未办理任何审批手续。

(1)施工单位向道路雨水井排放施工废水的行为是否构成水污染违法行为？

(2)施工单位向道路雨水井排放施工废水的行为应受到何种处罚？

分析：

(1)施工单位向道路雨水井排放施工废水的行为构成了水污染违法行为。《水污染防治法》第三十七条规定："禁止向水体排放、倾倒工业废渣、城镇垃圾和其他废弃物。"本案例中的施工单位向雨水井中排放的施工废水中含有大量的泥沙、水泥块等废弃物。

(2)依据《水污染防治法》第八十四条第二款规定，市生态环境局应当责令该施工单位限期改正，限期拆除私自设置的排污口，并可对该施工单位处 2 万元以上 10 万元以下的罚款；逾期不拆除的，强制拆除，所需费用由违法者承担，处10万元以上50万元以下的罚款；情节严重的，可以责令停产整治。

三、施工现场固体废物污染防治的规定

《固体废物污染环境防治法》规定，国家推行绿色发展方式，促进清洁生产和循环经济发展，国家倡导简约适度、绿色低碳的生活方式，引导公众积极参与固体废物污染环境防治。

固体废物，是指在生产、生活和其他活动中产生的丧失原有利用价值或者虽未丧失利用价值但被抛弃或者放弃的固态、半固态和置于容器中的气态的物品、物质，以及法律、行政法规规定纳入固体废物管理的物品、物质。固体废物污染环境，是指固体废物在产生、收集、贮存、运输、利用、处置的过程中产生的危害环境的现象。

（一）施工现场固体废物污染环境的防治

固体废物分为一般固体废物和危险废物。危险废物，是指列入国家危险废物名录或者根据国家规定的危险废物鉴别标准和鉴别方法认定的具有危险特性的固体废物。

1. 一般固体废物污染环境的防治

《固体废物污染环境防治法》规定，任何单位和个人都应当采取措施，减少固体废物的产生量，促进固体废物的综合利用，降低固体废物的危害性。

产生、收集、贮存、运输、利用、处置固体废物的单位和其他生产经营者，应当采取防扬散、防流失、防渗漏或者其他防止污染环境的措施，不得擅自倾倒、堆放、丢弃、遗撒固体废物。禁止任何单位或者个人向江河、湖泊、运河、渠道、水库及其最高水位线以下的滩地和岸坡与法律法规规定的其他地点倾倒、堆放、贮存固体废物。

转移固体废物出省、自治区、直辖市行政区域贮存、处置的，应当向固体废物移出地的省、自治区、直辖市人民政府生态环境主管部门提出申请。移出地的省、自治区、直辖市人民政府生态环境主管部门应当及时商经接受地的省、自治区、直辖市人民政府生态环境主管部门同意后，在规定期限内批准转移该固体废物出省、自治区、直辖市行政区域。未经批准的，不得转移。

工程施工单位应当及时清运工程施工过程中产生的建筑垃圾等固体废物，并按照环境卫生主管部门的规定进行利用或者处置。

2. 危险废物污染环境的防治

从事收集、贮存、利用、处置危险废物经营活动的单位，应当按照国家有关规定申请取得许可证。

禁止将危险废物提供或者委托给无许可证的单位或者其他生产经营者从事收集、贮存、利用、处置活动。运输危险废物，应当采取防止污染环境的措施，并遵守国家有关危险货物运输管理的规定。禁止将危险废物与旅客在同一运输工具上载运。

收集、贮存、运输、利用、处置危险废物的场所、设施、设备和容器、包装物及其他物品转作他用时，应当按照国家有关规定经过消除污染处理，方可使用。

产生、收集、贮存、运输、利用、处置危险废物的单位，应当依法制订意外事故的防范措施和应急预案，并向所在地生态环境主管部门和其他负有固体废物污染环境防治监督

管理职责的部门备案；生态环境主管部门和其他负有固体废物污染环境防治监督管理职责的部门应当进行检查。

因发生事故或者其他突发性事件，造成危险废物严重污染环境的单位，应当立即采取有效措施消除或者减轻对环境的污染危害，及时通报可能受到污染危害的单位和居民，并向所在地生态环境主管部门和有关部门报告，接受调查处理。

3. 施工现场固体废物的减量化和回收再利用

施工现场的固体废物主要是建筑垃圾和生活垃圾。建筑垃圾，是指建设单位、施工单位新建、改建、扩建和拆除各类建筑物、构筑物、管网等，以及居民装饰装修房屋过程中产生的弃土、弃料和其他固体废物。生活垃圾，是指在日常生活中或者为日常生活提供服务的活动中产生的固体废物，以及法律、行政法规规定视为生活垃圾的固体废物。

《住房城乡建设部关于推进建筑垃圾减量化的指导意见》(建质〔2020〕46 号)规定施工单位应建立建筑垃圾分类收集与存放管理制度，实行分类收集、分类存放、分类处置。鼓励以末端处置为导向对建筑垃圾进行细化分类。严禁将危险废物和生活垃圾混入建筑垃圾。

施工单位应实时统计并监控建筑垃圾产生量，及时采取针对性措施降低建筑垃圾排放量。鼓励采用现场泥沙分离、泥浆脱水预处理等工艺，减少工程渣土和工程泥浆排放。

施工单位应充分利用混凝土、钢筋、模板、珍珠岩保温材料等余料，在满足质量要求的前提下，根据实际需求加工制作成各类工程材料，实行循环利用。施工现场不具备就地利用条件的，应按规定及时转运到建筑垃圾处置场所进行资源化处置和再利用。

2007 年 9 月原建设部颁布的《绿色施工导则》规定，加强建筑垃圾的回收再利用，力争建筑垃圾的再利用和回收率达到 30％，建筑物拆除产生的废弃物的再利用和回收率大于40％。对于碎石类、土石方类建筑垃圾，可采用地基填埋、铺路等方式提高再利用率，力争再利用率大于 50％。

(二)建设项目固体废物污染环境的防治

《固体废物污染环境防治法》规定，建设产生、贮存、利用、处置固体废物的项目，应当依法进行环境影响评价，并遵守国家有关建设项目环境保护管理的规定。

建设项目的环境影响评价文件确定需要配套建设的固体废物污染环境防治设施，应当与主体工程同时设计、同时施工、同时投入使用。

(三)违法行为应承担的法律责任

《固体废物污染环境防治法》规定，违反本法规定，有下列行为之一，由县级以上地方人民政府环境卫生主管部门责令改正，处以罚款，没收违法所得：

(1)随意倾倒、抛撒、堆放或者焚烧生活垃圾的；

(2)擅自关闭、闲置或者拆除生活垃圾处理设施、场所的；

(3)工程施工单位未编制建筑垃圾处理方案报备案，或者未及时清运施工过程中产生的固体废物的；

(4)工程施工单位擅自倾倒、抛撒或者堆放工程施工过程中产生的建筑垃圾，或者未按照规定对施工过程中产生的固体废物进行利用或者处置的；

(5)产生、收集厨余垃圾的单位和其他生产经营者未将厨余垃圾交由具备相应资质条件的单位进行无害化处理的；

（6）畜禽养殖场、养殖小区利用未经无害化处理的厨余垃圾饲喂畜禽的；

（7）在运输过程中沿途丢弃、遗撒生活垃圾的。

单位有以上第（1）项、第（7）项行为之一，处5万元以上50万元以下的罚款；单位有以上第（2）项、第（3）项、第（4）项、第（5）项、第（6）项行为之一，处10万元以上100万元以下的罚款；个人有以上第（1）项、第（5）项、第（7）项行为之一，处100元以上500元以下的罚款。

违反本法规定，未在指定的地点分类投放生活垃圾的，由县级以上地方人民政府环境卫生主管部门责令改正；情节严重的，对单位处5万元以上50万元以下的罚款，对个人依法处以罚款。

违反本法规定，有下列行为之一，由生态环境主管部门责令改正，处以罚款，没收违法所得；情节严重的，报经有批准权的人民政府批准，可以责令停业或者关闭：

（1）未按照规定设置危险废物识别标志的；

（2）未按照国家有关规定制订危险废物管理计划或者申报危险废物有关资料的；

（3）擅自倾倒、堆放危险废物的；

（4）将危险废物提供或者委托给无许可证的单位或者其他生产经营者从事经营活动的；

（5）未按照国家有关规定填写、运行危险废物转移联单或者未经批准擅自转移危险废物的；

（6）未按照国家环境保护标准贮存、利用、处置危险废物或者将危险废物混入非危险废物中贮存的；

（7）未经安全性处置，混合收集、贮存、运输、处置具有不相容性质的危险废物的；

（8）将危险废物与旅客在同一运输工具上载运的；

（9）未经消除污染处理，将收集、贮存、运输、处置危险废物的场所、设施、设备和容器、包装物及其他物品转作他用的；

（10）未采取相应防范措施，造成危险废物扬散、流失、渗漏或者其他环境污染的；

（11）在运输过程中沿途丢弃、遗撒危险废物的；

（12）未制订危险废物意外事故防范措施和应急预案的；

（13）未按照国家有关规定建立危险废物管理台账并如实记录的。

单位有以上第（1）项、第（2）项、第（5）项、第（6）项、第（7）项、第（8）项、第（9）项、第（12）项、第（13）项行为之一，处10万元以上100万元以下的罚款；单位有以上第（3）项、第（4）项、第（10）项、第（11）项行为之一，处所需处置费用3倍以上5倍以下的罚款，所需处置费用不足20万元的，按20万元计算。

危险废物产生者未按照规定处置其产生的危险废物被责令改正后拒不改正的，由生态环境主管部门组织代为处置，处置费用由危险废物产生者承担；拒不承担代为处置费用的，处代为处置费用1倍以上3倍以下的罚款。

违反本法规定，有下列行为之一，尚不构成犯罪的，由公安机关对法定代表人、主要负责人、直接负责的主管人员和其他责任人员处10日以上15日以下的拘留；情节较轻的，处5日以上10日以下的拘留：

（1）擅自倾倒、堆放、丢弃、遗撒固体废物，造成严重后果的；

（2）在生态保护红线区域、永久基本农田集中区域和其他需要特别保护的区域内，建设工业固体废物、危险废物集中贮存、利用、处置的设施、场所和生活垃圾填埋场的；

（3）将危险废物提供或者委托给无许可证的单位或者其他生产经营者堆放、利用、处置的；

（4）无许可证或者未按照许可证规定从事收集、贮存、利用、处置危险废物经营活动的；

（5）未经批准擅自转移危险废物的；

（6）未采取防范措施，造成危险废物扬散、流失、渗漏或者其他严重后果的。

案例：

某市环保局执法人员当场查获某工地的 1 车建筑垃圾被倾倒在某市大街的道路两侧，污染面积 75 m²。经查，该工地已依法办理渣土消纳许可证，施工单位与某运输公司签订了建筑垃圾运输合同，约定由该运输公司按照渣土消纳许可证的要求，负责该工地的建筑垃圾渣土清运处置，在垃圾渣土清运过程中出现的问题由运输公司全权负责。但是，该运输公司没有取得从事建筑垃圾运输的核准证件。

（1）如何确定该建筑垃圾污染事件的责任主体？

（2）运输公司与施工单位分别应受到何种处罚？

分析：

（1）依据《固体废物污染环境防治法》第二十条第一款规定："产生、收集、贮存、运输、利用、处置固体废物的单位和其他生产经营者，应当采取防扬散、防流失、防渗漏或者其他防止污染环境的措施；不得擅自倾倒、堆放、丢弃、遗撒固体废物。"《城市建筑垃圾管理规定》第十三条规定："施工单位不得将建筑垃圾交给个人或者未经核准从事建筑垃圾运输的单位运输。"《城市建筑垃圾管理规定》第十四条规定："处置建筑垃圾的单位在运输建筑垃圾时，应当随车携带建筑垃圾处置核准文件，按照城市人民政府有关部门规定的运输路线、时间运行，不得丢弃、遗撒建筑垃圾，不得超出核准范围承运建筑垃圾。"

本案例中，施工单位作为建筑垃圾的产生单位，已经依法办理了渣土消纳许可证，并要求运输公司按照渣土消纳许可证的要求，负责工地产生的建筑垃圾渣土的清运处置。运输公司违法将 1 车建筑垃圾倾倒在道路两侧，应当为建筑垃圾污染事件的责任主体。

（2）《固体废物污染环境防治法》第一百一十一条规定："违反本法规定，有下列行为之一，由县级以上地方人民政府环境卫生主管部门责令改正，处以罚款，没收违法所得：（一）随意倾倒、抛撒、堆放或者焚烧生活垃圾的；（二）擅自关闭、闲置或者拆除生活垃圾处理设施、场所的；（三）工程施工单位未编制建筑垃圾处理方案报备案，或者未及时清运施工过程中产生的固体废物的；（四）工程施工单位擅自倾倒、抛撒或者堆放工程施工过程中产生的建筑垃圾，或者未按照规定对施工过程中产生的固体废物进行利用或者处置的；（五）产生、收集厨余垃圾的单位和其他生产经营者未将厨余垃圾交由具备相应资质条件的单位进行无害化处理的；（六）畜禽养殖场、养殖小区利用未经无害化处理的厨余垃圾饲喂畜禽的；（七）在运输过程中沿途丢弃、遗撒生活垃圾的。单位有前款第一项、第七项行为之一，处五万元以上五十万元以下的罚款；单位有前款第二项、第三项、第四项、第五项、第六项行为之一，处十万元以上一百万元以下的罚款；个人有前款第一项、第五项、第七项行为之一，处一百元以上五百元以下的罚款。"

《城市建筑垃圾管理规定》第二十二条第二款规定："施工单位将建筑垃圾交给个人或者未经核准从事建筑垃圾运输的单位处置的，由城市人民政府市容环境卫生主管部门责令限期改正，给予警告，处 1 万元以上 10 万元以下罚款。"

据此，市环境卫生主管部门对擅自倾倒建筑垃圾问题，应当责令运输公司停止违法行为，限期改正，并可处 10 万元以上 100 万元以下的罚款；对施工单位将建筑垃圾交给未经核准而从事运输单位的问题，市环境卫生主管部门应责令施工单位限期改正，给予警告，处 1 万元以上 10 万元以下罚款。

四、环境影响评价制度

《中华人民共和国环境影响评价法》由中华人民共和国第九届全国人民代表大会常务委员会第三十次会议于 2002 年 10 月 28 日通过，自 2003 年 9 月 1 日起施行。2016 年 7 月 2 日由中华人民共和国第十二届全国人民代表大会常务委员会第二十一次会议修订。2018 年 12 月 29 日第十三届全国人民代表大会常务委员会第七次会议第二次修订。

为了实施可持续发展战略，预防因规划和建设项目实施后对环境造成不良影响，促进经济、社会和环境的协调发展，其以法律的形式确立了规划和建设项目的环境影响评价制度。

(1)国家根据建设项目对环境的影响程度，对建设项目的环境影响评价实行分类管理。建设单位应当按照下列规定组织编制环境影响报告书、环境影响报告表或者填报环境影响登记表(以下统称环境影响评价文件)：

①可能造成重大环境影响的，应当编制环境影响报告书，对产生的环境影响进行全面评价；

②可能造成轻度环境影响的，应当编制环境影响报告表，对产生的环境影响进行分析或者专项评价；

③对环境影响很小、不需要进行环境影响评价的，应当填报环境影响登记表。

建设项目的环境影响评价分类管理名录，由国务院生态环境主管部门制定并公布。

(2)建设项目的环境影响报告书应当包括下列内容：

①建设项目概况；

②建设项目周围环境现状；

③建设项目对环境可能造成影响的分析、预测和评估；

④建设项目环境保护措施及其技术、经济论证；

⑤建设项目对环境影响的经济损益分析；

⑥对建设项目实施环境监测的建议；

⑦环境影响评价的结论。

环境影响报告表和环境影响登记表的内容和格式，由国务院生态环境主管部门制定。

(3)建设项目环境影响评价机构。建设单位可以委托技术单位对其建设项目开展环境影响评价，编制建设项目环境影响报告书、环境影响报告表；建设单位具备环境影响评价技术能力的，可以自行对其建设项目开展环境影响评价，编制建设项目环境影响报告书、环境影响报告表。编制建设项目环境影响报告书、环境影响报告表应当遵守国家有关环境影响评价标准、技术规范等规定。

接受委托为建设单位编制建设项目环境影响报告书、环境影响报告表的技术单位，不得与负责审批建设项目环境影响报告书、环境影响报告表的生态环境主管部门或者其他有关审批部门存在任何利益关系。

建设单位应当对建设项目环境影响报告书、环境影响报告表的内容和结论负责，接受委托编制建设项目环境影响报告书、环境影响报告表的技术单位对其编制的建设项目环境影响报告书、环境影响报告表承担相应责任。

(4)建设项目环境影响评价文件的审批。除国家规定需要保密的情形外，对环境可能造成重大影响、应当编制环境影响报告书的建设项目，建设单位应当在报批建设项目环境影响报告书前，举行论证会、听证会，或者采取其他形式，征求有关单位、专家和公众的意见。建设单位报批的环境影响报告书应当附具对有关单位、专家和公众的意见采纳或者不采纳的说明。

建设项目的环境影响报告书、报告表，由建设单位按照国务院的规定报有审批权的生态环境主管部门审批。

审批部门应当自收到环境影响报告书之日起60日内，收到环境影响报告表之日起30日内，分别做出审批决定并书面通知建设单位。审核、审批建设项目环境影响报告书、报告表及备案环境影响登记表，不得收取任何费用。

建设项目的环境影响评价文件经批准后，建设项目的性质、规模、地点、采用的生产工艺或者防治污染、防止生态破坏的措施发生重大变动的，建设单位应当重新报批建设项目的环境影响评价文件。

建设项目的环境影响评价文件自批准之日起超过5年方决定该项目开工建设的，其环境影响评价文件应当报原审批部门重新审核；原审批部门应当自收到建设项目环境影响评价文件之日起10日内，将审核意见书面通知建设单位。

第二节 施工节约能源制度

🔲案例引入

A公司为甲市一家建筑公司，2016年10月5日，该公司承建了某房地产公司开发建设的B小区高层住宅楼项目。该工程的施工图设计文件通过了有关部门的审查，但作为建设单位的某公司为节省开支，擅自修改了节能设计部分，并指使A公司按其修改进行施工。A公司

《中华人民共和国循环经济促进法》

认为修改后的设计文件违反了建筑节能标准，于是试图拒绝某公司的要求，但某公司态度强硬并以拒付工程款相要挟，A公司无奈只得按某公司要求进行施工。

2016年11月8日，甲市建设局启动了建筑节能专项检查，在对A公司施工建设的B小区高层住宅楼项目进行检查时发现，该住宅楼卫生间、厨房的外墙保温取消，其他外墙的保温漏作或施工厚度未达到设计要求，违反了建筑节能强制性标准。对该违法事实应如何实施处罚，建设局内部存在不同观点：有人认为，A公司作为施工单位，应当为施工时违反建筑节能标准的行为承担责任。也有人认为，A公司虽然未按节能设计文件进行施工，违反了建筑节能标准，但是其行为是受到建设单位某公司的指示，某公司作为建设工程项目的投资主体，也是建设项目管理的主体，应当为违反建筑节能标准的行为承担法律责任。如果你是建设局负责人，请问该如何处理？

节约资源是我国的基本国策。国家实施节约与开发并举、把节约放在首位的能源发展战略。节约能源是指加强用能管理，采取技术上可行、经济上合理以及环境和社会可以承受的措施，从能源生产到消费的各个环节，降低消耗、减少损失和污染物排放、制止浪费，有效、合理地利用能源。

一、施工合理使用与节约能源的规定

绿色施工是指工程建设中，在保证质量、安全等基本要求的前提下，通过科学管理和技术进步，最大限度地节约资源与减少对环境负面影响的施工活动，实现四节一环保（节能、节地、节水、节材和环境保护）。

在工程建设领域，节约能源主要包括建筑节能和施工节能两个方面。建筑节能是解决建设项目建成后使用过程中的节能问题；施工节能则是解决施工过程中的节约能源问题。

（一）合理使用与节约能源的一般规定

1. 节能的产业政策

《中华人民共和国节约能源法》（以下简称《节约能源法》）规定，国家实行有利于节能和环境保护的产业政策，限制发展高耗能、高污染行业，发展节能环保型产业。国家对落后的耗能过高的用能产品、设备和生产工艺实行淘汰制度。禁止使用国家明令淘汰的用能设备、生产工艺。国家鼓励企业制定严于国家标准、行业标准的企业节能标准。

2. 用能单位的法定义务

用能单位应当按照合理用能的原则，加强节能管理，制订并实施节能计划和节能技术措施，降低能源消耗。

3. 循环经济的法律要求

《中华人民共和国循环经济促进法》（以下简称《循环经济促进法》）规定，发展循环经济应当在技术可行、经济合理和有利于节约资源、保护环境的前提下，按照减量化优先的原则实施。在废物再利用和资源化过程中，应当保障生产安全，保证产品质量符合国家规定的标准，并防止产生再次污染。

📑 知识链接

国家为何要制定《循环经济促进法》这样的一部法律呢？是因为，自20世纪80年代以来，我国经济快速增长，各项建设取得了巨大成就，同时也付出了很大的资源和环境代价，经济发展与资源环境的矛盾日趋尖锐。这与我国传统的高消耗、高排放、低效率的粗放型增长方式密切相关。因此，必须改变这种经济增长方式，以最少的资源消耗、最少的废物排放和最小的环境代价换取最大的经济效益，实现经济、环境和社会的全面协调可持续发展。发展循环经济是转变经济增长方式的突破口，是贯彻科学发展观构建资源节约型和环境友好型社会的重要举措。2005年，国务院发布了《关于加快发展循环经济的若干意见》，为循环经济的发展提供了明确的政策依据。近年来，各地区、各部门认真贯彻党中央、国务院的部署，从多方面采取措施，促进循环经济发展。国务院有关部门与各省区市和重点企业签订了节约能源、保护环境的目标责任书，实施了重点节能和环保工程，国务院有关部门会同有关省市人民政府在重点行业、重点领域、产业园区和省市先后开展了两批循环经济试点，取得了一定的经验。为了进一步促进循环经济发展，十届全国人大环境与资源保护委员会起草了《循环经济法（草案）》，于2007年8月26日提请十届全国人大常委会第二十九次会议审议，经过十一届全国人大常委会第三次会议第二次审议，十一届全国人大常委会第四次会议在2008年8月29日通过了《循环经济促进法》。该法共七章五十八条，于2009年1月1日起开始实施。将发展循环经济纳入法制轨道，有利于促进循环经济发展，提高资源利用效率，保护和改善环境，实现可持续发展。《循环经济促进法》于2018年进行了修订。

（二）建筑节能的规定

《节约能源法》规定，国家实行固定资产投资项目节能评估和审查制度。不符合强制性节能标准的项目，建设单位不得开工建设；已经建成的，不得投入生产、使用。建筑工程的建设、设计、施工和监理单位应当遵守建筑节能标准。

1. 采用太阳能、地热能等可再生能源

《民用建筑节能条例》规定，国家鼓励和扶持在新建建筑和既有建筑节能改造中采用太阳能、地热能等可再生能源。

2. 新建建筑节能的规定

建设单位、设计单位、施工单位不得在建筑活动中使用列入禁止使用目录的技术、工艺、材料和设备。

建设单位不得明示或者暗示设计单位、施工单位违反民用建筑节能强制性标准进行设计、施工，不得明示或者暗示施工单位使用不符合施工图设计文件要求的墙体材料、保温材料、门窗、采暖制冷系统和照明设备。

按照合同约定由建设单位采购墙体材料、保温材料、门窗、采暖制冷系统和照明设备的，建设单位应当保证其符合施工图设计文件要求。

施工单位应当对进入施工现场的墙体材料、保温材料、门窗、采暖制冷系统和照明设备进行查验；不符合施工图设计文件要求的，不得使用。

未经监理工程师签字，墙体材料、保温材料、门窗、采暖制冷系统和照明设备不得在建筑上使用或者安装，施工单位不得进行下一道工序的施工。

3. 既有建筑节能的规定

既有建筑节能改造，是指对不符合民用建筑节能强制性标准的既有建筑的围护结构、供热系统、采暖制冷系统、照明设备和热水供应设施等实施节能改造的活动。

（三）施工节能的规定

《循环经济促进法》规定，建筑设计、建设、施工等单位应当按照国家有关规定和标准，对其设计、建设、施工的建筑物及构筑物采用节能、节水、节地、节材的技术工艺和小型、轻型、再生产品。有条件的地区，应当充分利用太阳能、地热能、风能等可再生能源。

1. 节材与材料资源利用

《循环经济促进法》规定，国家鼓励利用无毒无害的固体废物生产建筑材料，鼓励使用散装水泥，推广使用预拌混凝土和预拌砂浆。

禁止损毁耕地烧砖。在国务院或者省、自治区、直辖市人民政府规定的期限和区域内，禁止生产、销售和使用黏土砖。

《绿色施工导则》规定，图纸会审时，应审核节材与材料资源利用的相关内容，达到材料损耗率比定额损耗率降低30%；根据施工进度、库存情况等合理安排材料的采购、进场时间和批次，减少库存；现场材料堆放有序，储存环境适宜，措施得当，保管制度健全，责任落实；材料运输工具适宜，装卸方法得当，防止损坏和遗撒；根据现场平面布置情况就近卸载，避免和减少二次搬运；采取技术和管理措施提高模板、脚手架等的周转次数；优化安装工程的预留、预埋、管线路径等方案；应就地取材，施工现场500 km以内生产的建筑材料用量占建筑材料总重量的70%以上。

2. 节水与水资源利用

《循环经济促进法》规定，国家鼓励和支持使用再生水。企业应当发展串联用水系统和循环用水系统，提高水的重复利用率。企业应当采用先进技术、工艺和设备，对生产过程中产生的废水进行再生利用。《绿色施工导则》也进一步对提高用水效率、非传统水源利用和安全用水作出了规定。

3. 节能与能源利用

《绿色施工导则》对节能措施，机械设备与机具，生产、生活及办公临时设施，施工用电及照明分别作出规定。

(1)节能措施。

①制定合理施工能耗指标，提高施工能源利用率；优先使用国家、行业推荐的节能、高效、环保的施工设备和机具，如选用变频技术的节能施工设备等；施工现场分别设定生产、生活、办公和施工设备的用电控制指标，定期进行计量、核算、对比分析，并有预防与纠正措施。

②在施工组织设计中，合理安排施工顺序、工作面，以减少作业区域的机具数量，相邻作业区充分利用共有的机具资源。安排施工工艺时，应优先考虑耗用电能的或其他能耗较少的施工工艺。避免设备额定功率远大于使用功率或超负荷使用设备的现象。

③根据当地气候和自然资源条件，充分利用太阳能、地热等可再生能源。

(2)机械设备与机具。

①建立施工机械设备管理制度，开展用电、用油计量，完善设备档案，及时做好维修保养工作，使机械设备保持低耗、高效的状态。

②选择功率与负载相匹配的施工机械设备，避免大功率施工机械设备低负载长时间运行。机电安装可采用节电型机械设备，如逆变式电焊机和能耗低、效率高的手持电动工具等，以利节电。机械设备宜使用节能型油料添加剂，在可能的情况下，考虑回收利用，节约油量。

③合理安排工序，提高各种机械的使用率和满载率，降低各种设备的单位耗能。

(3)生产、生活及办公临时设施。

①利用场地自然条件，合理设计生产、生活及办公临时设施的体形、朝向、间距和窗墙面积比，使其获得良好的日照、通风和采光。南方地区可根据需要在其外墙窗设遮阳设施。

②临时设施宜采用节能材料，墙体、屋面使用隔热性能好的材料，减少夏天空调、冬天取暖设备的使用时间及耗能量。

③合理配置采暖、空调、风扇数量，规定使用时间，实行分段分时使用，节约用电。

(4)施工用电及照明。

①临时用电优先选用节能电线和节能灯具，临电线路合理设计、布置，临电设备宜采用自动控制装置。采用声控、光控等节能照明灯具。

②照明设计以满足最低照度为原则，照度不应超过最低照度的20%。

4. 节地与施工用地保护

《绿色施工导则》对临时用地指标、临时用地保护、施工总平面布置分别作出规定。

(1)临时用地指标。

①根据施工规模及现场条件等因素合理确定临时设施，如临时加工厂、现场作业棚及材料堆场、办公生活设施等的占地指标。临时设施的占地面积应按用地指标所需的最低面积设计。

②要求平面布置合理、紧凑，在满足环境、职业健康与安全及文明施工要求的前提下尽可能减少废弃地和死角，临时设施占地面积有效利用率大于90%。

(2)临时用地保护。

①应对深基坑施工方案进行优化，减少土方开挖和回填量，最大限度地减少对土地的扰动，保护周边自然生态环境。

②红线外临时占地应尽量使用荒地、废地，少占用农田和耕地。工程完工后，及时对红线外占地恢复原地形、地貌，使施工活动对周边环境的影响降至最低。

③利用和保护施工用地范围内原有绿色植被。对于施工周期较长的现场，可按建筑永久绿化的要求，安排场地新建绿化。

(3)施工总平面布置。

①施工总平面布置应做到科学、合理，充分利用原有建筑物、构筑物、道路、管线为施工服务。

②施工现场搅拌站、仓库、加工厂、作业棚、材料堆场等布置应尽量靠近已有交通线路或即将修建的正式或临时交通线路，缩短运输距离。

③临时办公和生活用房应采用经济、美观、占地面积小、对周边地貌环境影响较小，且适用于施工平面布置动态调整的多层轻钢活动板房、钢骨架水泥活动板房等标准化装配式结构。生活区与生产区应分开布置，并设置标准的分隔设施。

④施工现场围墙可采用连续封闭的轻钢结构预制装配式活动围挡，减少建筑垃圾，保护土地。

⑤施工现场道路按照永久道路和临时道路相结合的原则布置。施工现场内形成环形通路，减少道路占用土地。

⑥临时设施布置应注意远近结合(本期工程与下期工程)，努力减少和避免大量临时建筑拆迁和场地搬迁。

二、施工节能技术进步和激励措施的规定

(一)节能技术进步

《节约能源法》规定，国家鼓励、支持节能科学技术的研究、开发、示范和推广，促进节能技术创新与进步。

1. 政府政策引导

国务院管理节能工作的部门会同国务院科技主管部门发布节能技术政策大纲，指导节

能技术研究、开发和推广应用。县级以上各级人民政府应当把节能技术研究开发作为政府科技投入的重点领域，支持科研单位和企业开展节能技术应用研究，制定节能标准，开发节能共性和关键技术，促进节能技术创新与成果转化。

2. 政府资金扶持

《循环经济促进法》规定，国务院和省、自治区、直辖市人民政府设立发展循环经济的有关专项资金，支持循环经济的科技研究开发、循环经济技术和产品的示范与推广、重大循环经济项目的实施、发展循环经济的信息服务等。

(二)节能激励措施

1. 财政安排节能专项资金

中央财政和省级地方财政安排节能专项资金，支持节能技术研究开发、节能技术和产品的示范与推广、重点节能工程的实施、节能宣传培训、信息服务和表彰奖励等。

2. 税收优惠

国家对生产、使用列入国务院管理节能工作的部门会同国务院有关部门制定并公布的节能技术、节能产品推广目录的需要支持的节能技术、节能产品，实行税收优惠等扶持政策。

3. 信贷支持

国家引导金融机构增加对节能项目的信贷支持，为符合条件的节能技术研究开发、节能产品生产及节能技术改造等项目提供优惠贷款。国家推动和引导社会有关方面加大对节能的资金投入，加快节能技术改造。

4. 价格政策

国家实行有利于节能的价格政策，引导施工单位和个人节能。国家运用财税、价格等政策，支持推广电力需求侧管理、合同能源管理、节能自愿协议等节能办法。国家实行有利于资源节约和合理利用的价格政策，引导单位和个人节约和合理使用水、电、气等资源性产品。

5. 表彰奖励

各级人民政府对在节能管理、节能科学技术研究和推广应用中有显著成绩及检举严重浪费能源行为的单位与个人给予表彰和奖励。企业事业单位应当对在循环经济发展中作出突出贡献的集体与个人给予表彰和奖励。

三、违法行为应承担的法律责任

(1)《节约能源法》规定，设计单位、施工单位、监理单位违反建筑节能标准的，由建设主管部门责令改正，处 10 万元以上 50 万元以下罚款；情节严重的，由颁发资质证书的部门降低资质等级或者吊销资质证书；造成损失的，依法承担赔偿责任。

(2)《节约能源法》规定，用能单位未按照规定配备、使用能源计量器具的，由市场监督管理部门责令限期改正；逾期不改正的，处 1 万元以上 5 万元以下罚款。瞒报、伪造、篡改能源统计资料或者编造虚假能源统计数据的，依照《中华人民共和国统计法》的规定处罚。无偿向本单位职工提供能源或者对能源消费实行包费制的，由管理节能工作的部门责令限期改正；逾期不改正的，处 5 万元以上 20 万元以下罚款。

(3)《民用建筑节能条例》规定，施工单位未按照民用建筑节能强制性标准进行施工的，由县级以上地方人民政府住房城乡建设主管部门责令改正，处民用建筑项目合同价款2％以上4％以下的罚款；情节严重的，由颁发资质证书的部门责令停业整顿，降低资质等级或者吊销资质证书；造成损失的，依法承担赔偿责任。

(4)《民用建筑节能条例》规定，施工单位有下列行为之一的，由县级以上地方人民政府住房城乡建设主管部门责令改正，处10万元以上20万元以下的罚款；情节严重的，由颁发资质证书的部门责令停业整顿，降低资质等级或者吊销资质证书；造成损失的，依法承担赔偿责任：

①未对进入施工现场的墙体材料、保温材料、门窗、采暖制冷系统和照明设备进行查验的；

②使用不符合施工图设计文件要求的墙体材料、保温材料、门窗、采暖制冷系统和照明设备的；

③使用列入禁止使用目录的技术、工艺、材料和设备的。

(5)《循环经济促进法》规定，在国务院或者省、自治区、直辖市人民政府规定禁止生产、销售、使用黏土砖的期限或者区域内生产、销售或者使用黏土砖的，由县级以上地方人民政府指定的部门责令限期改正；有违法所得的，没收违法所得；逾期继续生产、销售的，由地方人民政府市场监督管理部门依法吊销营业执照。

案例：

2012年年底，某住宅小区1期工程完成设计，2013年开始施工。按当地规定，所有新建、改建、扩建的住宅建设项目，必须按照建筑节能设计标准的相关要求进行设计、施工。在施工过程中，建设单位按设计图纸规定的规格、数量要求采购了墙体材料、保温材料、采暖制冷系统等，并声称是优质产品；施工单位在以上材料设备进入施工现场后，便直接用于该项目的施工并形成工程实体，导致1期工程验收不合格。经有关部门检验，建设单位购买的墙体材料、保温材料、采暖制冷系统等存在严重的质量问题，用保温材料所做的墙体出现了结露、发霉等现象，根本不符合该建设项目设计图纸规定的质量要求。

(1)施工单位的行为是否违法？

(2)建设单位的行为是否违法？

(3)施工单位应承担哪些法律责任？

分析：

(1)在本案例中，施工单位未对进入施工现场的墙体材料、保温材料、采暖制冷系统等进行查验，导致不符合施工图设计文件要求的墙体材料等用于该项目的施工，构成了违法行为。《民用建筑节能条例》第十六条规定："施工单位应当对进入施工现场的墙体材料、保温材料、门窗、采暖制冷系统和照明设备进行查验；不符合施工图设计文件要求的，不得使用。"

(2)建设单位也存在违法行为。《民用建筑节能条例》第十四条第二款规定："按照合同约定由建设单位采购墙体材料、保温材料、门窗、采暖制冷系统和照明设备的，建设单位应当保证其符合施工图设计文件要求。"

(3)当地建设主管部门应当依法责令该施工单位改正，处10万元以上20万元以下的罚款。《民用建筑节能条例》第四十一条规定："施工单位有下列行为之一的，由县级以上地方人民政府建设主管部门责令改正，处10万元以上20万元以下的罚款；情节严重的，由颁发资质证书的部门责令停业整顿，降低资质等级或者吊销资质证书；造成损失的，依法承担赔偿责任；未对进入施工现场的墙体材料、保温材料、门窗、采暖制冷系统和照明设备进行查验的；使用不符合施工图设计文件要求的墙体材料、保温材料、门窗、采暖制冷系统和照明设备的；……"

第三节　施工文物保护制度

《中华人民共和国
文物保护法》

案例引入

2011年5月，余杭区文物监察大队接群众举报：余杭经济开发区小横山工地杭州某土石方工程有限公司在进行建设施工中发现古墓葬(后经文物工作者现场勘察，认为此处为一古墓葬群)。接到举报后，大队文物执法人员迅速赶往事发现场，制止了破坏文物行为的进一步发生，进行了调查取证。经调查，某土石方工程有限公司为赶工期，涉嫌在建设工程施工中发现文物未向文物行政部门报告的违法行为属实。余杭区文物行政部门根据《中华人民共和国文物保护法》(以下简称《文物保护法》)相关规定，对某土石方工程有限公司作出罚款的行政处罚。至此，该文物违法案件得到了依法处理，当事人的违法行为也得到了相应的法律制裁。案件查办过程中，余杭区文物监察大队始终坚持"保护为主、抢救第一"的方针，注重文物执法与文物保护工作的衔接，及时与文物保护部门联系沟通，在当事人履行处罚决定后迅速将后续文物发掘与保护工作交给文物保护部门，依照法定程序申请并组织考古发掘保护单位实施了考古发掘。

我国相继颁布了《文物保护法》《中华人民共和国水下文物保护管理条例》《中华人民共和国文物保护法实施条例》(以下简称《文物保护法实施条例》)、《历史文化名城名镇名村保护条例》等法律、行政法规，并参照《国际古迹保护与修复宪章》(《威尼斯宪章》)为代表的国际原则，制定了《中国文物古迹保护准则》。

《文物保护法》规定，一切机关、组织和个人都有依法保护文物的义务。

一、施工要求

(一)文物保护单位保护范围和建设控制地带施工的概念与规定

1. 文物保护单位的保护范围

《文物保护法实施条例》规定，文物保护单位的保护范围，是指对文物保护单位本体及周围一定范围实施重点保护的区域。文物保护单位的保护范围，应当根据文物保护单位的类别、规模、内容及周围环境的历史和现实情况合理划定，并在文物保护单位本体之外保持一定的安全距离，确保文物保护单位的真实性和完整性。

2. 文物保护单位的建设控制地带

《文物保护法实施条例》规定，文物保护单位的建设控制地带，是指在文物保护单位的保护范围外，为保护文物保护单位的安全、环境、历史风貌对建设项目加以限制的区域。文物保护单位的建设控制地带，应当根据文物保护单位的类别、规模、内容及周围环境的历史和现实情况合理划定。

3. 历史文化名城名镇名村的保护

《文物保护法》规定，保存文物特别丰富并且具有重大历史价值或者革命纪念意义的城市，由国务院核定公布为历史文化名城。保存文物特别丰富并且具有重大历史价值或者革命纪念意义的城镇、街道、村庄，由省、自治区、直辖市人民政府核定公布为历史文化街区、村镇，并报国务院备案。

2017年10月经修改后公布的《历史文化名城名镇名村保护条例》规定，具备下列条件的城市、镇、村庄，可以申报历史文化名城、名镇、名村：

(1)保存文物特别丰富；

(2)历史建筑集中成片；

(3)保留着传统格局和历史风貌；

(4)历史上曾经作为政治、经济、文化、交通中心或者军事要地，或者发生过重要历史事件，或者其传统产业、历史上建设的重大工程对本地区的发展产生过重要影响，或者能够集中反映本地区建筑的文化特色、民族特色。

📖 **知识链接**

中国历史文化名镇名村，是由原建设部和国家文物局从2003年起共同组织评选的，保存文物特别丰富且具有重大历史价值或纪念意义的、能较完整地反映一些历史时期传统风貌和地方民族特色的镇及村。

这些村镇分布在全国25个省份，包括太湖流域的水乡古镇群、皖南古村落群、川黔渝交界古村镇群、晋中南古村镇群、粤中古村镇群，既有乡土民俗型、传统文化型、革命历史型，又有民族特色型、商贸交通型，基本反映了中国不同地域历史文化村镇的传统风貌。如浙江省桐乡市乌镇、福建省上杭县古田镇、河北省蔚县暖泉镇等。

4. 在文物保护单位保护范围和建设控制地带施工的规定

《文物保护法》规定，在文物保护单位的保护范围和建设控制地带内，不得建设污染文物保护单位及其环境的设施，不得进行可能影响文物保护单位安全及其环境的活动。对已有的污染文物保护单位及其环境的设施，应当限期治理。

(1)承担文物保护单位的修缮、迁移、重建工程的单位应当具有相应的资质证书。《文物保护法实施条例》规定，承担文物保护单位的修缮、迁移、重建工程的单位，应当同时取得文物行政主管部门发给的相应等级的文物保护工程资质证书和住房城乡建设主管部门发给的相应等级的资质证书。其中，不涉及建筑活动的文物保护单位的修缮、迁移、重建，应当由取得文物行政主管部门发给的相应等级的文物保护工程资质证书的单位承担。

(2)在历史文化名城名镇名村保护范围内从事建设活动的相关规定。《历史文化名城名镇名村保护条例》规定，在历史文化名城、名镇、名村保护范围内禁止进行下列活动：开山、采石、开矿等破坏传统格局和历史风貌的活动；占用保护规划确定保留的园林绿地、河湖水系、道路等；修建生产、储存爆炸性、易燃性、放射性、毒害性、腐蚀性物品的工厂、仓库等；在历史建筑上刻划、涂污。

在历史文化街区、名镇、名村核心保护范围内，不得进行新建、扩建活动。但是，新建、扩建必要的基础设施和公共服务设施除外。

在历史文化街区、名镇、名村核心保护范围内，拆除历史建筑以外的建筑物、构筑物或者其他设施的，应当经城市、县人民政府城乡规划主管部门会同同级文物主管部门批准。

任何单位或者个人不得损坏或者擅自迁移、拆除历史建筑。

(3)在文物保护单位保护范围和建设控制地带内从事建设活动的相关规定。《文物保护法》规定，文物保护单位的保护范围内不得进行其他建设工程或者爆破、钻探、挖掘等作业。但是，因特殊情况需要在文物保护单位的保护范围内进行其他建设工程或者爆破、钻探、挖掘等作业的，必须保证文物保护单位的安全，并经核定公布该文物保护单位的人民政府批准，在批准前应当征得上一级人民政府文物行政部门同意；在全国重点文物保护单位的保护范围内进行其他建设工程或者爆破、钻探、挖掘等作业的，必须经省、自治区、直辖市人民政府批准，在批准前应当征得国务院文物行政部门同意。

在文物保护单位的建设控制地带内进行建设工程，不得破坏文物保护单位的历史风貌；工程设计方案应当根据文物保护单位的级别，经相应的文物行政部门同意后，报城乡建设规划部门批准。

(二)施工发现文物报告和保护的规定

《文物保护法》规定，在进行建设工程或者在农业生产中，任何单位或者个人发现文物，应当保护现场，立即报告当地文物行政部门。文物行政部门接到报告后，如无特殊情况，应当在 24 小时内赶赴现场，并在 7 日内提出处理意见。

依照以上规定发现的文物属于国家所有，任何单位或者个人不得哄抢、私分、藏匿。

二、对文物保护违法行为应承担的责任

(一)哄抢、私分国有文物等违法行为应承担的法律责任

(1)《文物保护法》规定，有下列行为之一，构成犯罪的，依法追究刑事责任：

①盗掘古文化遗址、古墓葬的；

②故意或者过失损毁国家保护的珍贵文物的；

③擅自将国有馆藏文物出售或者私自送给非国有单位或者个人的；

④将国家禁止出境的珍贵文物私自出售或者送给外国人的；

⑤以牟利为目的倒卖国家禁止经营的文物的；

⑥走私文物的；

⑦盗窃、哄抢、私分或者非法侵占国有文物的；

⑧应当追究刑事责任的其他妨害文物管理行为。

造成文物灭失、损毁的，依法承担民事责任。构成违反治安管理行为的，由公安机关依法给予治安管理处罚。构成走私行为，尚不构成犯罪的，由海关依照有关法律、行政法规的规定给予处罚。

(2)《文物保护法》规定，有下列行为之一，尚不构成犯罪的，由县级以上人民政府文物主管部门会同公安机关追缴文物；情节严重的，处 5 000 元以上 5 万元以下的罚款：

①发现文物隐匿不报或者拒不上交的；

②未按照规定移交拣选文物的。

（二）在文物保护单位的保护范围和建设控制地带内进行建设工程违法行为应承担的违法责任

《文物保护法》规定，有下列行为之一，尚不构成犯罪的，由县级以上人民政府文物主管部门责令改正，造成严重后果的，处5万元以上50万元以下的罚款；情节严重的，由原发证机关吊销资质证书：

(1)擅自在文物保护单位的保护范围内进行建设工程或者爆破、钻探、挖掘等作业的；

(2)在文物保护单位的建设控制地带内进行建设工程，其工程设计方案未经文物行政部门同意、报城乡建设规划部门批准，对文物保护单位的历史风貌造成破坏的；

(3)擅自迁移、拆除不可移动文物的；

(4)擅自修缮不可移动文物，明显改变文物原状的；

(5)擅自在原址重建已全部毁坏的不可移动文物，造成文物破坏的；

(6)施工单位未取得文物保护工程资质证书，擅自从事文物修缮、迁移、重建的。

刻划、涂污或者损坏文物尚不严重的，或者损毁依法设立的文物保护单位标志的，由公安机关或者文物所在单位给予警告，可以并处罚款。

在文物保护单位的保护范围内或者建设控制地带内建设，污染文物保护单位及其环境的设施的，或者对已有的污染文物保护单位及其环境的设施未在规定的期限内完成治理的，由环境保护行政部门依照有关法律、法规的规定给予处罚。

（三）历史文化名城名镇名村保护范围内违法行为应承担的法律责任

(1)《历史文化名城名镇名村保护条例》规定，在历史文化名城、名镇、名村保护范围内有下列行为之一的，由城市、县人民政府城乡规划主管部门责令停止违法行为、限期恢复原状或者采取其他补救措施；有违法所得的，没收违法所得；逾期不恢复原状或者不采取其他补救措施的，城乡规划主管部门可以指定有能力的单位代为恢复原状或者采取其他补救措施，所需费用由违法者承担；造成严重后果的，对单位并处50万元以上100万元以下的罚款，对个人并处5万元以上10万元以下的罚款；造成损失的，依法承担赔偿责任：

①开山、采石、开矿等破坏传统格局和历史风貌的；

②占用保护规划确定保留的园林绿地、河湖水系、道路等的；

③修建生产、储存爆炸性、易燃性、放射性、毒害性、腐蚀性物品的工厂、仓库等的。

(2)未经城乡规划主管部门会同同级文物主管部门批准，有下列行为之一的，由城市、县人民政府城乡规划主管部门责令停止违法行为、限期恢复原状或者采取其他补救措施；有违法所得的，没收违法所得；逾期不恢复原状或者不采取其他补救措施的，城乡规划主管部门可以指定有能力的单位代为恢复原状或者采取其他补救措施，所需费用由违法者承担；造成严重后果的，对单位并处5万元以上10万元以下的罚款，对个人并处1万元以上5万元以下的罚款；造成损失的，依法承担赔偿责任：

①拆除历史建筑以外的建筑物、构筑物或者其他设施的；

②对历史建筑进行外部修缮装饰、添加设施以及改变历史建筑的结构或者使用性质的。

有关单位或者个人进行《历史文化名城名镇名村保护条例》第25条规定的活动，或者经批准进行上述活动，但是在活动过程中对传统格局、历史风貌或者历史建筑构成破坏性影响的，依照以上规定予以处罚。

（3）损坏或者擅自迁移、拆除历史建筑的，由城市、县人民政府城乡规划主管部门责令停止违法行为、限期恢复原状或者采取其他补救措施；有违法所得的，没收违法所得；逾期不恢复原状或者不采取其他补救措施的，城乡规划主管部门可以指定有能力的单位代为恢复原状或者采取其他补救措施，所需费用由违法者承担；造成严重后果的，对单位并处20万元以上50万元以下的罚款，对个人并处10万元以上20万元以下的罚款；造成损失的，依法承担赔偿责任。

（4）擅自设置、移动、涂改或者损毁历史文化街区、名镇、名村标志牌的，由城市、县人民政府城乡规划主管部门责令限期改正；逾期不改正的，对单位处1万元以上5万元以下的罚款，对个人处1 000元以上1万元以下的罚款。

案例：

在某市的火车站南广场地下车库工程施工中，挖掘机司机挖到一座古墓，没有及时上报，而是将其重新掩埋，在晚上带人将古墓里的文物盗走，后经公安部门的努力，追回玉带18片，但其他出土文物不知去向。文物保护专家表示，该处工地发现的是明朝某位皇亲的墓。

（1）本案例中哪些行为违反了《文物保护法》的规定？

（2）施工过程中发现文物时施工单位应该采取什么措施？

（3）对文物保护违法行为应如何处理？

分析：

（1）根据《文物保护法》第三十二条的规定："在进行建设工程或者在农业生产中，任何单位或者个人发现文物，应当保护现场，立即报告当地文物行政部门。""任何单位或者个人不得哄抢、私分、藏匿。"施工过程中发现文物时，施工单位应采取保护现场，立即报告当地文物行政部门，不得哄抢、私分、私藏。本案例中，挖掘机司机发现古墓之后，不仅没有依法及时报告，还伙同他人将古墓里的文物盗走，违反了《文物保护法》的上述规定。

（2）根据《文物保护法》第三十二条的规定和《中华人民共和国文物保护法实施细则》第二十二条、第二十三条的规定，施工单位在施工过程中发现文物时，首先应当保护现场，停止施工，立即报告当地文物行政部门；其次，配合考古发掘单位，保护出土文物或者遗迹的安全，在发掘未结束前不得继续施工。

（3）依据《文物保护法》第六十四条、第六十五条的规定，对于盗窃、哄抢、私分或者非法侵占国有文物的，构成犯罪的，依法追究刑事责任；造成文物灭失、损毁的，依法承担民事责任；构成违反治安管理行为的，由公安机关依法给予治安管理处罚。

🖥️ ➤ **知识筑基**

1.《环境保护法》中对施工环境保护的规定有哪些？

2.《环境噪声污染防治法》中对防治施工现场环境噪声污染的规定有哪些？

3.《大气污染防治法》中对防治施工现场大气污染的规定有哪些？

4. 简述施工节能的相关规定及激励措施。

5. 根据《文物保护法》的规定，在文物保护单位保护范围和建设控制地带内从事建设活动的规定有哪些？

2017 年 7 月 20 日，湖南省长沙市人民检察院在参与中央环保督查组督查过程中，发现长沙县城乡规划建设局、长沙县行政执法局不依法履行职责致使国家和社会公共利益受损的线索。报告湖南省人民检察院后，湖南省人民检察院将案件线索交长沙市人民检察院办理。

检察书判决

长沙市人民检察院调查发现，2003 年 4 月 22 日至 2017 年 3 月 14 日，威尼斯城第四期项目建设用地位于参照饮用水水源一级保护区保护范围内。2017 年 3 月 14 日后，根据湖南省人民政府调整后的饮用水水源保护区划定，该建设项目用地位于饮用水水源二级保护区保护范围内。经调查核实，长沙市人民检察院认为长沙县城乡规划建设局等三行政机关不依法履行职责，对当地生态环境、饮用水水源安全造成重大影响，侵害了社会公共利益。其中：

长沙县城乡规划建设局明知威尼斯城第四期项目必须重新申报环境影响评价文件，但在未重新申报的情况下，发放建设工程规划许可证和建筑工程施工许可证，导致项目违法建设，给当地生态环境造成重大影响。

长沙县行政执法局明知威尼斯城第四期项目环境影响评价未申报通过、未批先建的情况下，在作出责令停止建设，并处以罚款 10 万元的决定后，未进一步采取措施，导致该项目 1~6 栋最终建设完成；同时，对该项目 7~8 栋无建筑工程施工许可就开挖基坑的违法行为未责令恢复原状，造成重大生态环境影响。

长沙县环境保护局明知威尼斯城第四期项目环境影响评价未申报通过，却在该项目 1~6 栋建设工程规划许可证申请表上盖章予以认可，造成违法建设行为发生，给当地生态环境造成重大影响。

2017 年 12 月 18 日、2018 年 3 月 16 日，长沙市人民检察院先后分别向长沙县城乡规划建设局、长沙县行政执法局和长沙县环境保护局发出检察建议：一是建议长沙县行政执法局依法对威尼斯城房产公司未依法停止建设，仍处于继续状态的违法行为进行处罚，责令对违法在建工程恢复原状。二是建议三行政机关在职责范围内依法处理威尼斯城第四期项目环境影响评价、建设工程规划许可和建筑工程施工许可等问题。三是建议三行政机关依法加强对该项目行政许可的审批管理和执法监管，杜绝类似违法行为再次发生。

检察机关发出检察建议后，与长沙县行政执法局等三行政机关以及长沙县人民政府进行了反复协调沟通，促进相关检察建议落实。三行政机关均按期对长沙市人民检察院检察建议进行了书面回复。2018 年 4 月 10 日，长沙县行政执法局根据检察建议的要求对威尼斯城房产公司作出行政处罚决定：责令该公司立即停止第四期项目建设；对 7~8 栋基坑恢复原状，并处罚款 4 365 058.67 元。威尼斯城房产公司接受处罚并对 7~8 栋基坑恢复原状。长沙县城乡规划建设局、长沙县环境保护局根据检察建议的要求加大对该项目的监管力度，对类似行政审批流程进行规范，对相关责任人员进行追责，给予四名工作人员相应的行政处分。

2018 年 2 月 9 日，长沙县人民政府就纠正违法行为与长沙市人民检察院沟通并对相关问题提出处置意见。因该案涉及饮用水水源地保护区调整，长沙市人民检察院依法向长沙县人民政府发出工作建议，建议该县及时向上级机关申报重新划定饮用水水源地保护区范围；对该项目监管和执法中暴露出来的相关违法违规问题依法依规进行处理；加强对建设项目审批的管理和监督、对招商引资项目的管理，进一步规范行政许可、行政审批行为，切实防止损害生态环境和资源保护行为的发生。

2018年5月17日，长沙县人民政府就工作建议向长沙市人民检察院作出书面回复，对威尼斯城第四期项目违法建设的处置提出具体的工作意见和实施办法。长沙市人民检察院认为，威尼斯城第四期项目违法建设对当地生态环境和饮用水水源地造成重大影响，损害社会公共利益，考虑到该项目1～6栋已经销售完毕，仅第6栋就涉及320户，涉及众多群众利益，撤销该项目的建设工程规划许可证和建筑工程施工许可证并拆除建筑，将损害不知情群众的利益。经论证，采取取水口上移变更饮用水水源地保护区范围等补救措施，不影响威尼斯城众多业主的合法权益和生活稳定，社会效果和法律效果较好。根据长沙市人民检察院的建议，长沙县人民政府上移饮用水取水口。2018年5月31日，新建设的长沙县星沙第二水厂取水泵站已经通水。2018年10月29日，经湖南省人民政府批准，长沙市人民政府对饮用水水源地保护范围进行了调整。

（案例摘自人民检察院检例第50号）

第六章 建设工程安全法律制度

知识目标

识记建设工程安全法律理论，掌握施工安全管理的过程，掌握施工过程中安全生产管理的规定及施工事故的应急救援。

能力目标

1. 能掌握施工安全全部程序；
2. 学会制作施工现场的安全管理制度。

第一节 建筑安全生产管理的方针和原则

案例引入

2019年9月24日，宏远公司作为甲方与没有相应资质的杨某某作为乙方签订《生产区水电安装施工承包合同》，由杨某某负责承建宏远公司新厂建设工程(一期)项目施工图纸范围内设计变更内容中的水电安装工程人工费，其中约定：在施工过程中，乙方必须严格遵守甲方制定的各项安全文明施工管理制度，服从甲方统一管理，坚决杜绝违章指挥和作业，认真进行安全教育并及时检查，发生隐患及时排除。乙方在施工过程中应加强安全管理，乙方在施工前、施工中、施工后所发生的安全事故，造成自身或者他人人身、财产损失的一切责任和赔偿均由乙方承担，发包方不承担任何责任及相关费用。如因乙方的原因造成他人损伤，导致发包方承担责任的，发包方有权向承包方进行追偿，并有权单方解除本合同，同时追偿所产生的律师费、诉讼费、仲裁费、财产保全费均由乙方承担。2019年11月12日，被告杨某某作为甲方与同样没有相应资质的被告罗某某、袁某某作为乙方签订《宏远生产区水电安装施工包工合作协议》，由被告罗某某、袁某某作为江西宏远化工有限公司新厂建设工程(一期)项目生产区水电安装合作包工人，其中约定：室内水电安装按照365个工结算(300元/工)；在施工过程中，乙方(被告)必须严格遵守甲方制定的各项安全文明施工管理制度，服从甲方(原告)统一管理，坚决杜绝违章指挥和作业，认真进行安全教育并及时检查，发生隐患及时排除。如乙方在施工过程中违规操作造成任何大小事故，其责任、费用和其他因此可能连带发生的所有民事赔偿责任均由乙方承担，甲方概不承担任何责任和费用。2019年11月23日，被告罗某某、袁某某雇用的黄某某在上述原、被告场地施工时不慎从三楼坠地，经抢救无效死亡。2019年11月25日，黄某某的亲属黄爱莲、黄建辉作为甲方、

《中华人民共和国安全生产法》

被告杨某某作为乙方、原告宏远公司作为丙方，在上高县工业园管委会和锦江镇政府有关人员主持调解下，三方就此次事故签订《自行和解赔偿协议书》，其中约定：黄某某死亡所涉丧葬费、死亡赔偿金、精神损害抚慰金等法律规定的赔偿项目，乙方赔偿共计人民币800 000元给甲方，本协议书签订之日丙方先垫付50 000元给甲方，余款750 000元由乙方筹集部分（最少付10 000元，但不限于10 000元）在2019年11月28日前付给甲方，剩余余款由丙方在2019年11月28日前垫付清给甲方。乙、丙两方（包括未在本协议书中签字的相关责任主体）对黄某某死亡赔偿金额应承担的责任比例另行协商确定或通过诉讼由法院处理确定。协议签订后，原告宏远公司按约定支付了790 000元赔偿款，被告杨某某支付了10 000元。现原告因赔偿款的承担比例问题与被告协商不成，遂诉至法院。

问题：原告宏远公司关于承担比例的理由是否有法律依据？为什么？

分析：

《中华人民共和国安全生产法》（以下简称《安全生产法》）第一百零三条规定，生产经营单位将生产经营项目、场所、设备发包或者出租给不具备安全生产条件或者相应资质的单位或者个人的，……导致发生生产安全事故给他人造成损害的，与承包方、承租方承担连带赔偿责任。在本案例中，宏远公司将生产区水电安装施工项目发包给不具有相应资质的杨某某施工，被告杨某某擅自转包给不具备资质的被告罗某某、袁某某，均违反了《合同法》《建筑法》的禁止性规定。上述发包、转包的行为属无效的民事行为，所涉项目合同均约定工程安全责任与自己无关，因合同均属无效的，该约定应归入无效。受害人黄某某之死属于在上述无效的民事合同履行过程中产生的法律后果，该后果是原告宏远公司、被告杨某某、罗某某、袁某某存在的过错相互结合形成的，也就是说，受害人之死是各方当事人共同过失造成的，从一定意义上来说，构成了共同侵权。上述当事人相互之间同负连带赔偿责任。连带责任人根据各自责任大小确定相应的赔偿数额；难以确定责任大小，平均承担赔偿责任。支付超出自己赔偿数额的连带责任人，有权向其他连带责任人追偿。

一、建筑安全生产管理的方针

《建筑法》《安全生产法》《建设工程安全生产管理条例》中都规定了建设工程安全生产管理的方针，《国务院关于坚持科学发展安全发展促进安全生产形势持续稳定好转的意见》（国发〔2011〕40号）则进一步明确，自觉坚持"安全第一、预防为主、综合治理"方针。

安全第一，是要在建设工程施工过程中把安全放在第一重要的位置，贯彻以人为本的科学发展观，切实保护劳动者的生命安全和身体健康。

预防为主，是要把建设工程施工安全生产工作的关口前移，建立预教、预警、预防的施工事故隐患预防体系，改善施工安全生产状况，预防施工安全事故。

综合治理，则是要自觉遵循施工安全生产规律，把握施工安全生产工作中的主要矛盾和关键环节，综合运用经济、法律、行政等手段，人管、法治、技防多管齐下，并充分发挥社会、职工、舆论的监督作用，有效解决建设工程施工安全生产的问题。

"安全第一、预防为主、综合治理"方针是一个有机整体。如果没有安全第一的指导思想，预防为主就失去了思想支撑，综合治理将失去整治依据；预防为主是实现安全第一的根本途径，只有把施工安全生产的重点放在建立和落实事故隐患预防体系上，才能有效减少施工伤亡事故的发生；综合治理则是落实安全第一、预防为主的手段和方法。

二、建筑安全生产管理的原则

建筑安全生产管理原则虽然在《建筑法》中没有明确规定，但是在其具体条文中已经包含。在我国长期的安全生产管理中形成的、国务院有关规定中明确的建筑安全生产管理原则主要是管生产必须管安全和谁主管谁负责。

（1）管生产必须管安全。管生产必须管安全是指安全寓于生产之中，把安全和生产统一起来。生产中人、物、环境都处于危险状态，则生产无法进行；生产有了安全保障，生产才能持续、稳定地发展。安全管理是生产管理的重要组成部分，安全与生产在实施过程中，两者存在着密切的联系，有共同进行管理的基础。

（2）谁主管谁负责。谁主管谁负责是指主管建筑生产的单位和人员应对建筑生产的安全负责。安全生产第一责任人制度正是这一原则的体现，各级建设行政主管部门的行政一把手是本地区建筑安全生产的第一责任人，对所辖区域建筑安全生产的行业管理负全面责任。企业法定代表人是本企业安全生产的第一责任人，对本企业的建筑安全生产负全面责任；项目经理是本项目的安全生产第一责任人，对项目施工中贯彻落实安全生产的法规、标准负全面责任。

这两项原则是建筑安全生产应遵循的基本原则，是建筑安全生产的重要保证。

案例：

2007年4月27日，青海省西宁市银鹰金融保安护卫有限公司基地边坡支护工程施工现场发生一起坍塌事故，劳务队5名施工人员人工开挖北侧山体边坡东侧5 m×1 m×12 m毛石挡土墙基槽。16时左右，自然地面上方5 m处坡面突然坍塌。除在基槽东端作业的1人逃离之外，其余4人被坍塌土体掩埋，造成3人死亡、1人轻伤，直接经济损失60万元。

分析：

这是一起由于违反施工工艺，冒险施工引发的生产安全事故。事故暴露了该工程从施工组织到技术管理、从建设单位到施工单位都没有真正重视安全生产管理工作等问题，我们应从中吸取事故教训落实安全责任，实现本质安全。

第二节　施工安全生产许可证制度

案例：

2019年8月8日，茂名市建设工程监督管理局（以下简称市建监局）向市城管执法局移交《关于某小区建设项目违法违规施工的情况报告》（茂建监报告书〔2019〕11号）、《中华人民共和国建筑工程施工许可证》（编号：440902201907×××01）复印件、《工程局部停工通知》〔茂建监（质一）停字〔2019〕××号〕复印件和现场检查图片。

《建筑工程施工许可管理办法》

据查，2019年7月初，某小区某地块项目开始施工，实行分期分批建设。由于某小区某地块项目拿地合同是分期支付，当时因未支付完全部土地款，影响了不动产权证（国有土地使用证）申领，进而拖延了《建筑工程施工许可证》办理，导致出现未批先建现象。在取得《建筑工程施工许可证》前，所开工建设的某楼商铺及其地下室是某小区某地块项目的第一期第一栋，仅建了某楼商铺的地下室及地面二层主体框架结构，为该整体工程的一小部分。2019年8月13日，市城管执法局对茂名市某小区某地块项目商铺及其地下室涉嫌未取得施工许可证，擅自施工的行为进行立案调查。

分析：

茂名市某小区某地块项目在未取得《建筑工程施工许可证》的情况下，擅自对某楼商铺及其地下室开工建设，根据《建筑法》《建筑工程施工许可管理办法》《广东省住房和城乡建设系统行政处罚自由裁量基准（工程建设与建筑业类）》第 B309.12 款的有关规定，对该项目建设单位、施工单位及其项目负责人作出行政处罚。

一、建筑施工企业安全生产许可证管理的一般规定

（1）国家对建筑施工企业实行安全生产许可制度。建筑施工企业未取得安全生产许可证的，不得从事建筑施工活动。《建筑施工企业安全生产许可证管理规定》所称建筑施工企业，是指从事土木工程、建筑工程、线路管道和设备安装工程及装修工程的新建、扩建、改建和拆除等有关活动的企业。

（2）建筑施工企业安全生产许可证的颁发和管理。国务院建设主管部门负责中央管理的建筑施工企业安全生产许可证的颁发和管理。省、自治区、直辖市人民政府建设主管部门负责本行政区域内中央管理的建筑施工企业以外的建筑施工企业安全生产许可证的颁发和管理，并接受国务院建设主管部门的指导和监督。市、县人民政府建设主管部门负责本行政区域内建筑施工企业安全生产许可证的监督管理，并将监督检查中发现的企业违法行为及时报告安全生产许可证颁发管理机关。

案例：

山东筑峰建筑工程有限公司于2020年4月22日，所施工的济南市市中区融汇城玫瑰公馆二期项目发生一起高处坠落事故，造成1人死亡。

分析：

事故发生后，济南市住房和城乡建设局对该公司安全生产条件进行核查，核定安全生产条件不合格，不再具备安全生产条件。根据《中华人民共和国行政处罚法》的规定，山东省住房和城乡建设厅于2020年5月25日向山东筑峰建筑工程有限公司发出《行政处罚事先告知书》（鲁建罚告字〔2020〕80号），其在2020年6月4日签收后未在规定时限内提出陈述、申辩。根据《建筑施工企业安全生产许可证管理规定》（建设部令第128号）第二十三条之规定，山东省住房和城乡建设厅决定对山东筑峰建筑工程有限公司处以暂扣《安全生产许可证》（鲁JZ安许证字〔2013〕011269）30日的行政处罚。《安全生产许可证》暂扣期满前10个工作日，山东筑峰建筑工程有限公司需向山东省住房和城乡建设厅提出发还《安全生产许可证》的申请，接受安全生产条件复核。

二、建筑施工企业取得安全生产许可证必须具备的条件

（1）建立、健全安全生产责任制，制定完备的安全生产规章制度和操作规程；
（2）保证本单位安全生产条件所需资金的投入；
（3）设置安全生产管理机构，按照国家有关规定配备专职安全生产管理人员；
（4）主要负责人、项目负责人、专职安全生产管理人员经建设主管部门或者其他有关部门考核合格；

(5)特种作业人员经有关业务主管部门考核合格，取得特种作业操作资格证书；

(6)管理人员和作业人员每年至少进行一次安全生产教育培训并考核合格；

(7)依法参加工伤保险，依法为施工现场从事危险作业的人员办理意外伤害保险，为从业人员交纳保险费；

(8)施工现场的办公、生活区及作业场所和安全防护用具、机械设备、施工机具及配件符合有关安全生产法律、法规、标准和规程的要求；

(9)有职业危害防治措施，并为作业人员配备符合国家标准或者行业标准的安全防护用具和安全防护服装；

(10)有对危险性较大的分部分项工程及施工现场易发生重大事故的部位、环节的预防、监控措施和应急预案；

(11)有生产安全事故应急救援预案、应急救援组织或者应急救援人员，配备必要的应急救援器材、设备；

(12)法律、法规规定的其他条件。

知识链接

《建筑施工企业安全生产许可证管理规定》是2004年6月29日建设部颁发的规定条例。2015年1月22日依据《住房和城乡建设部关于修改等部门规章的决定》(中华人民共和国住房和城乡建设部令第23号)修改。

制定本规定是为了严格规范建筑施工企业安全生产条件，进一步加强安全生产监督管理，防止和减少生产安全事故，主要依据有《安全生产许可证条例》《建设工程安全生产管理条例》等有关行政法规。

条例规定，国家对建筑施工企业实行安全生产许可制度，建筑施工企业未取得安全生产许可证的，不得从事建筑施工活动。

三、建筑施工企业安全生产许可证的申请与颁发

(1)申请与颁发的管理权限。建筑施工企业从事建筑施工活动前，应当依照有关规定向省级以上建设主管部门申请领取安全生产许可证。中央管理的建筑施工企业(集团公司、总公司)应当向国务院建设主管部门申请领取安全生产许可证。中央管理的建筑施工企业以外的其他建筑施工企业，包括中央管理的建筑施工企业(集团公司、总公司)下属的建筑施工企业，应当向企业注册所在地省、自治区、直辖市人民政府建设主管部门申请领取安全生产许可证。

(2)申请安全生产许可证时应当提供的材料。建筑施工企业申请安全生产许可证时，应当向建设主管部门提供下列材料：

①建筑施工企业安全生产许可证申请表；

②企业法人营业执照；

③《建筑施工企业安全生产许可证管理规定》第四条规定的相关文件、材料。

建筑施工企业申请安全生产许可证，应当对申请材料实质内容的真实性负责，不得隐瞒有关情况或者提供虚假材料。

(3)安全生产许可证的颁发。建设主管部门应当自受理建筑施工企业的申请之日起

45 日内审查完毕；经审查符合安全生产条件的，颁发安全生产许可证；不符合安全生产条件的，不予颁发安全生产许可证，书面通知企业并说明理由。企业自接到通知之日起应当进行整改，整改合格后方可再次提出申请。

建设主管部门审查建筑施工企业安全生产许可证申请，涉及铁路、交通、水利等有关专业工程时，可以征求铁路、交通、水利等有关部门的意见。

①安全生产许可证的有效期。安全生产许可证的有效期为 3 年。安全生产许可证有效期满需要延期的，企业应当于期满前 3 个月向原安全生产许可证颁发管理机关申请办理延期手续。企业在安全生产许可证有效期内，严格遵守有关安全生产的法律法规，未发生死亡事故的，安全生产许可证有效期届满时，经原安全生产许可证颁发管理机关同意，不再审查，安全生产许可证有效期延期 3 年。

②安全生产许可证的变更与注销。建筑施工企业变更名称、地址、法定代表人等，应当在变更后 10 日内，到原安全生产许可证颁发管理机关办理安全生产许可证变更手续。建筑施工企业破产、倒闭、撤销的，应当将安全生产许可证交回原安全生产许可证颁发管理机构予以注销。建筑施工企业遗失安全生产许可证，应当立即向原安全生产许可证预发管理机关报告；并在公众媒体上声明作废后，方可申请补办。

③安全生产许可证的监督管理。县级以上人民政府建设主管部门应当加强对建筑施工企业安全生产许可证的监督管理。建设主管部门在审核发放施工许可证时，应当对已经确定的建筑施工企业是否有安全生产许可证进行审查。对没有取得安全生产许可证的，不得颁发施工许可证；跨省从事建筑施工活动的建筑施工企业有违反《建筑施工企业安全生产许可证管理规定》行为的，由工程所在地的省级人民政府建设主管部门将建筑施工企业在本地区的违法事实、处理结果和处理建议抄告原安全生产许可证颁发管理机关。

④建筑施工企业取得安全生产许可证后，不得降低安全生产条件，并应当加强日常安全生产管理，接受建设主管部门的监督检查。安全生产许可证颁发管理机关发现企业不再具备安全生产条件的，应当暂扣或者吊销安全生产许可证。安全生产许可证颁发管理机关或者其上级行政机关发现有下列情形之一的，可以撤销已经颁发的安全生产许可证：

a. 安全生产许可证颁发管理机关工作人员滥用职权、玩忽职守颁发安全生产许可证的；

b. 超越法定职权颁发安全生产许可证的；

c. 违反法定程序颁发安全生产许可证的；

d. 对不具备安全生产条件的建筑施工企业颁发安全生产许可证的；

e. 依法可以撤销已经颁发的安全生产许可证的其他情形。

⑤建筑施工企业不得转让、冒用安全生产许可证或者使用伪造的安全生产许可证。任何单位或者个人对违反《建筑施工企业安全生产许可证管理规定》的行为，有权向安全生产许可证颁发管理机关或者监察机关等有关部门举报。

第三节　施工安全生产管理体系

案例引入

2019 年 1 月 23 日 9 时 15 分，湖南省岳阳市华容县华容明珠三期在建工程项目 10 号楼塔式起重机在进行拆卸作业时发生一起坍塌事故，造成 5 人死亡，直接经济损失 580 余万元。发生原因是，塔式起重机安拆人员严重违规作业，引起横梁销轴从西北侧端踏步圆弧槽内滑脱，造成塔式起重机上部荷载由顶升横梁一端承重而失稳，导致塔式起重机上部结构坍落，引发坍塌事故。

经调查，给予事故责任单位吊销营业执照、企业严重不良行为记录、纳入联合惩戒黑名单、罚款、降低资质、暂扣安全生产许可证等处理。对 26 名有关责任人依法依规追究责任。

分析：
企业安全生产主体责任不落实，对施工项目监管不到位，要承担法律责任。

一、施工单位的安全生产责任

施工单位是建设工程施工活动的主体，必须加强对施工安全生产的管理，落实施工安全生产的主体责任。《建筑法》第四十四条规定："建筑施工企业必须依法加强对建筑安全生产的管理，执行安全生产责任制度，采取有效措施，防止伤亡和其他安全生产事故的发生。"

《国务院关于坚持科学发展安全发展促进安全生产形势持续稳定好转的意见》第 9 条指出："认真落实企业安全生产主体责任。企业必须严格遵守和执行安全生产法律法规、规章制度与技术标准，依法依规加强安全生产，加大安全投入，健全安全管理机构，加强班组安全建设，保持安全设备设施完好、有效。"

（一）施工单位主要负责人对安全生产工作全面负责

《建筑法》第四十四条规定："建筑施工企业的法定代表人对本企业的安全生产负责。"《建设工程安全生产管理条例》第二十一条规定："施工单位主要负责人依法对本单位的安全生产工作全面负责。"《国务院关于坚持科学发展安全发展促进安全生产形势持续稳定好转的意见》第九条进一步指出："企业主要负责人、实际控制人要切实承担安全生产第一责任人的责任，带头执行现场带班制度，加强现场安全管理。"

不少施工安全事故都表明，如果施工单位主要负责人忽视安全生产，缺乏保证安全生产的有效措施，就会给企业职工的生命安全和身体健康带来威胁，给国家和人民的财产带来损失，使企业的经济效益也得不到保障。因此，施工单位主要负责人必须自觉贯彻"安全第一、预防为主、综合治理"方针，摆正安全与生产的关系，切实克服生产、安全"两张皮"的现象。施工单位主要负责人，通常是指对施工单位全面负责，有生产经营决策权的人。具体地说，可以是施工企业的董事长，也可以是总经理或总裁等。

（二）施工单位安全生产管理机构和专职安全生产管理人员的职责

《建设工程安全生产管理条例》第二十三条规定："施工单位应当设立全生产管理机构，配备专职安全生产管理人员。专职安全生产管理人员负责对安全生产进行现场监督检查。发现安全事故隐患，应当及时向项目负责人和安全生产管理机构报告；对违章指挥、违章操作的，应当立即制止。"

《建筑施工企业安全生产管理机构设置及专职安全生产管理人员配备办法》（建质〔2008〕

91号)第五条、第六条、第七条、第九条、第十二条分别规定如下：

建筑施工企业应当依法设置安全生产管理机构，在企业主要负责人的领导下开展本企业的安全生产管理工作。

建筑施工企业安全生产管理机构具有以下职责：

(1)宣传和贯彻国家有关安全生产法律法规与标准；

(2)编制并适时更新安全生产管理制度并监督实施；

(3)组织或参与企业生产安全事故应急救援预案的编制及演练；

(4)组织开展安全教育培训与交流；

(5)协调配备项目专职安全生产管理人员；

(6)制订企业安全生产检查计划并组织实施；

(7)监督在建项目安全生产费用的使用；

(8)参与危险性较大工程安全专项施工方案专家论证会；

(9)通报在建项目违规违章查处情况；

(10)组织开展安全生产评优评先表彰工作；

(11)建立企业在建项目安全生产管理档案；

(12)考核评价分包企业安全生产业绩及项目安全生产管理情况；

(13)参加生产安全事故的调查和处理工作；

(14)企业明确的其他安全生产管理职责。

建筑施工企业安全生产管理机构专职安全生产管理人员在施工现场检查过程中具有以下职责：

(1)查阅在建项目安全生产有关资料、核实有关情况；

(2)检查危险性较大工程安全专项施工方案落实情况；

(3)监督项目专职安全生产管理人员履责情况；

(4)监督作业人员安全防护用品的配备及使用情况；

(5)对发现的安全生产违章违规行为或安全隐患，有权当场予以纠正或作出处理决定；

(6)对不符合安全生产条件的设施、设备、器材，有权当场作出查封的处理决定；

(7)对施工现场存在的重大安全隐患有权越级报告或直接向建设主管部门报告；

(8)企业明确的其他安全生产管理职责。

建筑施工企业应当实行建设工程项目专职安全生产管理人员委派制度。建设工程项目的专职安全生产管理人员应当定期将项目安全生产管理情况报告企业安全生产管理机构。

项目专职安全生产管理人员具有以下主要职责：

(1)负责施工现场安全生产日常检查并做好检查记录；

(2)现场监督危险性较大工程安全专项施工方案实施情况；

(3)对作业人员违规违章行为有权予以纠正或查处；

(4)对施工现场存在的安全隐患有权责令立即整改；

(5)对于发现的重大安全隐患，有权向企业安全生产管理机构报告；

(6)依法报告生产安全事故情况。

(三)建设工程项目安全生产领导小组的职责

《建筑施工企业安全生产管理机构设置及专职安全生产管理人员配备办法》第十条、第十一条规定：建筑施工企业应当在建设工程项目组建安全生产领导小组。建设工程实行施工总承包的，安全生产领导小组由总承包企业、专业承包企业和劳务分包企业项目经理、技术负责人和专职安全生产管理人员组成。

安全生产领导小组的主要职责如下：

(1)贯彻落实国家有关安全生产法律法规和标准；

(2)组织制定项目安全生产管理制度并监督实施；

(3)编制项目生产安全事故应急救援预案并组织演练；

(4)保证项目安全生产费用的有效使用；

(5)组织编制危险性较大工程安全专项施工方案；

(6)开展项目安全教育培训；

(7)组织实施项目安全检查和隐患排查；

(8)建立项目安全生产管理档案；

(9)及时、如实报告安全生产事故。

(四)专职安全生产管理人员的配备要求

《建设工程安全生产管理条例》第二十三条规定："专职安全生产管理人员的配备办法由国务院住房城乡建设主管部门会同国务院其他有关部门制定。"为此，《建筑施工企业安全生产管理机构设置及专职安全生产管理人员配备办法》第八条、第十三条至第十六条规定：

建筑施工企业安全生产管理机构专职安全生产管理人员的配备应满足下列要求，并应根据企业经营规模、设备管理和生产需要予以增加：

(1)建筑施工总承包资质序列企业：特级资质不少于6人；一级资质不少于4人；二级和二级以下资质企业不少于3人。

(2)建筑施工专业承包资质序列企业：一级资质不少于3人；二级和二级以下资质企业不少于2人。

(3)建筑施工劳务分包资质序列企业：不少于2人。

(4)建筑施工企业的分公司、区域公司等较大的分支机构(以下简称"分支机构")应依据实际生产情况配备不少于2人的专职安全生产管理人员。

总承包单位配备项目专职安全生产管理人员应当满足下列要求：

(1)建筑工程、装修工程按照建筑面积配备：

①1万 m^2 以下的工程不少于1人；

②1万～5万 m^2 的工程不少于2人；

③5万 m^2 及以上的工程不少于3人，且按专业配备专职安全生产管理人员。

(2)土木工程、线路管道、设备安装工程按照工程合同价配备：

①5 000万元以下的工程不少于1人；

②5 000万～1亿元的工程不少于2人；

③1亿元及以上的工程不少于3人，且按专业配备专职安全生产管理人员。

分包单位配备项目专职安全生产管理人员应当满足下列要求：

(1)专业承包单位应当配置至少1人，并根据所承担的分部分项工程的工程量和施工危险程度增加。

(2)劳务分包单位施工人员在50人以下的，应当配备1名专职安全生产管理人员；

50～200人的,应当配备2名专职安全生产管理人员;200人及以上的,应当配备3名及以上专职安全生产管理人员,并根据所承担的分部分项工程施工危险实际情况增加,不得少于工程施工人员总人数的5‰。

采用新技术、新工艺、新材料或致害因素多、施工作业难度大的工程项目,项目专职安全生产管理人员的数量应当根据施工实际情况,在上述规定的配备标准上增加。

施工作业班组可以设置兼职安全巡查员,对本班组的作业场所进行安全监督检查。建筑施工企业应当定期对兼职安全巡查员进行安全教育培训。

(五)施工单位负责人施工现场带班制度

《国务院关于进一步加强企业安全生产工作的通知》(国发〔2010〕23号)第五条规定:"强化生产过程管理的领导责任。企业主要负责人和领导班子成员要轮流现场带班。"据此,住房和城乡建设部《建筑施工企业负责人及项目负责人施工现场带班暂行办法》(建质〔2011〕111号)第二条、第四条至第八条进一步规定如下:

本办法所称的建筑施工企业负责人,是指企业的法定代表人、总经理、主管质量安全和生产工作的副总经理、总工程师和副总工程师。企业负责人带班检查是指由建筑施工企业负责人带队实施对工程项目质量安全生产状况及项目负责人带班生产情况的检查。建筑施工企业法定代表人是落实企业负责人及项目负责人施工现场带班制度的第一责任人,对落实带班制度全面负责。

建筑施工企业负责人要定期带班检查,每月检查时间不少于其工作日的25%。建筑施工企业负责人带班检查时,应认真做好检查记录,并分别在企业和工程项目存档备查。

工程项目进行超过一定规模的危险性较大的分部分项工程施工时,建筑施工企业负责人应到施工现场进行带班检查。对于有分公司(非独立法人)的企业集团,集团负责人因故不能到现场的,可书面委托工程所在地的分公司负责人对施工现场进行带班检查。

(六)重大隐患治理挂牌督办制度

在施工活动中那些可能导致事故发生的物的不安全状态、人的不安全行为和管理上的缺陷,都是事故隐患。《国务院关于进一步加强企业安全生产工作的通知》第十一条明确规定:"对重大安全隐患治理实行逐级挂牌督办、公告制度,重大隐患治理由省级安全生产监管部门或行业主管部门挂牌督办,国家相关部门加强督促检查。"住房和城乡建设部《房屋市政工程生产安全重大隐患排查治理挂牌督办暂行办法》(建质〔2011〕158号)中对于房屋市政工程生产安全重大隐患排查治理挂牌督办事宜进一步规定如下:

重大隐患是指在房屋建筑和市政工程施工过程中,存在的危害程度较大、可能导致群死群伤或造成重大经济损失的生产安全隐患。挂牌督办是指住房城乡建设主管部门以下达督办通知书及信息公开等方式,督促企业按照法律法规和技术标准,做好房屋市政工程生产安全重大隐患排查治理的工作。

建筑施工企业是房屋市政工程生产安全重大隐患排查治理的责任主体,应当建立健全重大隐患排查治理工作制度,并落实到每一个工程项目。企业及工程项目的主要负责人对重大隐患排查治理工作全面负责。建筑施工企业应当定期组织安全生产管理人员、工程技术人员和其他相关人员排查每一个工程项目的重大隐患,特别是对深基坑、高支模、地铁隧道等技术难度大、风险大的重要工程应重点定期排查。对排查出的重大隐患，应及时实施治理消除，并将相关情况进行登记存档。建筑施工企业应及时将工程项目重大隐患排查治理的有关情况向建设单位报告。建设单位应积极协调勘察、设计、施工、监理、监测等单位，并在资金、人员等方面积极配合，做好重大隐患排查治理工作。

房屋市政工程生产安全重大隐患治理挂牌督办按照属地管理原则，由工程所在地住房城乡建设主管部门组织实施。省级住房城乡建设主管部门进行指导和监督。住房城乡建设主管部门接到工程项目重大隐患举报，应立即组织核实，属实的由工程所在地住房城乡建设主管部门及时向承建工程的建筑施工企业下达《房屋市政工程生产安全重大隐患治理挂牌督办通知书》，并公开有关信息，接受社会监督。《房屋市政工程生产安全重大隐患治理挂牌督办通知书》包括工程项目的名称、重大隐患的具体内容、治理要求及期限、督办解除的程序、其他有关的要求。

承建工程的建筑施工企业接到《房屋市政工程生产安全重大隐患治理挂牌督办通知书》后，应立即组织进行治理。确认重大隐患消除后，向工程所在地住房城乡建设主管部门报送治理报告，并提请解除督办。工程所在地住房城乡建设主管部门收到建筑施工企业提出的重大隐患解除督办申请后，应当立即进行现场审查。审查合格的，依照规定解除督办。审查不合格的，继续实施挂牌督办。

（七）建立健全群防群治制度

《建筑法》第三十六条规定："建筑工程安全生产管理必须坚持安全第一、预防为主的方针，建立健全安全生产的责任制度和群防群治制度。"

所谓群防群治制度，是指由广大职工群众共同参与的预防安全事故的发生、治理各种安全事故隐患的制度。这一制度也是安全第一、预防为主方针的具体体现，同时也是群众路线在安全工作中的具体体现，是企业进行民主管理的重要内容。实践证明，搞好安全生产只靠少数人是不成的，安全工作必须发动群众，使大家懂得安全生产的重要性，注意安全生产，才能防患于未然。为此，《建筑法》将这一制度法律化，在建筑安全生产管理中应当依法建立起群防群治制度。

从实践中看，建立建筑安全生产管理的群防群治制度应当做到以下几项：

（1）要把专业管理同群众管理结合起来，充分发挥职工安全员网络的作用。

（2）发挥工会在安全生产管理中的作用，利用工会发动群众、教育群众、动员群众的力量，预防安全事故的发生。

（3）对新职工要加强安全教育，对特种作业岗位的工人要进行专业安全教育，不经训练，不能上岗操作。

（4）发动群众开展技术革新、技术改造，采用有利于保证生产安全的新技术、新工艺，积极改善劳动条件，努力使不安全的、有害健康的作业变为无害作业。

（5）组织开展遵章守纪和预防事故的群众性监督检查。职工对于违反有关安全生产的法律、法规和建筑行业安全规章、规程的行为有权提出批评、检举与控告。

案例：

2020年2月17日16时17分左右，晨辉建筑工程（集团）有限公司（以下简称"晨辉公司"）湘乡市经济开发区污水处理厂配套管网（二期）工程建设项目施工工地发生一起坍塌事故，造成 1 人死亡，直接经济损失 118 万余元。

分析：

经调查，这是一起一般生产安全责任事故，事故直接原因为施工人员顾××在未做放坡或支护等安全防护措施的情况下，进入坑内作业，被突然坍塌的坍塌物砸中了头部并掩埋，经抢救无效后死亡。

间接原因为晨辉公司安全生产主体责任不落实。一是未按照施工方案施工，施工时未按放坡要求进行基坑开挖。二是现场安全管理不到位。在施工过程中，施工人员顾××在基坑未采取安全防护措施的情况下进入坑内作业；晨辉公司专职安全员罗××不在岗，未到现场进行跟踪巡查；施工现场负责人王××未对施工人员的违章冒险作业行为进行制止或责令改正。三是安全教育培训不到位。经调查，该公司对施工人员进行全员安全生产教育培训不到位，安全员未组织或者参与安全生产教育培训，对部分施工人员（如施工人员李××）未做安全生产教育培训，提供的安全生产教育培训资料中，《员工三级安全教育记录卡》既未填写培训日期，也无受教育人员签字，未建立健全安全生产教育培训档案，未如实记录安全生产教育培训的时间、内容、参加人员及考核结果。

调查结束后，对事故有关责任人员及责任单位进行了严肃处理。

二、施工作业人员的安全生产权利和义务

《建筑法》第 47 条规定："建筑施工企业和作业人员在施工过程中，应当遵守有关安全生产的法律、法规和建筑行业安全规章、规程，不得违背指挥或者违章作业。作业人员有权对影响人身健康的作业程序和作业条件提出改进意见，有权获得安全生产所需的防护用品。作业人员对危及生命安全和人身健康的行为有权提出批评、检举和控告。"

根据《建筑法》《安全生产法》《建设工程安全生产管理条例》等法律、法规的规定，施工作业人员主要安全生产的权利和义务如下。

（一）施工作业人员应享有的安全生产权利

1. 知情权和建议权

施工作业人员在施工单位运行和施工生产活动中直接从事操作、直接进行管理，生产经营是否安全与其有直接关系，因此应当有权利了解有关的情况，所以在法律上赋予其知情权是必要的。并且，由于他们是了解情况的，又处于安全生产可能有的威胁之中，是关心安全生产的，因而又赋予了他们法律上的建议权。

《安全生产法》第五条规定："生产经营单位的从业人员有权了解其作业场所和工作岗位存在的危险因素、防范措施及事故应急措施，有权对本单位的安全生产工作提出建议。"《建筑法》第四十七条也规定："作业人员有权对影响人身健康的作业程序和作业条件提出改进意见。"《建设工程安全生产管理条例》第三十二条第一款则进一步规定："施工单位应当向作业人员提供安全防护用具和安全防护服装，并书面告知危险岗位的操作规程和违章操作的危害。"

2. 批评、检举、控告权及拒绝违章指挥权

《建筑法》第四十七条规定："作业人员对危及生命安全和人身健康的行为有权提出批评、检举和控告。"《安全生产法》第五十四条也规定："从业人员有权对本单位安全生产工

作中存在的问题提出批评、检举、控告；有权拒绝违章指挥和强令冒险作业。生产经营单位不得因从业人员对本单位安全生产工作提出批评、检举、控告或者拒绝违章指挥、强令冒险作业而降低其工资、福利等待遇或者解除与其订立的劳动合同。"《建设工程安全生产管理条例》第三十二条第二款进一步规定："作业人员有权对施工现场的作业条件、作业程序和作业方式中存在的安全问题提出批评、检举和控告，有权拒绝违章指挥和强令冒险作业。"

违章指挥是强迫施工作业人员违反法律、法规或者规章制度、操作规程进行作业的行为。法律赋予施工从业人员有拒绝违章指挥和强令冒险作业的权利，是为了保护施工作业人员的人身安全，也是警示施工单位负责人和现场管理人员须按照有关规章制度与操作规程进行指挥，并不得对拒绝违章指挥和强令冒险作业的人员进行打击报复。

3. 紧急避险权

为了保证施工作业人员的安全，在施工中遇有直接危及人身安全的紧急情况时，施工作业人员享有停止作业和紧急撤离的权利。

《安全生产法》第五十五条规定："从业人员发现直接危及人身安全的紧急情况时，有权停止作业或者在采取可能的应急措施后撤离作业场所。生产经营单位不得因从业人员在前款紧急情况下停止作业或者采取紧急撤离措施而降低其工资、福利等待遇或者解除与其订立的劳动合同。"《建设工程安全生产管理条例》第三十二条第三款也规定："在施工中发生危及人身安全的紧急情况时，作业人员有权立即停止作业或者在采取必要的应急措施后撤离危险区域。"

从业人员发现直接危及人身安全的紧急情况时，有权停止作业或者采取可能的应急措施后撤离作业场所。这是在法律所限定的特定情况下，从业人员采取特定措施的权利，目的是保护从业人员的人身安全。生产经营单位应当正确对待这种权利，对于依法行使这种权利的从业人员不得降低其工资、福利等待遇或者解除与其订立的劳动合同。

4. 获得劳动安全防护用品的权利

施工安全防护用品一般包括安全帽、安全带、安全网、安全绳及其他个人防护用品（如防护鞋、防护服装、防尘口罩）等。它是保护施工作业人员安全健康所必需的防御性装备，可有效地预防或减少伤亡事故的发生。

《建筑法》第四十七条规定，作业人员有权获得安全生产所需的防护用品。《安全生产法》第四十五条规定："生产经营单位必须为从业人员提供符合国家标准或者行业标准的劳动防护用品，并监督、教育从业人员按照使用规则佩戴、使用。"《建设工程安全生产管理条例》第三十二条进一步规定，施工单位应当向作业人员提供安全防护用具和安全防护服装。

5. 获得工伤保险和意外伤害保险赔偿的权利

《建筑法》第四十八条规定："建筑施工企业应当依法为职工参加工伤保险缴纳工伤保险费。鼓励企业为从事危险作业的职工办理意外伤害保险，支付保险费。"据此，施工作业人员除依法享有工伤保险的各项权利外，从事危险作业的施工人员还可依法享有意外伤害保险的各项权利。

6. 请求民事赔偿的权利

《安全生产法》第五十六条规定："因生产安全事故受到损害的从业人员，除依法享有工伤保险外，依照有关民事法律尚有获得赔偿的权利的，有权提出赔偿要求。"

这是《安全生产法》中对因生产安全事故受到较一般情况下更为严重的损害的从业人员的权利做进一步保护。所以规定，因生产安全事故受到损害的从业人员，除依法享有工伤社会保险外，依照有关民事法律尚有获得赔偿的权利，有权向本单位提出赔偿的要求。这项规定的实质在于，受损害的从业人员所受的损害严重，工伤社会保障已难于补偿其受到的全部损害，而依照民事法律仍有获得赔偿的权利，在这种情况下，既有享受工伤社会保险待遇的权利，又有向本单位要求进一步赔偿的权利。

（二）施工作业人员应当履行的安全生产义务

（1）守法遵章和正确使用安全防护用具等的义务。施工单位要依法保障施工作业人员的安全，施工作业人员也必须依法遵守有关的规章制度，做到不违章作业。施工作业人员在施工过程中，应当严格遵守本单位的安全生产规章制度和操作规程，服从管理，正确佩戴和使用劳动防护用品。这是从业人员在安全生产中的基本义务，也是明确的个人责任。只有具有这种安全素质，严格地履行个人职责才是在安全上合格的，否则将要承担法律上的责任。

《建筑法》第四十七条规定，建筑施工企业和作业人员在施工过程中，应当遵守有关安全生产的法律、法规和建筑行业安全规章、规程，不得违背指挥或者违章作业。《安全生产法》第五十七条规定："从业人员在作业过程中，应当严格落实岗位安全责任，遵守本单位的安全生产规章制度和操作规程，服从管理，正确佩戴和使用劳动防护用品。"《建设工程安全生产管理条例》第三十三条进一步规定："作业人员应当遵守安全施工的强制性标准、规章制度和操作规程，正确使用安全防护用具、机械设备等。"

（2）接受安全生产教育培训的义务。施工单位应加强安全教育培训，使作业人员具备必要的施工安全生产知识，熟悉规章制度和安全操作规程，掌握本岗位安全操作技能，是控制和减少施工安全事故的重要措施。施工作业人员有义务接受安全生产教育和培训，所要达到的要求是，掌握本职工作所需的安全生产知识，提高安全生产技能，增强事故预防和应急处理能力。这种要求并不是一般可有可无的要求，而是通过法律形式强化了的要求。对从业人员来说，是一种要切实履行的法定义务。

《安全生产法》第五十八条规定："从业人员应当接受安全生产教育和培训，掌握本职工作所需的安全生产知识，提高安全生产技能，增强事故预防和应急处理能力。"《建设工程安全生产管理条例》第三十七条规定："作业人员进入新的岗位或者新的施工现场前，应当接受安全生产教育培训。未经教育培训或者教育培训考核不合格的人员，不得上岗作业。"

（3）施工安全事故隐患报告的义务。施工安全事故通常都是由事故隐患或者其他不安全因素所酿成的。因此，施工作业人员一旦发现事故隐患或者其他不安全因素，应当立即向现场安全生产管理人员或者本单位负责人报告，以便及时采取措施，防患于未然。《安全生产法》第五十九条规定："从业人员发现事故隐患或者其他不安全因素，应当立即向现场安全生产管理人员或者本单位负责人报告；接到报告的人员应当及时予以处理。"

案例：
特种作业操作证已过期的钟某到某公司送还前几天修理的吊锣机，其间该公司厂长周某让钟某去三楼车间检查装在车间墙壁上的工业排气扇是否存在故障。随后，钟某穿着半袖衫、短裤及拖鞋独自到三楼，登上喷漆房排风扇所在平台（约 70 cm 高）检查处理排风扇故障。当周某到三楼车间找钟某时，发现其躺在排气扇旁一动不动，维修工具散落在地上，经抢救无效宣布死亡。

分析：

特种作业人员安全意识淡薄，作业人员在明知电工证过期的情况下承接电工作业过程并带电作业。施工作业前未对作业环境、条件进行安全风险分析和确认。施工作业时，作业人员也没有佩戴绝缘手套、干燥的绝缘物等个人劳动防护用品，造成事故的发生。

三、施工单位安全生产教育培训

针对一些施工单位安全生产教育培训投入不足，许多新入场建筑工人未经培训即上岗作业，造成一线作业人员安全意识和操作技能普遍不足，往往存在违章作业、冒险蛮干的问题，《建筑法》第四十六条明确规定："建筑施工企业应当建立健全劳动安全生产教育培训制度，加强对职工安全生产的教育培训；未经安全生产教育培训的人员，不得上岗作业。"

（一）施工单位三类管理人员与"三项岗位"人员的培训考核

（1）三类管理人员的培训考核。《建设工程安全生产管理条例》第三十六条规定："施工单位的主要负责人、项目负责人、专职安全生产管理人员应当经建设行政主管部门或者其他有关部门考核合格后方可任职。"2014年6月发布的《建筑施工企业主要负责人、项目负责人和专职安全生产管理人员安全生产管理规定》第三条指出："企业主要负责人，是指对本企业生产经营活动和安全生产工作具有决策权的领导人员。项目负责人，是指取得相应注册执业资格，由企业法定代表人授权，负责具体工程项目管理的人员。专职安全生产管理人员，是指在企业专职从事安全生产管理工作的人员，包括企业安全生产管理机构的人员和工程项目专职从事安全生产管理工作的人员。"

施工单位的主要负责人要对本单位的安全生产工作全面负责，项目负责人对所负责的建设工程项目的安全生产工作全面负责，安全生产管理人员更是要具体承担本单位日常的安全生产管理工作。这三类人员的施工安全知识水平和管理能力直接关系到本单位、本项目的安全生产管理水平。如果这三类人员缺乏基本的施工安全生产知识，施工安全生产管理和组织能力不强，甚至违章指挥，将很可能会导致施工生产安全事故的发生。因此，他们必须经安全生产知识和管理能力考核合格后方可任职。

（2）"三项岗位"人员的培训考核。《国务院关于坚持科学发展安全发展促进安全生产形势持续稳定好转的意见》（国发〔2011〕40号）第九条规定："企业主要负责人、安全管理人员、特种作业人员一律经严格考核、持证上岗。"《国务院安委会关于进一步加强安全培训工作的决定》第四条和第八条进一步指出，严格落实"三项岗位"人员持证上岗制度。企业新任用或者招录"三项岗位"人员，要组织其参加安全培训，经考试合格持证后上岗。对发生人员死亡事故负有责任的企业主要负责人、实际控制人和安全管理人员，要重新参加安全培训考试。

"三项岗位"人员中的企业主要负责人、安全管理人员已涵盖在三类管理人员之中。对于特种作业人员，因其从事直接对本人或他人及其周围设施安全有着重大危害因素的作业，必须经专门的安全作业培训，并取得特种作业操作资格证书后，方可上岗作业。按照《建设工程安全生产管理条例》第二十五条规定："垂直运输机械作业人员、安装拆卸工、爆破作业人员、起重信号工、登高架设作业人员等特种作业人员，必须按照国家有关规定经过专门的安全作业培训，并取得特种作业操作资格证书后，方可上岗作业。"《建筑施工特种作业人员管理规定》(建质〔2008〕75号)第三条进一步规定："建筑施工特种作业包括建筑电工、建筑架子工、建筑起重信号司索工、建筑起重机械司机、建筑起重机械安装拆卸工、高处作业吊篮安装拆卸工以及经省级以上人民政府建设主管部门认定的其他特种作业。"

(二)施工单位全员的安全生产教育培训

《建设工程安全生产管理条例》第三十六条规定："施工单位应当对管理人员和作业人员每年至少进行一次安全生产教育培训，其教育培训情况记入个人工作档案。安全生产教育培训考核不合格的人员，不得上岗。"施工单位应当根据实际需要，对不同岗位、不同工种的人员进行因人施教。安全教育培训可采取多种形式，包括安全形势报告会、事故案例分析会、安全法制教育、安全技术交流、安全竞赛、师傅带徒弟等。培训的主要内容是安全生产意识教育、本单位生产活动有关的安全生产知识、安全生产规章制度、安全操作规程及本岗位的安全操作技能等。

(三)进入新岗位或者新施工现场前的安全生产教育培训

由于新岗位、新工地往往各有特殊性，施工单位须对新录用或转场的职工进行安全教育培训。教育培训的主要内容包括：安全生产的重要意义，施工工地的特点及危险因素，国家有关安全生产的法律法规，施工单位的有关规章制度，安全技术操作规程，机械设备和电气安全及高处作业的安全基本知识，防火、防毒、防尘、防爆知识以及紧急情况安全处置和安全疏散知识，防护用品的使用知识，发生生产安全事故时自救、排险、抢救伤员、保护现场和及时报告等。

《建设工程安全生产管理条例》第三十七条规定："作业人员进入新的岗位或者新的施工现场前，应当接受安全生产教育培训。未经教育培训或者教育培训考核不合格的人员，不得上岗作业。"《国务院安委会关于进一步加强安全培训工作的决定》中规定："要严格落实企业职工先培训后上岗制度。建筑企业要对新职工进行至少32学时的安全培训，每年进行至少20学时的再培训。"

(四)采用新技术、新工艺、新设备、新材料前的安全生产教育培训

《建设工程安全生产管理条例》第三十七条规定："施工单位在采用新技术、新工艺、新设备、新材料时，应当对作业人员进行相应的安全生产教育培训。"《国务院安委会关于进一步加强安全培训工作的决定》第九条中还指出："企业调整职工岗位或者采用新工艺、新技术、新设备、新材料的，要进行专门的安全培训。"

随着我国工程建设和科学技术的迅速发展，越来越多的新技术、新工艺、新设备、新材料被广泛应用于施工生产活动中，大大促进了施工生产效率和工程质量的提高；同时，也对施工作业人员的素质提出了更高的要求。如果施工单位对所采用的新技术、新工艺、新设备、新材料的了解与认识不足，对其安全技术性能掌握不充分，或是没有采取有效的安全防护措施，没有对施工作业人员进行专门的安全生产教育培训，就很可能会导致事故的发生。因此，施工单位在采用新技术、新工艺、新设备、新材料时，必须对施工作业人

员进行专门的安全生产教育培训，并采取保证安全的防护措施，防止发生事故。

第四节　施工过程中安全生产管理

案例引入

2019 年 4 月 25 日 7 时 20 分左右，河北省衡水市翡翠华庭项目 1 号楼建筑工地发生一起施工升降机轿厢(吊笼)坠落的重大事故，造成 11 人死亡、2 人受伤，直接经济损失约 1 800 万元。发生原因是，事故施工升降机第 16、17 节标准节连接位置西侧的两条螺栓未安装、加节与附着后未按规定进行自检、未进行验收即违规使用造成事故。

《建设工程安全生产管理条例》

分析：

造成事故的主要原因：一是企业安全生产主体责任不落实，工程项目现场安全生产管理混乱；二是专项施工方案审批流于形式，把关不严，方案交底和安全技术交底缺失；三是安全教育培训不到位。

一、施工现场的安全管理制度

保障建设工程施工安全生产，要建立并落实施工安全生产责任和安全生产教育培训制度，还应当针对建设工程施工的特点，加强安全技术管理和施工现场的安全防护。《建筑法》第三十八条规定："建筑施工企业在编制施工组织设计时，应当根据建筑工程的特点制定相应的安全技术措施；对专业性较强的工程项目，应当编制专项安全施工组织设计，并采取安全技术措施。"

（一）编制安全技术措施和施工现场临时用电方案

《建设工程安全生产管理条例》第二十六条规定："施工单位应当在施工组织设计中编制安全技术措施和施工现场临时用电方案。"施工组织设计是规划和指导施工全过程的综合性技术经济文件，是施工准备工作的重要组成部分，是做好施工准备工作的重要依据和保证。安全技术措施是为了实现安全生产，在防护上、技术上和管理上采取的措施。具体地说，就是在工程施工中，针对工程的特点、施工现场环境、施工方法、劳动组织、作业方法、使用的机械、动力设备、变配电设施、架设工具，以及各项安全防护设施等制定的确保安全施工的措施。

临时用电方案直接关系到用电人员的安全，也关系到施工进度和工程质量。《施工现场临时用电安全技术规范》(JGJ 46—2005)中第 3.1.1 条规定："施工现场临时用电设备在 5 台及以上或设备总容量在 50 kW 及以上者，应编制用电组织设计"，第 3.1.6 条也规定："施工现场临时用电设备在 5 台以下和设备总容量在 50 kW 以下者，应制定安全用电和电气防火措施。"

临时用电方案主要包括以下几项：

(1)施工条件。施工单位根据施工图纸，按照施工现场的实际情况和工程需要，确定施工现场用电设备的数量。

（2）在充分了解施工现场的地形、地貌、地下管线、周围建筑物等情况后，确定线路的选择，各种设备的选配。

（3）安全用电技术措施，包括安全用电在技术上所采取的措施和为了保证安全用电和供电的可靠性在组织上所采取的各项措施，如各种制度的建立和组织管理等一系列内容。

（4）施工现场预防发生电气火灾的措施等。

（二）编制安全专项施工方案

《建设工程安全生产管理条例》第二十六条规定，对下列达到一定规模的危险性较大的分部分项工程编制专项施工方案，并附具安全验算结果，经施工单位技术负责人、总监理工程师签字后实施，由专职安全生产管理人员进行现场监督：

（1）基坑支护与降水工程；

（2）土方开挖工程；

（3）模板工程；

（4）起重吊装工程；

（5）脚手架工程；

（6）拆除、爆破工程；

（7）国务院住房城乡建设主管部门或者其他有关部门规定的其他危险性较大的工程。

对以上所列工程中涉及深基坑、地下暗挖工程、高大模板工程的专项施工方案，施工单位还应当组织专家进行论证、审查。上述规定的达到一定规模的危险性较大工程的标准，由国务院住房城乡建设主管部门会同国务院其他有关部门制定。

《危险性较大的分部分项工程安全管理规定》第三条指出："本规定所称危险性较大的分部分项工程（以下简称危大工程），是指房屋建筑和市政基础设施工程在施工过程中，容易导致人员群死群伤或者造成重大经济损失的分部分项工程。"

《危险性较大的分部分项工程安全管理规定》规定：施工单位应当在危大工程施工前组织工程技术人员编制专项施工方案。实行施工总承包的，专项施工方案应当由施工总承包单位组织编制。危大工程实行分包的，专项施工方案可以由相关专业分包单位组织编制。对于超过一定规模的危大工程，施工单位应当组织召开专家论证会对专项施工方案进行论证。实行施工总承包的，由施工总承包单位组织召开专家论证会。

1. 专项方案编制应当包括的内容

（1）工程概况：危险性较大的分部分项工程概况和特点、施工平面布置、施工要求和技术保证条件。

（2）编制依据：相关法律、法规、规范性文件、标准、规范及施工图设计文件、施工组织设计等。

（3）施工计划：包括施工进度计划、材料与设备计划。

（4）施工工艺技术：技术参数、工艺流程、施工方法、操作要求、检查要求等。

（5）施工安全保证措施：组织保障措施、技术措施、监测监控措施等。

（6）施工管理及作业人员配备和分工：施工管理人员、专职安全生产管理人员、特种作业人员、其他作业人员等。

（7）验收要求：验收标准、验收程序、验收内容、验收人员等。

(8)应急处置措施。

(9)计算书及相关施工图纸。

2. 安全专项施工方案的审核

《危险性较大的分部分项工程安全管理规定》规定：专项施工方案应当由施工单位技术负责人审核签字、加盖单位公章，并由总监理工程师审查签字、加盖执业印章后方可实施。危大工程实行分包并由分包单位编制专项施工方案的，专项施工方案应当由总承包单位技术负责人及分包单位技术负责人共同审核签字并加盖单位公章。

3. 安全专项施工方案的实施

《危险性较大的分部分项工程安全管理规定》规定：施工单位应当严格按照专项施工方案组织施工，不得擅自修改专项施工方案。因规划调整、设计变更等原因确需调整的，修改后的专项施工方案应当按照规定重新审核和论证。涉及资金或者工期调整的，建设单位应当按照约定予以调整。专项施工方案实施前，编制人员或者项目技术负责人应当向施工现场管理人员进行方案交底。施工现场管理人员应当向作业人员进行安全技术交底，并由双方和项目专职安全生产管理人员共同签字确认。

施工单位应当对危大工程施工作业人员进行登记，项目负责人应当在施工现场履职。项目专职安全生产管理人员应当对专项施工方案实施情况进行现场监督，对未按照专项施工方案施工的，应当要求立即整改并及时报告项目负责人，项目负责人应当及时组织限期整改。施工单位应当按照规定对危大工程进行施工监测和安全巡视，发现危及人身安全的紧急情况，应当立即组织作业人员撤离危险区域。对于按照规定需要进行第三方监测的危大工程，建设单位应当委托具有相应勘察资质的单位进行监测。对于按照规定需要验收的危大工程，施工单位、监理单位应当组织相关人员进行验收。验收合格的，经施工单位项目技术负责人及总监理工程师签字确认后，方可进入下一道工序。

4. 安全施工技术交底

《建设工程安全生产管理条例》第 27 条规定："建设工程施工前，施工单位负责项目管理的技术人员应当对有关安全施工的技术要求向施工作业班组、作业人员作出详细说明，并由双方签字确认。"

施工前的详细说明制度，就是我们通常说的交底制度，是指在施工前，施工单位的技术负责人将工程概况、施工方法、安全技术措施等情况向作业班组、作业人员进行详细的讲解和说明。这项制度非常有助于作业班组和作业人员尽快了解需要进行施工的具体情况，掌握操作方法和注意事项，保护作业人员的人身安全，减少因安全事故导致的经济损失。实践证明，安全技术措施的交底制度是安全施工的重要保障，对减少生产安全事故起着重要的作用。

安全技术措施的交底，包括施工工种安全技术交底，分部分项工程施工的安全技术交底（如房屋工程包括地基与地基工程，主体结构工程，屋面防水工程，楼地面、装饰及门窗、水、暖、电气安装工程等），大型特殊工程单项安全技术交底，设备安装工程技术交底，使用新工艺、新技术、新材料施工的安全技术交底。对于安全技术交底，应当做到：

(1)项目经理部必须实行逐级安全技术交底制度，纵向延伸到班组全体作业人员；

(2)技术交底必须具体、明确、针对性强；

(3)技术交底的内容应针对分部分项工程施工中给作业人员带来的潜在隐含危险因素和

存在的问题；

（4）应优先采用新的安全技术措施；

（5）应将工程概况、施工方法、施工程序、安全技术措施等，向工长、班组长进行详细交底；

（6）保持书面安全技术交底签字记录。

具体内容包括准备施工项目的作业特点和危险点、针对危险点的具体预防措施、应注意的安全事项、相应的安全操作规程和标准、发生事故后应及时采取的避难和急救措施等。

案例：

2016年3月16日下午，上海静安区彭江路近平型关路的大宁金茂府在建工地发生的坍塌事故，导致1人死亡、20余人受伤。

分析：

经调查塌方发生在下午3点左右，当时正在地下5 m左右进行深度作业，突然顶方的柱子断了。塌方后，现场有水漫出来，塌方面积有200多 m²。塌方的范围是从北面到永和东路为止，大约200 m。

事故原因是工地基坑开挖施工过程中，工地东侧（沿平型关路）的两根角撑突然发生断裂，进而引发平型关路人行道塌方。

事故处理，现场应急队伍和物资到位，土方回填和抢险工作持续进行，对基坑即周边道路、管线的检测数据保持实时更新，确保尽快消除险情，恢复交通，避免次生灾害的发生。

二、施工现场安全防护管理的规定

《建筑法》第三十九条规定："建筑施工企业应当在施工现场采取维护安全、防范危险、预防火灾等措施；有条件的，应当对施工现场实行封闭管理。施工现场对毗邻的建筑物、构筑物和特殊作业环境可能造成损害的，建筑施工企业应当采取安全防护措施。"

（一）危险部位设置安全警示标志

《建设工程安全生产管理条例》第二十八条规定："施工单位应当在施工现场入口处、施工起重机械、临时用电设施、脚手架、出入通道口、楼梯口、电梯井口、孔洞口、桥梁口、隧道口、基坑边沿、爆破物及有害危险气体和液体存放处等危险部位，设置明显的安全警示标志。安全警示标志必须符合国家标准。"

危险部位，是指存在危险因素，容易造成作业人员或者其他人员伤亡的地点。由于各类工程的情况千差万别，不同工程的施工现场的危险部位也是不完全相同的。《建设工程安全生产管理条例》针对施工现场容易出现生产安全事故的地点，列举了一些危险部位，包括施工现场入口处、施工起重机械、临时用电设施、脚手架、出入通道口、楼梯口、电梯井口、孔洞口、桥梁口、隧道口、基坑边沿、爆破物及有害危险气体和液体存放处等危险部位。

施工单位应根据建设工程的实际情况、使用的设施设备和材料的情况、存储物品的情况等，具体确定本施工现场的危险部位，并设置明显的安全警示标志。

安全警示标志，是指提醒人们注意的各种标牌、文字、符号及灯光等。如在孔洞口、桥梁口、隧道口、基坑边沿等处，设立红灯警示；在施工起重机械、临时用电设施等处，应当设置警戒标志，并保证充足的照明。安全警示标志应当设置于明显的地点，让作业人员和其他进行施工现场的人员易于看到。安全警示标志如果是文字，应当易于人们读懂；如果是符号，则应当易于人们理解；如果是灯光，则应当明亮、显眼。安全警示标志必须符合国家标准，如《安全标志及其使用导则》（GB 2894—2008）。各种安全警示标志设置后，未经施工单位负责人批准，不得擅自移动或者拆除。

（二）不同施工阶段和暂停施工应采取的安全施工措施

《建设工程安全生产管理条例》第二十八条规定："施工单位应当根据不同施工阶段和周围环境及季节、气候的变化，在施工现场采取相应的安全施工措施。施工现场暂时停止施工的，施工单位应做好现场防护，所需费用由责任方承担，或者按照合同约定执行。"

由于施工有一定的时间，且又是在露天的较多，因此，根据地下施工、高空施工等不同的施工阶段，采取不同的安全措施。同时，还应根据环境和季节、气候变化，加强季节性劳动保护工作。例如，夏季要防暑降温，在特别高温的天气下，要采取调整施工时间、改变施工方式等措施；冬季要防寒防冻，防止煤气中毒。土壤在冬季受冻变硬，难以挖掘，在冬期施工应专门制定保证工程质量和施工安全的安全技术措施，并对操作人员进行安全技术培训。整个冬期施工应随时掌握气候变化情况，以便预先做好保护措施。开挖冻土，应根据施工方法制定专门的安全技术措施。夜间施工应有足够的照明，在深坑、陡坡等危险地段应增设红灯标志，以防发生伤亡事故。

雨期、冬期和夜间施工条件较差，容易发生伤亡事故，在施工中更应注意。雨期和冬期施工时应对运输道路采取防滑措施，如加铺炉渣、沙子等，以保证正常运输和安全。如有可能，应避免在雨期、冬期和夜间施工。针对一些有较大危险的工程，在施工时更应注意。如土方工程在雨期施工时，应全面检查原有排水系统，进行疏浚或加固，必要时要增加排水措施，保证水流畅通，傍山沿河地区应制定防汛措施；在开挖基坑（槽）或管沟时，应四周垒填土埂，防止雨水流入，并要特别注意边坡和直立壁的稳定；必要时可放缓边坡或增设支撑，并加强对边坡和支撑的检查；雨期施工不宜靠房屋墙壁和围墙堆土，防止倒塌事故。大风、大雨期间应暂停施工。

施工现场暂时停止施工的，施工单位应当做好现场防护，所需费用由责任方承担，或者按照合同约定执行。暂时停止施工的情况包括因不可抗力因素停止施工和存在安全事故隐患或者发生生产安全事故，被责令停止施工。对于前一种情况，应当按照合同的约定承担相关费用；而后一种情况，则要分清责任，谁的责任谁承担费用。无论最后费用是由谁承担，施工单位都必须做好现场防护，防止在暂停施工期间出现施工现场的作业人员或者施工现场以外的其他人员的安全事故；同时，还应当为下一步继续施工创造良好的工作环境。

（三）施工现场临时设施的安全卫生要求

《建设工程安全生产管理条例》第二十九条规定："施工单位应当将施工现场的办公、生活区与作业区分开设置，并保持安全距离；办公、生活区的选址应当符合安全性要求。职工的膳食、饮水、休息场所等应当符合卫生标准。施工单位不得在尚未竣工的建筑物内设置员工集体宿舍。施工现场临时搭建的建筑物应当符合安全使用要求。施工现场使用的装配式活动房屋应当具有产品合格证。"

施工现场的办公区、生活区应当与作业区分开设置，并保持安全距离。这主要是考虑到办公区、生活区是人们进行办公和日常生活的区域，人员比较多而杂，安全防范措施和意识比较弱。况且一般来说，办公时间与施工时间不完全一致，不同的施工作业人员上岗作业的时间也不完全相同。如果将办公区、生活区与作业区设在一起，势必会造成施工现场的混乱，极易发生生产安全事故，现实中也发生多起因将生活区与作业区设在一起而导致的安全生产事故。其次，对于办公区和生活区的选址，有特别要求，即办公用房、生活用房都必须建在安全地带，保证办公用房、生活用房不会因滑坡、泥石流等地质灾害而受到破坏，造成人员伤亡和财产损失。

为了保障施工单位职工的身体健康，对职工的膳食、饮水、休息场所等，都要求符合卫生标准。例如，有职工食堂的，炊具要经常洗刷，生熟食品分开存放，食品保管无腐烂变质，炊事人员必须办理健康证明，还应当依据食堂规模的大小、入伙人数的多少，具有相应的食品原料处理、加工、贮存等场所及必要的上、下水等卫生设施；对于没有职工食堂的，施工单位应当提供符合《中华人民共和国食品安全法》（以下简称《食品安全法》）规定的合格膳食。施工单位提供的饮水也必须达到国家规定的标准。而在施工现场，时常会出现职工集体食物中毒等事件，造成恶劣影响。因此，施工单位必须对职工的膳食、饮水、休息场所的卫生条件高度重视，根据施工人员的多少，配备必要的食品原料处理、加工、贮存等场所及上、下水等卫生设施，做到防尘、防蝇等，与污染源保持安全距离；同时，保证施工现场的内外整洁。施工单位违反《食品安全法》等有关法律、法规的，应承担相应的法律责任。

对施工单位设置员工集体宿舍也做了严格限定：凡是未竣工的建筑物内都不得设置员工集体宿舍。所谓未竣工的建筑物，是指未进行竣工验收的建筑物，这类建筑物由于是在施工过程中，条件比较差，如将员工集体宿舍设在其中，则会造成相当大的安全事故隐患。因此，为了保证员工的安全和健康，在未竣工的建筑物内都不得设置员工集体宿舍。

施工现场临时搭建的建筑物应符合安全使用要求。施工现场使用的装配式活动房屋应当具有产品合格证。由于建设工程的施工阶段要持续一段时间，因此，在施工现场需要搭建一些临时建筑，以供生产和生活的需求。一般来说，临时建筑物包括施工现场的办公用房、宿舍、食堂、仓库、卫生间、淋浴室等。虽然是临时建筑，但也必须符合安全要求。临时建筑物要稳固、安全、整洁，并满足消防要求，禁止使用竹棚、石棉瓦、油毡搭建。

目前，很多施工工地都采用装配式的活动房屋。这种房屋的特点是：安装仅需简单工具即可操作，房屋可多次拆装，重复使用。从性能上讲，这种房屋具有密封严密、隔热保温、防水、耐潮、防腐、防火，质量轻，运输十分方便，使用周期长（使用寿命可达20年以上）等优点。施工单位在选择这种活动房屋时，应当选择正规的生产厂家的产品，具有产品合格证，才能保证管理人员和作业人员的安全，防止因活动厂房的不合格产品导致生产安全事故的发生。

（四）对施工现场周边的安全防护措施

《建设工程安全生产管理条例》第三十条规定："施工单位对因建设工程施工可能造成损害的毗邻建筑物、构筑物和地下管线等，应当采取专项防护措施。在城市市区内的建设工程，施工单位应当对施工现场实行封闭围挡。"

建设工程施工多为露天、高处作业，对周围环境特别是毗邻的建筑物、构筑物和地下管线等可能会造成损害。因此，施工单位有责任、有义务采取相应的安全防护措施，确保毗邻的建筑物、构筑物和地下管线等不受损坏。

施工现场实行封闭管理，主要是解决"扰民"和"民扰"问题。施工现场采用密目式安全网、围墙、围栏等封闭起来，既可以防止施工中的不安全因素扩散到场外，也可以起到保护环境、美化市容、文明施工的作用。还可以防盗、防砸打损害物品等。

城市市区比较繁华，人流、车流密集，在这样的区域里进行施工，不仅对周围的环境产生影响，还给居民的出行和生活造成不便；同时，施工作业人员以外的人进入施工现场，存在极大的不安全因素，既容易伤害到作业人员，也容易伤害到施工现场以外的其他人员。因此，为了解决"扰民"和"民扰"的问题，施工单位对于在城市市区的施工现场，必须采取封闭围挡，将施工工地与周围环境相隔离。《建设工程施工现场环境与卫生标准》(JGJ 146—2013)第 3.0.8 条规定："施工现场应实行封闭管理，并应采用硬质围挡。市区主要路段的施工现场围挡高度不应低于 2.5 m，一般路段围挡高度不应低于 1.8 m，围挡应牢固、稳定、整洁。距离交通路口 20 m 范围内占据道路施工设置的围挡，其 0.8 m 以上部分应采用通透性围挡，并应采取交通疏导和警示措施。"

(五)危险作业的施工现场安全管理

《安全生产法》第四十三条规定："生产经营单位进行爆破、吊装、动火、临时用电以及国务院应急管理部门会同国务院有关部门规定的其他危险作业，应当安排专门人员进行现场安全管理，确保操作规程的遵守和安全措施的落实。"

《危险化学品安全管理条例》第十三条还规定："生产、储存危险化学品的单位，应当对其铺设的危险化学品管道设置明显标志，并对危险化学品管道定期检查、检测。进行可能危及危险化学品管道安全的施工作业，施工单位应当在开工的 7 日前书面通知管道所属单位，并与管道所属单位共同制定应急预案，采取相应的安全防护措施。管道所属单位应当指派专门人员到现场进行管道安全保护指导。"

爆破、吊装作业具有较大的危险性，容易发生事故。而且，一旦发生事故，将会对作业人员和有关人员造成较大的伤害。危险化学品，是指具有毒害、腐蚀、爆炸、燃烧、助燃等性质，对人体、设施、环境具有危害的剧毒化学品和其他化学品。因此，施工作业人员必须严格按照操作规程进行操作，施工单位也应当会同有关单位采取必要的防范措施，安排专门人员进行作业现场的安全管理。

案例：

2020 年 3 月 3 日 10 时左右，位于江都区丁伙镇的建筑工地陈×和张××用行车(20 t)从事顶管机刀盘吊装作业。行车的吊钩上挂了两根直径 2.2 cm 的环形链，每根链条各有一个吊钩，用直径 1 cm 的焊接环形链在未加衬垫下直接穿过刀盘，挂在上方直径 2.2 cm 的环形链的两个吊钩上，遥控行车将刀盘对准顶管机进行装配。刀盘最低点距地面约 20 cm。10 时左右，陈×在遥控调整刀盘高度时，直径 1 cm 的焊接环形链突然绷断，刀盘坠落后向西侧倾倒，压在陈×身上，造成陈×死亡。

分析：

经调查了解，查阅企业资料，分析研讨，事故调查组认定事故原因和性质：直接原因：陈×在进行顶管机刀盘吊装作业时，使用应报废的"三无"(无合格证、无质量等级标志、无检验标志)焊接环形链吊装刀盘，且未在焊接环形链穿过刀盘棱角处设置衬垫，以致焊接环形链突然绷断，刀盘坠落，被压身亡，是导致该起事故发生的直接原因。间接原因：企业主体责任落实不到位；属地管理责任落实不到位；部门监管责任落实不到位。

（六）安全防护设备、机械设备等的安全管理

《建设工程安全生产管理条例》第三十四条规定："施工单位采购、租赁的安全防护用具、机械设备、施工机具及配件，应当具有生产（制造）许可证、产品合格证，并在进入施工现场前进行查验。施工现场的安全防护用具、机械设备、施工机具及配件必须由专人管理，定期进行检查、维修和保养，建立相应的资料档案，并按照国家有关规定及时报废。"

安全防护用具、机械设备、施工机具及配件质量的好坏，直接关系到施工作业人员的人身安全。因此，决不能让不合格的产品流入施工现场，并要加强日常的检查、维修和保养，保障这些设备和产品的正常使用与运转。

（七）施工起重机械设备等的安全使用管理

《建设工程安全生产管理条例》第三十五条规定："施工单位在使用施工起重机械和整体提升脚手架、模板等自升式架设设施前，应当组织有关单位进行验收，也可以委托具有相应资质的检验检测机构进行验收；使用承租的机械设备和施工机具及配件的，由施工总承包单位、分包单位、出租单位和安装单位共同进行验收。验收合格的方可使用。《特种设备安全监察条例》规定的施工起重机械，在验收前应当经有相应资质的检验检测机构监督检验合格。施工单位应当自施工起重机械和整体提升脚手架、模板等自升式架设设施验收合格之日起 30 日内，到住房城乡建设主管部门或者其他有关部门登记。登记标志应当置于或者附着于该设备的显著位置。"

建筑行业本身就是一个危险性较高的行业，施工工地上的一切都是动态的，随时都在变化之中。施工现场由于对使用的起重机械、整体提升脚手架、模板（主要指提升或滑升模板）管理不善、缺乏安全装置或使用不当又是造成重大、特大伤亡事故的主要原因，是重大危险源。因此，加强对这些设备设施的管理监控尤为重要。特别是施工起重机械，是《特种设备安全监察条例》所规定的特种设备，使用单位应当按照安全技术规范的定期检验要求，在安全检验合格有效期届满前 1 个月向特种设备检验检测机构提出定期检验要求。未经定期检验或者检验不合格的特种设备，不得继续使用。

《特种设备安全监察条例》第二十一条规定："锅炉、压力容器、压力管道元件、起重机械、大型游乐设施的制造过程和锅炉、压力容器、电梯、起重机械、客运索道、大型游乐设施的安装、改造、重大维修过程，必须经国务院特种设备安全监督管理部门核准的检验检测机构按照安全技术规范的要求进行监督检验；未经监督检验合格的不得出厂或者交付使用。"

案例：

2020 年 5 月 16 日 19 时 20 分左右，玉林市碧桂园凤凰城五期 A1 标段 1、2、5 号楼项目的 5 号楼施工升降机发生高空坠落事故，导致施工升降机吊笼内的 6 名工人死亡。

分析：

该起事故的直接原因是 5 月 14 日加装施工升降机最顶上一段电梯导轨时，第 64 节、第 65 节标准节之间应当连接的 4 根高强度连接螺栓中有 2 根缺失。5 月 16 日晚上，工人乘坐施工升降机右侧吊笼前往加班，吊笼运行至第 65 节标准节以上时，标准节连接处失效，吊笼连同第 65 节及以上标准节、附着装置部件倾翻，整体坠落，导致吊笼中的 6 名工人有

3 人当场死亡、3 人送至医院后抢救无效死亡，事故直接经济损失约 1 000 万元。调查同时发现，项目还存在施工升降机安装人员无特种作业证书、无专职安全管理人员进行现场监督以及未按要求对设备进行自检、调试、试运行和组织验收等问题。

第五节　施工安全事故的应急救援与调查

案例引入

　　2020 年 3 月 7 日 19 时 14 分，福建省泉州市鲤城区的欣佳酒店所在建筑物发生坍塌事故，造成 29 人死亡、42 人受伤，直接经济损失 5 794 万元。发生的原因是，事故单位将欣佳酒店建筑物由原四层违法增加夹层改建成七层，达到极限承载能力并处于坍塌临界状态；加之，事发前对底层支承钢柱违规加固焊接作业引发钢柱失稳破坏，导致建筑物整体坍塌。

《生产安全事故报告和调查处理条例》

　　分析：

　　安全事故发生的主要原因：一是"生命至上、安全第一"的理念没有牢固树立；二是依法行政意识淡薄；三是监管执法严重不负责任；四是安全隐患排查治理形式主义问题突出；五是企业违法违规肆意妄为。

一、生产安全事故的等级划分标准

　　为了规范生产安全事故报告和调查处理，落实生产安全事故责任追究，防止和减少生产安全事故，2007 年 4 月国务院发布了《生产安全事故报告和调查处理条例》。《生产安全事故报告和调查处理条例》第 3 条规定，根据生产安全事故（以下简称事故）造成的人员伤亡或者直接经济损失，事故一般分为以下等级：

　　(1)特别重大事故，是指造成 30 人以上死亡，或者 100 人以上重伤（包括急性工业中毒，下同），或者 1 亿元以上直接经济损失的事故；

　　(2)重大事故，是指造成 10 人以上 30 人以下死亡，或者 50 人以上 100 人以下重伤，或者 5 000 万元以上 1 亿元以下直接经济损失的事故；

　　(3)较大事故，是指造成 3 人以上 10 人以下死亡，或者 10 人以上 50 人以下重伤，或者 1 000 万元以上 5 000 万元以下直接经济损失的事故；

　　(4)一般事故，是指造成 3 人以下死亡，或者 10 人以下重伤，或者 1 000 万元以下直接经济损失的事故。

　　国务院安全生产监督管理部门可以会同国务院有关部门，制定事故等级划分的补充性规定。上述所称的"以上"包括本数，所称的"以下"不包括本数。

　　《生产安全事故报告和调查处理条例》第四十四条还规定："没有造成人员伤亡，但是社会影响恶劣的事故，国务院或者有关地方人民政府认为需要调查处理的，依照本条例的有关规定执行。国家机关、事业单位、人民团体发生的事故的报告和调查处理，参照本条例的规定执行。"应急救援预案是指事先制定的关于特大生产安全事故发生时进行紧急救援的组织、程序、措施、责任及协调等方面的方案和计划。

二、施工生产安全事故应急救援预案的规定

《建设工程安全生产管理条例》第四十八条规定："施工单位应当制定本单位生产安全事故应急救援预案，建立应急救援组织或者配备应急救援人员，配备必要的应急救援器材、设备，并定期组织演练。"

(一)应急救援预案的编制

《生产安全事故应急预案管理办法》规定，生产经营单位主要负责人负责组织编制和实施本单位的应急预案，并对应急预案的真实性和实用性负责；各分管负责人应当按照职责分工落实应急预案规定的职责。生产经营单位应急预案可分为综合应急预案、专项应急预案和现场处置方案。

(1)综合应急预案。生产经营单位风险种类多、可能发生多种事故类型的，应当组织编制本单位的综合应急预案。综合应急预案应当包括本单位的应急组织机构及其职责、预案体系及响应程序、事故预防及应急保障、应急培训及预案演练等主要内容。

(2)专项应急预案。对于某一种类的风险，生产经营单位应当根据存在的重大危险源和可能发生的事故类型，制定相应的专项应急预案。专项应急预案应当包括危险性分析、可能发生的事故特征、应急组织机构与职责、预防措施、应急处置程序和应急保障等内容。

(3)现场处置方案。对于危险性较大的重点岗位，生产经营单位应当制定重点工作岗位的现场处置方案。现场处置方案应当包括危险性分析、可能发生的事故特征、应急处置程序、应急处置要点和注意事项等内容。《建设工程安全生产管理条例》第四十九条规定："施工单位应当根据建设工程施工的特点、范围，对施工现场易发生重大事故的部位、环节进行监控，制定施工现场生产安全事故应急救援预案。实行施工总承包的，由总承包单位统一组织编制建设工程生产安全事故应急救援预案，工程总承包单位和分包单位按照应急救援预案，各自建立应急救援组织或者配备应急救援人员，配备救援器材、设备，并定期组织演练。"

(二)施工单位应急救援预案的评审和备案

根据《生产安全事故应急预案管理办法》第二十一条规定："矿山、金属冶炼企业和易燃易爆物品、危险化学品的生产、经营（带储存设施的，下同）、储存、运输企业，以及使用危险化学品达到国家规定数量的化工企业、烟花爆竹生产、批发经营企业和中型规模以上的其他生产经营单位，应当对本单位编制的应急预案进行评审，并形成书面评审纪要。上述规定以外的其他生产经营单位可以根据自身需要，对本单位编制的应急预案进行论证。"

《生产安全事故应急预案管理办法》第二十六条规定："易燃易爆物品、危险化学品等危险物品的生产、经营、储存、运输单位，矿山、金属冶炼、城市轨道交通运营、建筑施工单位，以及宾馆、商场、娱乐场所、旅游景区等人员密集场所经营单位，应当在应急预案公布之日起20个工作日内，按照分级属地原则，向县级以上人民政府应急管理部门和其他

负有安全生产监督管理职责的部门进行备案，并依法向社会公布。上述所列单位属于中央企业的，其总部(上市公司)的应急预案，报国务院主管的负有安全生产监督管理职责的部门备案，并抄送应急管理部；其所属单位的应急预案报所在地的省、自治区、直辖市或者设区的市级人民政府主管的负有安全生产监督管理职责的部门备案，并抄送同级人民政府应急管理部门。上述所列单位不属于中央企业的，其中非煤矿山、金属冶炼和危险化学品生产、经营、储存、运输企业，以及使用危险化学品达到国家规定数量的化工企业、烟花爆竹生产、批发经营企业的应急预案，按照隶属关系报所在地县级以上地方人民政府应急管理部门备案；前述单位以外的其他生产经营单位应急预案的备案，由省、自治区、直辖市人民政府负有安全生产监督管理职责的部门确定。"

三、施工生产安全事故报告及采取相应措施的规定

（一）事故报告要求

《建设工程安全生产管理条例》第五十条规定："施工单位发生生产安全事故，应当按照国家有关伤亡事故报告和调查处理的规定，及时、如实地向负责安全生产监督管理的部门、住房城乡建设主管部门或者其他有关部门报告；特种设备发生事故的，还应当同时向特种设备安全监督管理部门报告。接到报告的部门应当按照国家有关规定，如实上报。实行施工总承包的建设工程，由总承包单位负责上报事故。"根据《生产安全事故报告和调查处理条例》第九条至第十一条的规定，事故报告的要求如下：

(1)事故发生后，事故现场有关人员应当立即向本单位负责人报告；单位负责人接到报告后，应当于1小时内向事故发生地县级以上人民政府安全生产监督管理部门和负有安全生产监督管理职责的有关部门报告。

(2)情况紧急时，事故现场有关人员可以直接向事故发生地县级以上人民政府安全生产监督管理部门和负有安全生产监督管理职责的有关部门报告。

(3)安全生产监督管理部门和负有安全生产监督管理职责的有关部门接到事故报告后，应当依照下列规定上报事故情况，并通知公安机关、劳动保障行政部门、工会和人民检察院：

①特别重大事故、重大事故逐级上报至国务院安全生产监督管理部门和负有安全生产监督管理职责的有关部门；

②较大事故逐级上报至省、自治区、直辖市人民政府安全生产监督管理部门和负有安全生产监督管理职责的有关部门；

③一般事故上报至设区的市级人民政府安全生产监督管理部门和负有安全生产监督管理职责的有关部门。

安全生产监督管理部门和负有安全生产监督管理职责的有关部门依照上述规定上报事故情况，应当同时报告本级人民政府。国务院安全生产监督管理部门和负有安全生产监督管理职责的有关部门以及省级人民政府接到发生特别重大事故、重大事故的报告后，应当立即报告国务院。

必要时，安全生产监督管理部门和负有安全生产监督管理职责的有关部门可以越级上报事故情况。

(4)安全生产监督管理部门和负有安全生产监督管理职责的有关部门逐级上报事故情

况，每级上报的时间不得超过 2 小时。

案例：

2020 年 8 月 16 日 9 时 30 分，绥化市经济技术开发区中晶新能源公司院内北郊污水管线在基槽施工过程中，发生土方坍塌，造成 3 人死亡。该项目建设单位为绥化市排水有限公司、施工单位为黑龙江营佳建筑安装工程有限公司、监理单位为黑龙江飞达建设工程管理有限公司、设计单位为黑龙江省龙基城市规划设计研究有限公司。

分析：

经调查，管线工程在土方开挖过程中，基槽边缘大量堆土，超过土体抗剪强度，导致土方坍塌。经绥化市住房和城乡建设局反馈，该项目建设单位未办理施工手续；施工单位未按照超危大工程专项施工方案组织施工，未对基槽采取必要的防护措施，野蛮施工，现场管理混乱；监理单位未对超危大工程实施有效的旁站监督管理。

绥化市住房和城乡建设局未认真履行层级监管职责，绥化经济技术开发区建设管理执法局，在日常检查过程中未及时发现并制止施工单位违法违规行为，造成事故发生，影响极其恶劣。该起事故已被住房和城乡建设部挂牌督办，黑龙江省住房和城乡建设厅对绥化市住房和城乡建设局、绥化经济技术开发区建设管理执法局及参建主体单位进行约谈，责令市、区主管部门全面分析事故产生原因，对施工企业安全生产许可证及施工项目安全生产条件进行复查复核，并将结果上报，将按事故调查报告和复查复核结果，对责任企业及人员实施上限行政处罚。

(二)事故补报要求

《生产安全事故报告和调查处理条例》第十三条规定："事故报告后出现新情况的，应当及时补报。自事故发生之日起 30 日内，事故造成的伤亡人数发生变化的，应当及时补报。道路交通事故、火灾事故自发生之日起 7 日内，事故造成的伤亡人数发生变化的，应当及时补报。"

(三)事故报告的内容

根据《生产安全事故报告和调查处理条例》第十二条规定，报告事故应当包括下列内容：

(1)事故发生单位概况；

(2)事故发生的时间、地点及事故现场情况；

(3)事故的简要经过；

(4)事故已经造成或者可能造成的伤亡人数(包括下落不明的人数)和初步估计的直接经济损失；

(5)已经采取的措施；

(6)其他应当报告的情况。

事故发生单位概况应当包括单位的全称、所处地理位置、所有制形式和隶属关系、生产经营范围和规模、持有各类证照的情况、单位负责人的基本情况以及近期的生产经营状况等。当然，这些只是一般性要求，对于不同行业的企业，报告的内容应该根据实际情况来确定，但是应当以全面、简洁为原则。报告事故发生的时间应当具体，并尽量精确到分钟。报告事故发生的地点要准确，除事故发生的中心地点外，还应当报告事故所波及的区域。报告事故现场的情况应当全面，不仅应当报告现场的总体情况，还应当报告现场的人员伤亡情况、设备设施的毁损情况；不仅应当报告事故发生后的现场情况，还应当尽量报告事故发生前的现场情况，便于前后比较，分析事故原因。事故的简要经过是对事故全过程的简要叙述。核心要求在于"全"和"简"。"全"就是要全过程描述，"简"就是要简单明了。

需要强调的是，由于事故的发生往往是在一瞬间，对事故经过的描述应当特别注意事故发生前作业场所有关人员和设备设施的一些细节，因为这些细节可能就是引发事故的重要原因。对于人员伤亡情况的报告，应当遵守实事求是的原则，不做无根据的猜测，更不能隐瞒实际伤亡人数。对直接经济损失的初步估算，主要是指事故所导致的建筑物的毁损、生产设备设施和仪器仪表的损坏等。由于人员伤亡情况和经济损失情况直接影响事故等级的划分，并因此决定事故的调查处理等后续重大问题，在报告这方面情况时应当谨慎、细致，力求准确。已经采取的措施主要是指事故现场有关人员、事故单位负责人、已经接到事故报告的安全生产管理部门为减少损失、防止事故扩大和便于事故调查所采取的应急救援和现场保护等具体措施。这是报告事故应当包括内容的兜底条款。对于其他应当报告的情况，应当根据实际情况具体确定。如较大以上事故还应当报告事故所造成的社会影响、政府有关领导和部门现场指挥等有关情况。

从上述情况来看，应当报告的内容涵盖的范围比较广泛。因此，要求事故现场有关人员、事故单位负责人、县级以上人民政府安全生产监督管理部门和负有安全生产监督管理职责的有关部门三个不同层次的事故报告主体依照同样的标准来报告事故，是不切实际的，也是没有必要的。对于事故现场有关人员，只需要准确报告事故的时间、地点、人员伤亡的大体情况就可以了；对于事故单位负责人则需要进一步报告事故的简要经过、人员伤亡和损失情况及已经采取的措施等；对于安全生产监督管理部门和负有安全生产监督管理职责的有关部门向上级部门报告事故情况，则需要其严格按照规定内容进行报告。

（四）事故发生后应采取的相应处理措施

《安全生产法》第八十三条规定："生产经营单位发生生产安全事故后，事故现场有关人员应当立即报告本单位负责人。单位负责人接到事故报告后，应当迅速采取有效措施组织抢救，防止事故扩大，减少人员伤亡和财产损失，并按照国家有关规定立即如实报告当地负有安全生产监督管理职责的部门，不得隐瞒不报、谎报或者迟报，不得故意破坏事故现场、毁灭有关证据。"

《建设工程安全生产管理条例》第五十一条规定："发生生产安全事故后，施工单位应当采取措施防止事故扩大，保护事故现场。需要移动现场物品时，应当作出标记和书面记录，妥善保管有关证物。"

1. 组织应急抢救

《生产安全事故报告和调查处理条例》第十四条规定："事故发生单位负责人接到事故报告后，应当立即启动事故相应应急预案，或者采取有效措施，组织抢救，防止事故扩大，减少人员伤亡和财产损失。"例如，对危险化学品泄漏等可能对周边群众和环境产生危害的事故，施工单位应当在向地方政府及有关部门报告的同时，及时向可能受到影响的单位、职工、群众发出预警信息，标明危险区域，组织、协助应急救援队伍救助受害人员，疏散、撤离、安置受到威胁的人员，并采取必要措施防止发生次生、衍生事故。

《安全生产法》第一百一十条规定："生产经营单位的主要负责人在本单位发生生产安全事故时，不立即组织抢救或者在事故调查处理期间擅离职守或者逃匿的，给予降级、撤职的处分，并由应急管理部门处上一年年收入百分之六十至百分之一百的罚款；对逃匿的处十五日以下拘留；构成犯罪的，依照刑法有关规定追究刑事责任。生产经营单位的主要负责人对生产安全事故隐瞒不报、谎报或者迟报的，依照上述规定处罚。"

2. 保护事故现场

《生产安全事故报告和调查处理条例》第十六条规定："事故发生后，有关单位和人员应当妥善保护事故现场及相关证据，任何单位和个人不得破坏事故现场、毁灭相关证据。因抢救人员、防止事故扩大及疏通交通等原因，需要移动事故现场物件的，应当作出标志，绘制现场简图并作出书面记录，妥善保存现场重要痕迹、物证。"

事故现场是追溯判断发生事故原因和事故责任人责任的客观物质基础。从事故发生到事故调查组赶赴现场，往往需要一段时间。而在这段时间里，许多外界因素，如对伤员的救护、对险情的控制、周围群众的围观等都会给事故现场造成不同程度的破坏，有时甚至还有故意破坏事故现场的情况。间隔时间越长，影响事故现场失真的外界因素就越多，现场遭到破坏的可能性就越大。事故现场保护的好坏，将直接决定和影响事故现场勘察。事故现场保护不好，一些与事故有关的证据就难以找到，不便于查明事故的原因，从而影响事故调查处理进度和质量。总之，保护事故现场是取得客观准确证据的前提，有利于准确查找事故原因和认定事故责任，保证事故调查工作的顺利进行。

事故现场保护的主要任务就是要在现场勘察之前，维持现场的原始状态，既不使它减少任何痕迹、物品，也不使它增加任何痕迹、物品。本条规定的事故现场保护主体是有关单位和人员，主要是指事故发生单位和接到事故报告并赶赴事故现场的安全生产监督管理部门和负有安全生产监督管理职责的有关部门及其工作人员。另外，任何不特定的主体，即任何单位和个人，都不得破坏事故现场、毁灭相关证据。

保护事故现场，必须根据事故现场的具体情况和周围环境，划定保护区的范围，布置警戒，必要时，将事故现场封锁起来，禁止一切人员进入保护区，即使是保护现场的人员，也不要无故进入，更不能擅自进行勘察，禁止随意触摸或者移动事故现场上的任何物品。特殊情况需要移动事故现场物件的，必须同时满足以下条件：

（1）移动物件的目的是出于抢救人员、防止事故扩大及疏通交通的需要；

（2）移动物件必须经过事故单位负责人或者组织事故调查的安全生产监督管理部门和负有安全生产监督管理职责的有关部门的同意；

（3）移动物件应当作出标志，绘制现场简图，拍摄现场照片，对被移动物件应当贴上标签，并作出书面记录；

（4）移动物件应当尽量使现场少受破坏。

➤ 知识筑基

1. 建筑施工企业取得安全生产许可证必须具备的条件有哪些？

2. 简述施工作业人员的安全生产权利和义务。

3. 简述施工现场的安全防护管理措施。

4. 简述生产安全事故的等级划分标准。

5. 施工生产安全事故报告的要求是什么？采取哪些相应措施？

福建省泉州市欣佳酒店"3·7"坍塌事故

2020年3月7日17时40分许,欣佳酒店一层大堂门口靠近餐饮店一侧顶部一块玻璃发生炸裂。18时40分许,酒店一层大堂靠近餐饮店一侧的隔墙墙面扣板出现2～3 mm宽的裂缝。19时06分许,酒店大堂与餐饮店之间钢柱外包木板发生开裂。19时09分许,隔墙鼓起5 mm;2～3 min后,餐饮店传出爆裂声响。19时11分许,建筑物一层东侧车行展厅隔墙发出声响,墙板和吊顶开裂,玻璃脱胶。19时14分许,目击者听到幕墙玻璃爆裂巨响。19时14分17秒,欣佳酒店建筑物瞬间坍塌,历时3秒。事发时楼内共有71人被困,其中外来集中隔离人员58人、工作人员3人(1人为鲤城区干部、2人为医务人员)、其他入住人员10人(2人为欣佳酒店服务员、5人为散客、3人为欣佳酒店员工朋友)。

一、事故直接原因

事故调查组通过深入调查和综合分析,认定事故的直接原因:事故单位将欣佳酒店建筑物由原四层违法增加夹层改建成七层,达到极限承载能力并处于坍塌临界状态,加之事发前对底层支承钢柱违规加固焊接作业引发钢柱失稳破坏,导致建筑物整体坍塌。事故调查组通过对事故现场进行勘察、取样、实测,并委托国家建筑工程质量监督检验中心、国家钢结构质量监督检验中心、清华大学等单位进行了检测试验、结构计算分析和破坏形态模拟,逐一排除了人为破坏、地震、气象、地基沉降、火灾等可能导致坍塌的因素,查明了事故发生的直接原因:增加夹层导致建筑物荷载超限。该建筑物原四层钢结构的竖向极限承载力是52 000 kN,实际竖向荷载31 100 kN,达到结构极限承载能力的60%,正常使用情况下不会发生坍塌。增加夹层改建为七层后,建筑物结构的实际竖向荷载增加到52 100 kN,已超过其52 000 kN的极限承载能力,结构中部分关键柱出现了局部屈曲和屈服损伤,虽然通过结构自身的内力重分布仍维持平衡状态,但已经达到坍塌临界状态,对结构和构件的扰动都有可能导致结构坍塌。因此,建筑物增加夹层,竖向荷载超限,是导致坍塌的根本原因。

焊接加固作业扰动引发坍塌。在焊接加固作业过程中,因为没有移走钢柱槽内的原有排水管,造成贴焊的位置不对称、不统一,焊缝长度和焊接量大,且未采取卸载等保护措施,热胀冷缩等因素造成高应力状态钢柱内力变化扰动,导致屈曲损伤扩大,钢柱加大弯曲、水平变形增大,荷载重分布引起钢柱失稳破坏,最终打破建筑结构处于临界的平衡态,引发连续坍塌。通过技术分析及对焊缝冷却时间验证,焊缝冷却至事故发生时温度(20.1 ℃)约需2 h。此时,钢柱水平变形达到最大,与事故当天17时10分许工人停止焊接施工至19时14分建筑物坍塌的间隔时间基本吻合。

二、事故发生单位及有关企业主要问题

泉州市新星机电工贸有限公司、欣佳酒店及其实际控制人杨金锵无视国家有关城乡规划、建设、安全生产以及行政许可法律法规,违法违规建设施工,弄虚作假骗取行政许可,安全责任长期不落实,是事故发生的主要原因。

(一)泉州市新星机电工贸有限公司

(1)违法违规建设、改建。违反《城乡规划法》第四十条,《建设工程质量管理条例》第五条、第十一条、第十三条,《建筑法》第七条,《房屋建筑和市政基础设施工程竣工验收备案管理办法》第四条规定，在未取得建设用地规划许可证和建设工程规划许可证，未组织勘察、设计，未将施工图设计文件报送施工图审查机构审查，未办理工程质量监督和安全监督手续，未取得建筑工程施工许可证等情况下，将工程发包给无资质施工人员，开工建设四层(局部五层)钢结构建筑物。为使该违法建设"符合政策"，申报鲤城区特殊情况建房并获批同意，该违法建筑未经竣工验收备案即投入使用。在未依法履行基本建设程序、未依法取得相关许可的情况下，又擅自加盖夹层，组织无资质的施工人员，将原为四层(局部五层)的建筑物改建、扩建为七层，未经竣工验收及备案投入使用。

(2)伪造材料骗取相关审批和备案。违反《行政许可法》第三十一条规定，伪造施工单位资质证书、公章、法定代表人身份证及签名等资料，假冒施工单位，使用私刻的资质章、出图章，假冒设计单位，制作《不动产权证书》《建筑工程施工许可证》《建设工程竣工验收报告》等虚假资料，用于向原泉州市公安消防支队申办欣佳酒店建筑物(原四层建筑)消防设计备案、消防竣工验收备案等手续。

(3)违法违规装修施工和焊接加固作业。违反《建筑法》第四十九条、《建设工程质量管理条例》第七条规定，在未依法履行基本建设程序，未组织施工设计，未办理工程质量监督和安全监督手续，未取得建筑工程施工许可证等情况下，组织无资质的施工人员，对欣佳酒店建筑物第四至六层实施装修，完工后未经竣工验收和备案就作为酒店客房投入使用。在发现建筑物钢柱严重变形后，未依法办理加固工程质量监督手续，违法组织无资质的施工人员对钢柱进行焊接加固作业，违规冒险蛮干，直接导致建筑物坍塌。

(4)未依法及时消除事故隐患。违反《安全生产法》第四十一条、第四十六条规定，在发现欣佳酒店建筑物钢柱严重变形、存在重大安全隐患情况下，隐瞒情况，未采取人员撤离、停止经营等应急处置措施，未及时向有关部门报告。

(二)欣佳酒店

(1)伪造材料骗取消防审批。违反《行政许可法》第三十一条规定，在未依法申请消防设计审核和消防验收情况下，擅自开展酒店经营。伪造《不动产权证书》(复印件)、广东弘业建筑设计有限公司公章、资质章、出图章和签名，制作《鲤城区欣佳酒店设计说明书》《消防设计文件》《建设工程竣工验收报告》等相关虚假材料，用于申办欣佳酒店消防设计备案、竣工验收备案和《公众聚集场所投入使用、营业前消防安全检查合格证》。

(2)串通内部人员骗取特种行业许可。违反《行政许可法》第三十一条和公安机关行政许可办理有关规定，串通原泉州市洛江区公安消防大队大队长刘德礼并从其手中取得空白《公众聚集场所投入使用、营业前消防安全检查合格证》并伪造证件信息、编号，串通泉州市公安局鲤城分局治安大队一中队指导员吴家晓，在没有房屋产权证的情况下，用常泰街道办事处出具的房屋产权证明办理特种行业许可证，由福建省建筑工程质量检测中心有限公司违规出具《结构正常使用性鉴定检验报告》作为房屋安全证明文件，用上述虚假或替代材料向鲤城公安分局治安大队申请办理特种行业许可证。经吴家晓等人现场检查验收，取得特种行业许可证。酒店经营场所由六楼变更为地上一层和四至六层后，吴家晓在没有受理材料、没有现场检查验收、没有审批的情况下，为欣佳酒店办理了特种行业许可证变更手续。

(3)未依法采取应急处置措施。违反《福建省安全生产条例》规定，在事故发生前发现墙面凸起、玻璃幕墙破碎等重大安全隐患后，未及时通知和引导人员疏散，未采取有效应急处置措施，错失了人员疏散逃生时机。

三、对事故有关单位及责任人的处理建议

公安机关已采取强制措施人员（共 23 人）：

（1）逮捕 12 人。其中：泉州市新星机电工贸公司、欣佳酒店实际控制人杨金锵以涉嫌重大责任事故罪、伪造国家机关证件罪于 4 月 9 日被逮捕；晋江市美禾家居公司驾驶员黄志图以涉嫌伪造国家机关证件罪、提供虚假证明文件罪于 4 月 9 日被逮捕；违法建筑施工组织者蔡条辉、欣佳酒店承包经营人林惠珍以涉嫌重大事故责任罪于 4 月 9 日被逮捕；福建省建筑工程质量检测中心有限公司林德宏、郑泉洪、江道锴、陈颖以涉嫌提供虚假证明文件罪于 4 月 9 日被逮捕；田茂炳以涉嫌提供虚假证明文件罪于 4 月 14 日被逮捕；原泉州市住宅建筑设计院工作人员庄亚严、李泉生以涉嫌重大事故责任罪于 4 月 21 日被逮捕；西北综合勘察设计研究院工作人员陈熙以涉嫌伪造公司印章罪于 4 月 21 日被逮捕。

（2）取保候审 11 人。欣佳酒店承包经营人林木金以及其他人员共 11 人以涉嫌重大责任事故罪被取保候审。鉴于事故单位及其相关人员涉嫌严重刑事犯罪，造成的损失重大、后果严重、社会影响恶劣，建议由司法机关依据《刑法》等有关法律法规对相关人员提起诉讼，依法严肃处理。

（案例摘自国家应急部发布的国务院调查小组公开事故调查报告，有删节）

第七章　建设工程质量法律制度

知识目标

了解工程建设标准，掌握各工程建设行为主体的质量责任和义务，政府主管部门对工程质量的监督管理及工程建设竣工验收制度和工程质量保修制度。

能力目标

1. 学习建设工程法律、法规基本知识，掌握工程建设所要遵守的准则，培养自身的工程建设法律意识；

2. 通过本章的学习使学生在实际工作中能够利用所学法律、法规分析实际案例，处理建设活动中与建筑法规相关的问题。

第一节　工程建设标准

《中华人民共和国
标准化法》

案例引入

2021年1月，某施工企业承包了某开发公司的商务写字楼工程，占地面积为1.63万 m²，建筑层数地上22层，地下2层。工程施工双方签订了工程施工合同，2021年11月该工程封顶时，建设方(某开发公司)发现该商务写字楼的顶层22层的混凝土凝固较慢，认为施工方使用的混凝土强度不够，要求施工方(某施工企业)采取措施对该商务楼顶层重新施工。施工方则认为该混凝土强度符合相关的技术规范。不同意重新施工或采取其他措施。双方协商未果。建设方便将施工方起诉至某区法院，要求施工方对混凝土强度不够的顶层重新施工或采取其他措施，并赔偿建设方的相应损失。根据双方的请求，受诉法院委托某建筑工程质量检测中心按照两种建设规范对工程的结构混凝土实体强度进行检测，具体检测情况如下。

根据原告及建设方的要求，检测中心按照行业协会推荐性标准《钻芯法检测混凝土强度技术规程》(CECS 03：2007)的检测结果是：顶层的结构混凝土实体强度达不到该技术规范的要求，其他各层的结构混凝土实体均达到该技术规范的要求。

根据被告及施工方的请求，检测中心按照地方推荐性标准《结构混凝土实体检测技术规程》(DB/T 29—148—2005)的检测结果是顶层及其他各层结构混凝土实体强度均达到该规范的要求。

问题：(1)检测中心按照两个推荐性标准分别进行了检测，法院应以哪个标准作为判案的依据？

(2)当事人若在合同中约定了推荐性标准，对国家强制性标准是否仍需执行？

分析：

(1)本案例中的协会团体标准、地方标准均为推荐性标准。并且建设方、施工方未在合同中约定采用哪个标准。《中华人民共和国标准化法》中规定："国家鼓励采用推荐性标准。"所以，在没有国家强制性标准的情况下，施工方有权自主选择采用地方标准。

(2)依据《中华人民共和国标准化法》规定，强制性标准必须执行，因此，如果有国家强制性标准，即使双方当事人在合同中约定了采用某项推荐性标准，也必须执行国家强制性标准。

本案例由于目前尚无此方面的国家强制性标准，只有协会团体标准、地方标准，双方应当通过合同来约定施工过程中所要适用的技术规范。本案中的双方并没有在施工合同中具体约定适用哪个规范。因此，施工方有权选择适用地方标准《结构混凝土实体检测技术规程》(DB/T 29—148—2005)。

受诉法院经过庭审，作出如下判决：驳回原告及建设方的诉讼请求；案件受理费和检测费由原告建设方承担。

工程建设标准是指为在工程建设领域内获得最佳秩序，对建设工程的勘察、设计、施工、安装、验收、运营维护及管理等活动和结果需要协调统一的事项所制定的共同的、重复使用的技术依据和准则。

《中华人民共和国标准化法》规定，本法所称标准(含标准样品)，是指农业、工业、服务业及社会事业等领域需要统一的技术要求。

一、工程建设标准的分类

《中华人民共和国标准化法》规定，标准包括国家标准、行业标准、地方标准和团体标准、企业标准。国家标准可分为强制性标准、推荐性标准。行业标准、地方标准是推荐性标准。强制性标准必须执行。国家鼓励采用推荐性标准。

法律、行政法规和国务院决定对强制性标准的制定另有规定的，从其规定。

(一)工程建设国家标准

工程建设国家标准可分为强制性标准和推荐性标准。

1. 工程建设国家标准的范围和类型

《中华人民共和国标准化法》规定，对保障人身健康和生命财产安全、国家安全、生态环境安全及满足经济社会管理基本需要的技术要求，应当制定强制性国家标准。

对满足基础通用、与强制性国家标准配套、对各有关行业起引领作用等需要的技术要求，可以制定推荐性国家标准。

《强制性国家标准管理办法》规定，强制性国家标准的技术要求应当全部强制，并且可验证、可操作。

《工程建设国家标准管理办法》规定，对需要在全国范围内统一的下列技术要求，应当制定国家标准：

(1)工程建设勘察、规划、设计、施工(包括安装)及验收等通用的质量要求；

（2）工程建设通用的有关安全、卫生和环境保护的技术要求；

（3）工程建设通用的术语、符号、代号、量与单位、建筑模数和制图方法；

（4）工程建设通用的试验、检验和评定等方法；

（5）工程建设通用的信息技术要求；

（6）国家需要控制的其他工程建设通用的技术要求。

法律另有规定的，依照法律的规定执行。

下列标准属于强制性标准：

（1）工程建设勘察、规划、设计、施工（包括安装）及验收等通用的综合标准和重要的通用的质量标准；

（2）工程建设通用的有关安全、卫生和环境保护的标准；

（3）工程建设重要的通用的术语、符号、代号、量与单位、建筑模数和制图方法标准；

（4）工程建设重要的通用的试验、检验和评定方法等标准；

（5）工程建设重要的通用的信息技术标准；

（6）国家需要控制的其他工程建设通用的标准。

强制性标准以外的标准是推荐性标准，国家鼓励企业自愿采用。

2. 工程建设国家标准的制定

《中华人民共和国标准化法》规定，国务院有关行政主管部门依据职责负责强制性国家标准的项目提出、组织起草、征求意见和技术审查。国务院标准化行政主管部门负责强制性国家标准的立项、编号和对外通报。

省、自治区、直辖市人民政府标准化行政主管部门可以向国务院标准化行政主管部门提出强制性国家标准的立项建议，由国务院标准化行政主管部门会同国务院有关行政主管部门决定。社会团体、企业事业组织以及公民可以向国务院标准化行政主管部门提出强制性国家标准的立项建议，国务院标准化行政主管部门认为需要立项的，会同国务院有关行政主管部门决定。

推荐性国家标准由国务院标准化行政主管部门制定。

《强制性国家标准管理办法》规定，制定强制性国家标准应当结合国情采用国际标准。强制性国家标准应当有明确的标准实施监督管理部门，并能够依据法律、行政法规、部门规章的规定对违反强制性国家标准的行为予以处理。

3. 工程建设国家标准的批准发布和编号

《中华人民共和国标准化法》规定，强制性国家标准由国务院批准发布或者授权批准发布。强制性标准文本应当免费向社会公开。国家推动免费向社会公开推荐性标准文本。

《强制性国家标准管理办法》规定，国务院标准化行政主管部门应当自发布之日起 20 日内在全国标准信息公共服务平台上免费公开强制性国家标准文本。强制性国家标准的解释与标准具有同等效力。解释发布后，国务院标准化行政主管部门应当自发布之日起 20 日内在全国标准信息公共服务平台上免费公开解释文本。

《工程建设国家标准管理办法》规定，工程建设国家标准的编号由国家标准代号、发布标准的顺序号和发布标准的年号组成。强制性国家标准的代号为"GB"，推荐性国家标准的代号为"GB/T"。例如，《建筑工程施工质量验收统一标准》（GB 50300—2013），其中 GB 表示为强制性国家标准，50300 表示标准发布顺序号，2013 表示是 2013 年批准发布；《工程建设施工企业质量管理规范》（GB/T 50430—2017），其中 GB/T 表示为推荐性国家标准，

50430 表示标准发布顺序号，2017 表示是 2017 年批准发布。

4. 强制性国家标准的复审、修订和废止

《强制性国家标准管理办法》规定，国务院标准化行政主管部门应当通过全国标准信息公共服务平台接收社会各方对强制性国家标准实施情况的意见建议，并及时反馈组织起草部门。组织起草部门应当根据反馈和评估情况，对强制性国家标准进行复审，提出继续有效、修订或者废止的结论，并送国务院标准化行政主管部门。复审周期一般不得超过 5 年。

复审结论为修订强制性国家标准的，组织起草部门应当在报送复审结论时提出修订项目。强制性国家标准的修订，按照规定的强制性国家标准制定程序执行；个别技术要求需要调整、补充或者删减，采用修改单方式予以修订的，无须经国务院标准化行政主管部门立项。

复审结论为废止强制性国家标准的，由国务院标准化行政主管部门通过全国标准信息公共服务平台向社会公开征求意见，并以书面形式征求强制性国家标准的实施监督管理部门意见。公开征求意见一般不得少于 30 日。无重大分歧意见或者经协调一致的，由国务院标准化行政主管部门依据国务院授权以公告形式废止强制性国家标准。

📖 知识链接

工程建设标准是指建设工程设计、施工方法和安全保护的（　　）及有关工程建设的技术术语、符号、代号、制图方法的一般原则。

A. 常用的技术规定　　　　　　　　　B. 特殊的技术要求

C. 统一的技术要求　　　　　　　　　D. 强制的技术要求

分析：

答案：C。《中华人民共和国标准化法》规定，本法所称标准（含标准样品），是指农业、工业、服务业以及社会事业等领域需要统一的技术要求。

（二）工程建设行业标准

《中华人民共和国标准化法》规定，对没有推荐性国家标准、需要在全国某个行业范围内统一的技术要求，可以制定行业标准。行业标准由国务院有关行政主管部门制定，报国务院标准化行政主管部门备案。

1. 工程建设行业标准的范围

《工程建设行业标准管理办法》规定，对没有国家标准而需要在全国某个行业范围内统一的下列技术要求，可以制定行业标准：

（1）工程建设勘察、规划、设计、施工（包括安装）及验收等行业专用的质量要求；

（2）工程建设行业专用的有关安全、卫生和环境保护的技术要求；

（3）工程建设行业专用的术语、符号、代号、量与单位和制图方法；

（4）工程建设行业专用的试验、检验和评定等方法；

（5）工程建设行业专用的信息技术要求；

（6）其他工程建设行业专用的技术要求。

行业标准不得与国家标准相抵触。行业标准的某些规定与国家标准不一致时，必须有充分的科学依据和理由，并经国家标准的审批部门批准。行业标准在相应的国家标准实施后，应当及时修订或废止。

2. 工程建设行业标准的制定、修订程序与复审

工程建设行业标准的制定、修订程序，也可以按准备、征求意见、送审和报批四个阶段进行。工程建设行业标准实施后，根据科学技术的发展和工程建设的实际需要，该标准的批准部门应当适时进行复审，确认其继续有效或予以修订、废止。一般也是 5 年复审1 次。

（三）工程建设地方标准

我国幅员辽阔，各地的自然条件差异较大，而工程建设在许多方面要受到自然条件的影响。例如，我国的黄土地区、冻土地区及膨胀土地区，对建筑技术的要求有很大区别。因此，工程建设标准除国家标准、行业标准外，还需要有相应的地方标准。

《中华人民共和国标准化法》规定，为满足地方自然条件、风俗习惯等特殊技术要求，可以制定地方标准。

地方标准由省、自治区、直辖市人民政府标准化行政主管部门制定；设区的市级人民政府标准化行政主管部门根据本行政区域的特殊需要，经所在地省、自治区、直辖市人民政府标准化行政主管部门批准，可以制定本行政区域的地方标准。

（四）工程建设团体标准

《中华人民共和国标准化法》规定，国家鼓励学会、协会、商会、联合会、产业技术联盟等社会团体协调相关市场主体共同制定满足市场和创新需要的团体标准，由本团体成员约定采用或者按照本团体的规定供社会自愿采用。

1. 团体标准的定性和基本要求

国家标准化管理委员会、民政部《团体标准管理规定》（国标委联〔2019〕1 号）规定，团体标准是依法成立的社会团体为满足市场和创新需要，协调相关市场主体共同制定的标准。

《中华人民共和国标准化法》规定，制定团体标准，应当遵循开放、透明、公平的原则，保证各参与主体获取相关信息，反映各参与主体的共同需求，并应当组织对标准相关事项进行调查分析、实验、论证。国家支持在重要行业、战略性新兴产业、关键共性技术等领域利用自主创新技术制定团体标准、企业标准。

《团体标准管理规定》进一步规定，禁止利用团体标准实施妨碍商品、服务自由流通等排除、限制市场竞争的行为。团体标准应当符合相关法律法规的要求，不得与国家有关产业政策相抵触。团体标准的技术要求不得低于强制性标准的相关技术要求。

国家鼓励社会团体制定高于推荐性标准相关技术要求的团体标准；鼓励制定具有国际领先水平的团体标准。

2. 团体标准制定的程序

制定团体标准的一般程序包括提案、立项、起草、征求意见、技术审查、批准、编号、发布、复审。

（五）工程建设企业标准

《中华人民共和国标准化法》规定，企业可以根据需要自行制定企业标准，或者与其他企业联合制定企业标准。

推荐性国家标准、行业标准、地方标准、团体标准、企业标准的技术要求不得低于强制性国家标准的相关技术要求。国家鼓励社会团体、企业制定高于推荐性标准相关技术要求的团体标准、企业标准。

国家实行团体标准、企业标准自我声明公开和监督制度。企业应当公开其执行的强制性标准、推荐性标准、团体标准或者企业标准的编号和名称；企业执行自行制定的企业标准的，还应当公开产品、服务的功能指标和产品的性能指标。国家鼓励团体标准、企业标准通过标准信息公共服务平台向社会公开。

企业应当按照标准组织生产经营活动，其生产的产品、提供的服务应当符合企业公开标准的技术要求。

📖 知识链接

关于工程建设国家标准的说法，下列正确的是(　　　)。

A. 工程建设强制性国家标准的立项由国务院标准化行政主管部门负责

B. 工程建设推荐性国家标准由国务院住房城乡建设主管部门制定

C. 工程建设强制性标准包括地方标准

D. 工程建设强制性国家标准只能由国务院批准发布

分析：

答案：A。国务院标准化行政主管部门负责强制性国家标准的立项、编号和对外通报。推荐性国家标准由国务院标准化行政主管部门制定。国家标准分为强制性标准、推荐性标准。国务院有关行政主管部门依据职责负责强制性国家标准的项目提出、组织起草、征求意见和技术审查。

二、工程建设强制性标准实施的规定

我国工程建设领域所出现的各类工程质量事故，大多是没有贯彻或没有严格贯彻强制性标准的结果。因此，《中华人民共和国标准化法》规定，强制性标准必须执行。《建筑法》规定，建筑活动应当确保建筑工程质量和安全，符合国家的建设工程安全标准。

案例：

2020年4月1日，某建筑工程有限责任公司(以下简称施工单位)中标承包了某开发公司(以下简称建设单位)的住宅工程施工项目，双方于同年4月10日签订了建设工程施工合同。2021年11月该工程封顶时，建设单位发现该住宅楼的顶层防水工程做得不到位，认为是施工单位使用的防水卷材不符合标准，要求施工单位采取措施，对该顶层防水工程重新施工。施工单位则认为，防水卷材符合标准，不同意重新施工或者采取其他措施。双方协商未果，建设单位将施工单位起诉至法院，要求施工单位对顶层防水工程重新施工或采取其他措施，并赔偿建设单位的相应损失。

根据当事人的请求，受诉法院委托某建筑工程质量检测中心对顶层防水卷材进行检测，检测结果表明：本工程使用的"弹性体改性沥青防水卷材"不符合自2009年9月1日起正式实施的国家标准《弹性体改性沥青防水卷材》(GB 18242—2008)的要求。但是，施工单位则认为，施工合同中并未约定使用此强制性国家标准，不同意重新施工或者采取其他措施。

问题：本案例中建设单位的诉讼请求能否得到支持？为什么？

分析：

《中华人民共和国标准化法》第二条中规定，"强制性标准必须执行。"本案例中的"弹性体改性沥青防水卷材"有强制性国家标准，必须无条件遵照执行，施工单位认为，在施工合同中并未约定使用此强制性国家标准，所以，不应该遵守适用的观点是错误的。而且，在有国家强制性标准的情况下，即使双方当事人在合同中约定了采用某项推荐性标准，也属于无效约定，仍然必须适用于国家强制性标准。

因此，本案例中建设单位的诉讼请求应该给予支持，施工单位应该对顶层防水工程重新施工或采取其他措施，并赔偿建设单位的相应损失。

（一）工程建设各方主体实施强制性标准的法律规定

《建筑法》规定，建设单位不得以任何理由，要求建筑设计单位或者建筑施工企业在工程设计或者施工作业中，违反法律、行政法规和建筑工程质量、安全标准，降低工程质量。

建筑工程设计应当符合按照国家规定制定的建筑安全规程和技术规范，保证工程的安全性能。勘察、设计文件应当符合有关法律、行政法规的规定和建筑工程质量、安全标准、建筑工程勘察、设计技术规范及合同的约定。设计文件选用的建筑材料、建筑构配件和设备，应当注明其规格、型号、性能等技术指标，其质量要求必须符合国家规定的标准。

建筑工程监理应当依照法律、行政法规及有关的技术标准、设计文件和建筑工程承包合同，对承包单位在施工质量、建设工期和建设资金使用等方面，代表建设单位实施监督。工程监理人员认为工程施工不符合工程设计要求、施工技术标准和合同约定的，有权要求建筑施工企业改正。工程监理人员发现工程设计不符合建筑工程质量标准或者合同约定的质量要求的，应当报告建设单位要求设计单位改正。

《建设工程质量管理条例》进一步规定，建设单位不得明示或者暗示设计单位或者施工单位违反工程建设强制性标准，降低建设工程质量。建筑设计单位和建筑施工企业对建设单位违反规定提出的降低工程质量的要求，应当予以拒绝。

勘察、设计单位必须按照工程建设强制性标准进行勘察、设计，并对其勘察、设计的质量负责。

施工单位必须按照工程设计图纸和施工技术标准施工，不得擅自修改工程设计，不得偷工减料。施工单位必须按照工程设计要求、施工技术标准和合同约定，对建筑材料、建筑构配件、设备和商品混凝土进行检验，检验应当有书面记录和专人签字；未经检验或者检验不合格的，不得使用。

（二）工程建设强制性标准的实施管理

《强制性国家标准管理办法》规定，强制性国家标准发布后实施前，企业可以选择执行原强制性国家标准或者新强制性国家标准。新强制性国家标准实施后，原强制性国家标准同时废止。

2015年1月住房和城乡建设部经修改后发布的《实施工程建设强制性标准监督规定》规定，在中华人民共和国境内从事新建、扩建、改建等工程建设活动，必须执行工程建设强制性标准。

建设工程勘察、设计文件中规定采用的新技术、新材料，可能影响建设工程质量和安全，又没有国家技术标准的，应当由国家认可的检测机构进行试验、论证，出具检测报告，并经国务院有关主管部门或者省、自治区、直辖市人民政府有关主管部门组织的建设工程技术专家委员会审定后，方可使用。工程建设中采用国际标准或者国外标准，而现行强制性标准未做规定的，建设单位应当向国务院住房城乡建设主管部门或者国务院有关主管部门备案。

1. 监督管理机构及分工

国务院住房城乡建设主管部门负责全国实施工程建设强制性标准的监督管理工作。国务院有关主管部门按照国务院的职能分工负责实施工程建设强制性标准的监督管理工作。县级以上地方人民政府住房城乡建设主管部门负责本行政区域内实施工程建设强制性标准的监督管理工作。

建设项目规划审查机构应当对工程建设规划阶段执行强制性标准的情况实施监督；施工图设计文件审查单位应当对工程建设勘察、设计阶段执行强制性标准的情况实施监督；建筑安全监督管理机构应当对工程建设施工阶段执行施工安全强制性标准的情况实施监督；工程质量监督机构应当对工程建设施工、监理、验收等阶段执行强制性标准的情况实施监督。

建设项目规划审查机关、施工设计图设计文件审查单位、建筑安全监督管理机构、工程质量监督机构的技术人员必须熟悉、掌握工程建设强制性标准。

2. 监督检查的内容和方式

强制性标准监督检查的内容包括以下几项：

（1）工程技术人员是否熟悉、掌握强制性标准；

（2）工程项目的规划、勘察、设计、施工、验收等是否符合强制性标准的规定；

（3）工程项目采用的材料、设备是否符合强制性标准的规定；

（4）工程项目的安全、质量是否符合强制性标准的规定；

（5）工程中采用的导则、指南、手册、计算机软件的内容是否符合强制性标准的规定。

工程建设标准批准部门应当定期对建设项目规划审查机关、施工图设计文件审查单位、建筑安全监督管理机构、工程质量监督机构实施强制性标准的监督进行检查，对监督不力的单位和个人，给予通报批评，建议有关部门处理。

工程建设标准批准部门应当对工程项目执行强制性标准情况进行监督检查。监督检查可以采取重点检查、抽查和专项检查的方式。

工程建设标准批准部门应当将强制性标准监督检查结果在一定范围内公告。

📖 知识链接

《中华人民共和国标准化法》是为了加强标准化工作，提升产品和服务质量，促进科学技术进步，保障人身健康和生命财产安全，维护国家安全、生态环境安全，提高经济社会发展水平，制定的法律。

《中华人民共和国标准化法》由中华人民共和国第七届全国人民代表大会常务委员会第五次会议于1988年12月29日通过，自1989年4月1日起施行。

最新版本由中华人民共和国第十二届全国人民代表大会常务委员会第三十次会议于2017年11月4日修订通过，自2018年1月1日起施行。

三、违法行为应承担的法律责任

工程建设标准相关违法行为应承担的主要法律责任如下。

（一）建设单位违法行为应承担的法律责任

《建筑法》规定，建设单位违反本法规定，要求建筑设计单位或者建筑施工企业违反建筑工程质量、安全标准，降低工程质量的，责令改正，可以处以罚款；构成犯罪的，依法追究刑事责任。

《建设工程质量管理条例》规定，建设单位有下列行为之一的，责令改正，处20万元以上50万元以下的罚款：……(3)明示或者暗示设计单位或者施工单位违反工程建设强制性标准，降低工程质量的……

《实施工程建设强制性标准监督规定》中规定，建设单位有下列行为之一的，责令改正，并处以20万元以上50万元以下的罚款：(1)明示或者暗示施工单位使用不合格的建筑材料、建筑构配件和设备的；(2)明示或者暗示设计单位或者施工单位违反工程建设强制性标准，降低工程质量的。

（二）勘察、设计单位违法行为应承担的法律责任

《建筑法》规定，建筑设计单位不按照建筑工程质量、安全标准进行设计的，责令改正，处以罚款；造成工程质量事故的，责令停业整顿，降低资质等级或者吊销资质证书，没收违法所得，并处罚款；造成损失的，承担赔偿责任；构成犯罪的，依法追究刑事责任。

《建设工程质量管理条例》规定，有下列行为之一的，责令改正，处10万元以上30万元以下的罚款：(1)勘察单位未按照工程建设强制性标准进行勘察的；……(4)设计单位未按照工程建设强制性标准进行设计的。有以上所列行为，造成工程质量事故的，责令停业整顿，降低资质等级；情节严重的，吊销资质证书；造成损失的，依法承担赔偿责任。

《实施工程建设强制性标准监督规定》中规定，勘察、设计单位违反工程建设强制性标准进行勘察、设计的，责令改正，并处以10万元以上30万元以下的罚款。有前款行为，造成工程质量事故的，责令停业整顿，降低资质等级；情节严重的，吊销资质证书；造成损失的，依法承担赔偿责任。

（三）施工企业违法行为应承担的法律责任

《建筑法》规定，建筑施工企业在施工中偷工减料的，使用不合格的建筑材料、建筑构配件和设备的，或者有其他不按照工程设计图纸或者施工技术标准施工的行为的，责令改正，处以罚款；情节严重的，责令停业整顿，降低资质等级或者吊销资质证书；造成建筑工程质量不符合规定的质量标准，负责返工、修理，并赔偿因此造成的损失；构成犯罪的，依法追究刑事责任。

《中华人民共和国标准化法》规定，生产、销售、进口产品或者提供服务不符合强制性

标准，或者企业生产的产品、提供的服务不符合其公开标准的技术要求的，依法承担民事责任。

生产、销售、进口产品或者提供服务不符合强制性标准的，依照《中华人民共和国产品质量法》《中华人民共和国进出口商品检验法》《中华人民共和国消费者权益保护法》等法律、行政法规的规定查处，记入信用记录，并依照有关法律、行政法规的规定予以公示；构成犯罪的，依法追究刑事责任。

企业未依照《中华人民共和国标准化法》规定公开其执行的标准的，由标准化行政主管部门责令限期改正；逾期不改正的，在标准信息公共服务平台上公示。

《建设工程质量管理条例》规定，施工单位在施工中偷工减料的，使用不合格的建筑材料、建筑构配件和设备的，或者有不按照工程设计图纸或者施工技术标准施工的其他行为的，责令改正，处工程合同价款2%以上4%以下的罚款；造成建设工程质量不符合规定的质量标准的，负责返工、修理，并赔偿因此造成的损失；情节严重的，责令停业整顿，降低资质等级或者吊销资质证书。

《实施工程建设强制性标准监督规定》中规定，施工单位违反工程建设强制性标准的，责令改正，处工程合同价款2%以上4%以下的罚款；造成建设工程质量不符合规定的质量标准的，负责返工、修理，并赔偿因此造成的损失；情节严重的，责令停业整顿，降低资质等级或者吊销资质证书。

(四)工程监理单位违法行为应承担的法律责任

《实施工程建设强制性标准监督规定》规定，工程监理单位违反强制性标准规定，将不合格的建设工程及建筑材料、建筑构配件和设备按照合格签字的，责令改正，处50万元以上100万元以下的罚款，降低资质等级或者吊销资质证书；有违法所得的，予以没收；造成损失的，承担连带赔偿责任。

(五)相关主体的刑事责任

《建设工程质量管理条例》规定，建设单位、设计单位、施工单位、工程监理单位违反国家规定，降低工程质量标准，造成重大安全事故，构成犯罪的，对直接责任人员依法追究刑事责任。

第二节　施工单位的质量责任和义务

施工单位是工程建设的重要责任主体之一。由于施工阶段影响质量稳定的因素和涉及的责任主体均较多，协调管理的难度较大，施工阶段的质量责任制度尤为重要。

住房和城乡建设部《建筑工程五方责任主体项目负责人质量终身责任追究暂行办法》(建质〔2014〕124号)规定，建筑工程开工建设前，建设、勘察、设计、施工、监理单位法定代表人应当签署授权书，明确本单位

《中华人民共和国建筑法》

项目负责人。建筑工程五方责任主体项目负责人质量终身责任，是指参与新建、扩建、改建的建筑工程项目负责人按照国家法律法规和有关规定，在工程设计使用年限内对工程质量承担相应责任。工程质量终身责任实行书面承诺和竣工后永久性标牌等制度。

一、对施工质量负责和总分包单位的质量责任

(一)施工单位对施工质量负责

《建筑法》规定，建筑施工企业对工程的施工质量负责。《建设工程质量管理条例》进一步规定，施工单位对建设工程的施工质量负责。施工单位应当建立质量责任制，确定工程项目的项目经理、技术负责人和施工管理负责人。

建设工程质量责任与施工质量责任的责任主体不尽相同。在工程建设的全过程中，由于参与主体多元化，所以建设工程质量的责任主体也势必多元化。建设工程各方主体依法各司其职、各负其责。每个参与主体仅就自己的工作内容对建设工程承担相应的质量责任。施工单位是建设工程质量的重要责任主体，但不是唯一的责任主体。对施工质量负责是施工单位法定的质量责任。

施工单位的质量责任制，是其质量保证体系的一个重要组成部分，也是施工质量目标得以实现的重要保证。建立质量责任制主要包括制订质量目标计划，建立考核标准，并层层分解落实到具体的责任单位和责任人，特别是工程项目的项目经理、技术负责人和施工管理负责人。落实质量责任制，不仅是为了在出现质量问题时可以追究责任，更重要的是通过层层落实质量责任制，做到事事有人管、人人有职责，加强对施工过程的全面质量控制，保证建设工程的施工质量。

《建筑工程五方责任主体项目负责人质量终身责任追究暂行办法》规定，施工单位项目经理应当按照经审查合格的施工图设计文件和施工技术标准进行施工，对因施工导致的工程质量事故或质量问题承担责任。

(二)总分包单位的质量责任

《建筑法》规定，建筑工程实行总承包的，工程质量由工程总承包单位负责，总承包单位将建筑工程分包给其他单位的，应当对分包工程的质量与分包单位承担连带责任。分包单位应当接受总承包单位的质量管理。

《建设工程质量管理条例》进一步规定，建设工程实行总承包的，总承包单位应当对全部建设工程质量负责；建设工程勘察、设计、施工、设备采购的一项或者多项实行总承包的，总承包单位应当对其承包的建设工程或者采购的设备的质量负责。总承包单位依法将建设工程分包给其他单位的，分包单位应当按照分包合同的约定对其分包工程的质量向总承包单位负责，总承包单位与分包单位对分包工程的质量承担连带责任。

案例：

某建设开发集团建设某住宅楼项目。工程总建筑面积为 150 000 m²，由 A、B、C、D 共 4 幢户型相同独立的住宅楼组成。地下 1 层，地上 28 层，建筑高度为 84 m，剪力墙结构。甲建筑公司通过投标获得了该工程项目，经建设单位同意，甲建筑公司将该工程中的 A、B 两栋多层住宅楼分包给乙公司，并签订了分包合同。在工程交付使用后，发现 1 号楼

因偷工减料存在严重质量问题，建设开发集团便要求甲建筑公司承担责任。甲建筑公司认为 A 号楼是由分包商乙公司完成的，应由乙公司承担相关责任，并以乙公司早已结账撤出而失去联系为由，不予配合问题的处理。

问题：甲建筑公司是否应该对 A 号楼的质量问题承担责任？为什么？

分析：

应承担责任。《建筑法》第五十五条规定："建筑工程实行总承包的，工程质量由工程总承包单位负责，总承包单位将建筑工程分包给其他单位的，应当对分包工程的质量与分包单位承担连带责任。分包单位应当接受总承包单位的质量管理。"本案例中存在着总分包两个合同。在总包合同中，甲建筑公司应该向建设单位即城市建设开发集团负责；在分包合同中，分包商乙公司应该向总承包单位即甲建筑公司负责。同时，甲建筑公司与乙公司还要对分包工程的质量承担连带责任。因此，建设单位有权要求甲建筑公司或乙公司对 A 号楼的质量问题承担责任，任何一方都无权拒绝。在乙公司早已失去联系的情况下，建设单位要求甲建筑公司承担质量责任是符合法律规定的。至于甲建筑公司如何再去追偿乙公司的质量责任，则完全是由甲建筑公司自行负责。

在总分包的情况下存在着总包、分包两种合同，总承包单位和分包单位各自向合同中的对方主体负责。同时，总承包单位与分包单位对分包工程的质量还要依法承担连带责任，即分包工程发生质量问题时，建设单位或其他受害人既可以向分包单位请求赔偿，也可以向总承包单位请求赔偿；进行赔偿的一方，有权依据分包合同的约定，对不属于自己责任的那部分赔偿向对方追偿。因此，分包单位还应当接受总承包单位的质量管理。

📖 **知识链接**

《建筑法》规定，（   ）对分包工程的质量承担连带责任。

A. 监理单位与分包单位　　　　　　B. 建设单位与分包单位

C. 总承包单位与分包单位　　　　　D. 设计单位与分包单位

分析：

答案：C。《建筑法》规定，建筑工程实行总承包的，工程质量由工程总承包单位负责，总承包单位将建筑工程分包给其他单位的，应当对分包工程的质量与分包单位承担连带责任。分包单位应当接受总承包单位的质量管理。

二、按照工程设计图纸和施工技术标准施工的规定

《建筑法》规定，建筑施工企业必须按照工程设计图纸和施工技术标准施工，不得偷工减料。工程设计的修改由原设计单位负责，建筑施工企业不得擅自修改工程设计。

《建设工程质量管理条例》进一步规定，施工单位必须按照工程设计图纸和施工技术标准施工，不得擅自修改工程设计，不得偷工减料。施工单位在施工过程中发现设计文件和图纸有差错的，应当及时提出意见和建议。

（一）按图施工，遵守标准

按工程设计图纸施工，是保证工程实现设计意图的前提，也是明确划分设计、施工单

位质量责任的前提。施工技术标准则是工程建设过程中规范施工行为的技术依据。施工单位只有按照施工技术标准，特别是强制性标准的要求施工，才能保证工程的施工质量。另外，从法律的角度来看，工程设计图纸和施工技术标准都属于合同文件的组成部分，如果施工单位不按照工程设计图纸和施工技术标准施工，则属于违约行为，应该对建设单位承担违约责任。

(二)防止设计文件和图纸出现差错

工程项目的设计往往涉及多个专业之间的协调配合。所以，设计文件和图纸也有可能会出现差错。这些差错通常会在图纸会审或施工过程中被逐渐发现。施工人员特别是施工管理负责人、技术负责人以及项目经理等，均为具有丰富实践经验的专业技术人员、专业管理人员。施工单位在施工过程中发现设计文件和图纸有差错的，有义务及时向建设单位或监理单位提出意见和建议，以免造成不必要的损失和质量问题。这也是其履行施工合同应尽的基本义务。

📖 知识链接

施工企业在施工过程中发现设计文件和图纸有差错的，应当(　　　)。
A. 继续按照设计文件和图纸进行施工
B. 及时提出意见和建议
C. 由施工企业技术负责人按照技术标准修改设计文件和图纸
D. 按照通常做法施工
分析：
答案：B。《建设工程质量管理条例》进一步规定，施工单位必须按照工程设计图纸和施工技术标准施工，不得擅自修改工程设计，不得偷工减料。施工单位在施工过程中发现设计文件和图纸有差错的，应当及时提出意见和建议。

三、对建筑材料、设备等进行检验检测的规定

建设工程属于特殊产品，其质量隐蔽性强、终检局限性大，在施工全过程质量控制中，必须严格执行法定的检验、检测制度，否则将造成质量隐患甚至导致质量事故。

《建筑法》规定，建筑施工企业必须按照工程设计要求、施工技术标准和合同的约定，对建筑材料、建筑构配件和设备进行检验，不合格的不得使用。《建设工程质量管理条例》进一步规定，施工单位必须按照工程设计要求、施工技术标准和合同约定，对建筑材料、建筑构配件、设备和商品混凝土进行检验，检验应当有书面记录和专人签字；未经检验或者检验不合格的，不得使用。

(一)建筑材料、构配件、设备和商品混凝土的检验制度

施工单位对进入施工现场的建筑材料、建筑构配件、设备和商品混凝土实行检验制度，是施工单位质量保证体系的重要组成部分，也是保证施工质量的重要前提。

施工单位的检验要依据工程设计要求、施工技术标准和合同约定。检验对象是将在工程施工中使用的建筑材料、建筑构配件、设备和商品混凝土。合同若有其他约定的，检验工作还应满足合同相应条款的要求。检验结果要按规定的格式形成书面记录，并由相关的专业人员签字。对于未经检验或检验不合格的，不得在施工中使用。

(二)施工检测的见证取样和送检制度

《建设工程质量管理条例》规定，施工人员对涉及结构安全的试块、试件及有关材料，应当在建设单位或者工程监理单位监督下现场取样，并送具有相应资质等级的质量检测单位进行检测。

1. 见证取样和送检

所谓见证取样和送检，是指在建设单位或工程监理单位人员的见证下，由施工单位的现场试验人员对工程中涉及结构安全的试块、试件和材料在现场取样，并送至具有法定资格的质量检测单位进行检测的活动。

原建设部《房屋建筑工程和市政基础设施工程实行见证取样和送检的规定》(建建〔2000〕211号)中规定，涉及结构安全的试块、试件和材料见证取样和送检的比例不得低于有关技术标准中规定应取样数量的30%。下列试块、试件和材料必须实施见证取样和送检：

(1)用于承重结构的混凝土试块；

(2)用于承重墙体的砌筑砂浆试块；

(3)用于承重结构的钢筋及连接接头试件；

(4)用于承重墙的砖和混凝土小型砌块；

(5)用于拌制混凝土和砌筑砂浆的水泥；

(6)用于承重结构的混凝土中使用的掺加剂；

(7)地下、屋面、厕浴间使用的防水材料；

(8)国家规定必须实行见证取样和送检的其他试块、试件和材料。

见证人员应由建设单位或该工程的监理单位中具备施工试验知识的专业技术人员担任，并由建设单位或该工程的监理单位书面通知施工单位、检测单位和负责该项工程的质量监督机构。

在施工过程中，见证人员应按照见证取样和送检计划，对施工现场的取样和送检进行见证。取样人员应在试样或其包装上作出标识、封志。标识和封志应标明工程名称、取样部位、取样日期、样品名称和样品数量，并由见证人员和取样人员签字。见证人员和取样人员应对试样的代表性与真实性负责。

📑知识链接

根据《房屋建筑工程和市政基础设施工程实行见证取样和送检的规定》，涉及结构安全的试块、试件和材料见证取样与送检的比例不得低于有关技术标准中应取样数量的(   )。

A. 20%　　　　　B. 25%　　　　　C. 40%　　　　　D. 30%

分析：

答案：D。《房屋建筑工程和市政基础设施工程实行见证取样和送检的规定》中规定，涉及结构安全的试块、试件和材料见证取样与送检的比例不得低于有关技术标准中规定应取样数量的 30%。

2. 工程质量检测机构的资质和检测规定

《建设工程质量检测管理办法》规定，工程质量检测机构是具有独立法人资格的中介机构。检测机构资质按照其承担的检测业务内容可分为专项检测机构资质和见证取样检测机构资质。检测机构未取得相应的资质证书，不得承担本办法规定的质量检测业务。

质量检测业务由工程项目建设单位委托具有相应资质的检测机构进行检测。委托方与被委托方应当签订书面合同。检测机构完成检测业务后，应当及时出具检测报告。检测报告经检测人员签字、检测机构法定代表人或者其授权的签字人签署，并加盖检测机构公章或者检测专用章后方可生效。检测报告经建设单位或者工程监理单位确认后，由施工单位归档。任何单位和个人不得明示或者暗示检测机构出具虚假检测报告，不得篡改或者伪造检测报告。如果检测结果利害关系人对检测结果发生争议的，由双方共同认可的检测机构复检，复检结果由提出复检方报当地建设主管部门备案。

检测机构应当将检测过程中发现的建设单位、监理单位、施工单位违反有关法律、法规和工程建设强制性标准的情况，以及涉及结构安全检测结果的不合格情况，及时报告工程所在地建设主管部门。检测机构应当建立档案管理制度，并应当单独建立检测结果不合格项目台账。

检测人员不得同时受聘于两个或者两个以上的检测机构。检测机构和检测人员不得推荐或者监制建筑材料、构配件和设备。检测机构不得与行政机关，法律、法规授权的具有管理公共事务职能的组织，以及所检测工程项目相关的设计单位、施工单位、监理单位有隶属关系或者其他利害关系。

检测机构不得转包检测业务。检测机构应当对其检测数据和检测报告的真实性与准确性负责。检测机构违反法律、法规和工程建设强制性标准，给他人造成损失的，应当依法承担相应的赔偿责任。

📑 知识链接

关于工程质量检测的说法，下列正确的是（　　　）。

A. 检测人员不得同时受聘于两个或两个以上检测机构

B. 检测报告必须由检测机构法定代表人签署

C. 检测机构是不具有独立法人资格的非营利性中介机构

D. 检测数据和检测报告仅供施工企业参考

分析：

答案：A。本题考查工程质量检测机构的资质和检测规定。

选项 A 正确，检测人员不得同时受聘于两个或者两个以上的检测机构。选项 B 错误，检测报告经检测人员签字、检测机构法定代表人或者其授权的签字人签署，并加盖检测机构公章或者检测专用章后方可生效。选项 C 错误，工程质量检测机构是具有独立法人资格的中介机构。选项 D 错误，检测报告经建设单位或者工程监理单位确认后，由施工单位归档。任何单位和个人不得明示或者暗示检测机构出具虚假检测报告，不得篡改或者伪造检测报告。如果检测结果利害关系人对检测结果发生争议的，由双方共同认可的检测机构复检，复检结果由提出复检方报当地建设主管部门备案。

四、施工质量检验和返修的规定

(一)施工质量检验制度

施工质量检验，通常是指工程施工过程中工序质量检验（或称为过程检验）。其包括预检、自检、交接检、专职检、分部工程中间检验及隐蔽工程检验等。

《建设工程质量管理条例》规定，施工单位必须建立、健全施工质量的检验制度，严格工序管理，做好隐蔽工程的质量检查和记录。隐蔽工程在隐蔽前，施工单位应当通知建设单位和建设工程质量监督机构。

1. 严格工序质量检验和管理

任何一项工程的施工，都是通过一个由许多工序或过程组成的工序（或过程）网络来实现的。完善的检验制度和严格的工序管理是保证工序或过程质量的前提。因此，施工单位要加强对施工工序或过程的质量控制，特别是要加强影响结构安全的地基和结构等关键施工过程的质量控制。

2. 强化隐蔽工程质量检查

隐蔽工程，是指在施工过程中某一道工序所完成的工程实物，被后一工序形成的工程实物所隐蔽，而且不可以逆向作业的那部分工程。例如，钢筋混凝土工程施工中，钢筋为混凝土所覆盖，前者即为隐蔽工程。

由于隐蔽工程被后续工序覆盖后，其施工质量就很难检验及认定。所以，隐蔽工程在覆盖前，施工单位除要做好检查、检验并做好记录外，还应当及时通知建设单位（实施监理的工程为监理单位）和建设工程质量监督机构，以接受政府监督和向建设单位提供质量保证。

(二)建设工程的返修

《建筑法》规定，对已发现的质量缺陷，建筑施工企业应当修复。《建设工程质量管理条例》进一步规定，施工单位对施工中出现质量问题的建设工程或者竣工验收不合格的建设工程，应当负责返修。

《民法典》也做了相应规定，因施工人的原因致使建设工程质量不符合约定的，发包人有权请求施工人在合理期限内无偿修理或者返工、改建。

案例：

某房地产开发公司与某建筑公司签订了一份建筑工程承包合同。合同规定，建筑公司为房地产开发公司建造一栋商务写字楼，开工时间为 2020 年 5 月 10 日，竣工时间为 2021 年 11 月 10 日，在施工过程中，建筑公司以工期紧为由，在一些隐蔽工程隐蔽前没有通知房地产开发公司、监理工程师和建设工程质量监督机构，就进行了下一道程序的施工。在竣工验收时，发现该工程存在多处质量缺陷。房地产开发公司要求该建筑公司返修，但建筑公司以下一个工程项目马上要开工为由，拒绝返修。

问题：(1)该建筑公司有何过错？

（2）该写字楼工程的质量问题应该如何解决？

分析：

（1）《建设工程质量管理条例》第三十条规定："施工单位必须建立、健全施工质量的检验制度，严格工序管理，做好隐蔽工程的质量检查和记录。隐蔽工程在隐蔽前，施工单位应当通知建设单位和建设工程质量监督机构。"在本案例中，建筑公司没有通知有关单位验收就将隐蔽工程进行隐蔽并继续施工，严重违反了《建设工程质量管理条例》的上述规定，应该承担相应的法律责任。

（2）《建筑法》第六十一条第二款规定："建筑工程竣工经验收合格后，方可交付使用；未经验收或者验收不合格的，不得交付使用。"《建设工程质量管理条例》第三十二条规定："施工单位对施工中出现质量问题的建设工程或者竣工验收不合格的建设工程，应当负责返修。"第六十四条规定："违反本条例规定，……造成建设工程质量不符合规定的质量标准的，负责返工、修理，并赔偿因此造成的损失；情节严重的，责令停业整顿，降低资质等级或者吊销资质证书。"本案中，建筑公司应该对存在的工程质量缺陷进行修复，并赔偿因此造成的损失；情节严重的，政府主管部门应责令停业整顿，降低资质等级或者吊销资质证书。

返修作为施工单位的法定义务，其返修包括施工过程中出现质量问题的建设工程和竣工验收不合格的建设工程两种情形。无论是施工过程中出现质量问题的建设工程，还是竣工验收时发现质量问题的工程，施工单位都要负责返修。

对于非施工单位原因造成的质量问题，施工单位也应当负责返修，但是因此而造成的损失及返修费用由责任方负责。

📄 知识链接

关于建设工程返修的说法，下列正确的是（　　）。

A. 施工企业只对自己原因造成的质量问题负责返修，费用由建设单位承担

B. 施工企业对所有的质量问题均应当负责返修，费用由建设单位承担

C. 施工企业对非自己原因造成的质量问题负责返修，费用由责任人承担

D. 施工企业只对竣工验收时发现的质量问题负责返修并承担费用

分析：

答案：C。本题考查施工质量检验和返修的规定。选项A错误，《建设工程质量管理条例》规定，施工单位对施工中出现质量问题的建设工程或者竣工验收不合格的建设工程，应当负责返修。选项B错误，返修虽然作为施工单位的法定义务，但对于非施工单位原因造成的质量问题，施工单位负责返修而造成的损失及返修费用由责任方负责。因此，选项C正确。选项D错误，施工单位对施工中出现质量问题的建设工程或者竣工验收不合格的建设工程，应当负责返修。

五、建立健全职工教育培训制度的规定

《建设工程质量管理条例》规定，施工单位应当建立、健全教育培训制度，加强对职工的教育培训；未经教育培训或者考核不合格的人员，不得上岗作业。

施工单位的教育培训通常包括各类质量教育和岗位技能培训等。先培训、后上岗，是对施工单位的职工教育的基本要求。特别是与质量工作有关的人员，如总工程师、项目经理、质量体系内审员、质量检查员、施工人员、材料试验及检测人员；关键技术工种，如焊工、钢筋工、混凝土工等，未经培训或者培训考核不合格的人员，不得上岗工作或作业。

六、施工单位质量违法行为应承担的主要法律责任

(一)违反资质管理规定和转包、违法分包造成质量问题应承担的法律责任

《建筑法》规定，建筑施工企业转让、出借资质证书或者以其他方式允许他人以本企业的名义承揽工程的，……对因该项承揽工程不符合规定的质量标准造成的损失，建筑施工企业与使用本企业名义的单位或者个人承担连带赔偿责任。

承包单位将承包的工程转包的，或者违反本法规定进行分包的，……对因转包工程或者违法分包的工程不符合规定的质量标准造成的损失，与接受转包或者分包的单位承担连带赔偿责任。

(二)偷工减料等违法行为应承担的法律责任

《建筑法》规定，建筑施工企业在施工中偷工减料的，使用不合格的建筑材料、建筑构配件和设备的，或者有其他不按照工程设计图纸或者施工技术标准施工的行为的，责令改正，处以罚款；情节严重的，责令停业整顿，降低资质等级或者吊销资质证书；造成建筑工程质量不符合规定的质量标准的，负责返工、修理，并赔偿因此造成的损失；构成犯罪的，依法追究刑事责任。

《建设工程质量管理条例》规定，施工单位在施工中偷工减料的，使用不合格的建筑材料、建筑构配件和设备的，或者有不按照工程设计图纸或者施工技术标准施工的其他行为的，责令改正，处工程合同价款2%以上4%以下的罚款；造成建设工程质量不符合规定的质量标准的，负责返工、修理，并赔偿因此造成的损失；情节严重的，责令停业整顿，降低资质等级或者吊销资质证书。

《建筑工程五方责任主体项目负责人质量终身责任追究暂行办法》第六条规定，符合下列情形之一的，县级以上地方人民政府住房城乡建设主管部门应当依法追究项目负责人的质量终身责任：

(1)发生工程质量事故；

(2)发生投诉、举报、群体性事件、媒体报道并造成恶劣社会影响的严重工程质量问题；

(3)由于勘察、设计或施工原因造成尚在设计使用年限内的建筑工程不能正常使用；

(4)存在其他需追究责任的违法违规行为。

发生上述情形之一的，对施工单位项目经理按以下方式进行责任追究：

(1)项目经理为相关注册执业人员的，责令停止执业1年；造成重大质量事故的，吊销执业资格证书，5年以内不予注册；情节特别恶劣的，终身不予注册；

(2)构成犯罪的，移送司法机关依法追究刑事责任；

(3)处单位罚款数额5%以上10%以下的罚款；

(4)向社会公布曝光。

施工企业在施工中偷工减料，造成建筑工程质量不符合规定的质量标准，且情节严重。住房城乡建设主管部门对该施工企业实施的处罚不包括(　　)。

A. 责令停业整顿　　　B. 吊销营业执照　　　C. 降低资质等级　　　D. 吊销资质证书

分析:

答案: B。《建筑法》规定，建筑施工企业在施工中偷工减料的，使用不合格的建筑材料、建筑构配件和设备的，或者有其他不按照工程设计图纸或者施工技术标准施工的行为的，责令改正，处以罚款；情节严重的，责令停业整顿，降低资质等级或者吊销资质证书。

(三)检验检测违法行为应承担的法律责任

《建设工程质量管理条例》规定，施工单位未对建筑材料、建筑构配件、设备和商品混凝土进行检验，或者未对涉及结构安全的试块、试件及有关材料取样检测的，责令改正，处 10 万元以上 20 万元以下的罚款；情节严重的，责令停业整顿，降低资质等级或者吊销资质证书；造成损失的，依法承担赔偿责任。

(四)构成犯罪的追究刑事责任

《建设工程质量管理条例》规定，建设单位、设计单位、施工单位、工程监理单位违反国家规定，降低工程质量标准，造成重大安全事故，构成犯罪的，对直接责任人员依法追究刑事责任。

建设、勘察、设计、施工、工程监理单位的工作人员因调动工作、退休等原因离开该单位后，被发现在该单位工作期间违反国家有关建设工程质量管理规定，造成重大工程质量事故的，仍应当依法追究法律责任。

《刑法》第一百三十七条规定，建设单位、设计单位、施工单位、工程监理单位违反国家规定，降低工程质量标准，造成重大安全事故的，对直接责任人员处 5 年以下有期徒刑或者拘役，并处罚金；后果特别严重的，处 5 年以上 10 年以下有期徒刑，并处罚金。

案例:

某市政建设工程公司承揽了某县城一桥梁建设工程，合同总价为 424 万元。该公司为了降低成本，在施工过程中聘用多名不具备相应条件的无证人员上岗，造成该桥梁 2 个桥墩的钻孔灌注桩配筋不足、桩身高度不够、混凝土强度不够，桥梁的实际承载力与设计承载力误差达 38%。在竣工前，该桥梁突然下沉坍塌，导致现场多人受伤严重，直接经济损失超过 500 万元。

问题: 该市政建设工程公司存在哪些违法行为？应该如何处理？

分析:

《建设工程质量管理条例》第三十三条规定："施工单位应当建立、健全教育培训制度，加强对职工的教育培训；未经教育培训或者考核不合格的人员，不得上岗作业。"第二十八条第一款规定："施工单位必须按照工程设计图纸和施工技术标准施工，不得擅自修改工程设计，不得偷工减料。"本案中的市政建设工程公司为了降低成本，擅自聘用多名无证人员上岗、偷工减料、不按图纸要求施工，导致该桥梁工程尚未竣工就下沉坍塌，损失惨重，是严重的违法行为。

《建设工程质量管理条例》第六十四条规定:"违反本条例规定,施工单位在施工中偷工减料的,使用不合格的建筑材料、建筑构配件和设备的,或者有不按照工程设计图纸或者施工技术标准施工的其他行为的,责令改正,处工程合同价款2%以上4%以下的罚款;造成建设工程质量不符合规定的质量标准的,负责返工、修理,并赔偿因此造成的损失;情节严重的,责令停业整顿,低资质等级或者吊销资质证书。"据此,该市政建设工程公司应该承担工程合同价款2%以上4%以下的罚款,负责返工、修理,并赔偿因此造成的损失;情节严重的,还应责令停业整顿,降低资质等级或者吊销资质证书。

第三节　建设单位及相关单位的质量责任和义务

一、建设单位相关的质量责任和义务

(一)依法发包工程

《建设工程质量管理条例》规定,建设单位应当将工程发包给具有相应资质等级的单位。建设单位不得将建设工程肢解发包。建设单位应当依法对工程建设项目的勘察、设计、施工、监理以及与工程建设有关的重要设备、材料等的采购进行招标。

《建筑工程五方责任主体项目负责人质量终身责任追究暂行办法》进一步规定,建设单位项目负责人对工程质量承担全面责任,不得违法发包、肢解发包,不得以任何理由要求勘察、设计、施工、监理单位违反法律法规和工程建设标准,降低工程质量,其违法违规或不当行为造成工程质量事故或质量问题应当承担责任。

建设单位将工程发包给具有相应资质等级的单位来承担,是保证建设工程质量的基本前提。《建设工程勘察设计资质管理规定》《建筑业企业资质管理规定》《工程监理企业资质管理规定》等均对工程勘察单位、工程设计单位、施工企业和工程监理单位的资质等级、资质标准、业务范围等作出了明确规定。如果建设单位选择不具备相应资质等级的承包人,一方面极易造成工程质量低劣,甚至使工程项目半途而废;另一方面也扰乱了建设市场秩序,助长了不正当竞争。

建设单位发包工程时,应该根据工程特点,以有利于工程的质量、进度、成本控制为原则,合理划分标段,而不能肢解发包工程。否则,将使整个工程建设在管理和技术上缺乏应有的统筹协调,从而造成施工现场秩序混乱、责任不清,严重影响工程质量,一旦出现质量问题难辞其咎。

(二)依法提供原始资料

《建设工程质量管理条例》规定,建设单位必须向有关的勘察、设计、施工、工程监理等单位提供与建设工程有关的原始资料。原始资料必须真实、准确、齐全。

原始资料是工程勘察、设计、施工、监理等单位赖以进行相关工程建设的基础性材料。

建设单位作为建设活动的总负责方，向有关单位提供原始资料，以及施工地段地下管线现状资料，并保证这些资料的真实、准确、齐全，是其基本的质量责任和义务。

（三）限制不合理的干预行为

《建筑法》规定，建设单位不得以任何理由，要求建筑设计单位或者建筑施工企业在工程设计或者施工作业中，违反法律、行政法规和建筑工程质量、安全标准，降低工程质量。

《政府投资条例》规定，政府投资项目应当按照国家有关规定合理确定并严格执行建设工期，任何单位和个人不得非法干预。

《建设工程质量管理条例》进一步规定，建设工程发包单位，不得迫使承包方以低于成本的价格竞标，不得任意压缩合理工期。建设单位不得明示或者暗示设计单位或者施工单位违反工程建设强制性标准，降低建设工程质量。

成本是构成价格的主要部分，是承包方估算投标价格的依据和最低的经济底线。如果建设单位迫使承包方以低于成本的价格中标，势必会导致中标单位在承包工程后，为了减少开支、降低成本而采取偷工减料、以次充好、粗制滥造等手段，最终导致建设工程出现质量问题，影响投资效益的发挥。

建设单位也不得任意压缩合理工期。因为，合理工期是指在正常建设条件下，采取科学合理的施工工艺和管理方法，以现行的工期定额为基础，结合工程项目建设的实际，经合理测算和平等协商而确定的使参与各方均获满意的经济效益的工期。如果盲目要求赶工期，势必会简化工序，不按规程操作，从而导致建设工程出现质量等诸多问题。

建设单位更不得以任何理由，诸如建设资金不足、工期紧等，违反强制性标准的规定，要求设计单位降低设计标准，或者要求施工单位采用建设单位采购的不合格材料设备等。因为，强制性标准是保证建设工程结构安全可靠的基础性要求，违反了这类标准，必然会给建设工程带来重大质量隐患。

案例：

某混凝土预制工厂在同一厂区建设第2个大型厂房时，为了节省投资，决定不做勘察，便将多年前为第1个大型厂房做的勘察成果提供给设计院作为设计依据，让其设计新厂房。设计院同意使用旧的勘察成果。该厂房建成后使用1年后就发现墙体多处开裂。混凝土预制工厂一纸诉状将施工单位告上法庭，请求判定施工单位承担工程质量责任。

问题：（1）案例中的质量责任应当由谁承担？

（2）工程中设计方是否有过错？违反了什么规定？

分析：

（1）经检测，墙体开裂系设计中对地基处理不当引起厂房不均匀沉陷所致。《建筑法》第五十四条规定："建设单位不得以任何理由，要求建筑设计单位或者建筑施工企业在工程设计或者施工作业中，违反法律、行政法规和建筑工程质量、安全标准，降低工程质量。"

本案例中的混凝土预制工厂为节省投资，坚持不委托勘察，只向设计单位提供旧的勘察成果，违反了法律规定，对该工程的质量问题应该承担主要责任。

（2）设计方也有过错，《建筑法》第五十条还规定，建筑设计单位和建筑施工企业对建设单位违反规定提出的降低工程质量的要求，应当予以拒绝。《建设工程质量管理条例》第二十一条规定："设计单位应当根据勘察成果文件进行建设工程设计。"因此，设计单位尽管开始不同意建设单位的做法，但后来没有坚持原则作了妥协，也应该对工程设计承担质量责任。

法庭经审理，认定该工程的质量责任由该化工厂承担主要责任，由设计方承担次要责任。

(四)依法报审施工图设计文件

《建设工程质量管理条例》规定，施工图设计文件未经审查批准的，不得使用。

施工图设计文件是编制施工图预算、安排材料、设备订货和非标准设备制作，进行施工、安装和工程验收等工作的依据。因此，施工图设计文件的质量直接影响建设工程的质量。

建立和实施施工图设计文件审查制度，是许多发达国家确保建设工程质量的成功做法。我国于1998年开始进行建筑工程项目施工图设计文件审查试点工作，在节约投资、发现设计质量隐患和避免违法违规行为等方面都有明显的成效。通过开展对施工图设计文件的审查，既可以对设计单位的成果进行质量控制，也能纠正参与建设活动各方特别是建设单位的不规范行为。

(五)依法实行工程监理

《建设工程质量管理条例》规定，实行监理的建设工程，建设单位应当委托具有相应资质等级的工程监理单位进行监理，也可以委托具有工程监理相应资质等级并与被监理工程的施工承包单位没有隶属关系或者其他利害关系的该工程的设计单位进行监理。

工程监理单位的资质反映了该单位从事某项监理工作的资格和能力。为了保证监理工作的质量，建设单位必须将需要监理的工程委托给具有相应资质等级的工程监理单位进行监理。目前，我国的工程监理主要是对工程的施工过程进行监督，而该工程的设计人员对设计意图比较理解，对设计中各专业如结构、设备等在施工中可能发生的问题也比较清楚，由具有监理资质的设计单位对自己设计的工程进行监理，对保证工程质量是有利的。但是，设计单位与承包该工程的施工单位不得有行政隶属关系，也不得存在可能直接影响设计单位实施监理公正性的非常明显的经济或其他利益关系。

《建设工程质量管理条例》还规定，下列建设工程必须实行监理：

(1)国家重点建设工程；

(2)大中型公用事业工程；

(3)成片开发建设的住宅小区工程；

(4)利用外国政府或者国际组织贷款、援助资金的工程；

(5)国家规定必须实行监理的其他工程。

(六)依法办理工程质量监督手续

《建设工程质量管理条例》规定，建设单位在开工前，应当按照国家有关规定办理工程质量监督手续，工程质量监督手续可以与施工许可证或者开工报告合并办理。

据此，建设单位在开工之前，应当依法到建设行政主管部门或铁路、交通、水利等有关管理部门，或其委托的工程质量监督机构办理工程质量监督手续，接受政府主管部门的工程质量监督。

（七）依法保证建筑材料等符合要求

《建设工程质量管理条例》规定，按照合同约定，由建设单位采购建筑材料、建筑构配件和设备的，建设单位应当保证建筑材料、建筑构配件和设备符合设计文件与合同要求。建设单位不得明示或者暗示施工单位使用不合格的建筑材料、建筑构配件和设备。

在工程实践中，常由建设单位采购建筑材料、构配件和设备，在合同中应当明确约定采购责任，即谁采购、谁负责。对于建设单位负责供应的材料设备，在使用前施工单位应当按照规定对其进行检验和试验，如果不合格，不得在工程上使用，并应通知建设单位予以退换。

（八）依法进行装修工程

《建设工程质量管理条例》规定，涉及建筑主体和承重结构变动的装修工程，建设单位应当在施工前委托原设计单位或者具有相应资质等级的设计单位提出设计方案；没有设计方案的，不得施工。房屋建筑使用者在装修过程中，不得擅自变动房屋建筑主体和承重结构。

随意拆改建筑主体结构和承重结构等，会危及建设工程安全和人民生命财产安全。因此，建设单位应当委托该建筑工程的原设计单位或者具有相应资质条件的设计单位提出装修工程的设计方案。如果没有设计方案就擅自施工，将留下质量隐患甚至造成质量事故，后果严重。至于房屋使用者，在装修过程中也不得擅自变动房屋建筑主体和承重结构，如拆除隔墙、窗洞改门洞等，否则很有可能会酿成房倒屋塌的灾难。

（九）建设单位质量违法行为应承担的法律责任

《建筑法》规定，建设单位违反本法规定，要求建筑设计单位或者建筑施工企业违反建筑工程质量、安全标准，降低工程质量的，责令改正，可以处以罚款；构成犯罪的，依法追究刑事责任。

《建设工程质量管理条例》规定，建设单位有下列行为之一的，责令改正，处20万元以上50万元以下的罚款：

(1)迫使承包方以低于成本的价格竞标的；

(2)任意压缩合理工期的；

(3)明示或者暗示设计单位或者施工单位违反工程建设强制性标准，降低工程质量的；

(4)施工图设计文件未经审查或者审查不合格，擅自施工的；

(5)建设项目必须实行工程监理而未实行工程监理的；

(6)未按照国家规定办理工程质量监督手续的；

(7)明示或者暗示施工单位使用不合格的建筑材料、建筑构配件和设备的；

(8)未按照国家规定将竣工验收报告、有关认可文件或者准许使用文件报送备案的。

《建筑工程五方责任主体项目负责人质量终身责任追究暂行办法》第十一条规定，发生本办法第六条所列情形之一的，对建设单位项目负责人按以下方式进行责任追究：

(1)项目负责人为国家公职人员的，将其违法违规行为告知其上级主管部门及纪检监察部门，并建议对项目负责人给予相应的行政、纪律处分；

(2)构成犯罪的，移送司法机关依法追究刑事责任；

(3)处单位罚款数额5%以上10%以下的罚款；

(4)向社会公布曝光。

案例：

2020年6月，某化工厂要新建一个厂房，通过招标分别与某设计院和某建筑公司签订了设计合同、施工合同。工程竣工后，在厂房投入使用后正常使用，2021年2月，化工厂发现新建厂房的墙体发生了不同程度的开裂。为此，该化工厂起诉了该建筑公司要求其承担法律责任。建筑公司辩称施工质量不存在任何问题。经法院委托的工程质量司法鉴定结论表明，厂房墙体开裂是由于地基不均匀沉降引起，未发现有施工质量问题。后经对设计文件做分析测算发现，该厂房的结构设计符合国家的设计规范，并且与化工厂提供的地质资料匹配。但是，该设计文件却与该厂房的地质情况不符合。经法院调查得知，化工厂提供的地质资料并非是本厂房的地质资料，而是化工厂同一厂区另外一个办公楼的地质资料。

问题： 厂房的质量责任应当由谁承担？为什么？

分析：

本案例中，根据工程质量鉴定结论，并未发现施工质量问题，所以建筑公司没有过错，不应承担厂房的质量责任。设计方的结构设计虽然符合国家的设计规范，并且与化工厂提供的地质资料匹配，但却与该厂房的实际地质情况不符合，由于设计图纸所依据的资料不准，造成地基不均匀沉降，最终导致墙壁开裂。因此，该事故的责任应该定位于设计合同主体双方。

《建设工程质量管理条例》第九条规定："建设单位必须向有关的勘察、设计、施工、工程监理等单位提供与建设工程有关的原始资料。原始资料必须真实、准确、齐全。"但是，化工厂作为建设单位却提供了与建设工程不符的原始资料，严重违反了法定的质量责任义务，应该对厂房质量承担责任。同时，《建设工程质量管理条例》第二十一条第一款还规定："设计单位应当根据勘察成果文件进行建设工程设计。"该设计院确实是根据勘察成果文件设计了该厂房。但是，作为专业技术人员，不仅应该具有关注原始资料瑕疵或真假的意识，也应该对自己设计所依据的资料拥有一定的鉴别水平与能力，一旦发现原始资料有问题就应该拒绝作为设计依据。这既是对工程质量的有效保证，也是对自己的法律保护。本案例中，设计方没有尽到此项义务，也应该承担相应的质量责任。鉴于本案例中的化工厂是故意违反法律规定，而设计院属于疏忽大意，化工厂应该对厂房质量问题负主要责任，设计院则应承担次要责任。

二、勘察、设计单位相关的质量责任和义务

《建筑法》规定，建筑工程的勘察、设计单位必须对其勘察、设计的质量负责。勘察、设计文件应当符合有关法律、行政法规的规定和建筑工程质量、安全标准、建筑工程勘察、设计技术规范及合同的约定。

《建设工程质量管理条例》进一步规定，勘察、设计单位必须按照工程建设强制性标准进行勘察、设计，并对其勘察、设计的质量负责。注册建筑师、注册结构工程师等注册执业人员应当在设计文件上签字，对设计文件负责。

谁勘察设计谁负责，谁施工谁负责，这是国际上通行的做法。勘察、设计单位和执业注册人员是勘察设计质量的责任主体，也是整个工程质量的责任主体之一。勘察、设计质

量实行单位与执业注册人员双重责任，即勘察、设计单位对其勘察、设计的质量负责，注册建筑师、注册结构工程师等专业人士对其签字的设计文件负责。

(一)依法承揽勘察、设计业务

《建设工程质量管理条例》规定，从事建设工程勘察、设计的单位应当依法取得相应等级的资质证书，并在其资质等级许可的范围内承揽工程。禁止勘察、设计单位超越其资质等级许可的范围或者以其他勘察、设计单位的名义承揽工程。禁止勘察、设计单位允许其他单位或者个人以本单位的名义承揽工程。勘察、设计单位不得转包或者违法分包所承揽的工程。

勘察、设计作为一个特殊行业，与施工单位一样，也有着严格的市场准入条件，有着从业资格制度，同样禁止无资质或者越级承揽工程，禁止以其他勘察、设计单位的名义承揽工程或者允许其他单位、个人以本单位的名义承揽工程，禁止转包或者违法分包所承揽的工程。

(二)勘察、设计必须执行强制性标准

《建设工程质量管理条例》规定，勘察、设计单位必须按照工程建设强制性标准进行勘察、设计，并对其勘察、设计的质量负责。

《建筑工程五方责任主体项目负责人质量终身责任追究暂行办法》进一步规定，勘察、设计单位项目负责人应当保证勘察设计文件符合法律法规和工程建设强制性标准的要求，对因勘察、设计导致的工程质量事故或质量问题承担责任。

多年的实践证明，强制性标准是工程建设技术和经验的积累，是勘察、设计工作的技术依据。只有满足工程建设强制性标准才能保证质量，才能满足工程对安全、卫生、环保等多方面的质量要求。

案例：

某企业拟建设 1 所附属小学。某设计院为其设计了 5 层砖混结构的教学楼、运动场等。教学楼的楼梯梯井净宽为 0.3 m，为防止学生攀爬，梯井采用工程玻璃隔离防护，楼梯采用垂直杆件做栏杆，杆件净距为 0.13 m；运动场与街道之间采用透景墙，墙体采用垂直杆283 件做栏杆，杆件净距为 0.13 m。在建设过程中，有人对该设计提出异议。

问题：该工程中设计方是否有过错？违反了什么法规的规定？

分析：

设计方有明显的过错，违反了《建设工程质量管理条例》第十九条的规定："勘察、设计单位必须按照工程建设强制性标准进行勘察、设计，并对其勘察、设计的质量负责。"

《民用建筑设计统一标准》(GB 50352—2019) 中 6.7.4 规定："住宅、托儿所、幼儿园、中小学及其他少年儿童专用活动场所的栏杆必须采取防止攀爬的构造。当采用垂直杆件做栏杆时，其杆件净间距不应大于 0.11 m。"6.8.9 规定："托儿所、幼儿园、中小学校及其他少年儿童专用活动场所，当楼梯井净宽大于 0.20 m 时，必须采取防止少年儿童坠落的措施。"

本案例中该教学楼设计的楼梯杆件净距、运动场透景墙的栏杆净距都超过了规定的0.11 m，违反了国家强制性标准的规定，也违反了《建设工程质量管理条例》的规定。

该设计院应当依法尽快予以纠正，否则一旦在使用时发生了相关事故，设计院必须承担其质量责任。

(三)勘察单位提供的勘察成果必须真实、准确

《建设工程质量管理条例》规定，勘察单位提供的地质、测量、水文等勘察成果必须真实、准确。

工程勘察是工程建设工作的基础性工作。工程勘察成果文件是设计和施工的基础资料与重要依据，其真实准确与否直接影响到设计、施工质量。因而，工程勘察成果必须真实准确、安全可靠。

(四)设计依据和设计深度

《建设工程质量管理条例》规定，设计单位应当根据勘察成果文件进行建设工程设计。设计文件应当符合国家规定的设计深度要求，注明工程合理使用年限。

勘察成果文件是设计的基础资料，是设计的依据。我国对各类设计文件的编制深度都有规定，在实践中应当贯彻执行。工程合理使用年限是指从工程竣工验收合格之日起，工程的地基基础、主体结构能保证在正常情况下安全使用的年限。它与《建筑法》中的"建筑物合理寿命年限"、《民法典》中的"建设工程在合理使用期限内"等在概念上是一致的。

(五)依法规范设计单位对建筑材料等的选用

《建筑法》《建设工程质量管理条例》均规定，设计单位在设计文件中选用的建筑材料、建筑构配件和设备，应当注明规格、型号、性能等技术指标，其质量要求必须符合国家规定的标准。除有特殊要求的建筑材料、专用设备、工艺生产线等外，设计单位不得指定生产厂、供应商。

为了使施工能准确满足设计意图，设计文件中必须注明所选用的建筑材料、建筑构配件和设备的规格、型号、性能等技术指标，这也是设计文件编制深度的要求。但是，在通用产品能保证工程质量的前提下，设计单位就不应选用特殊要求的产品，也不能滥用权力指定生产厂、供应商，以免限制建设单位或者施工单位在材料等采购上的自主权，导致垄断或者变相垄断现象的发生。

(六)依法对设计文件进行技术交底

《建设工程质量管理条例》规定，设计单位应当就审查合格的施工图设计文件向施工单位作出详细说明。

设计文件的技术交底，是指设计单位将设计意图、特殊工艺要求，以及建筑、结构、设备等各专业在施工中的难点、疑点和容易发生的问题等向施工单位作详细说明，并负责解释施工单位对设计图纸的疑问。

(七)依法参与建设工程质量事故分析

《建设工程质量管理条例》规定，设计单位应当参与建设工程质量事故分析，并对因设计造成的质量事故，提出相应的技术处理方案。

工程质量的好坏，在一定程度上就是工程建设是否准确贯彻了设计意图。因此，一旦

发生了质量事故，该工程的设计单位最有可能在短时间内发现存在的问题，对事故的分析具有权威性。这对及时进行事故处理十分有利。对因设计造成的质量事故，原设计单位必须提出相应的技术处理方案，这是设计单位的法定义务。

（八）勘察、设计单位质量违法行为应承担的法律责任

《建筑法》规定，建筑设计单位不按照建筑工程质量、安全标准进行设计的，责令改正，处以罚款；造成工程质量事故的，责令停业整顿，降低资质等级或者吊销资质证书，没收违法所得，并处罚款；造成损失的，承担赔偿责任；构成犯罪的，依法追究刑事责任。

《建设工程质量管理条例》规定，有下列行为之一的，责令改正，处 10 万元以上 30 万元以下的罚款：

(1)勘察单位未按照工程建设强制性标准进行勘察的；

(2)设计单位未根据勘察成果文件进行工程设计的；

(3)设计单位指定建筑材料、建筑构配件的生产厂、供应商的；

(4)设计单位未按照工程建设强制性标准进行设计的。

有以上所列行为，造成工程质量事故的，责令停业整顿，降低资质等级；情节严重的，吊销资质证书；造成损失的，依法承担赔偿责任。

《建筑工程五方责任主体项目负责人质量终身责任追究暂行办法》第十二条规定，发生本办法第六条所列情形之一的，对勘察单位项目负责人、设计单位项目负责人按以下方式进行责任追究：

(1)项目负责人为注册建筑师、勘察设计注册工程师的，责令停止执业 1 年；造成重大质量事故的，吊销执业资格证书，5 年以内不予注册；情节特别恶劣的，终身不予注册；

(2)构成犯罪的，移送司法机关依法追究刑事责任；

(3)处单位罚款数额 5% 以上 10% 以下的罚款；

(4)向社会公布曝光。

三、工程监理单位相关的质量责任和义务

工程监理单位接受建设单位的委托，代表建设单位，对建设工程进行管理。因此，工程监理单位也是建设工程质量的责任主体之一

（一）依法承担工程监理业务

《建筑法》规定，工程监理单位应当在其资质等级许可的监理范围内，承担工程监理业务。工程监理单位不得转让工程监理业务。

《建设工程质量管理条例》进一步规定，工程监理单位应当依法取得相应等级的资质证书，并在其资质等级许可的范围内承担工程监理业务。禁止工程监理单位超越本单位资质等级许可的范围或者以其他工程监理单位的名义承担工程监理业务。禁止工程监理单位允许其他单位或者个人以本单位的名义承担工程监理业务。工程监理单位不得转让工程监理业务。

监理单位必须按照资质等级承担工程监理业务。越级监理、允许其他单位或者个人以本单位的名义承担监理业务等，都将使工程监理变得有名无实，最终将对工程质量造成危害。监理单位转让工程监理业务，与施工单位转包工程有着同样的危害性。

（二）对有隶属关系或其他利害关系的回避

《建筑法》《建设工程质量管理条例》都规定，工程监理单位与被监理工程的施工承包单位及建筑材料、建筑构配件和设备供应单位有隶属关系或者其他利害关系的，不得承担该项建设工程的监理业务。

由于工程监理单位与被监理工程的承包单位及建筑材料、建筑构配件和设备供应单位之间，是一种监督与被监督的关系，为了保证客观、公正执行监理任务，工程监理单位与上述单位不能有隶属关系或者其他利害关系。如果有这种关系，工程监理单位在接受监理委托前，应当自行回避；对于没有回避而被发现的，建设单位可以依法解除委托关系。

（三）监理工作的依据和监理责任

《建设工程质量管理条例》规定，工程监理单位应当依照法律、法规以及有关技术标准、设计文件和建设工程承包合同，代表建设单位对施工质量实施监理，并对施工质量承担监理责任。

《建筑工程五方责任主体项目负责人质量终身责任追究暂行办法》进一步规定，监理单位总监理工程师应当按照法律法规、有关技术标准、设计文件和工程承包合同进行监理，对施工质量承担监理责任。

监理工作的主要依据如下：

(1)法律、法规，如《民法典》《建筑法》《建设工程质量管理条例》等；

(2)有关技术标准，如工程建设强制性标准以及建设工程承包合同中确认采用的推荐性标准等；

(3)设计文件，施工图设计等设计文件既是施工的依据，也是监理单位对施工活动进行监督管理的依据；

(4)建设工程承包合同，监理单位据此监督施工单位是否全面履行合同约定的义务。

监理单位对施工质量承担监理责任，包括违约责任和违法责任两个方面：

(1)违约责任。如果监理单位不按照监理合同约定履行监理义务，给建设单位或其他单位造成损失的，应当承担相应的赔偿责任。

(2)违法责任。如果监理单位违法监理，或者降低工程质量标准，造成质量事故的，要承担相应的法律责任。

（四）工程监理的职责和权限

《建设工程质量管理条例》规定，工程监理单位应当选派具备相应资格的总监理工程师和监理工程师进驻施工现场。未经监理工程师签字，建筑材料、建筑构配件和设备不得在工程上使用或者安装，施工单位不得进行下一道工序的施工。未经总监理工程师签字，建设单位不拨付工程款，不进行竣工验收。

监理单位应根据所承担的监理任务，组建驻工地监理机构。监理机构一般由总监理工程师、监理工程师和其他监理人员组成。工程监理实行总监理工程师负责制。总监理工程师依法在授权范围内可以发布有关指令，全面负责受委托的监理工程。监理工程师拥有对建筑材料、建筑构配件和设备及每道施工工序的检查权，对检查不合格的，有权决定是否允许在工程上使用或进行下一道工序的施工。

(五)工程监理的形式

《建设工程质量管理条例》规定，监理工程师应当按照工程监理规范的要求，采取旁站、巡视和平行检验等形式，对建设工程实施监理。

所谓旁站，是指对工程中有关地基和结构安全的关键工序与关键施工过程，进行连续不断地监督检查或检验的监理活动，有时甚至要连续跟班监理。所谓巡视，主要是强调除关键点的质量控制外，监理工程师还应对施工现场进行面上的巡查监理。所谓平行检验，主要是强调监理单位对施工单位已经检验的工程应及时进行检验。对于关键性、较大体量的工程实物，采取分段后平行检验的方式，有利于及时发现质量问题，及时采取措施予以纠正。

(六)工程监理单位质量违法行为应承担的法律责任

《建筑法》规定，工程监理单位与建设单位或者建筑施工企业串通，弄虚作假、降低工程质量的，责令改正，处以罚款，降低资质等级或者吊销资质证书；有违法所得的，予以没收；造成损失的，承担连带赔偿责任；构成犯罪的，依法追究刑事责任。

《建设工程质量管理条例》规定，工程监理单位有下列行为之一的，责令改正，处 50 万元以上 100 万元以下的罚款，降低资质等级或者吊销资质证书；有违法所得的，予以没收；造成损失的，承担连带赔偿责任：

(1)与建设单位或者施工单位串通、弄虚作假、降低工程质量的；

(2)将不合格的建设工程、建筑材料、建筑构配件和设备按照合格签字的。

《建筑工程五方责任主体项目负责人质量终身责任追究暂行办法》第十四条规定，发生本办法第六条所列情形之一的，对监理单位总监理工程师按以下方式进行责任追究：

(1)责令停止注册监理工程师执业 1 年；造成重大质量事故的，吊销执业资格证书，5 年以内不予注册；情节特别恶劣的，终身不予注册；

(2)构成犯罪的，移送司法机关依法追究刑事责任；

(3)处单位罚款数额 5%以上 10%以下的罚款；

(4)向社会公布曝光。

📑 **知识链接**

根据《建设工程质量管理条例》，关于工程监理单位质量责任和义务的说法，下列正确的是(　　)。

A. 监理单位不得与被监理工程的设计单位有利害关系

B. 监理单位对施工质量实施监理，并对施工质量承担监理责任

C. 未经总监理工程师签字，建筑材料不得在工程上使用

D. 施工图深化文件是监理工作的主要依据

分析：

答案：B。本题考查工程监理单位相关的质量责任和义务。选项 A 错误，《建筑法》《建设工程质量管理条例》都规定，工程监理单位与被监理工程的施工承包单位以及建筑材料、建筑构配件和设备供应单位有隶属关系或者其他利害关系的，不得承担该项建设工程的监理业务。选项 B 正确，《建设工程质量管理条例》规定，工程监理单位应当依照法律、法规

以及有关技术标准、设计文件和建设工程承包合同，代表建设单位对施工质量实施监理，并对施工质量承担监理责任。选项C错误，《建设工程质量管理条例》规定，工程监理单位应当选派具备相应资格的总监理工程师和监理工程师进驻施工现场。未经监理工程师签字，建筑材料、建筑构配件和设备不得在工程上使用或者安装，施工单位不得进行下一道工序的施工。未经总监理工程师签字，建设单位不拨付工程款，不进行竣工验收。选项D错误，监理工作的主要依据是：①法律、法规，如《建筑法》《建设工程质量管理条例》等；②有关技术标准，如《工程建设标准强制性条文》以及建设工程承包合同中确认采用的推荐性标准等；③设计文件，施工图设计等设计文件既是施工的依据，也是监理单位对施工活动进行监督管理的依据；④建设工程承包合同，监理单位据此监督施工单位是否全面履行合同约定的义务。

四、政府部门工程质量监督管理的相关规定

为了确保建设工程质量，保障公共安全和人民生命财产安全，政府必须加强对建设工程质量的监督管理。因此，《建设工程质量管理条例》规定，国家实行建设工程质量监督管理制度。

(一)我国的建设工程质量监督管理体制

《建设工程质量管理条例》规定，国务院住房城乡建设主管部门对全国的建设工程质量实施统一监督管理。国务院铁路、交通、水利等有关部门按照国务院规定的职责分工，负责对全国的有关专业建设工程质量的监督管理。

国务院发展计划部门按照国务院规定的职责，组织稽查特派员，对国家出资的重大建设项目实施监督检查。国务院经济贸易主管部门按照国务院规定的职责，对国家重大技术改造项目实施监督检查。

县级以上地方人民政府住房城乡建设主管部门对本行政区域内的建设工程质量实施监督管理。县级以上地方人民政府交通、水利等有关部门在各自的职责范围内，负责对本行政区域内的专业建设工程质量的监督管理。建设工程质量监督管理，可以由住房城乡建设主管部门或者其他有关部门委托的建设工程质量监督机构具体实施。

从事房屋建筑工程和市政基础设施工程质量监督的机构，必须按照国家有关规定经国务院建设行政主管部门或者省、自治区、直辖市人民政府建设行政主管部门考核；从事专业建设工程质量监督的机构，必须按照国家有关规定经国务院有关部门或者省、自治区、直辖市人民政府有关部门考核。经考核合格后，方可实施质量监督。

在政府加强监督的同时，还要发挥社会监督的巨大作用，即任何单位和个人对建设工程的质量事故、质量缺陷都有权检举、控告、投诉。

(二)政府监督检查的内容和有权采取的措施

《建设工程质量管理条例》规定，国务院住房城乡建设主管部门和国务院铁路、交通、水利等有关部门及县级以上地方人民政府住房城乡建设主管部门和其他有关部门，应当加强对有关建设工程质量的法律、法规和强制性标准执行情况的监督检查。

县级以上人民政府住房城乡建设主管部门和其他有关部门履行监督检查职责时，有权采取下列措施：

(1)要求被检查的单位提供有关工程质量的文件和资料；

(2)进入被检查单位的施工现场进行检查；

(3)发现有影响工程质量的问题时，责令改正。

有关单位和个人对县级以上人民政府住房城乡建设主管部门和其他有关部门进行的监督检查应当支持与配合，不得拒绝或者阻碍建设工程质量监督检查人员依法执行职务。

(三)禁止滥用权力的行为

《建设工程质量管理条例》规定，供水、供电、供气、公安消防等部门或者单位不得明示或者暗示建设单位、施工单位购买其指定的生产供应单位的建筑材料、建筑构配件和设备。

在实践中，一些部门或单位利用其管理职能或者垄断地位指定生产厂家或产品的现象较多，如果建设单位或者施工单位不采用，就在竣工验收时故意刁难或不予验收，不准投入使用。这种非法滥用职权的行为是法律所禁止的。

(四)建设工程质量事故报告制度

《建设工程质量管理条例》规定，建设工程发生质量事故，有关单位应当在 24 h 内向当地住房城乡建设主管部门和其他有关部门报告。对重大质量事故，事故发生地的住房城乡建设主管部门和其他有关部门应当按照事故类别和等级向当地人民政府和上级住房城乡建设主管部门和其他有关部门报告。特别重大质量事故的调查程序按照国务院有关规定办理。

《生产安全事故报告和调查处理条例》规定，特别重大事故，是指造成 30 人以上死亡，或者 100 人以上重伤(包括急性工业中毒)，或者 1 亿元以上直接经济损失的事故。特别重大事故、重大事故逐级上报至国务院安全生产监督管理部门和负有安全生产监督管理职责的有关部门。每级上报的时间不得超过 2 h。必要时，安全生产监督管理部门和负有安全生产监督管理职责的有关部门可以越级上报事故情况。

(五)有关质量违法行为应承担的法律责任

《建设工程质量管理条例》规定，发生重大工程质量事故隐瞒不报、谎报或者拖延报告期限的，对直接负责的主管人员和其他责任人员依法给予行政处分。

供水、供电、供气、公安消防等部门或者单位明示或者暗示建设单位或者施工单位购买其指定的生产供应单位的建筑材料、建筑构配件和设备的，责令改正。

国家机关工作人员在建设工程质量监督管理工作中玩忽职守、滥用职权、徇私舞弊，构成犯罪的，依法追究刑事责任；尚不构成犯罪的，依法给予行政处分。

第四节　建设工程竣工验收制度

建设工程竣工验收是建设投资成果转入生产或使用的标志，也是全面考核投资效益、检验设计和施工质量的重要环节。

一、竣工验收的主体和法定条件

(一)建设工程竣工验收的主体

《建设工程质量管理条例》规定，建设单位收到建设工程竣工报告后，应当组织设计、施工、工程监理等有关单位进行竣工验收。

对工程进行竣工检查和验收，是建设单位法定的权利和义务。在建设工程完工后，承包单位应当向建设单位提供完整的竣工资料和竣工验收报告，提请建设单位组织竣工验收。建设单位收到竣工验收报告后，应及时组织由设计、施工、工程监理等有关单位参加的竣工验收，检查整个工程项目是否已按照设计要求和合同约定全部建设完成，并符合竣工验收条件。

(二)竣工验收应当具备的法定条件

《建筑法》规定，交付竣工验收的建筑工程，必须符合规定的建筑工程质量标准，有完整的工程技术经济资料和经签署的工程保修书，并具备国家规定的其他竣工条件。建筑工程竣工经验收合格后，方可交付使用；未经验收或者验收不合格的，不得交付使用。

《建设工程质量管理条例》进一步规定，建设工程竣工验收应当具备下列条件：
(1)完成建设工程设计和合同约定的各项内容；
(2)有完整的技术档案和施工管理资料；
(3)有工程使用的主要建筑材料、建筑构配件和设备的进场试验报告；
(4)有勘察、设计、施工、工程监理等单位分别签署的质量合格文件；
(5)有施工单位签署的工程保修书。
建设工程经验收合格的，方可交付使用。

1. 完成建设工程设计和合同约定的各项内容

建设工程设计和合同约定的内容，主要是指设计文件所确定的以及承包合同"承包人承揽工程项目一览表"中载明的工作范围，也包括监理工程师签发的变更通知单中所确定的工作内容。

2. 有完整的技术档案和施工管理资料

《建设工程文件归档规范(2019 年版)》(GB/T 50328—2014)规定，建设工程档案的验收应纳入建设工程竣工联合验收环节。

工程技术档案和施工管理资料是工程竣工验收和质量保证的重要依据之一，主要包括以下档案和资料：
(1)工程项目竣工验收报告；
(2)分项、分部工程和单位工程技术人员名单；
(3)图纸会审和技术交底记录；
(4)设计变更通知单，技术变更核实单；
(5)工程质量事故发生后调查和处理资料；
(6)隐蔽验收记录及施工日志；
(7)竣工图；

(8)质量检验评定资料；

(9)合同约定的其他资料。

3. 有工程使用的主要建筑材料、建筑构配件和设备的进场试验报告

对建设工程使用的主要建筑材料、建筑构配件和设备，除须具有质量合格证明资料外，还应当有进场试验、检验报告，其质量要求必须符合国家规定的标准。

4. 有勘察、设计、施工、工程监理等单位分别签署的质量合格文件

勘察、设计、施工、工程监理等有关单位要依据工程设计文件及承包合同所要求的质量标准，对竣工工程进行检查评定；符合规定的，应当签署合格文件。

5. 有施工单位签署的工程保修书

施工单位同建设单位签署的工程保修书，也是交付竣工验收的条件之一。

凡是没有经过竣工验收或者经过竣工验收确定为不合格的建设工程，不得交付使用。如果建设单位为提前获得投资效益，在工程未经验收就提前投产或使用，由此而发生的质量等问题，建设单位要承担相应的质量责任。

二、施工单位应提交的档案资料

《建设工程质量管理条例》规定，建设单位应当严格按照国家有关档案管理的规定，及时收集、整理建设项目各环节的文件资料，建立、健全建设项目档案，并在建设工程竣工验收后，及时向住房城乡建设主管部门或者其他有关部门移交建设项目档案。

建设工程是百年大计。一般的建筑物设计年限都在50～70年，重要的建筑物达百年以上。在建设工程投入使用之后，还要进行检查、维修、管理，还可能会遇到改建、扩建或拆除活动，以及在其周围进行建设活动。这些都需要参考原始的勘察、设计、施工等资料。建设单位是工程建设活动的总负责方，应当在合同中明确要求勘察、设计、施工、监理等单位分别提供工程建设各环节的文件资料，及时收集整理，建立、健全建设项目档案。

《城市建设档案管理规定》规定，建设单位应当在工程竣工验收后3个月内，向城建档案馆报送一套符合规定的建设工程档案。凡建设工程档案不齐全的，应当限期补充。对改建、扩建和重要部位维修的工程，建设单位应当组织设计、施工单位据实修改、补充和完善原建设工程档案。

《建设工程文件归档规范（2019年版）》（GB/T 50328—2014）规定，勘察、设计、施工、监理等单位应将本单位形成的工程文件立卷后向建设单位移交。

建设工程项目实行总承包管理的，总包单位应负责收集、汇总各分包单位形成的工程档案，并应及时向建设单位移交；各分包单位应将本单位形成的工程文件整理、立卷后及时移交总包单位。建设工程项目由几个单位承包的，各承包单位应负责收集、整理立卷其承包项目的工程文件，并应及时向建设单位移交。

每项建设工程应编制一套电子档案，随纸质档案一并移交城建档案管理机构。电子档案签署了具有法律效力的电子印章或电子签名的，可不移交相应纸质档案。

三、规划、消防、节能、环保等验收的规定

《建设工程质量管理条例》规定，建设单位应当自建设工程竣工验收合格之日起15日

内，将建设工程竣工验收报告和规划、公安消防、环保等部门出具的认可文件或者准许使用文件报住房城乡建设主管部门或者其他有关部门备案。

（一）建设工程竣工规划验收

《城乡规划法》规定，县级以上地方人民政府城乡规划主管部门按照国务院规定对建设工程是否符合规划条件予以核实。未经核实或者经核实不符合规划条件的，建设单位不得组织竣工验收。建设单位应当在竣工验收后 6 个月内向城乡规划主管部门报送有关竣工验收资料。

建设工程竣工后，建设单位应当依法向城乡规划行政主管部门提出竣工规划验收申请，由城乡规划行政主管部门按照选址意见书、建设用地规划许可证、建设工程规划许可证、乡村建设规划许可证及其有关规划的要求，对建设工程进行规划验收，包括对建设用地范围内的各项工程建设情况，建筑物的使用性质、位置、间距、层数、标高、平面、立面、外墙装饰材料和色彩，各类配套服务设施、临时施工用房、施工场地等进行全面核查，并作出验收记录。对于验收合格的，由城乡规划行政主管部门出具规划认可文件或核发建设工程竣工规划验收合格证。

《城乡规划法》还规定，建设单位未在建设工程竣工验收后 6 个月内向城乡规划主管部门报送有关竣工验收资料的，由所在地城市、县人民政府城乡规划主管部门责令限期补报；逾期不补报的，处 1 万元以上 5 万元以下的罚款。

（二）建设工程竣工消防验收

《中华人民共和国消防法》（以下简称《消防法》）规定，国务院住房城乡建设主管部门规定应当申请消防验收的建设工程竣工，建设单位应当向住房城乡建设主管部门申请消防验收。

上述规定以外的其他建设工程，建设单位在验收后应当报住房城乡建设主管部门备案，住房城乡建设主管部门应当进行抽查。依法应当进行消防验收的建设工程，未经消防验收或者消防验收不合格的，禁止投入使用；其他建设工程经依法抽查不合格的，应当停止使用。依法应当进行消防验收的建设工程，未经消防验收或者消防验收不合格，擅自投入使用的，《消防法》规定，由住房城乡建设主管部门、消防救援机构按照各自职权责令停止施工、停止使用或者停产停业，并处 3 万元以上 30 万元以下罚款。

（三）建设工程竣工环保验收

《建设项目环境保护管理条例》规定，编制环境影响报告书、环境影响报告表的建设项目竣工后，建设单位应当按照国务院环境保护行政主管部门规定的标准和程序，对配套建设的环境保护设施进行验收，编制验收报告。建设单位在环境保护设施验收过程中，应当如实查验、监测、记载建设项目环境保护设施的建设和调试情况，不得弄虚作假。除按照国家规定需要保密的情形外，建设单位应当依法向社会公开验收报告。

分期建设、分期投入生产或者使用的建设项目，其相应的环境保护设施应当分期验收。

编制环境影响报告书、环境影响报告表的建设项目，其配套建设的环境保护设施经验收合格，方可投入生产或者使用；未经验收或者验收不合格的，不得投入生产或者使用。

(四)建筑工程节能验收

《节约能源法》规定，国家实行固定资产投资项目节能评估和审查制度。不符合强制性节能标准的项目，建设单位不得开工建设；已经建成的，不得投入生产、使用。政府投资项目不符合强制性节能标准的，依法负责项目审批的机关不得批准建设。

《民用建筑节能条例》进一步规定，建设单位组织竣工验收，应当对民用建筑是否符合民用建筑节能强制性标准进行查验；对不符合民用建筑节能强制性标准的，不得出具竣工验收合格报告。

建筑节能工程施工质量的验收，主要应按照国家标准《建筑节能工程施工质量验收标准》(GB 50411—2019)及《建筑工程施工质量验收统一标准》(GB 50300—2013)、各专业工程施工质量验收规范等执行。单位工程竣工验收应在建筑节能分部工程验收合格后进行。

建筑节能工程为单位建筑工程的一个分部工程，并按规定划分为分项工程和检验批。建筑节能工程应按照分项工程进行验收，如墙体节能工程、幕墙节能工程、门窗节能工程、屋面节能工程、地面节能工程、采暖节能工程、通风与空气调节节能工程、配电与照明节能工程等。当建筑节能分项工程的工程量较大时，可以将分项工程划分为若干个检验批进行验收。当建筑节能工程验收无法按照要求划分分项工程或检验批时，可由建设、施工、监理等各方协商进行划分。但验收项目、验收内容、验收标准和验收记录均应遵守《建筑节能工程施工质量验收标准》(GB 50411—2019)的规定。

1. 建筑节能分部工程进行质量验收的条件

建筑节能分部工程的质量验收，应在检验批、分项工程全部合格的基础上，进行建筑围护结构的外墙节能构造实体检验，严寒、寒冷和夏热冬冷地区的外窗气密性现场检测，以及系统节能性能检测和系统联合试运转与调试，确认建筑节能工程质量达到验收的条件后方可进行。

2. 建筑节能分部工程验收的组织

建筑节能工程验收的程序和组织应遵守《建筑工程施工质量验收统一标准》(CB 50300—2013)的要求，并应符合下列规定：

(1)节能工程的检验批验收和隐蔽工程验收应由监理工程师主持，施工单位相关专业的质量检查员与施工员参加；

(2)节能分项工程验收应由监理工程师主持，施工单位项目技术负责人和相关专业的质量检查员、施工员参加，必要时可邀请设计单位相关专业的人员参加；

(3)节能分部工程验收应由总监理工程师(建设单位项目负责人)主持，施工单位项目经理、项目技术负责人和相关专业的质量检查员、施工员参加，施工单位的质量或技术负责人应参加，设计单位节能设计人员应参加。

3. 建筑节能工程专项验收应注意事项

(1)建筑节能工程验收重点是检查建筑节能工程效果是否满足设计及规范要求，监理和施工单位应加强与重视节能验收工作，对验收中发现的工程实物质量问题及时解决。

(2)工程项目存在以下问题之一的，监理单位不得组织节能工程验收：

①未完成建筑节能工程设计内容的；

②隐蔽验收记录等技术档案和施工管理资料不完整的；

③工程使用的主要建筑材料、建筑构配件和设备未提供进场检验报告的，未提供相关的节能性检测报告的；

④工程存在违反强制性标准的质量问题而未整改完毕的；

⑤对监督机构发出的责令整改内容未整改完毕的；

⑥存在其他违反法律、法规行为而未处理完毕的。

（3）工程项目验收存在以下问题之一的，应重新组织建筑节能工程验收：

①验收组织机构不符合法规及规范要求的；

②参加验收人员不具备相应资格的；

③参加验收各方主体验收意见不一致的；

④验收程序和执行标准不符合要求的；

⑤各方提出的问题未整改完毕的。

4. 建筑工程节能验收违法行为应承担的法律责任

《民用建筑节能条例》规定，建设单位对不符合民用建筑节能强制性标准的民用建筑项目出具竣工验收合格报告的，由县级以上地方人民政府住房城乡建设主管部门责令改正，处民用建筑项目合同价款2%以上4%以下的罚款；造成损失的，依法承担赔偿责任。

📑知识链接

建筑节能工程具体指在建筑物的规划、设计、新建（改建、扩建）、改造和使用过程中，执行节能标准，采用节能型的技术、工艺、设备、材料和产品，提高保温隔热性能和采暖供热、空调制冷制热系统效率，加强建筑物用能系统的运行管理，利用可再生能源，在保证室内热环境质量的前提下，减少供热、空调制冷制热、照明、热水供应的能耗。

《民用建筑节能条例》是为了加强民用建筑节能管理，降低民用建筑使用过程中的能源消耗，提高能源利用效率而制定。于2008年7月23日国务院第18次常务会议通过，由中华人民共和国国务院于2008年8月1日发布，自2008年10月1日施行。共计六章四十五条。

根据《建筑工程施工质量验收统一标准》（GB 50300—2013），关于建筑节能分部工程验收的说法，下列正确的是（　　）。

A. 节能工程的检验批验收应当由总监理工程师主持，施工企业相关专业的质量检查员与施工员参加

B. 节能分部工程验收应当由监理工程师主持，施工企业的项目经理、项目技术负责人参加

C. 工程使用的建筑构配件未提供相关节能性检测报告的，监理单位不得组织节能工程验收

D. 参加验收各方主体验收意见不一致的，建筑节能工程验收以监理单位的意见为准

分析：

答案：C。节能工程的检验批验收和隐蔽工程验收应由监理工程师主持，施工单位相关专业的质量检查员与施工员参加，选项A错误。节能分部工程验收应由总监理工程师（建设单位项目负责人）主持，施工单位项目经理、项目技术负责人和相关专业的质量检查员、施工员参加，施工单位的质量或技术负责人应参加，设计单位节能设计人员应参加，选项B

错误。工程使用的主要建筑材料、建筑构配件和设备未提供进场检验报告的，未提供相关的节能性检测报告的，监理单位不得组织节能工程验收，选项 C 正确。参加验收各方主体验收意见不一致的，应重新组织建筑节能工程验收，选项 D 错误。

四、竣工结算、质量争议的规定

竣工验收是工程建设活动的最后阶段。在此阶段，建设单位与施工单位容易就合同价款结算、质量缺陷等引起纠纷，导致建设工程不能及时办理竣工验收或完成竣工验收。

(一)工程竣工结算

《民法典》规定，建设工程竣工后，发包人应当根据施工图纸及说明书、国家颁发的施工验收规范和质量检验标准及时进行验收。验收合格的，发包人应当按照约定支付价款，并接收该建设工程。

1. 工程竣工结算方式

财政部、原建设部《建设工程价款结算暂行办法》(财建〔2004〕369 号)规定，工程完工后，双方应按照约定的合同价款及合同价款调整内容与索赔事项，进行工程竣工结算。工程竣工结算分为单位工程竣工结算、单项工程竣工结算和建设项目竣工总结算。

2. 竣工结算文件的编制、提交与审查

(1)竣工结算文件的提交。《建筑工程施工发包与承包计价管理办法》规定，工程完工后，承包方应当在约定期限内提交竣工结算文件。

《建设工程价款结算暂行办法》规定，承包人应在合同约定期限内完成项目竣工结算编制工作，未在规定期限内完成并且提不出正当理由延期的，责任自负。

(2)竣工结算文件的编审。单位工程竣工结算由承包人编制，发包人审查；实行总承包的工程，由具体承包人编制，在总承包人审查的基础上，发包人审查。

单项工程竣工结算或建设项目竣工总结算由总(承)包人编制，发包人可直接进行审查，也可以委托具有相应资质的工程造价咨询机构进行审查。政府投资项目由同级财政部门审查。单项工程竣工结算或建设项目竣工总结算经发、承包人签字盖章后有效。

《建筑工程施工发包与承包计价管理办法》规定，国有资金投资建筑工程的发包方，应当委托具有相应资质的工程造价咨询企业对竣工结算文件进行审核，并在收到竣工结算文件后的约定期限内向承包方提出由工程造价咨询企业出具的竣工结算文件审核意见；逾期未答复的，按照合同约定处理，合同没有约定的，竣工结算文件视为已被认可。

非国有资金投资的建筑工程发包方，应当在收到竣工结算文件后的约定期限内予以答复，逾期未答复的，按照合同约定处理，合同没有约定的，竣工结算文件视为已被认可；发包方对竣工结算文件有异议的，应当在答复期内向承包方提出，并可以在提出异议之日起的约定期限内与承包方协商；发包方在协商期内未与承包方协商或者经协商未能与承包方达成协议的，应当委托工程造价咨询企业进行竣工结算审核，并在协商期满后的约定期限内向承包方提出由工程造价咨询企业出具的竣工结算文件审核意见。

(3)承包方异议的处理。承包方对发包方提出的工程造价咨询企业竣工结算审核意见有异议的，在接到该审核意见后一个月内，可以向有关工程造价管理机构或者有关行业组织申请调解，调解不成的，可以依法申请仲裁或者向人民法院提起诉讼。

(4)竣工结算文件的确认与备案。工程竣工结算文件经发、承包双方签字确认的,应当作为工程决算的依据,未经对方同意,另一方不得就已生效的竣工结算文件委托工程造价咨询企业重复审核。发包方应当按照竣工结算文件及时支付竣工结算款。

竣工结算文件应当由发包方报工程所在地县级以上地方人民政府住房城乡建设主管部门备案。

3. 竣工结算文件的审查期限

《建设工程价款结算暂行办法》规定,单项工程竣工后,承包人应在提交竣工验收报告的同时,向发包人递交竣工结算报告及完整的结算资料,发包人应按以下规定时限进行核对(审查)并提出审查意见:

(1)500万元以下,从接到竣工结算报告和完整的竣工结算资料之日起20天;

(2)500万~2 000万元,从接到竣工结算报告和完整的竣工结算资料之日起30天;

(3)2 000万~5 000万元,从接到竣工结算报告和完整的竣工结算资料之日起45天;

(4)5 000万元以上,从接到竣工结算报告和完整的竣工结算资料之日起60天。

建设项目竣工总结算在最后一个单项工程竣工结算审查确认后15天内汇总,送发包人后30天内审查完成。

《建筑工程施工发包与承包计价管理办法》规定,发承包双方在合同中对竣工结算文件提交、审核的期限没有明确约定的,应当按照国家有关规定执行;国家没有规定的,可认为其约定期限均为28日。

4. 工程竣工价款结算

《建设工程价款结算暂行办法》规定,发包人收到承包人递交的竣工结算报告及完整的结算资料后,应按以上规定的期限(合同约定有期限的,从其约定)进行核实,给予确认或者提出修改意见。

发包人根据确认的竣工结算报告向承包人支付工程竣工结算价款,保留5%左右的质量保证(保修)金,待工程交付使用1年质保期到期后清算(合同另有约定的,从其约定),质保期内如有返修,发生费用应在质量保证(保修)金内扣除。

工程竣工结算以合同工期为准,实际施工工期比合同工期提前或延后,发、承包双方应按合同约定的奖惩办法执行。

5. 索赔及合同以外零星项目工程价款结算

发承包人未能按合同约定履行自己的各项义务或发生错误,给另一方造成经济损失的,由受损方按合同约定提出索赔,索赔金额按合同约定支付。

发包人要求承包人完成合同以外零星项目,承包人应在接受发包人要求的7天内就用工数量和单价、机械台班数量和单价、使用材料和金额等向发包人提出施工签证,发包人签证后施工,如发包人未签证,承包人施工后发生争议的,责任由承包人自负。

发包人和承包人要加强施工现场的造价控制,及时对工程合同外的事项如实记录并履行书面手续。凡由发承包双方授权的现场代表签字的现场签证及发承包双方协商确定的索赔等费用,应在工程竣工结算中如实办理,不得因发承包双方现场代表的中途变更改变其有效性。

6. 未按规定时限办理事项的处理

发包人收到竣工结算报告及完整的结算资料后,在《建设工程价款结算暂行办法》规定或合同约定期限内，对结算报告及资料没有提出意见，则视同认可。

承包人如未在规定时间内提供完整的工程竣工结算资料，经发包人催促后14天内仍未提供或没有明确答复，发包人有权根据已有资料进行审查，责任由承包人自负。

根据确认的竣工结算报告，承包人向发包人申请支付工程竣工结算款。发包人应在收到申请后15天内支付结算款，到期没有支付的应承担违约责任。承包人可以催告发包人支付结算价款，如达成延期支付协议，发包人应按同期银行贷款利率支付拖欠工程价款的利息。如未达成延期支付协议，承包人可以与发包人协商将该工程折价，或申请人民法院将该工程依法拍卖，承包人就该工程折价或者拍卖的价款优先受偿。

7. 工程价款结算争议处理

工程造价咨询机构接受发包人或承包人委托，编审工程竣工结算，应按合同约定和实际履约事项认真办理，出具的竣工结算报告经发承包双方签字后生效。当事人一方对报告有异议的，可对工程结算中有异议部分，向有关部门申请咨询后协商处理，若不能达成一致的，双方可按合同约定的争议或纠纷解决程序办理。

发包人对工程质量有异议，已竣工验收或已竣工未验收但实际投入使用的工程，其质量争议按该工程保修合同执行；已竣工未验收且未实际投入使用的工程及停工、停建工程的质量争议，应当就有争议部分的竣工结算暂缓办理，双方可就有争议的工程委托有资质的检测鉴定机构进行检测，根据检测结果确定解决方案，或按工程质量监督机构的处理决定执行，其余部分的竣工结算依照约定办理。

当事人对工程造价发生合同纠纷时，可通过下列办法解决：

(1)双方协商确定；

(2)按合同条款约定的办法提请调解；

(3)向有关仲裁机构申请仲裁或向人民法院起诉。

《最高人民法院关于审理建设工程施工合同纠纷案件适用法律问题的解释(一)》(法释〔2020〕25号)第19条规定，当事人对建设工程的计价标准或者计价方法有约定的，按照约定结算工程价款。因设计变更导致建设工程的工程量或质量标准发生变化，当事人对该部分工程价款不能协商一致的，可以参照签订建设工程施工合同时当地住房城乡建设主管部门发布的计价方法或者计价标准结算工程价款。

8. 工程价款结算管理

《建设工程价款结算暂行办法》规定，工程竣工后，发承包双方应及时办清工程竣工结算。否则，工程不得交付使用，有关部门不予办理权属登记。

(二)竣工工程质量争议的处理

《建筑法》规定，建筑工程竣工时，屋顶、墙面不得留有渗漏、开裂等质量缺陷；对已发现的质量缺陷，建筑施工企业应当修复。《建设工程质量管理条例》规定，施工单位对施工中出现质量问题的建设工程或者竣工验收不合格的建设工程，应当负责返修。

据此，建设工程竣工时发现的质量问题或者质量缺陷，无论是建设单位的责任还是施工单位的责任，施工单位都有义务进行修复或返修。但是，对于非施工单位原因出现的质量问题或质量缺陷，其返修的费用和造成的损失是应由责任方承担的。

1. 承包方责任的处理

《民法典》规定，因施工人的原因致使建设工程质量不符合约定的，发包人有权请求施工人在合理期限内无偿修理或者返工、改建。

如果承包人拒绝修理、返工或改建的,《最高人民法院关于审理建设工程施工合同纠纷案件适用法律问题的解释(一)》第十二条规定,因承包人的原因造成建设工程质量不符合约定,承包人拒绝修理、返工或者改建,发包人请求减少支付工程价款的,人民法院应予支持。

2. 发包方责任的处理

《建筑法》规定,建设单位不得以任何理由,要求建筑设计单位或者建筑施工企业在工程设计或者施工作业中,违反法律、行政法规和建筑工程质量、安全标准,降低工程质量。

《最高人民法院关于审理建设工程施工合同纠纷案件适用法律问题的解释(一)》第十三条规定,发包人具有下列情形之一,造成建设工程质量缺陷,应当承担过错责任:

(1)提供的设计有缺陷;

(2)提供或者指定购买的建筑材料、建筑构配件、设备不符合强制性标准;

(3)直接指定分包人分包专业工程。

3. 未经竣工验收擅自使用的处理

《民法典》《建筑法》及《建设工程质量管理条例》均规定,建设工程竣工经验收合格后,方可交付使用;未经验收或验收不合格的,不得交付使用。

在实践中,一些建设单位出于各种原因,往往未经验收就擅自提前占有使用建设工程。为此,《最高人民法院关于审理建设工程施工合同纠纷案件适用法律问题的解释(一)》第十四条规定:"建设工程未经竣工验收,发包人擅自使用后,又以使用部分质量不符合约定为由主张权利的,人民法院不予支持;但是承包人应当在建设工程的合理使用寿命内对地基基础工程和主体结构质量承担民事责任。"

案例:

某单位将一幢职工宿舍楼的修建工程承包给A建筑公司,签订了一份建筑工程施工承包合同,对工期、质量、价款、结算等做了详细规定,合同签订后,施工顺利。在宿舍楼工程的二层内装修完毕后,该单位的员工就强行搬了进去,以后每装修完一层,就住进去一层。到工程完工时,此楼已全部被该厂员工所占用。这时,某单位对宿舍楼进行验收,发现一、二层墙皮脱落,门窗开关使用不便等问题,要求施工单位返工。A建筑公司遂对门窗进行了检修,但拒绝重新粉刷墙壁,于是某单位拒付剩余的工程款。A建筑公司便向法院起诉,要求钢铁厂付清剩余的工程款。

问题: 宿舍楼工程未经验收,某单位员工便提前占据使用,其质量责任该如何承担?

分析:

《民法典》《建筑法》《建设工程质量管理条例》均规定,建设工程竣工经验收合格后,方可交付使用;未经验收或验收不合格的,不得交付使用。同时,《最高人民法院关于审理建设工程施工合同纠纷案件适用法律问题的解释(一)》第十四条规定:"建设工程未经竣工验收,发包人擅自使用后,又以使用部分质量不符合约定为由主张权利的,人民法院不予支持;但是承包人应当在建设工程的合理使用寿命内对地基基础工程和主体结构质量承担民事责任。"

本案例中的宿舍楼工程未经竣工验收,发包方即某单位员工就擅自使用,且该工程没有地基基础工程和主体结构的质量问题。根据上述法律和司法解释的规定,某单位应当对工程质量承担相应责任,并应当尽快支付剩余的工程款。

五、竣工验收报告备案的规定

《建设工程质量管理条例》规定，建设单位应当自建设工程竣工验收合格之日起15日内，将建设工程竣工验收报告和规划、公安消防、环保等部门出具的认可文件或者准许使用文件报住房城乡建设主管部门或者其他有关部门备案。住房城乡建设主管部门或者其他有关部门发现建设单位在竣工验收过程中有违反国家有关建设工程质量管理规定行为的，责令停止使用，重新组织竣工验收。

（一）竣工验收备案的时间及须提交的文件

《房屋建筑和市政基础设施工程竣工验收备案管理办法》规定，建设单位应当自工程竣工验收合格之日起15日内，依照本办法规定，向工程所在地的县级以上地方人民政府建设主管部门（以下简称备案机关）备案。

根据《房屋建筑和市政基础设施工程竣工验收备案管理办法》《住房和城乡建设部关于取消部分部门规章和规范性文件设定的证明事项（第二批）的决定》（建法规〔2020〕2号）的规定，建设单位办理工程竣工验收备案应当提交下列文件：

(1)工程竣工验收备案表。

(2)工程竣工验收报告。竣工验收报告应当包括工程报建日期，施工许可证号，施工图设计文件审查意见，勘察、设计、施工、工程监理等单位分别签署的质量合格文件及验收人员签署的竣工验收原始文件，市政基础设施的有关质量检测和功能性试验资料以及备案机关认为需要提供的有关资料。

(3)法律、行政法规规定应当由规划等部门出具的认可文件或者准许使用文件。

(4)法律规定应当由公安消防部门出具的对大型的人员密集场所和其他特殊建设工程验收合格的证明文件。

(5)施工单位签署的工程质量保修书。

(6)法规、规章规定必须提供的其他文件。住宅工程还应当提交《住宅质量保证书》和《住宅使用说明书》。

《城市地下管线工程档案管理办法》还规定，建设单位在地下管线工程竣工验收备案前，应当向城建档案管理机构移交下列档案资料：

(1)地下管线工程项目准备阶段文件、监理文件、施工文件、竣工验收文件和竣工图；

(2)地下管线竣工测量成果；

(3)其他应当归档的文件资料（电子文件、工程照片、录像等）。

建设单位向城建档案管理机构移交的档案资料应当符合《建设工程文件归档规范（2019年版）》（GB/T 50328—2014）的要求。

（二）竣工验收备案文件的签收和处理

《房屋建筑和市政基础设施工程竣工验收备案管理办法》规定，备案机关收到建设单位报送的竣工验收备案文件，验证文件齐全后，应当在工程竣工验收备案表上签署文件收讫。工程竣工验收备案表一式两份，1份由建设单位保存，1份留备案机关存档。

工程质量监督机构应当在工程竣工验收之日起5日内，向备案机关提交工程质量监督报告。备案机关发现建设单位在竣工验收过程中有违反国家有关建设工程质量管理规定行为的，应当在收讫竣工验收备案文件15日内，责令停止使用，重新组织竣工验收。

（三）竣工验收备案违反规定的处罚

《房屋建筑和市政基础设施工程竣工验收备案管理办法》规定，建设单位在工程竣工验收合格之日起 15 日内未办理工程竣工验收备案的，备案机关责令限期改正，处 20 万元以上 50 万元以下罚款。

建设单位将备案机关决定重新组织竣工验收的工程，在重新组织竣工验收前，擅自使用的，备案机关责令停止使用，处工程合同价款 2％以上 4％以下罚款。

建设单位采用虚假证明文件办理工程竣工验收备案的，工程竣工验收无效，备案机关责令停止使用，重新组织竣工验收，处 20 万元以上 50 万元以下罚款；构成犯罪的，依法追究刑事责任。

备案机关决定重新组织竣工验收并责令停止使用的工程，建设单位在备案之前已投入使用或者建设单位擅自继续使用造成使用人损失的，由建设单位依法承担赔偿责任。

《城市地下管线工程档案管理办法》规定，建设单位违反本办法规定，未移交地下管线工程档案的，由建设主管部门责令改正，处 1 万元以上 10 万元以下的罚款；对单位直接负责的主管人员和其他直接责任人员，处单位罚款数额 5％以上 10％以下的罚款；因建设单位未移交地下管线工程档案，造成施工单位在施工中损坏地下管线的，建设单位依法承担相应的责任。

第五节　建设工程质量保修制度

《建筑法》《建设工程质量管理条例》均规定，建设工程实行质量保修制度。

建设工程质量保修制度，是指建设工程竣工经验收后，在规定的保修期限内，因勘察、设计、施工、材料等原因造成的质量缺陷，应当由施工承包单位负责维修、返工或更换，由责任单位负责赔偿损失的法律制度。

一、质量保修书和最低保修期限的规定

（一）建设工程质量保修书

《建设工程质量管理条例》规定，建设工程承包单位在向建设单位提交工程竣工验收报告时，应当向建设单位出具质量保修书。质量保修书中应当明确建设工程的保修范围、保修期限和保修责任等。

1. 质量保修范围

《建筑法》规定，建筑工程的保修范围应当包括地基基础工程、主体结构工程、屋面防水工程和其他土建工程，以及电气管线、上下水管线的安装工程，供热、供冷系统工程等项目。

2. 质量保修期限

《建筑法》规定，保修的期限应当按照保证建筑物合理寿命年限内正常使用，维护使用者合法权益的原则确定。

具体的保修范围和最低保修期限，应当按照《建设工程质量管理条例》的规定执行。

3. 质量保修责任

施工单位在质量保修书中，应当向建设单位承诺保修范围、保修期限和有关具体实施保修的措施，如保修的方法、人员及联络办法，保修答复和处理时限，不履行保修责任的罚则等。

需要注意的是，施工单位在建设工程质量保修书中，应当对建设单位合理使用建设工程有所提示。如果是因建设单位或者用户使用不当或擅自改动结构、设备位置以及不当装修等造成质量问题的，施工单位不承担保修责任；由此而造成的质量受损或者其他用户损失，应当由责任人承担相应的责任。

(二)建设工程质量的最低保修期限

《建设工程质量管理条例》规定，在正常使用条件下，建设工程的最低保修期限如下：

(1)基础设施工程、房屋建筑的地基基础工程和主体结构工程，为设计文件规定的该工程的合理使用年限；

(2)屋面防水工程、有防水要求的卫生间、房间和外墙面的防渗漏，为5年；

(3)供热与供冷系统，为2个采暖期、供冷期；

(4)电气管线、给排水管道、设备安装和装修工程，为2年。

其他项目的保修期限由发包方与承包方约定。

1. 地基基础工程和主体结构的保修期

基础设施工程、房屋建筑的地基基础工程和主体结构工程的质量，直接关系到基础设施工程和房屋建筑的整体安全可靠，必须在该工程的合理使用年限内予以保修，即实行终身质量保修负责制。因此，工程合理使用年限就是该工程勘察、设计、施工等单位的质量责任年限。

2. 屋面防水工程、供热与供冷系统等的最低保修期

在《建设工程质量管理条例》中，对屋面防水工程、供热与供冷系统、电气管线、给水排水管道、设备安装和装修工程等的最低保修期限分别作出了规定。如果建设单位与施工单位经平等协商另行签订保修合同的，其保修期限可以高于法定的最低保修期限，但不能低于最低保修期限，否则视作无效。

建设工程保修期的起始日是竣工验收合格之日。《建设工程质量管理条例》规定，住房城乡建设主管部门或者其他有关部门发现建设单位在竣工验收过程中有违反国家有关建设工程质量管理规定行为的，责令停止使用，重新组织竣工验收。

3. 建设工程超过合理使用年限后需要继续使用的规定

《建设工程质量管理条例》规定，建设工程在超过合理使用年限后需要继续使用的，产权所有人应当委托具有相应资质等级的勘察、设计单位鉴定，并根据鉴定结果采取加固、维修等措施，重新界定使用期。

各类工程根据其重要程度、结构类型、质量要求和使用性能等所确定的使用年限是不同的。确定建设工程的合理使用年限，并不意味着超过合理使用年限后，建设工程就一定要报废、拆除。经过具有相应资质等级的勘察、设计单位鉴定，制定技术加固措施，在设计文件中重新界定使用期，并经有相应资质等级的施工单位进行加固、维修和补强，该建设工程能达到继续使用条件的就可以继续使用。但是，如果不经鉴定、加固等而违法继续使用的，所产生的后果由产权所有人自负。

关于建设工程质量保修期限的说法，下列正确的是(　　)。

A. 地基基础工程的主体结构的保修期不低于 50 年

B. 建设单位与施工企业在保修合同中约定的保修期限应当高于法定的最低保修期限

C. 建设工程的法定保修期限为其最低保修期限

D. 建设工程超过主体结构保修期限的，不得继续使用

分析：

答案：C。选项 A 错误，基础设施工程、房屋建筑的地基基础工程和主体结构工程，为设计文件规定的该工程的合理使用年限。选项 B 错误，建设单位与施工企业在保修合同中约定的保修期限可以高于法定的最低保修期限。选项 D 错误，建设工程在超过合理使用年限后需要继续使用的，产权所有人应当委托具有相应资质等级的勘察、设计单位鉴定，并根据鉴定结果采取加固、维修等措施，重新界定使用期。

二、质量责任的损失赔偿

《建设工程质量管理条例》规定，建设工程在保修范围和保修期限内发生质量问题的，施工单位应当履行保修义务，并对造成的损失承担赔偿责任。

(一)保修义务的责任落实与损失赔偿责任的承担

《最高人民法院关于审理建设工程施工合同纠纷案件适用法律问题的解释(一)》规定，因保修人未及时履行保修义务，导致建筑物损毁或者造成人身、财产损失的，保修人应当承担赔偿责任。保修人与建筑物所有人或者发包人对建筑物毁损均有过错的，各自承担相应的责任。

发包人具有下列情形之一，造成建设工程质量缺陷，应当承担过错责任：

(1)提供的设计有缺陷；

(2)提供或指定购买的建筑材料、建筑构配件、设备不符合强制性标准；

(3)直接指定分包人分包专业工程。承包人有过错的，也应当承担相应的过错责任。

(二)建设工程质量保证金

国务院办公厅《关于清理规范工程建设领域保证金的通知》(国办发〔2016〕49 号)规定，对建筑业企业在工程建设中需缴纳的保证金，除依法依规设立的投标保证金、履约保证金、工程质量保证金、农民工工资保证金外，其他保证金一律取消；严禁新设保证金项目；转变保证金缴纳方式，推行银行保函制度；未按规定或合同约定返还保证金的，保证金收取方应向建筑业企业支付逾期返还违约金；在工程项目竣工前，已经缴纳履约保证金的，建设单位不得同时预留工程质量保证金。

住房和城乡建设部、财政部《建设工程质量保证金管理办法》(建质〔2017〕138 号)规定，建设工程质量保证金(以下简称保证金)是指发包人与承包人在建设工程承包合同中约定，从应付的工程款中预留，用以保证承包人在缺陷责任期内对建设工程出现的缺陷进行维修的资金。

1. 缺陷责任期的确定

缺陷是指建设工程质量不符合工程建设强制性标准、设计文件，以及承包合同的约定。缺陷责任期一般为1年，最长不超过2年，由发承包双方在合同中约定。

缺陷责任期从工程通过竣工验收之日起计。由于承包人原因导致工程无法按规定期限进行竣工验收的，缺陷责任期从实际通过竣工验收之日起计。由于发包人原因导致工程无法按规定期限进行竣工验收的，在承包人提交竣工验收报告90天后，工程自动进入缺陷责任期。

2. 质量保证金的预留与使用管理

缺陷责任期内，实行国库集中支付的政府投资项目，保证金的管理应按国库集中支付的有关规定执行。其他政府投资项目，保证金可以预留在财政部门或发包方。缺陷责任期内，如发包方被撤销，保证金随交付使用资产一并移交使用单位管理，由使用单位代行发包人职责。

社会投资项目采用预留保证金方式的，发承包双方可以约定将保证金交由第三方金融机构托管。

发包人应按照合同约定方式预留保证金，保证金总预留比例不得高于工程价款结算总额的3%。合同约定由承包人以银行保函替代预留保证金的，保函金额不得高于工程价款结算总额的3%。

推行银行保函制度，承包人可以银行保函替代预留保证金。在工程项目竣工前，已经缴纳履约保证金的，发包人不得同时预留工程质量保证金。采用工程质量保证担保、工程质量保险等其他保证方式的，发包人不得再预留保证金。

缺陷责任期内，由承包人原因造成的缺陷，承包人应负责维修，并承担鉴定及维修费用。如承包人不维修也不承担费用，发包人可按合同约定从保证金或银行保函中扣除。费用超出保证金额的，发包人可按合同约定向承包人进行索赔。承包人维修并承担相应费用后，不免除对工程的损失赔偿责任。由他人原因造成的缺陷，发包人负责组织维修，承包人不承担费用，且发包人不得从保证金中扣除费用。

3. 质量保证金的返还

缺陷责任期内，承包人认真履行合同约定的责任，到期后，承包人向发包人申请返还保证金。

发包人在接到承包人返还保证金申请后，应于14天内会同承包人按照合同约定的内容进行核实。如无异议，发包人应当按照约定将保证金返还给承包人。对返还期限没有约定或者约定不明确的，发包人应当在核实后14天内将保证金返还承包人，逾期未返还的，依法承担违约责任。发包人在接到承包人返还保证金申请后14天内不予答复，经催告后14天内仍不予答复，视同认可承包人的返还保证金申请。

发包人和承包人对保证金预留、返还以及工程维修质量、费用有争议的，按承包合同约定的争议和纠纷解决程序处理。建设工程实行工程总承包的，总承包单位与分包单位有关保证金的权利与义务的约定，参照《建筑工程质量保证金管理暂行办法》关于发包人与承包人相应权利与义务的约定执行。

三、违法行为应承担的法律责任

建设工程质量保修违法行为应承担的主要法律责任如下：

《建筑法》规定，建筑施工企业违反本法规定，不履行保修义务或者拖延履行保修义务的，责令改正，可以处以罚款，并对在保修期内因屋顶、墙面渗漏、开裂等质量缺陷造成的损失，承担赔偿责任。

《建设工程质量管理条例》规定，施工单位不履行保修义务或者拖延履行保修义务的，责令改正，处10万元以上20万元以下的罚款，并对在保修期内因质量缺陷造成的损失承担赔偿责任。

《建筑业企业资质管理规定》规定，企业申请建筑业企业资质升级、资质增项，在申请之日起前一年至资质许可决定作出前，有未依法履行工程质量保修义务或拖延履行保修义务情形的，资质许可机关不予批准。

《建设工程质量管理条例》

➤ 知识筑基

1. 什么是工程建设标准？
2. 哪些试块、试件和材料必须实施见证取样和送检？
3. 施工单位偷工减料等违法行为应承担哪些法律责任？
4. 检验检测违法行为应承担哪些法律责任？
5. 勘察、设计单位质量违法行为应承担哪些法律责任？
6. 《建设工程质量管理条例》规定，在正常使用条件下，屋面防水工程、供热与供冷系统电气管线、给水排水管道、设备安装和装修工程的建设工程的最低保修期限是什么？

真案实判

启东市人民法院一审审理查明：2007年1月，恒大地产集团有限公司先后设立启东宝丰康复保健公司（以下简称宝丰公司）、启东通誉健身俱乐部有限公司（以下简称通誉公司）等公司共同开发位于启东市寅阳镇寅兴垦区外侧东南部的启东恒大威尼斯水城项目。2009年9月25日，通誉公司与南通瑞达建设监理有限公司（以下简称瑞达监理公司）法定代表人、董事长被告人樊冲签订《恒大威尼斯水城首期项目监理工程协议》，委托瑞达监理公司为恒大威尼斯水城首期项目监理单位，违规约定由通誉公司派员以瑞达监理公司的名义实施工程现场监理，通誉公司派驻的监理人员由瑞达监理公司面试认可后方可派驻，由瑞达监理公司的总监理工程师出具委托书给通誉公司任命的总监代表，总监代表负责现场的监理工作等。在施工过程中，瑞达监理公司并未对通誉公司派驻项目工程的所有现场监理人员的资质进行审查。瑞达监理公司委派的总监理工程师黄辉在对工地巡查过程中发现工程安全、质量隐患曾向被告人樊冲汇报，但被告人樊冲未予以足够重视并采取有效措施消除事故隐患。2011年9月，江苏建工天津分公司以江苏建工的名义与宝丰公司签订五大中心主体及配套工程（二标段）施工合同，承建五大中心工程。江苏建工天津分公司指派副经理被告人顾汉忠负责江苏区域内项目工程的日常管理工作，被告人顾汉忠事实上还行使五大中心工程项目经理职权，代表江苏建工天津分公司对五大中心工程实施管理。江苏建工员工被告人倪强以内部承包方式，与被告人倪雄共同出资承建其中三大中心工程，并成立江苏建工恒大倪强项目部，被告人倪强为项目总负责人，负责工程项目的质量、安全、日常管理等工作，被告人倪雄为材料员，同时参与项目工程的管理。被告人倪强、倪雄聘请被告人冯朝辉担任工程项目执行经理，被告人冯朝辉事实上兼任技术负责人，负责生产、技术、安全等工作。2011年9月23日，宝丰公司工程部经理被告人袁志富明知五大中心工程项目未取得施工许可证、未办理安全报监手续，向江苏建工发出工程开工令，要求工程开工。被告人倪强、顾汉忠、冯朝辉明知上述情形，于2011年9月月底开始项目工程前期施工准备，并于2011年12月底对主体工程正式开工。2011年10月25日，被告人倪雄代表江苏建工恒大倪强项目部将三大中心工程图纸范围内所有木工模板制安分项劳务工程分包给无特种作业资质的被告人何芳平。被告人倪强对此表示认可。被告人何芳平承接该项劳务工程后，将高大模板支撑系统搭设劳务工程分包给无特种作业资质的郑勇（另案处理）。郑勇雇佣十余名无特种作业资质的农民工进行施工。2011年11月8日，被告人倪强代表江苏建工恒大倪强项目部与海门泓达钢管租赁站签订钢管、钢管脚手架扣件租赁协议。2012年6月12日至7月29日期间，被告人倪雄多次从该站租赁钢管、扣件，未经检测即提供给三大中心工程施工使用。后经抽查检测鉴定，上述钢管断后伸长率、抗拉强度、屈服强度均不符合标准《碳素结构钢》（GB/T 700—2006）的要求，上述钢管脚手架扣件抗拉性能、扭转刚度、抗破坏性能均不符合《钢管脚手架扣件》（GB 15831—2006）标准的要求。2012年4月月底，被告人冯朝辉复制并修改其他施工企业高大模板专项施工方案及评审专家组成员签字，并伪造专家论证意见，编制出"健康、运动、饮食中心"高支模工程专项施工方案，被告人顾汉忠在该方案上签字同意上报。2012年8月月初，郑勇在未取得高大模板支撑系统专项施工方案且无施工安全技术指导的情况下，带领施工队凭经验搭设完成运动中心高大模板支撑系统。搭设前，被告人冯朝辉未按规定对该高大模板支撑系统需要处理或加固的地基进行验收，未向施工人员进行安全技术交底；搭设完成后，被告人倪强、倪雄、顾汉忠、冯朝辉、何芳平、袁志富、樊冲也未按规定参与或组织人员对该高大模板支撑系统进行检查验收。2012年8月25日下午，在未取得总监理工程师签发的混凝土浇筑令的情况下，被告人倪雄擅自决定浇筑混凝土并通知供应商于次日晨供应混凝土。被告人冯朝辉明知上述情形未予以制止。2012年8月26日7时许，江苏建工恒大倪强项目部泥工组开始对运动中心三层顶浇筑混凝土，当日17时许，施工人员发现高大模板支撑排架不稳定、上午浇筑的混凝土位置有下沉现象即向被告人冯朝辉汇报。被告人冯朝辉获悉险情后，未按规定疏散施工人员，反而指挥施工人员冒险对高大模板支撑排架盲目进行加固。当日18时许，运动中心高大模板支撑系统突然变形并坍塌，致使在支撑排架上作业的包耿、包义平、包义学、包安鸿、吴波等人被砸压，致包安鸿、包耿、包义平、包义学死亡，吴波等人受伤。经法医鉴定，包安鸿是遭重物砸压致创伤性、失血性休克死亡；包耿、包义学是遭重物砸压致创伤性休克死亡；包义平是遭重物砸压致头颅离断死亡。经南通市安全生产监督管理局等部门组成的事故调查组调查认定，被告人倪强、倪雄、冯朝辉、何芳平、顾汉忠、袁志富、樊冲对事故的发生均负有直接责任。事故发生后，江苏建工与被害人包耿、包义平、包义学、包安鸿的近亲属，被害人吴波、金保合、罗月强就赔偿事宜分别达成民事赔偿协议，已履行全部赔偿款合计人民币362万元。事故发生后，被告人倪强、倪雄、顾汉忠、袁志富先后赶至现场参与抢险，在接受相关部门调查时，均如实交代有关事实；被告人樊冲经民警电话通知，主动至公安机关接受调查，如实供述自己的犯罪事实；被告人冯朝辉虽赶至现场参与抢险，但未如实交代有关事实；被告人何芳平被公安民警抓获归案后，如实供述自己的犯罪事实。本案的争议焦点是：各被告人作为建设单位、施工单位、监理单位的主要负责人以及建设项目具体施工管理者是否对本起重大安全事故承担刑事责任。

启东市人民法院一审审理认为：被告人倪强、倪雄、冯朝辉、何芳平、顾汉忠、袁志富、樊冲在恒大威尼斯水城运动中心高大模板支撑系统工程项目中，分别作为施工单位、建设单位、监理单位的工作人员以及高大模板支撑系统具体施工管理者，在工程施工的不同环节和岗位中，本应上下衔接、相互制约、相互督促，却违反安全管理规定，不履行、不正确履行或者消极履行各自的职责，最终导致高大模板支撑系统坍塌，造成四人死亡的重大后果，情节特别恶劣，其行为均已构成重大责任事故罪，依法应追究刑事责任。公诉机关指控被告人倪强、倪雄、冯朝辉、何芳平、顾汉忠、袁志富、樊冲犯重大责任事故罪的事实清楚，证据确实、充分，指控罪名成立，法院予以支持。被告人倪强、倪雄、顾汉忠、袁志富、樊冲犯罪以后自动投案，如实供述自己的罪行，是自首，可以从轻或者减轻处罚。被告人何芳平归案后如实供述自己的罪行，可以从轻处罚。被告人冯朝辉庭审中表示自愿认罪，可酌情从轻处罚。关于辩护人提出被告人倪强应负次要责任的辩护意见，经查，被告人倪强是事故项目工程的负责人、实际控制人、安全生产第一责任人，对项目工程疏于管理，放任自流，法院认为，其过错是导致事故发生的直接和主要原因，应当承担直接和主要责任，该辩护意见与查证的事实和法律规定不符，法院不予采纳。关于辩护人提出被告人倪强具有自首情节的辩护意见，与查证的事实和法律规定相符，法院予以采纳。关于辩护人提出被告人倪雄只需在材料员的职责范围内承担责任的辩护意见，经查，被告人倪雄是事故项目工程的实际控制人，除履行材料员责任外，还参与项目工程施工管理，违法签订事故项目工程木工模板制安分项劳务工程分包协议，盲目下令浇筑混凝土等，法院认为，其过错是导致事故发生的直接和主要原因，应当承担直接和主要责任，故该辩护意见与查证的事实和法律规定不符，法院不予采纳。关于辩护人提出被告人倪雄具有自首情节的辩护意见，与查证的事实和法律规定相符，法院予以采纳。关于辩护人提出被告人冯朝辉的过错是导致事故发生的次要原因的辩护意见，经查，被告人冯朝辉是项目部执行经理兼技术负责人，其伪造高大支撑模板支撑系统专项施工方案，对施工人员不进行安全技术交底，出现险情后不按规定疏散施工人员反而违章指挥工人冒险作业，法院认为，被告人冯朝辉的过错是导致事故发生的直接和主要原因，应当承担直接和主要责任。关于辩护人提出被告人冯朝辉具有自首情节的辩护意见，经查，事故发生后被告人冯朝辉虽赶至现场参与抢救，但归案后未如实供述自己的主要犯罪事实，其行为依法不构成自首，该辩护意见法院不予采纳。关于辩护人提出被告人何芳平的过错对本起事故发生所起作用很小的辩护意见，经查，被告人何芳平明知自己无特种作业资质而承包三大中心的木工及支撑系统搭设劳务工程，且将支撑系统搭设劳务工程分包给无特种作业资质的郑勇，法院认为，其过错是导致事故发生的直接和重要原因，应当承担直接责任，故该辩护意见与查证的事实和法律规定不符，法院不予采纳。关于辩护人提出被告人何芳平归案后如实供述自己的罪行，可以从轻处罚的辩护意见，与事实和法律规定相符，法院予以采纳。关于辩护人提出被告人顾汉忠不是五大中心工程项目经理，本起事故的发生与其无关，被告人顾汉忠无罪的辩护意见，经查，被告人倪强、倪雄、冯朝辉、证人江水洪等均证实被告人顾汉忠是五大中心工程项目经理，相关书证也证实其事实上也行使了项目经理的职权，被告人顾汉忠对此也予以认可，法院认为，被告人顾汉忠作为项目经理，对项目工程疏于管理，放任项目工程盲目施工，其过错是导致事故发生的直接和重要原因，应当承担直接责任，故该辩护意见与查证的事实和法律规定不符，法院不予采纳。关于辩护人提出被告人顾汉忠具有自首情节的辩护意见，与查证的事实和法律规定相符，法院予以采纳。关于辩护人提出被告人袁志富的过错对事故发生所起作用很小的辩护意见，经查，被告人袁志富是建设方工程部经理，委派无监理资质的人员负责项目工程现场监理，未取得施工许可证，未办理安全报监手续任意发出工程开工令，法院认为，其过错是导致事故发生的直接和主要原因，应当承担直接和主要责任，该辩护意见与查证的事实和法律规定不符，法院不予采纳。关于辩护人提出被告人袁志富具有自首情节的辩护意见，与查证的事实和法律规定相符，法院予以采纳。关于辩护人提出被告人樊冲只需对总监黄辉的失职行为负领导责任的辩护意见，经查，被告人樊冲代表监理单位与建设单位违规约定由建设单位以监理单位的名义对项目工程进行现场监理，导致总监黄辉无法正常履职，从而对项目工程失去有效监理，法院认为，其过错是导致事故发生的直接和重要原因，应当承担直接责任，该辩护意见与查证的事实和法律规定不符，法院不予采纳。关于辩护人提出被告人樊冲具有自首情节的辩护意见，与查证的事实和法律规定相符，法院予以采纳。据此，启东市人民法院依照《刑法》第一百三十四条第一款，第六十七条第一、三款之规定，于2013年9月16日作出（2013）启刑初字第0111号刑事判决：被告人倪强犯重大责任事故罪，判处有期徒刑三年。被告人倪雄犯重大责任事故罪，判处有期徒刑三年三个月。被告人冯朝辉犯重大责任事故罪，判处有期徒刑三年六个月。被告人何芳平犯重大责任事故罪，判处有期徒刑三年。被告人顾汉忠犯重大责任事故罪，判处有期徒刑两年六个月。被告人袁志富犯重大责任事故罪，判处有期徒刑三年三个月。被告人樊冲犯重大责任事故罪，判处有期徒刑两年六个月。被告人袁志富、顾汉忠、樊冲不服一审判决，向南通市中级人民法院提出上诉。袁志富上诉称，其签发工程开工令是执行公司决议，与事故的发生无刑法上的因果关系，不应承担刑事责任，请求改判无罪。顾汉忠上诉称，其作为分管领导，不是直接从事生产作业的人员，不具备重大责任事故罪的主体资格，请求改判无罪。樊冲上诉称，监理单位的失职只是事故发生的间接原因之一，其不是重大责任事故罪的适格主体，且对事故发生不存在过错，不应承担刑事责任，请求改判无罪，如果认定其行为构成犯罪，请求法院改判适用缓刑或免予刑事处罚。南通市中级人民法院经审理确认了一审查明的事实。南通市中级人民法院二审审理认为：上诉人袁志富、顾汉忠、樊冲及原审被告人倪强、倪雄、冯朝辉、何芳平在恒大威尼斯水城运动中心工程项目建设过程中，分别作为建设单位、施工单位、监理单位的责任人员、直接施工管理者，本应在不同岗位和环节上相互督促、相互制约以确保工程质量和生产安全，却违反国家关于建筑工程安全管理规定，不履行、不正确履行或者消极履行各自的职责，最终导致高大模板支撑系统坍塌，造成四人死亡、三人受伤的重大后果，情节特别恶劣，其行为均已构成重大责任事故罪，依法应处三年以上七年以下有期徒刑。案发后，上诉人袁志富、顾汉忠、樊冲及原审被告人倪强、倪雄自动投案，配合公安机关调查，如实供述自己的罪行，是自首，依法可以从轻或者减轻处罚。原审被告人何芳平归案后如实供述自己的罪行，可以从轻处罚。原审被告人冯朝辉庭审中表示自愿认罪，可酌情从轻处罚。原审被告人倪强、倪雄等筹款赔偿被害人及被害人亲属损失，有悔罪表现，可以酌情从轻处罚。综合上诉人顾汉忠、樊冲的犯罪事实、认罪悔罪表现等，可对二人减轻处罚。原判决认定上诉人袁志富、顾汉忠、樊冲及原审被告人倪强、倪雄、冯朝辉、何芳平犯重大责任事故罪事实清楚，证据确实、充分，审判程序合法，适用法律正确，量刑适当，应予维持。关于上诉人袁志富及其辩护人请求宣告无罪的上诉、辩护意见，经查，上诉人袁志富作为恒大地产集团启东公司组成之一的宝丰公司工程部经理、甲方代表，代表建设单位负责工程的质量、施工安全、进度等，但其未认真履行管理职责，接受公司安排委派无监理资质的人员担任"运动中心"工程现场监理工程师，明知项目工程未取得施工许可证，未办理安全报监手续而向江苏建工恒大项目部发出工程开工令，明知运动中心工程高大支撑模板专项施工方案未通过现场指派"监理"的审批，未及时对项目工程高大支撑模板系统检查验收，仍放任施工单位进入后续工序的施工。上诉人袁志富作为受建设单位委托对事故工程生产安全、质量进行管理的直接责任人员，对事故的发生负有直接责任，其行为符合重大责任事故罪的构成要件，依法应追究其刑事责任，且属情节特别恶劣，依法应处三年以上七年以下有期徒刑。建设单位是否有其他人员应被追究刑事责任，并不影响其刑事责任的承担。根据不诉不理原则，对未经依法侦查、审查起诉的人，法院不做评判。故上诉人袁志富及其辩护人请求宣告无罪的上诉、辩护意见不能成立，不予采纳。关于上诉人袁志富的辩护人称一审判决对袁志富的量刑违背罪刑相适应原则的辩护意见，经查，上诉人袁志富作为一名有多年工程建设从业经验的工程管理者，明知工程建设、监理、施工等方面存在重大安全隐患，仍不予制止，致使安全隐患长期存在，导致发生四人死亡及数人受伤的重大责任事故，且在事故发生后，又指使他人篡改施工安全日志等材料，企图毁灭罪证、逃避法律责任，依法应从重处罚。一审判决考虑其犯罪事实、具有自首等情节，在法定刑幅度内判处有期徒刑三年三个月，量刑适当。故其辩护人该辩护意见不能成立，不予采纳。关于上诉人顾汉忠及辩护人请求宣告无罪的上诉、辩护意见，经查，上诉人顾汉忠作为施工单位江苏建工天津分公司的副经理，分管该分公司在江苏区域内工程项目施工，代表天津分公司对该公司的恒大威尼斯水城项目部履行监督、指导、管理等职责，虽天津分公司发函以顾汉忠为项目经理，未获建设方批准，但在工程实际施工过程中，顾汉忠已事实上对项目工程行使项目经理的管理职责，在重大施工组织设计/方案报审表、建设工程开工安全生产条件复查表、高大支撑模板专项施工方案等材料上的"项目经理"处，均需签署有"顾汉忠"的名字方可送交建设方、监理方及总公司处理，原审被告人倪强、倪雄、冯朝辉等在侦查过程中的供述，证人江水洪、胡书舟等人的证言也证实顾汉忠为项目经理。上述证据相互印证，足以认定。上诉人顾汉忠本人不具有项目经理资质，却接受委派实际履行项目经理职责，在施工过程中，对项目工程疏于管理，明知项目工程未取得施工许可证，未办理安全报监手续，未及时有效与建设方沟通，任由项目工程开工建设；对伪造的高大模板支撑系统专项施工方案未认真审查、盲目上报审批；对项目工程中存在的重大安全隐患未及时督促排查，对事故的发生负有直接责任。上诉人顾汉忠作为天津分公司对涉案工程的分管副经理、实际项目经理，对重大责任事故的发生负有不可推卸的管理和领导责任，其行为符合重大责任事故罪构成要件，依法应追究其刑事责任，且属情节特别恶劣。故上诉人顾汉忠及辩护人请求宣告无罪的辩解、辩护意见不能成立，不予采纳。关于上诉人樊冲的辩护人请求对樊冲宣告无罪的辩护意见，经查，本案涉"五大中心"工程总造价达3 000万元以上，属大中型公用事业工程，必须实行监理。上诉人樊冲作为承担恒大威尼斯水城项目监理的瑞达监理公司的法定代表人，安全生产的第一责任人，严重违反相关监理法律法规、规章规范等规定，与建设方违规约定，由建设单位派员以监理单位的名义承担项目工程现场监理等职责的监理合同；在实施监理合同时，违反《注册监理工程师管理规定》，任由建设方委派一些不具有监理资质人员从事监理活动，在委派黄辉担任项目总监理工程师时，交代黄辉只需做好报监、备案、在资料上盖公章、主管部门到现场时陪同等工作，在黄辉对该合作监理模式存在安全隐患提出质疑、且无法有效开展工作时，未及时向事故工程派驻有资质的现场监理人员实施有效监管，并与建设方交涉、向有关主管部门反映，有效改变该具有重大安全隐患的合作监理模式，仍怠于履行安全生产责任，置《建设工程安全生产管理条例》《建筑工程质量管理条例》《危险性较大的分部分项工程安全管理办法》《建设工程高大模板支撑系统施工安全监督管理导则》等安全管理规范于不顾，致监理公司及人员未能正确履行监理职责，未能通过工程例会、旁站、巡视、平行检验、签字把关、责令停工整改等监理活动，及时发现、消除原审被告人倪雄租赁钢管扣件质量不合格、冯朝辉编制的高大模板支撑专项方案造假、没有浇筑令强行浇筑、发现支撑系统不稳强行加固未停止浇筑、将工程分包给无资质的何芳平和郑勇等人搭设、工程层层分包等施工安全隐患或违反工程建设强制性标准的行为，导致重大责任事故的发生。最高人民法院《关于进一步加强危害生产安全刑事案件审判工作的意见》规定："对生产、作业负有组织、指挥或者管理职责的负责人、管理人员、实际控制人、投资人，违反有关安全生产管理规定，对重大生产安全事故的发生起决定性、关键性作用的，应当承担主要责任。"上诉人樊冲系负有监理职责的组织、指挥、管理的负责人，对安全事故的发生起关键性作用，依法应承担主要责任，其行为符合重大责任事故罪的构成要件，构成重大责任事故罪，且属情节特别恶劣。故上诉人樊冲的辩护人请求宣告樊冲无罪的辩护意见不能成立，不予采纳。关于上诉人樊冲及辩护人请求对樊冲免处或适用缓刑的上诉、辩护意见，经查，本案重大责任事故造成四人死亡数人受伤，属情节特别恶劣，依法应处三年以上七年以下有期徒刑，不属犯罪情节较轻，原判决考虑上诉人樊冲具有自首情节，原审被告人倪强、倪雄等积极赔偿被害人及家属损失等情节，对上诉人樊冲已作减轻处罚，其请求免予刑事处罚或适用缓刑，于法无据。根据辩护人提供的恒大地产集团在南京等地的工程监理合同，显示瑞达监理公司还另与恒大地产集团签订了该合作监理模式，上诉人樊冲并未从本案重大责任事故中真正吸取教训，依法进行监理，为将建、在建或规划建设的相关工程埋下安全隐患，对其不宜适用缓刑。关于原审被告人倪强、倪雄请求对其从轻处罚的辩解意见，经查，原判决根据原审被告人倪强、倪雄对本案重大责任事故所负责任，具有自首、赔偿等情节，在法定刑内量刑适当，现对其二人再从轻处罚无法律依据。故对原审被告人倪强、倪雄请求从轻处罚的辩解意见，不予采纳。关于原审被告人倪雄的辩护人称倪雄系材料员，原判决量刑偏重、请求从轻处罚的辩护意见，经查，原审被告人倪雄作为江苏建工天津分公司恒大威尼斯水城项目部的实际控制人，同时兼材料员、施工现场管理人，其对工程项目疏于管理，明知原审被告人何芳平无特种作业资质，而将木工模板制安分项劳务工程分包给何芳平；租赁不合格的钢管、扣件用于搭设高大模板支撑系统；未对高大模板支撑系统进行验收、未取得项目总监理工程师签发的浇筑令，而盲目下令浇筑混凝土，对事故的发生负有直接责任，且属主要责任，依法应予严惩，原判决在法定刑内量刑适当。故该辩护意见不能成立，不予采纳。关于原审被告人冯朝辉称有自首情节、一审判决对其量刑偏重、请求从轻处罚的辩解意见，经查，事故发生后，原审被告人冯朝辉虽赶至现场参与抢险，但归案后未如实供述自己伪造高大模板支撑专项方案的主要犯罪事实，依法不构成自首，故原审被告人冯朝辉请求从轻处罚的辩解意见于法无据，不予采纳。关于原审被告人冯朝辉称其应为次要责任的辩解意见，经查，原审被告人冯朝辉作为案发工程的执行经理兼技术负责人，负责项目工程的施工、安全和技术工作，未落实施工安全规范和要求，对劳务分包单位的施工安全技术的指导、监督不到位；套用其他项目工程的高大模板支撑专项施工方案，伪造专家论证意见和签名；明知高大模板支撑系统未进行验收、未取得项目总监理工程师签发的浇筑令而不阻止浇筑混凝土；在搭设高大模板支撑系统前，未组织对地基进行验收，未进行安全技术交底；在发生险情后，未按规定疏散人员，违章指挥工人冒险作业，盲目进行加固，对事故的发生负有直接责任，且属主要责任。故原审被告人冯朝辉该辩解意见不能成立，不予采纳。

争议焦点：被告人作为建设单位、施工单位、监理单位的责任人员、直接施工管理者，是否构成重大责任事故罪。

裁判要点：建设单位、施工单位、监理单位的主要负责人以及建设项目具体施工管理者，违反安全管理规定，不履行或不正确履行各自职责导致发生重大伤亡事故的，构成重大责任事故罪。

（该案摘自最高人民法院公报案例）

第八章 解决建设工程纠纷法律制度

知识目标

识记建设工程纠纷理论，掌握解决建设工程纠纷方式和程序。

能力目标

1. 能掌握解决建设工程纠纷的全部程序，确保解决全程合法性；
2. 当合法利益受到侵害时，能够正确运用《民法典》法律知识保护自身合法利益。

第一节 建设工程纠纷主要种类

《中国人民共和国民事诉讼法》

案例引入

2011年5月18日及10月16日，原告石××与被告浙江×建筑有限公司山东新泰分公司（以下简称新泰分公司）签订了协议书及补充合同各一份，约定由原告承建被告华胥山社区5号楼、10号楼的土建，协议书中明确约定了双方的承包方式、工程执行条款和结算条款等。工程施工完毕后，原告交付被告使用，双方按照合同约定进行了结算，被告支付原告工程款4 230 000元。原告主张协议书中约定的承包方式显失公平，合同价与实际成本价差额为1 778 945.28元，诉至法院要求判令被告支付上述差额。

分析：

这是典型的建筑工程民事纠纷，根据法律规定，合同无效后，因合同取得的财产应当返还；不能返还或者没有必要返还的，应当折价赔偿。由于建设工程的特殊性，无法适用返还原则，只能折价补偿。最高人民法院根据建筑立法的主要出发点和目的，综合平衡发包人与承包人双方之间的利益关系后，依法确定施工合同无效后建设工程经竣工验收合格的，参照合同约定支付承包人工程价款。如果按照工程定额或者住房城乡建设主管部门发布的市场价格信息作为计价标准给予折价补偿，就可能诱使承包人恶意主张合同无效，以达到获取高于合同约定工程款的目的，这与无效合同处理原则及制定司法解释以期达到规范建筑市场、为促进建筑业的发展提供法律保障的初衷相悖。

一、建设工程民事纠纷

建设工程民事纠纷，是在建设工程活动中平等主体之间发生的以民事权利义务法律关系为内容的纠纷。民事纠纷可分为两大类：一类是财产关系方面的民事纠纷，如合同纠纷、损害赔偿纠纷等；另一类是人身关系的民事纠纷，如名誉权纠纷、继承权纠纷等。在建设工程领域，较为普遍和重要的民事纠纷主要是合同纠纷、侵权纠纷。

（一）合同纠纷

合同纠纷，是指因合同的成立、生效、履行、变更、终止等行为而引起的合同当事人之间的所有争议。在建设工程方面，合同纠纷主要有工程总承包合同纠纷、工程勘察合同纠纷、工程设计合同纠纷、工程施工合同纠纷、工程监理合同纠纷、工程分包合同纠纷、材料设备采购合同纠纷及劳动合同纠纷等。其中，发包人和承包人就有关质量、造价等产生的建设工程合同争议，是建设工程领域最常见的民事纠纷。

案例：

2010年装修公司在报纸上刊登广告，显著位置注明"130平方米精装3.98万元（含水电改造）"，并"郑重承诺：预算等于决算"。周某与装修公司所签装修合同约定工程总造价为3万元。2011年，周某以装修公司延期完工为由诉请解约并退还工程款、支付违约金。装修公司以周某拒付水电改造费为由抗辩。

分析：

装修公司在广告中已明确"郑重承诺"预算等于决算，其广告介绍的在建项目造价也均注明含水电改造，故除非其与周某明确约定水电改造费用不包含在合同约定造价中，否则，广告中该承诺，构成双方之间合同约定。双方所签合同文本由装修公司提供，合同明确约定了工程造价为3万元，未特别约定对合同范围内工程项目需根据实际工程量另行计价。故应确认双方合同约定的造价3万元中已包含水电路改造工程，装修公司无权要求周某另行支付费用，周某拒付此费用合理、合法。装修公司未按期完工构成违约，应当承担违约责任。

鉴于装修公司违约行为已导致双方之间产生较大矛盾，不适合继续履行合同，且装修公司也同意不再履行合同，故对周某要求退还未完成项目工程款请求，予以支持。判决装修公司退还周某工程款29 000余元并支付周某延期违约金9 000元。

（二）侵权纠纷

侵权纠纷，是指一方当事人对另一方侵权而产生的纠纷。在建设工程领域也易发生侵权纠纷，如施工单位在施工中未采取相应防范措施造成对他方损害而产生的侵权纠纷，未经许可使用他方的专利、工法等而造成的知识产权侵权纠纷等。

案例：

2013年，赵某在机械公司工作时不慎被钢材砸伤。2014年，劳动人事争议仲裁委员会确认双方存在劳动关系。2015年，生效判决以赵某申请工伤保险待遇超过法定期限而不予受理。赵某遂以侵权为由，诉请机械公司赔偿损失。

分析：

在本案例中，赵某在机械公司工作中受伤，应获得相应赔偿。工伤认定是伤者获得工伤保险待遇前提和依据，因赵某工伤认定申请超过法定期限，人社局对该申请不予受理，且机械公司也不认可赵某所受伤害为工伤，故司法程序虽裁决赵某与机械公司存在劳动关系，但赵某不能通过工伤保险途径获得救济。最高人民法院《关于审理人身损害赔偿案件适用法律若干问题的解释》规定"依法应当参加工伤保险统筹的用人单位的劳动者，因工伤事故遭受人身损害，劳动者或者其近亲属向人民法院起诉请求用人单位承担民事赔偿责任的，告知其按《工伤保险条例》的规定处理"。该规定并未排除伤者在不能按《工伤保险条例》规定获得救济时，可通过一般民事赔偿途径获得救济。

《安全生产法》规定"因生产安全事故受到损害的从业人员，除依法享有工伤社会保险外，依照有关民事法律尚有获得赔偿的权利的，有权向本单位提出赔偿要求。"根据有伤害就有救济原则，本案例赵某有权提起本案诉讼，以求获得伤害救济。只是在普通民事损害赔偿诉讼中，应根据侵权责任法律规定考量伤者对损害发生是否具有过错。在侵权法律关系中，受害人对同一损害发生或扩大有故意、过失的，依法可减轻赔偿义务人赔偿责任。在本案例中，赵某在工作中被身旁堆放钢材倒下砸伤，无证据证明其主观或客观上对其受伤具有过错，且对企业安全生产管理系机械公司之责，该公司有义务保护员工在工作中不受事故伤害，故认定机械公司承担此次事故全部责任，赵某不负责任。判决机械公司赔偿赵某医疗费、住院伙食补助费、营养费、护理费、误工费、残疾赔偿金、精神损害抚慰金、交通费等共计 10 万余元。

二、建设工程行政纠纷

在建设工程领域，易于引发行政纠纷的具体行政行为主要有行政许可、行政处罚、行政奖励和行政裁决。

（一）行政许可

行政许可，是指行政机关根据公民、法人或者其他组织的申请，经依法审查，准予其从事特定活动的行政管理行为，如施工许可、专业人员执业资格注册、企业资质等级核准、安全生产许可等。行政许可易引发的行政纠纷通常是行政机关的行政不作为、违反法定程序等。

（二）行政处罚

行政处罚，是指行政机关或其他行政主体依照法定职权、程序对于违法但尚未构成犯罪的相对人给予行政制裁的具体行政行为。常见的行政处罚为警告、罚款、没收违法所得、取消投标资格、责令停止施工、责令停业整顿、降低资质等级、吊销资质证书等。行政处罚易导致的行政纠纷，通常是行政处罚超越职权、滥用职权、违反法定程序、事实认定错误、适用法律错误等。

（三）行政奖励

行政奖励，是指行政机关依照条件和程序，对为国家、社会和建设事业作出重大贡献的单位与个人，给予物质或精神鼓励的具体行政行为，如表彰建设系统先进集体、劳动模范和先进工作者等。行政奖励易引发的行政纠纷，通常是违反程序、滥用职权、行政不作为等。

（四）行政裁决

行政裁决，是指行政机关或法定授权的组织，依照法律授权，对平等主体之间发生的与行政管理活动密切相关的、特定的民事纠纷（争议）进行审查，并作出裁决的具体行政行为，如对特定的侵权纠纷、损害赔偿纠纷、权属纠纷、国有资产产权纠纷及劳动工资、经济补偿纠纷等的裁决。行政裁决易引发的行政纠纷，通常是行政裁决违反法定程序、事实认定错误、适用法律错误等。

📖 知识链接

建设工程行政纠纷，是在建设工程活动中行政机关之间或行政机关同公民、法人和其他组织之间由于行政行为而引起的纠纷。在各种行政纠纷中，既有因行政机关超越职权、滥用职权、行政不作为、违反法定程序、事实认定错误、适用法律错误等所引起的纠纷，也有公民、法人或其他组织逃避监督管理、非法抗拒监督管理或误解法律规定等而产生的纠纷。

第二节　和解与调解制度

《中华人民共和国
人民调解法》

一、和解

和解是指民事纠纷的当事人在自愿互谅的基础上，就已经发生的争议进行协商、妥协与让步并达成协议，自行解决纠纷的一种方式。通常它不仅从形式上消除当事人之间的对抗，还从心理上消除对抗。建设工程发生纠纷时，当事人应首先考虑通过和解解决纠纷。和解可以在民事纠纷的任何阶段进行，无论是否已经进入仲裁或诉讼程序，当事人均可自行和解。在我国，和解有以下几种类型：

（1）未经仲裁和诉讼的和解。民事纠纷发生后，当事人即可以自行和解。如果达成一致意见，就不需要进行仲裁或诉讼。

（2）申请仲裁后的和解。该类和解是指仲裁当事人通过协商，自行解决已提交仲裁的争议事项的行为。《中华人民共和国仲裁法》（以下简称《仲裁法》）第四十九条规定："当事人申请仲裁后，可以自行和解。达成和解协议的，可以请求仲裁庭根据和解协议作出裁决书，也可以撤回仲裁申请。"《仲裁法》第五十条规定："当事人达成和解协议，撤回仲裁申请后反悔的，可以根据仲裁协议申请仲裁。"

（3）诉讼后的和解。当事人向人民法院起诉后，根据《中华人民共和国民事诉讼法》（以下简称《民事诉讼法》）第五十三条规定："双方当事人可以自行和解。"《最高人民法院关于人民法院民事调解工作若干问题的规定》第二条规定："当事人在诉讼过程中自行达成和解协议的，人民法院可以根据当事人的申请依法确认和解协议制作调解书。"当事人在诉讼中自行和解的，应由原告申请撤诉，经法院裁定撤诉后结束诉讼。

（4）执行中的和解。《民事诉讼法》规定："在执行中，双方当事人自行和解达成协议的，执行员应当将协议内容记入笔录，由双方当事人签名或者盖章。申请执行人因受欺诈、胁迫与被执行人达成和解协议，或者当事人不履行和解协议的，人民法院可根据当事人的申请，恢复对原生效法律文书的执行。"

二、调解

调解是指双方当事人以外的第三方应纠纷当事人的请求，以法律、法规、政策或合同约定及社会公德为依据，对纠纷双方进行疏导、劝说，促使他们相互谅解，进行协商，自愿达成协议的一种纠纷解决方式。

案例：

原告（宝鸡建筑公司）、被告（凤翔地产开发有限公司）于 2011 年 3 月 25 日签订《施工协议》，协议约定被告将其开发的金台区某小区 2#、5# 住宅楼和 1# 地下车库工程发包给原告进行施工。合同签订后，原告依约定进行了施工。双方于 2014 年 1 月 26 日进行了核算，被告确定工程暂定价为 36 131 510.12 元，已付为 34 322 497.22 元，仍应付原告工程款为 1 809 012.9 元。原告对被告确定的工程暂定价、已付工程款及应付工程价款均不予认可，双方为此发生纠纷。经法院多次调解，到最后双方在算清应付工程款的基础上自愿达成调解意见，被告限期支付原告工程款 230 万元，双方再无其他争议。

分析：

建设工程施工合同纠纷案件因诉争标的额大，案件复杂、证据材料繁多、程序烦琐、工作量大，成为人民法院审理案件中的难点之一。该起建设工程施工案件经调解圆满解决，不仅妥善化解了纠纷，解决了双方矛盾，同时，也维护了良好的市场经济秩序，促进了社会和谐稳定。

调解包括人民调解、行政调解、仲裁调解、专业机构调解和人民法院调解等。

（一）人民调解

人民调解，是指人民调解委员会通过说服、疏导等方法，促使当事人在平等协商基础上自愿达成调解协议，解决民事纠纷的一种方式。人民调解制度作为一种司法辅助制度，是人民群众自己解决纠纷的法律制度，也是一种具有中国特色的司法制度。

1. 人民调解的原则和人员机构

《中华人民共和国人民调解法》（以下简称《人民调解法》）第三条规定："人民调解委员会调解民间纠纷，应当遵循下列原则：

（1）在当事人自愿、平等的基础上进行调解；

（2）不违背法律、法规和国家政策；

（3）尊重当事人的权利，不得因调解而阻止当事人依法通过仲裁、行政、司法等途径维护自己的权利。"

人民调解的组织形式是人民调解委员会。人民调解委员会是依法设立的调解民间纠纷的群众性组织。《人民调解法》第八条规定："村民委员会、居民委员会设立人民调解委员会。企业事业单位根据需要设立人民调解委员会。人民调解委员会由委员 3～9 人组成，设主任一人，必要时，可以设副主任若干人。人民调解委员会应当有妇女成员，多民族居住的地区应当有人数较少民族的成员。"

2. 人民调解程序

人民调解应当遵循的调解程序如下：

（1）当事人向人民调解委员会申请调解或人民调解委员会主动调解。当事人一方明确拒绝调解的，不得调解。

（2）人民调解委员会根据调解纠纷的需要，指定一名或者数名人民调解员进行调解，也可以由当事人选择一名或者数名人民调解员进行调解。

（3）人民调解员调解纠纷，调解不成的，应当终止调解，并依据有关法律、法规的规定，告知当事人可以依法通过仲裁、行政、司法等途径维护自己的权利。

3. 人民调解协议

经人民调解委员会调解达成调解协议的，可以制作调解协议书。当事人认为无须制作调解协议书的，可以采取口头协议方式，人民调解员应当记录协议内容。调解协议书自各方当事人签名、盖章或者按指印，人民调解员签名并加盖人民调解委员会印章之日起生效。调解协议书由当事人各执一份，人民调解委员会留存一份。口头调解协议自各方当事人达成协议之日起生效。

《人民调解法》第三十一条规定："经人民调解委员会调解达成的调解协议，具有法律约束力，当事人应当按照约定履行。人民调解委员会应当对调解协议的履行情况进行监督，督促当事人履行约定的义务。"《人民调解法》第三十二条规定："经人民调解委员会调解达成调解协议后，当事人之间就调解协议的履行或者调解协议的内容发生争议的，一方当事人可以向人民法院提起诉讼。"

《人民调解法》第三十三条规定："经人民调解委员会调解达成调解协议后，双方当事人认为有必要的，可以自调解协议生效之日起 30 日内共同向人民法院申请司法确认，人民法院应当及时对调解协议进行审查，依法确认调解协议的效力。人民法院依法确认调解协议有效，一方当事人拒绝履行或者未全部履行的，对方当事人可以向人民法院申请强制执行。人民法院依法确认调解协议无效的，当事人可以通过人民调解方式变更原调解协议或者达成新的调解协议，也可以向人民法院提起诉讼。"

（二）行政调解

行政调解，是指国家行政机关依照法律规定，在其行使行政管理的职权范围内，对特定的民事纠纷及轻微刑事案件进行的调解。行政调解与人民调解相同，属于诉讼外调解，所达成的协议均不具有法律上的强制执行的效力，但对当事人均应具有约束力。

目前，我国行政机关依法可以调解的种类很多。可以说，行政机关在行使行政管理职能过程中，所遇到的纠纷，基本上都可以进行调解。但主要的行政调解种类如下：

（1）基层人民政府的调解。调解民事纠纷和轻微刑事案件一直是我国基层人民政府的一项职责，这项工作主要是由乡镇人民政府和街道办事处的司法助理员负责进行。司法助理员是基层人民政府的组成人员，也是司法行政工作人员。

（2）国家合同管理机关的调解。国家规定的合同管理机关是国家工商行政管理局和地方各级工商行政管理局。法人之间、公民和法人之间的经济纠纷，都可向工商行政管理机关申请调解。

（3）公安机关的调解。《中华人民共和国治安管理处罚法》（以下简称《治安管理处罚法》）第九条规定："对于因民间纠纷引起的打架斗殴或者损毁他人财物等违反治安管理的行为，情节轻微的，公安机关可以调解处理。经公安机关调解、当事人达成协议的，不予处罚。"《中华人民共和国道路交通安全法》（以下简称《道路交通安全法》）第七十四条规定："对交通事故损害赔偿的争议，当事人可以请求公安机关交通管理部门调解，也可以直接向人民法院提起民事诉讼。经公安机关交通管理部门调解，当事人未达成协议或者调解书生效后不履行的，当事人可以向人民法院提起民事诉讼。"公安机关的调解是法律法规授予公安机关的权利，有利于妥善解决纠纷，增进当事人之间的团结。

（三）仲裁调解

仲裁调解，是指在仲裁庭的主持下，仲裁当事人在自愿协商、互谅互让基础上达成调解协议，从而解决民事纠纷的一种方式。仲裁调解书具有法律效力。

《中华人民共和国仲裁法》（以下简称《仲裁法》）第五十一条规定："仲裁庭在作出裁决前，可以先行调解。当事人自愿调解的，仲裁庭应当调解。调解不成的，应当及时作出裁决。调解达成协议的，仲裁庭应当制作调解书或者根据协议的结果制作裁决书。调解书与裁决书具有同等法律效力。"

《仲裁法》第五十二条规定："调解书应当写明仲裁请求和当事人协议的结果。调解书由仲裁员签名，加盖仲裁委员会印章，送达双方当事人。调解书经双方当事人签收后，即发生法律效力。在调解书签收前当事人反悔的，仲裁庭应当及时作出裁决。"

（四）专业机构调解

专业机构调解，是当事人在发生争议前或争议后，协议约定由指定的具有独立调解规则的机构按照其调解规则进行调解。所谓调解规则，是指调解机构、调解员及调解当事人之间在调解过程中所应遵守的程序性规范。

（五）人民法院调解

案例：

甲公司委托银行向乙地产公司发放 1.5 亿贷款，用于某地产项目开发，乙地产公司以其在建工程为该笔债权提供抵押担保。因乙公司未能按期偿还贷款，甲公司诉至法院请求乙公司偿还借款及利息，并对乙地产公司在建工程的处置价款优先受偿。法院依法受理了该案。但在审理过程中查明，乙地产公司因资金紧张，将部分作为抵押物的在建工程以期房形式出售，与多个业主签订房屋买卖合同。多名业主担心房屋买卖合同履行不能，针对在建工程抵押登记行政行为提起多个行政诉讼，导致案件中止审理一年多。后行政诉讼中业主一方败诉，法院确认抵押登记行政行为合法有效，本案恢复审理。

分析：

甲公司急于兑现不良债权，乙公司债务缠身经营陷入困境。为稳妥化解这起纠纷，在征求双方当事人同意基础上，法院邀请某商事调解中心金融借贷领域专家调解员与法官共同进行调解。调解员与法官首先对该案进行了研判，一致认为：该案如果以判决方式结案，进入执行阶段后将面临重重困难，一方面乙地产公司因资金周转困难难以及时偿还全部借款本息，强制执行会使该公司经营状况进一步恶化，甚至陷入破产危机；另一方面执行抵押物房产势必引起多名业主提出执行异议及后续诉讼，执行不会顺畅，也易引发群体性不稳定因素。通过调解给予乙地产公司一定的履行义务缓冲期，让乙公司有机会调整经营，盘活资金，这样不仅有利于保障甲公司债权实现，也能够使乙公司逐步实现良性运营。确定调解方案后，法官和调解员分头做各方当事人的工作，法官向双方当事人释明诉讼风险和相关法律，调解员从互利共赢、合作发展的角度引导双方当事人达成和解。经过多次沟通，甲公司同意延展履行期限，乙公司表示一定积极筹款，按期履行债务，这起涉案标的大、各方争议突出的金融借款合同纠纷最终达成了调解协议。

人民法院调解，是指在法院的主持下，根据当事人自愿的原则，在事实清楚的基础上，分清是非、达成协议，从而解决民事纠纷的一种方式。人民法院调解书具有法律效力。

1. 调解方法

《民事诉讼法》第九十七条和第九十八条规定："人民法院进行调解，可以由审判员一人主持，也可以由合议庭主持，并尽可能就地进行。人民法院进行调解，可以用简便方式通知当事人、证人到庭。""人民法院进行调解，可以邀请有关单位和个人协助。被邀请的单位和个人，应当协助人民法院进行调解。"

2. 调解协议

调解达成协议，必须双方自愿，不得强迫。调解协议的内容不得违反法律规定。《民事诉讼法》第一百条规定："调解达成协议，人民法院应当制作调解书。调解书应当写明诉讼请求、案件的事实和调解结果。调解书由审判人员、书记员署名，加盖人民法院印章，送达双方当事人。调解书经双方当事人签收后，即具有法律效力。"

对不需要制作调解书的协议，应当记入笔录，由双方当事人、审判人员、书记员签名或者盖章后，即具有法律效力。《民事诉讼法》第一百零一条规定："下列案件调解达成协议，人民法院可以不制作调解书：

(1)调解和好的离婚案件；

(2)调解维持收养关系的案件；

(3)能够即时履行的案件；

(4)其他不需要制作调解书的案件。"

《民事诉讼法》第一百零二条规定："调解未达成协议或者调解书送达前一方反悔的，人民法院应当及时判决。"

第三节 仲裁制度

《中华人民共和国
仲裁法》

一、仲裁的概念

仲裁，是指当事人根据在纠纷发生前或纠纷发生后达成的协议，自愿将纠纷提交仲裁机构作出裁决，纠纷各方都有义务执行该裁决的一种解决纠纷的方式。

在我国，《仲裁法》是调整和规范仲裁制度的基本法律，但《仲裁法》的调整范围仅限于民商事仲裁，即平等主体的公民、法人和其他组织之间发生的合同纠纷和其他财产权纠纷仲裁。婚姻、收养、监护、扶养、继承纠纷不能仲裁；依法应当由行政机关处理的行政争议不能仲裁。

📖**知识链接**

仲裁时效是指权利人向仲裁机构请求保护其权利的法定期限，也即权利人在法定期限内没有行使权力，即丧失提请仲裁以保护其权益的权利。仲裁分为商事仲裁和劳动仲裁两个大类。《仲裁法》第七十四条规定："法律对仲裁时效有规定的，适用该规定。法律对仲裁时效没有规定的，适用诉讼时效的规定。"

《中华人民共和国劳动争议调解仲裁法》第二十七条规定："劳动争议申请仲裁的时效期间为一年。仲裁时效期间从当事人知道或者应当知道其权利被侵害之日起计算。"

二、仲裁的特点

(1)自愿性。仲裁以双方当事人的自愿为前提，即当事人之间的纠纷是否提交仲裁，交与谁仲裁，仲裁庭如何组成，以及仲裁的审理方式、开庭形式等都是在当事人自愿的基础上，由双方协商确定。因此，仲裁是最能充分体现当事人意思自治原则的争议解决方式。

(2)专业性。由于各仲裁机构的仲裁员都是由各方面的专业人士组成，当事人完全可以选择熟悉纠纷领域的专业人士担任仲裁员。专家仲裁是民商事仲裁的重要特点之一。

(3)保密性。保密和不公开审理是仲裁制度的重要特点，除当事人、代理人及需要时的证人和鉴定人外，其他人员不得出席和旁听仲裁开庭审理，仲裁庭和当事人不得向外界透露案件的任何实体及程序问题。

(4)裁决的终局性。仲裁实行一裁终局制，仲裁裁决一经仲裁庭作出即发生法律效力，这使当事人之间的纠纷能够迅速得以解决。

(5)执行的强制性。仲裁裁决具有强制执行的法律效力，当事人可以向人民法院申请强制执行。

三、仲裁协议

(一)仲裁协议的形式和内容

仲裁协议，是指当事人自愿将已经发生或者可能发生的争议通过仲裁解决的书面协议。

《仲裁法》第十六条规定："仲裁协议包括合同中订立的仲裁条款和以其他书面方式在纠纷发生前或者纠纷发生后达成的请求仲裁的协议。"据此，仲裁协议应采用书面形式，口头方式达成的仲裁意思表示无效。仲裁协议既可以表现为合同中的仲裁条款，也可以表现为独立于合同而存在的仲裁协议书。在实践中，合同中的仲裁条款是最常见的仲裁协议形式。

《仲裁法》第十六条同时规定："仲裁协议应当具有下列内容：

(1)请求仲裁的意思表示；

(2)仲裁事项；

(3)选定的仲裁委员会。"

这三项内容必须同时具备，仲裁协议才能有效。

案例：

2018年6月21日，十六化建公司(甲方)与华昌建筑公司(乙方)签订《建设工程分包合同》(合同编号 CZHK－2018－1)，合同第13.11条约定，"因签订或履行本合同引发的争议以及与本合同有关的一切争议，由当事人协商解决，协商不成的，提交宜昌仲裁委员会仲裁"。第16.1条约定，"乙方应承担的义务与责任与主合同(甲方与业主合同)中甲方应承担的义务与责任一致"。因十六化建公司认为华昌建筑公司在履行合同过程中存在施工进度严重滞后、施工质量不达标等问题，双方发生争议，十六化建公司遂于2019年5月30日向宜昌仲裁委员会申请仲裁。

分析：

根据《仲裁法》第四条规定："当事人采用仲裁方式解决纠纷，应当双方自愿，达成仲裁协议。没有仲裁协议，一方申请仲裁的，仲裁委员会不予受理。"本案例中，华昌建筑公司与十六化建公司签订的《建设工程分包合同》是双方当事人真实意思表示，合同中明确约定了"因签订或履行本合同引发的争议及与本合同有关的一切争议，由当事人协商解决，协商不成的，提交宜昌仲裁委员会仲裁"。

(二)仲裁协议的效力

1. 对当事人的法律效力

仲裁协议一经有效成立，即对当事人产生法律效力。发生纠纷后，当事人只能向仲裁协议中所约定的仲裁机构申请仲裁，而不能就该纠纷向法院提起诉讼。

2. 对法院的约束力

有效的仲裁协议排除法院的司法管辖权。《仲裁法》第五条规定："当事人达成仲裁协议，一方向人民法院起诉的，人民法院不予受理，但仲裁协议无效的除外。"《仲裁法》第二十六条规定："当事人达成仲裁协议，一方向人民法院起诉未声明有仲裁协议，人民法院受理后，另一方在首次开庭前提交仲裁协议的，人民法院应当驳回起诉，但仲裁协议无效的除外；另一方在首次开庭前未对人民法院受理该案提出异议的，视为放弃仲裁协议，人民法院应当继续审理。"

3. 对仲裁机构的法律效力

仲裁协议是仲裁委员会受理仲裁案件的基础，是仲裁庭审理和裁决案件的依据。没有有效的仲裁协议，仲裁委员会就不能获得仲裁案件的管辖权。《仲裁法》第四条规定："当事人采用仲裁方式解决纠纷，应当双方自愿，达成仲裁协议。没有仲裁协议，一方申请仲裁的，仲裁委员会不予受理。"同时，仲裁委员会只能对当事人在仲裁协议中约定的争议事项进行仲裁，对超出仲裁协议约定范围的其他争议无权仲裁。

4. 仲裁协议的独立性

《仲裁法》第十九条规定："仲裁协议独立存在，合同的变更、解除、终止或者无效，不影响仲裁协议的效力。仲裁庭有权确认合同的效力。"

5. 仲裁协议效力的确认

《仲裁法》第二十条规定："当事人对仲裁协议的效力有异议的，可以请求仲裁委员会作出决定或者请求人民法院作出裁定。一方请求仲裁委员会作出决定，另一方请求人民法院作出裁定的，由人民法院裁定。当事人对仲裁协议的效力有异议，应当在仲裁庭首次开庭前提出。"

《最高人民法院关于适用〈中华人民共和国仲裁法〉若干问题的解释》第十二条规定："当事人向人民法院申请确认仲裁协议效力的案件，由仲裁协议约定的仲裁机构所在地的中级人民法院管辖；仲裁协议约定的仲裁机构不明确的，由仲裁协议签订地或者被申请人住所地的中级人民法院管辖。"

第四节 民事诉讼制度

民事诉讼，是指人民法院在当事人和其他诉讼参与人的参加下，依法审理和解决民事纠纷的活动。诉讼参与人包括原告、被告、第三人、证人、鉴定人、勘验人等。在我国，《民事诉讼法》是调整和规范人民法院及诉讼参与人的各种民事诉讼活动的基本法律。

审判程序

一、民事诉讼的当事人和代理人

（1）诉讼当事人。民事诉讼中的当事人，是指因民事权利和义务发生争议，以自己的名义进行诉讼，请求人民法院进行裁判的公民、法人或其他组织。狭义的民事诉讼当事人包括原告和被告；广义的民事诉讼当事人包括原告、被告、共同诉讼人和第三人。

（2）诉讼代理人。诉讼代理人，是指根据法律规定或当事人的委托，代理当事人进行民事诉讼活动的人。与代理分为法定代理、委托代理和指定代理相一致，诉讼代理人通常也可分为法定诉讼代理人、委托诉讼代理人和指定诉讼代理人。在建设工程领域，最常见的是委托诉讼代理人。

当事人、法定代理人可以委托 1～2 人作为诉讼代理人。可以被委托为诉讼代理人的人员有：律师、基层法律服务工作者；当事人的近亲属或者工作人员；当事人所在社区、单位及有关社会团体推荐的公民。

《民事诉讼法》第六十二条规定："委托他人代为诉讼，必须向人民法院提交由委托人签名或者盖章的授权委托书。授权委托书必须记明委托事项和权限。诉讼代理人代为承认、放弃、变更诉讼请求，进行和解，提起反诉或者上诉，必须有委托人的特别授权。"针对实践中经常出现的授权委托书仅写"全权代理"而无具体授权的情形，《最高人民法院关于适用〈中华人民共和国民事诉讼法〉若干问题的意见》（法发〔1992〕22 号）第六十九条特别规定："授权委托书仅写'全权代理'而无具体授权的，诉讼代理人无权代为承认、放弃、变更诉讼请求，进行和解，提起反诉或者上诉。"

📖 知识链接

根据《民法典》的相关规定，代理人是指代理人以被代理人（又称本人）的名义，在代理权限内与第三人（又称相对人）实施民事行为，其法律后果直接由被代理人承受的民事法律制度。代理人在代理权限范围内实施代理行为。代理人以被代理人的名义进行代理行为。代理主要是实施民事法律行为。被代理人对代理人的行为承担民事责任。

二、民事诉讼的证据

证据，是指在诉讼中能够证明案件真实情况的各种资料。当事人只有通过证据才能证明自己主张的观点是正确的。因此，证据在民事纠纷的处理过程中具有非常重要的地位。

（一）证据的种类

根据《民事诉讼法》第六十六条规定，证据包括当事人陈述、书证、物证、视听资料、电子数据、证人证言、鉴定意见、勘验笔录。证据必须查证属实，才能作为认定事实的根据。

1. 当事人陈述

当事人陈述，是指当事人在诉讼中就本案的事实向法院所做的说明。作为证据的当事人陈述是指那些能够证明案件事实的陈述。

《民事诉讼法》第七十八条规定："人民法院对当事人的陈述，应当结合本案的其他证据，审查确定能否作为认定事实的根据"。

2. 书证

书证，是指以文字、符号、图形等形式所记载的内容或表达的思想来证明案件事实的证据。如合同文本、信函、电报、传真、图纸、图表等各种书面文件或纸面文字材料，但书证的物质载体并不限于纸质材料，非纸类的物质也可成为载体，如木、竹、金属等。书证的真实性较强，不易伪造。

3. 物证

物证，是指能够证明案件事实的物品及其痕迹。凡是以其存在的外形、质量、规格、损坏程度等物体的内部、外部特征和属性来证明待证事实的一部或者全部的物品及痕迹，均属于物证范畴。物证与其他证据比较具有较强的可靠性和稳定性，难以伪造。

4. 视听资料

视听资料，是指利用录音、摄像、拍照等技术手段反映的声音、图像证明案件事实的证据。常见的视听资料如录音带、录像带、胶卷等。

《民事诉讼法》第七十四条规定："人民法院对视听资料，应当辨别真伪，并结合本案的其他证据，审查确定能否作为认定事实的根据。"

5. 电子数据

电子数据，是指以电子数据的形式存在于计算机存储器或磁盘、光盘、存储卡、手机等外部存储介质中，能够证明案件真实情况的电子数据证明材料或与案件有关的其他电子数据材料。如电子商务中的电子合同、电子提单、电子保险单、电子发票，以及电子文档、电子邮件、手机短信等。

电子数据与视听资料的区别在于电子数据更强调以电子方式记录数据。

6. 证人、证言

证人，是指了解案件事实情况并向法院或当事人提供证词的人；证言，是指证人将其了解的案件事实向法院所做的陈述或证词。在我国，证人包括单位证人和自然人证人两大类。单位作为证人要出庭作证时，应当由单位的法定代表人、负责人或经其授权的人代表单位作证。

7. 鉴定意见

鉴定意见，是指鉴定人运用自己的专门知识，对案件中的专门性问题进行鉴定后所作出的书面结论。当事人申请鉴定，应当注意在举证期限内提出。

《民事诉讼法》第七十九条规定："当事人可以就查明事实的专门性问题向人民法院申请鉴定。当事人申请鉴定的，由双方当事人协商确定具备资格的鉴定人；协商不成的，由人民法院指定。当事人未申请鉴定，人民法院对专门性问题认为需要鉴定的，应当委托具备资格的鉴定人进行鉴定。"

8. 勘验笔录

勘验笔录，是指人民法院审判人员或者行政机关工作人员对能够证明案件事实的现场或者对不能、不便拿到人民法院的物证，就地进行分析、检验、测量、勘察后所做的记录。其包括文字记录、绘图、照相、录像、模型等材料。

案例：

某厂财务科保险柜内现金1万多元被偷。保险柜没有任何损伤和撬压痕迹，只是现场留下一个烟头。经侦查，获得以下证据材料：

(1)该厂财务科科长提供线索，该厂工人曾某曾犯盗窃罪被判刑3年，半年前才释放，而且案发那天下午到过财务科，鬼鬼祟祟的，肯定是为当晚盗窃做准备。

(2)该厂工人商某证明，曾某案发当晚回厂看过露天电影。

(3)经鉴定，现场留下的烟头上留有的唾液DNA与曾某相同，证明是曾某所抽过的。

(4)曾某承认案发那天下午去过财务科领做临时工的工资，并且在保险柜前抽过烟。

(5)经过反复讯问。曾某承认是自己盗窃的。

问：用证据规则分析能否认定曾某是盗窃保险柜的犯罪分子？

分析：

不能认定曾某是犯罪分子。因为证据1带有很强的偏见和主观推断，根据意见排除规则，应当排除不能作为证据采信。证据2虽然可以说明曾某当晚由于回厂看电影可能有作案可能，但不能证明案发时曾某到过现场。证据3只是证明了曾某曾在财务科抽过烟，但不能排除曾某是去拿工资时抽的可能。证据4刚好证实了证据3不能得出唯一结论。证据5虽然是曾某的口供，但是根据口供补强规则，口供不能单独定案，因为不排除有刑讯逼供的可能，必须与其他证据起相互印证才行。而侦查得到的其他证据被排除了一点，剩下的又不足以与曾某的口供相互印证，而作案工具也没有找到，还存在疑点。所以综合看来，仍然不能确定曾某是犯罪分子。

(二)证据保全

证据保全，是指在证据可能灭失或以后难以取得的情况下，人民法院根据申请人的申请或依职权，对证据加以固定和保护的制度。

1. 证据保全的申请

根据《民事诉讼法》第八十四条规定，在证据可能灭失或者以后难以取得的情况下，当事人可以在诉讼过程中向人民法院申请保全证据，人民法院也可以主动采取保全措施。

因情况紧急，在证据可能灭失或者以后难以取得的情况下，利害关系人可以在提起诉讼或者申请仲裁前向证据所在地、被申请人住所地或者对案件有管辖权的人民法院申请保全证据。

2. 证据保全的实施

《最高人民法院关于民事诉讼证据的若干规定》第二十七条规定："人民法院进行证据保全，可以要求当事人或者诉讼代理人到场。根据当事人的申请和具体情况，人民法院可以采取查封、扣押、录音、录像、复制、鉴定、勘验等方法进行证据保全，并制作笔录。"

(三)民事诉讼中的举证、质证和认证

举证、质证和认证就是在诉讼过程中围绕证据展开的各个环节。举证是客观事实再现

的过程；质证是对客观事实审验、质疑、辩驳的过程；认证是对客观事实固定的过程。

1. 举证

举证是指当事人对自己提出的诉讼请求所依据的事实或者反驳对方诉讼请求所依据的事实提供证据加以证明。没有证据或者证据不足以证明当事人的事实主张的，由负有举证责任的当事人承担不利后果。

所谓举证责任，是指当事人对自己提出的主张有收集或提供证据的义务，并有运用该证据证明主张的事实成立或有利于自己的主张的责任，否则将承担其主张不能成立的后果。

《民事诉讼法》第六十七条规定："当事人对自己提出的主张，有责任提供证据。"这一规定确立了"谁主张，谁举证"的原则。确立、强调当事人举证责任，调动了当事人参加诉讼的积极性，减轻了法院的负担，缩短了办案周期，提高了办案效率，收到了事半功倍的效果。

根据《最高人民法院关于民事诉讼证据的若干规定》第十条规定："对于下列事实，当事人无须举证证明：

(1)自然规律及定理、定律；

(2)众所周知的事实；

(3)根据法律规定推定的事实；

(4)根据已知的事实和日常生活经验法则推定出的另一事实；

(5)已为仲裁机构的生效裁决所确认的事实；

(6)已为人民法院发生法律效力的裁判所确认的基本事实；

(7)已为有效公证文书所证明的事实。"

上述第(2)～(5)项事实，当事人有相反证据足以反驳的除外；第(6)、(7)项事实，当事人有相反证据足以推翻的除外。《最高人民法院关于民事诉讼证据的若干规定》第五十一条规定："举证期限可以由当事人协商，并经人民法院准许。人民法院指定举证期限的，适用第一审普通程序审理的案件不得少于十五日，当事人提供新的证据的第二审案件不得少于十日。适用简易程序审理的案件不得超过十五日，小额诉讼案件的举证期限一般不得超过七日。举证期限届满后，当事人提供反驳证据或者对已经提供的证据的来源、形式等方面的瑕疵进行补正的，人民法院可以酌情再次确定举证期限，该期限不受前款规定的期间限制。"《最高人民法院关于民事诉讼证据的若干规定》第五十四条规定："当事人申请延长举证期限的，应当在举证期限届满前向人民法院提出书面申请。申请理由成立的，人民法院应当准许，适当延长举证期限，并通知其他当事人。延长的举证期限适用于其他当事人。申请理由不成立的，人民法院不予准许，并通知申请人。"

当事人应当在举证期限内向人民法院提交证据材料，当事人在举证期限内不提交的，视为放弃举证权利。对于当事人逾期提交的证据材料，人民法院审理时不组织质证。当事人增加、变更诉讼请求或者提起反诉的，也应当在举证期限届满前提出。当事人在举证期限内提交证据材料确有困难的，应在举证期限内申请延期举证，经人民法院批准，可以适当延长举证期限。

2. 证据交换

证据交换，是指在诉讼答辩期届满后、开庭审理前，当事人之间相互明示其持有证据的过程。证据交换制度的设立，有利于当事人之间明确争议焦点，集中辩论；有利于法院尽快了解案件争议焦点，集中审理；有利于当事人尽快了解对方的事实依据，促进当事人进行和解和调解。

证据交换应当在审判人员的主持下进行。在证据交换的过程中，审判人员对当事人无异议的事实、证据应当记录在卷；对有异议的证据，按照需要证明的事实分类记录在卷，并记载异议的理由。通过证据交换，确定双方当事人争议的主要问题。

3. 质证

质证，是指当事人在法庭的主持下，围绕证据的真实性、合法性、关联性，针对证据证明力有无及证明力大小，进行质疑、说明与辩驳的过程。质证既是法庭审查核实证据的一种手段，也是当事人的一种诉讼权利。《最高人民法院关于民事诉讼证据的若干规定》第六十条规定："当事人在审理前的准备阶段或者人民法院调查、询问过程中发表过质证意见的证据，视为质证过的证据。当事人要求以书面方式发表质证意见，人民法院在听取对方当事人意见后认为有必要的，可以准许。人民法院应当及时将书面质证意见送交对方当事人。"

《最高人民法院关于民事诉讼证据的若干规定》第六十一条规定："对书证、物证、视听资料进行质证时，当事人应当出示证据的原件或者原物。但有下列情形之一的除外：

(1)出示原件或者原物确有困难并经人民法院准许出示复制件或者复制品的；

(2)原件或者原物已不存在，但有证据证明复制件、复制品与原件或者原物一致的。"

《最高人民法院关于民事诉讼证据的若干规定》第六十八条规定："人民法院应当要求证人出庭作证，接受审判人员和当事人的询问。证人在审理前的准备阶段或者人民法院调查、询问等双方当事人在场时陈述证言的，视为出庭作证。双方当事人同意证人以其他方式作证并经人民法院准许的，证人可以不出庭作证。无正当理由未出庭的证人以书面等方式提供的证言，不得作为认定案件事实的根据。"

《最高人民法院关于民事诉讼证据的若干规定》第八十条规定："鉴定人应当就鉴定事项如实答复当事人的异议和审判人员的询问。当庭答复确有困难的，经人民法院准许，可以在庭审结束后书面答复。人民法院应当及时将书面答复送交当事人，并听取当事人的意见。必要时，可以再次组织质证。"

《最高人民法院关于民事诉讼证据的若干规定》第八十二条规定："经法庭许可，当事人可以询问鉴定人、勘验人。询问鉴定人、勘验人不得使用威胁、侮辱等不适当的言语和方式。"

4. 认证

认证，即证据的审核认定，是指法院对经过质证或当事人在证据交换中认可的各种证据材料作出审查判断，确认其能否作为认定案件事实的根据。认证是正确认定案件事实的前提和基础，只有经过法庭的认证，才能使举证和质证具有最终的法律意义。

《最高人民法院关于民事诉讼证据的若干规定》第八十五条规定："审判人员应当依照法定程序，全面、客观地审核证据，依据法律的规定，遵循法官职业道德，运用逻辑推理和日常生活经验，对证据有无证明力和证明力大小独立进行判断，并公开判断的理由和结果。"

《最高人民法院关于民事诉讼证据的若干规定》第八十七条规定："审判人员对单一证据可以从下列几个方面进行审核认定：

(1)证据是否为原件、原物，复制件、复制品与原件、原物是否相符；

(2)证据与本案事实是否相关；

(3)证据的形式、来源是否符合法律规定；

(4)证据的内容是否真实；

(5)证人或者提供证据的人与当事人有无利害关系。"

不能作为或不能单独作为认定案件事实依据的证据：

(1)在诉讼中，当事人为达成调解协议或者和解目的作出妥协所涉及的对案件事实的认可，不得在其后的诉讼中作为对其不利的证据。

(2)以侵害他人合法权益或者违反法律禁止性规定的方法取得的证据，不能作为认定案件事实的依据。

(3)不能单独作为认定案件事实的证据：未成年人所做的与其年龄和智力状况不相当的证言；与一方当事人或者其代理人有利害关系的证人出具的证言；存有疑点的视听资料；无法与原件、原物核对的复印件、复制品；无正当理由未出庭作证的证人证言。

(4)当事人对自己的主张，只有本人陈述而不能提出其他相关证据的，其主张不予支持（但对方当事人认可的除外）。

以下可以作为认定案件事实依据的证据：

(1)一方当事人提出的下列证据，对方当事人提出异议但没有足以反驳的相反证据的，法院应当确认其证明力：书证原件或者与书证原件核对无误的复印件、照片、副本、节录本；物证原物或者与物证原物核对无误的复制件、照片、录像资料等；有其他证据佐证并以合法手段取得的，无疑点的视听资料或者与视听资料核对无误的复制件；一方当事人申请法院依照法定程序制作的对物证或者现场的勘验笔录。

(2)法院委托鉴定部门作出的鉴定意见，当事人没有足以反驳的相反证据和理由的，可以认定其证明力。

(3)一方当事人提出的证据，另一方当事人认可或者提出的相反证据不足以反驳的，法院可以确认其证明力。

(4)在诉讼过程中，当事人在起诉状、答辩状、陈述及其委托代理人的代理词中承认的对己方不利的事实和认可的证据，法院应当予以确认，但当事人反悔并有相反证据足以推翻的除外。

(5)有证据证明一方当事人持有证据无正当理由拒不提供，如果对方当事人主张该证据的内容不利于证据持有人，可以推定该主张成立。

数个证据对同一事实的证明力：

(1)国家机关、社会团体依职权制作的公文书证的证明力一般大于其他书证。

(2)物证、档案、鉴定结论、勘验笔录或者经过公证、登记的书证，其证明力一般大于其他书证、视听资料和证人证言。

(3)证人提供的对与其亲属或者其他密切关系的当事人有利的证言，其证明力一般小于其他证人证言。

📋 知识链接

民事诉讼法上自认的效力

(1)对自认方的效力。对于作出自认的当事人而言，该当事人必须受自认内容的约束，不能再对自认所涉及的事实作出相反的主张。自认一经作出非由于法定原因不得撤回。但是为了保障当事人在诉讼程序中自由协商的权利，《最高人民法院关于适用〈中华人民共和国民事诉讼法）的解释》第一百零七条规定："在诉讼中，当事人为达成调解协议或者和解协议作出妥协而认可的事实，不得在后续的诉讼中作为对其不利的根据，但法律另有规定或者当事人均同意的除外。"

(2)对对方当事人的效力。对于对方当事人而言，对自认方的自认范围内的事实无须再承担证明责任。

(3)对于人民法院的效力。按照民事诉讼中处分原则中的规定，法院应当将自认的事实作为认定案件事实的依据，在当事人自认的事实范围内不得再进行证据调查，自认的内容作为认定案件事实的依据。但是，自认对于法院的拘束力并不是绝对的，在法院认为当事人的自认是处于恶意或自认是为了达到规避法律或其他非法目的，或自认可能会给国家利益、社会公共利益或他人合法权益造成损害时，法律可以不受当事人自认的约束。

三、民事诉讼程序

(一)一审程序

一审程序包括普通程序和简易程序。普通程序是《民事诉讼法》规定的民事诉讼当事人进行第一审民事诉讼和人民法院审理第一审民事案件所通常适用的诉讼程序，具有独立性和广泛性，是整个民事审判程序的基础。简易程序是基层人民法院和它派出的法庭审理事实清楚、权利义务关系明确、争议不大的简单的民事案件的程序。

《民事诉讼法》第一百五十二条规定："人民法院适用普通程序审理的案件，应当在立案之日起 6 个月内审结。有特殊情况需要延长的，由本院院长批准，可以延长 6 个月；还需要延长的，报请上级人民法院批准。"

1. 起诉

起诉，是指公民、法人和其他组织在其民事权益受到侵害或者发生争议时，请求人民法院通过审判给予司法保护的诉讼行为。起诉是当事人获得司法保护的手段，也是人民法院对民事案件行使审权的前提。

根据《民事诉讼法》第一百一十九条规定，起诉必须符合下列条件：

(1)原告是与本案有直接利害关系的公民、法人和其他组织；

(2)有明确的被告；

(3)有具体的诉讼请求、事实和理由；

(4)属于人民法院受理民事诉讼的范围和受诉人民法院管辖。

起诉方式，应当以书面起诉为原则，口头起诉为例外。起诉应当向人民法院递交起诉状，并按照被告人数提出副本。起诉状应当记明下列事项：

(1)当事人的姓名、性别、年龄、民族、职业、工作单位和住所，法人或者其他组织的名称、住所和法定代表人或者主要负责人的姓名、职务；

(2)诉讼请求和所根据的事实和理由；

(3)证据和证据来源，证人姓名和住所。

2. 受理

根据《民事诉讼法》第一百二十六条规定，人民法院收到起诉状，经审查，认为符合起诉条件的，应当在 7 日内立案，并通知当事人；不符合起诉条件的，应当在 7 日内作出裁定书，不予受理；原告对裁定不服的，可以提起上诉。

3. 审理前的准备

审理前的准备，是指人民法院接受原告起诉并决定立案受理后，在开庭审理之前，由承办案件的审判人员依法所做的各种准备工作。主要工作包括以下几项：

(1)送达起诉状副本和提出答辩状；

(2)告知当事人诉讼权利义务；

(3)组成合议庭。

普通程序的审判组织应当采用合议制。合议庭组成人员确定后，应当在3日内告知当事人。

4. 开庭审理

开庭审理，是指人民法院在当事人和其他诉讼参与人参加下，对案件进行实体审理的诉讼活动。人民法院审理民事案件，应当在开庭3日前通知当事人和其他诉讼参与人。公开审理的，应当公告当事人姓名、案由和开庭的时间、地点。开庭审理主要有以下5个步骤：

(1)宣布开庭。

①开庭审理前，由书记员查明当事人和其他诉讼参与人是否到庭，宣布法庭纪律。

②开庭审理时，由审判长核对当事人，宣布案由，宣布审判人员、书记员名单，告知当事人有关的诉讼权利义务，询问当事人是否提出回避申请。

(2)法庭调查。法庭调查，是在法庭上出示与案件有关的全部证据，对案件事实进行全面调查并由当事人进行质证的程序。

法庭调查按照下列顺序进行：

①当事人陈述；

②告知证人的权利义务，证人作证，宣读未到庭的证人证言；

③出示书证、物证、视听资料和电子数据；

④宣读鉴定意见；

⑤宣读勘验笔录。

经过庭审质证的证据，能够当即认定的应当当庭认定。未经庭审质证的证据资料不能作为定案的依据。审判员如果认为案情已经查清，即可宣布终结法庭调查，转入法庭辩论阶段。

(3)法庭辩论。法庭辩论，是当事人及其诉讼代理人在法庭上行使辩论权，针对有争议的事实和法律问题进行辩论的程序。法庭辩论的目的是通过当事人及其诉讼代理人的辩论，对有争议的问题逐一进行审查和核实，借此查明案件的真实情况和正确适用法律。

法庭辩论按照下列顺序进行：

①原告及其诉讼代理人发言；

②被告及其诉讼代理人答辩；

③第三人及其诉讼代理人发言或者答辩；

④互相辩论。

法庭辩论终结由审判长按照原告、被告、第三人的先后顺序征询各方最后意见。

(4)宣判。法庭辩论终结，应依法作出判决。判决前能够调解的，还可进行调解，调解不成的，应及时判决。宣告判决时，必须告知当事人上诉权利、上诉期限和上诉的法院。《民事诉讼法》第一百四十六条规定："原告经传票传唤，无正当理由拒不到庭的，或者未经法庭许可中途退庭的，可以按撤诉处理；被告反诉的，可以缺席判决。"《民事诉讼法》第一百四十七条规定："被告经传票传唤，无正当理由拒不到庭的，或者未经法庭许可中途退庭的，可以缺席判决。"

（5）法庭笔录。法庭笔录是在法庭审理过程中，由书记员制作的反映法庭全部审理活动的真实情况的记录。法庭笔录应当由全体审判人员、书记员签名，以表明法庭笔录的真实性和严肃性。

法庭笔录应当庭宣读，也可以告知当事人和其他诉讼参与人当庭或者在五日内阅读。当事人和其他诉讼参与人认为对自己的陈述记录有遗漏或者差错的，有权申请补正。如果不予补正，应当将申请记录在案。法庭笔录由当事人和其他诉讼参与人签名或盖章。拒绝签名盖章的，记明情况附卷。

5. 民事判决和裁定

（1）民事判决。民事判决，是指人民法院对审理结束的民事诉讼案件所作出的判决。判决书应当写明判决结果和作出该判决的理由。其主要包括以下几项：

①案由、诉讼请求、争议的事实和理由；

②判决认定的事实和理由、适用的法律和理由；

③判决结果和诉讼费用的负担；

④上诉期间和上诉的法院。

判决书由审判人员、书记员署名，加盖人民法院印章。

（2）民事裁定。民事裁定，是指人民法院在审理民事案件时，为解决诉讼程序上的问题所做的裁定。根据《民事诉讼法》第一百五十七条规定，裁定适用于下列范围：

①不予受理；

②对管辖权有异议的；

③驳回起诉；

④保全和先予执行；

⑤准许或者不准许撤诉；

⑥中止或者终结诉讼；

⑦补正判决书中的笔误；

⑧中止或者终结执行；

⑨撤销或者不予执行仲裁裁决；

⑩不予执行公证机关赋予强制执行效力的债权文书；

⑪其他需要裁定解决的事项。

对上述第①项至第③项裁定，可以上诉。

裁定书应当写明裁定结果和作出该裁定的理由。裁定书由审判人员、书记员署名，加盖人民法院印章。口头裁定的，记入笔录。

（二）第二审程序

第二审程序又称上诉程序或终审程序，是指由于民事诉讼当事人不服地方各级人民法院尚未生效的第一审判决或裁定，在法定上诉期间内，向上一级人民法院提起上诉而引起的诉讼程序。由于我国实行两审终审制，上诉案件经二审法院审理后作出的判决、裁定为终审的判决、裁定，诉讼程序即告终结。

案例：

2009 年 6 月 15 日，黑龙江省牡丹江市华隆房地产开发有限责任公司(简称华隆公司)因与牡丹江市宏阁建筑安装有限责任公司(简称宏阁公司)、张继增建设工程施工合同纠纷一案，不服黑龙江省高级人民法院同年 2 月 11 日作出的(2008)黑民一终字第 173 号民事判决，向最高人民法院申请再审。最高人民法院于同年 12 月 8 日作出(2009)民申字第 1164 号民事裁定，按照审判监督程序提审本案。在最高人民法院民事审判第一庭提审期间，华隆公司鉴于当事人之间已达成和解且已履行完毕，提交了撤回再审申请书。最高人民法院经审查，于 2010 年 12 月 15 日以(2010)民提字第 63 号民事裁定准许其撤回再审申请。

申诉人华隆公司在向法院申请再审的同时，也向检察院申请抗诉。2010 年 11 月 12 日，最高人民检察院受理后决定对本案按照审判监督程序提出抗诉。2011 年 3 月 9 日，最高人民法院立案一庭收到最高人民检察院高检民抗〔2010〕58 号民事抗诉书后进行立案登记，同月 11 日移送审判监督庭审理。最高人民法院审判监督庭经审查发现，华隆公司曾向本院申请再审，其纠纷已解决，且申请检察院抗诉的理由与申请再审的理由基本相同，遂与最高人民检察院沟通并建议其撤回抗诉，最高人民检察院不同意撤回抗诉。再与华隆公司联系，华隆公司称当事人之间已就抗诉案达成和解且已履行完毕，纠纷已经解决，并于同年 4 月 13 日再次向最高人民法院提交了撤诉申请书。最高人民法院于 2011 年 7 月 6 日以(2011)民抗字第 29 号民事裁定书，裁定本案终结审查。

分析：

本案例涉及两审终审、审判监督等民事诉讼规定。本案例中，最高人民法院认为：对于人民检察院抗诉再审的案件，或者人民法院依据当事人申请或依据职权裁定再审的案件，如果再审期间当事人达成和解并履行完毕，或者撤回申诉，且不损害国家利益、社会公共利益的，为了尊重和保障当事人在法定范围内对本人合法权利的自由处分权，实现诉讼法律效果与社会效果的统一，促进社会和谐，人民法院应当根据《最高人民法院关于适用〈中华人民共和国民事诉讼法〉审判监督程序若干问题的解释》第三十四条规定，裁定终结再审诉讼。

在本案例中，申诉人华隆公司不服原审法院民事判决，在向最高人民法院申请再审的同时，也向检察机关申请抗诉。在本院提审期间，当事人达成和解，华隆公司向本院申请撤诉。由于当事人有权在法律规定的范围内自由处分自己的民事权益和诉讼权利，其撤诉申请意思表示真实，已裁定准许其撤回再审申请，本案例当事人之间的纠纷已得到解决，且本案例并不涉及国家利益、社会公共利益或第三人利益，故检察机关抗诉的基础已不存在，本案例已无按抗诉程序裁定进入再审的必要，应当依法裁定本案终结审查。

《民事诉讼法》规定："人民法院审理对判决的上诉案件，应当在第二审立案之日起 3 个月内审结。有特殊情况需要延长的，由本院院长批准。人民法院审理对裁定的上诉案件，应当在第二审立案之日起 30 日内作出终审裁定。"

第二审人民法院审理上诉案件，除依照第二审程序规定外，适用第一审普通程序。

1. 上诉期间

《民事诉讼法》第一百七十一条规定："当事人不服地方人民法院第一审判决的，有权在判决书送达之日起 15 日内向上一级人民法院提起上诉。当事人不服地方人民法院第一审裁定的，有权在裁定书送达之日起 10 日内向上一级人民法院提起上诉。"

2. 上诉状与答辩状

当事人提起上诉，应当递交上诉状。上诉状应当通过原审法院提出，并按照对方当事人的人数提出副本。当事人直接向第二审人民法院上诉的，第二审人民法院应当在 5 日内将上诉状移交原审人民法院。

原审人民法院收到上诉状，应当在 5 日内将上诉状副本送达对方当事人，对方当事人在收到之日起 15 日内提出答辩状。人民法院应当在收到答辩状之日起 5 日内将副本送达上诉人。原审人民法院收到上诉状、答辩状，应当在 5 日内连同全部案卷和证据，报送第二审人民法院。

3. 二审法院对上诉案件的处理

第二审人民法院对上诉案件，经过审理，按照下列情形，分别处理：

（1）原判决、裁定认定事实清楚，适用法律正确的，以判决、裁定方式驳回上诉，维持原判决、裁定；

（2）原判决、裁定认定事实错误或者适用法律错误的，以判决、裁定方式依法改判、撤销或者变更；

（3）原判决认定基本事实不清的，裁定撤销原判决，发回原审人民法院重审，或者查清事实后改判；

（4）原判决遗漏当事人或者违法缺席判决等严重违反法定程序的，裁定撤销原判决，发回原审人民法院重审。

原审人民法院对发回重审的案件作出判决后，当事人提起上诉的，第二审人民法院不得再次发回重审。

（三）审判监督程序

审判监督程序即再审程序，是指具有审判监督权的法定机关和人员提起，或由当事人申请、由人民法院对发生法律效力的判决、裁定、调解书再次审理的程序。审判监督程序作为司法补救程序，是一种特别的审判程序。

📖 知识链接

在当前民事诉讼中，寻求高效率的解决方案，在解决纠纷时使用的程序要保证公平、公正及正义，以此保障公民的合法权益及司法的权威性。在具体的民事诉讼过程中，应将实体程序进行合理的融合，使其价值理念能够使人民群众的实际要求得以充分的实现，进而使司法机关可以得到更加完善的建设。为了能让这一美好心愿成为现实，民事再审程序走进人民群众视野中。民事再审程序是对已作出裁决的民事案件实行再一次审理的过程。其审理的工作应在满足法律法规以及相应的制度与程序的基础上进行。在民事案件的审理过程中进行裁决都是依据当事人向法院提供的各项材料。换而言之，实行民事裁决的时候所依据的证据都是已成现实的事情，所以，在实际的司法裁决中会存在一些偏差，而民事再审程序就针对这一情况设置而成。该程序的使用，在确保当事人的合法权益不受到损害的同时，又能保障司法裁决的公正性。对于已经得到裁决的案件，一旦发现问题能够得到更加及时、更加有效的反馈，从而得到相应的处理，这才可以使司法监管部门的职能效力充分地显现，进而使当前的社会得到更加稳定的发展和进步。

（四）民事诉讼的执行程序

民事诉讼的执行程序，是指人民法院的执行机构依照法定的程序，对发生法律效力并具有给付内容的法律文书，以国家强制力为后盾，依法采取强制措施，迫使具有给付义务的当事人履行其给付义务的行为。

1. 执行根据

根据法律文书制作者的不同，执行根据可分为两种类型：一是人民法院制作的法律文书，包括民事判决书、裁定书、调解书、支付令以及刑事判决、裁定中的财产部分等；二是法律规定由人民法院执行的其他法律文书，包括仲裁裁决书和公证债权文书等。

2. 执行案件的管辖

《民事诉讼法》规定："发生法律效力的民事判决、裁定，以及刑事判决、裁定中的财产部分，由第一审人民法院或者与第一审人民法院同级的被执行的财产所在地人民法院执行。法律规定由人民法院执行的其他法律文书，由被执行人住所地或者被执行的财产所在地人民法院执行。"

《最高人民法院关于适用〈中华人民共和国民事诉讼法〉执行程序若干问题的解释》中规定，申请执行人向被执行的财产所在地人民法院申请执行的，应当提供该人民法院辖区有可供执行财产的证明材料。人民法院受理执行申请后，当事人对管辖权有异议的，应当自收到执行通知书之日起10日内提出。

案例：

2015年，胶州市人民法院对原告高某某与被告张某、郑某某、青岛某某有限公司民间借贷纠纷一案，作出(2015)胶民初字第3600号民事判决，后当事人不服提起上诉，青岛市中级人民法院作出(2015)青金终字第156号民事判决，最终判决被告张某、郑某某于判决生效后十日内付清原告借款本金及违约金、受理费、保全费共计2 425 777.24元。判决生效后，两被告人均未按期履行义务。2015年10月9日，原告高某某向胶州市人民法院申请强制执行，法院受理后依据判决书上确认的地址向被执行人邮寄送达了执行通知书、传票、财产申报表、报告财产令，并多次电话传唤两被执行人，两被执行人拒不到庭且拒不提供具体地址、拒不报告财产情况。

2015年11月12日，胶州市人民法院将被执行人郑某某、张某列为失信被执行人。经调查，被执行人张某担任一家公司的董事长职务，持有该公司80%股份，该公司另一名股东是两被执行人年仅20余岁的女儿，且在其女儿名下登记有一套别墅。胶州市人民法院决定对张某的股权进行评估审计，但被执行人张某拒不配合法院的评估审计工作。根据申请执行人提供的线索，2016年7月25日，胶州市人民法院将在胶州市某政府部门办理业务的张某拘传到法院，决定对张某司法拘留15天，但其仍拒不履行义务。

2017年6月30日，申请执行人高某某以被执行人张某、郑某某涉嫌拒不执行判决、裁定罪，向胶州市人民法院提起自诉。胶州市人民法院立案后，利用与青岛某保险公司签订的"执行无忧"悬赏合作协议，对张某、郑某某的居住线索提出悬赏，悬赏金额为20 000元。2017年9月根据举报人提供的线索，被执行人郑某某、张某分别被抓捕归案。

分析：

被执行人张某、郑某某拒绝报告其财产情况，通过更换手机号、躲藏等手段拒不执行生效的民事判决，致使人民法院作出的判决、裁定无法执行，情节严重，其行为构成拒不执行判决、裁定罪，依法应予惩处。开庭审理前，被执行人郑某某、张某将所欠2 425 777.24元全部缴纳。考虑到被执行人张某、郑某某自愿认罪，又均是初犯偶犯，无前科，酌情予以从轻处罚，被执行人郑某某在开庭前已履行生效判决所确定的支付义务，犯罪情节轻微，依法可免予刑事处罚。

3. 申请执行

申请执行，是指根据生效法律文书，享有权利的一方当事人在对方拒绝履行义务的情况下，向人民法院提出申请，请求人民法院强制执行。申请执行的条件如下：

(1)申请的法律文书已经生效；

(2)申请执行人是生效法律文书确定的权利人或其继承人、权利承受人；

(3)申请执行人在法定期限内提出申请；

(4)申请执行的法律文书有给付内容，且执行标的和被执行人明确；

(5)义务人在生效法律文书确定的期限内未履行义务；

(6)属于受申请执行的人民法院管辖。

《民事诉讼法》规定："申请执行的期间为两年。申请执行时效的中止、中断，适用法律有关诉讼时效中止、中断的规定。"

上述规定的期间，从法律文书规定履行期间的最后一日起计算；法律文书规定分期履行的，从规定的每次履行期间的最后一日起计算；法律文书未规定履行期间的，从法律文书生效之日起计算。

4. 向上一级人民法院申请执行

《民事诉讼法》规定："人民法院自收到申请执行书之日起超过6个月未执行的，申请执行人可以向上一级人民法院申请执行。上一级人民法院经审查，可以责令原人民法院在一定期限内执行，也可以决定由本院执行或者指令其他人民法院执行。"

《最高人民法院关于适用〈中华人民共和国民事诉讼法〉执行程序若干问题的解释》规定，有下列情形之一的，上一级人民法院可以根据申请执行人的申请，责令执行法院限期执行或者变更执行法院：

(1)债权人申请执行时被执行人有可供执行的财产，执行法院自收到申请执行书之日起超过6个月对该财产未执行完结的；

(2)执行过程中发现被执行人可供执行的财产，执行法院自发现财产之日起超过6个月对该财产未执行完结的；

(3)对法律文书确定的行为义务的执行，执行法院自收到申请执行书之日起超过6个月未依法采取相应执行措施的；

(4)其他有条件执行超过6个月未执行的。

5. 执行中的其他问题

(1)当事人、利害关系人提出的异议。根据《民事诉讼法》规定，当事人、利害关系人认为执行行为违反法律规定的，可以向负责执行的人民法院提出书面异议。当事人、利害关系人提出书面异议的，人民法院应当自收到书面异议之日起15日内审查，理由成立的，裁定撤销或者改正；理由不成立的，裁定驳回。当事人、利害关系人对裁定不服的，可以自裁定送达之日起10日内向上一级人民法院申请复议。

《最高人民法院关于适用〈中华人民共和国民事诉讼法〉执行程序若干问题的解释》中规

定，当事人、利害关系人申请复议的书面材料，可以通过执行法院转交，也可以直接向执行法院的上一级人民法院提交。上一级人民法院应当自收到复议申请之日起 30 日内审查完毕，并作出裁定。有特殊情况需要延长的，经本院院长批准，可以延长，延长的期限不得超过 30 日。

执行异议审查和复议期间，不停止执行。被执行人、利害关系人提供充分、有效的担保请求停止相应处分措施的，人民法院可以准许；申请执行人提供充分、有效的担保请求继续执行的，应当继续执行。

（2）案外人提出的异议。根据《民事诉讼法》规定，在执行过程中，案外人对执行标的提出书面异议的，人民法院应当自收到书面异议之日起 15 日内审查，理由成立的，裁定中止对该标的的执行；理由不成立的，裁定驳回。案外人、当事人对裁定不服，认为原判决、裁定错误的，依照审判监督程序办理；与原判决、裁定无关的，可以自裁定送达之日起 15 日内向人民法院提起诉讼。

（3）委托执行。根据《民事诉讼法》规定，被执行人或被执行的财产在外地的，可以委托当地人民法院代为执行。受委托人民法院收到委托函件后，必须在 15 日内开始执行，不得拒绝。

（4）执行和解。《民事诉讼法》规定："在执行中，双方当事人自和解达成协议的，执行员应当将协议内容记入笔录，由双方当事人签名或者盖章。申请执行人因受欺诈、胁迫与被执行人达成和解协议，或者当事人不履行和解协议的，人民法院可以根据当事人的申请，恢复对原生效法律文书的执行。"

（5）执行担保。《民事诉讼法》规定："在执行中，被执行人向人民法院提供担保，并经申请执行人同意的，人民法院可以决定暂缓执行及暂缓执行的期限。被执行人逾期仍不履行的，人民法院有权执行被执行人的担保财产或者担保人的财产。"

6. 执行措施

执行措施，是指人民法院依照法定程序强制执行生效法律文书的方法和手段。人民法院执行措施主要包括以下几项：

（1）查询被执行人的存款情况，冻结、划拨被执行人的存款；

（2）扣留、提取被执行人应当履行义务部分的收入；

（3）查封、扣押、冻结、拍卖、变卖被执行人应当履行义务部分的财产；

（4）发出搜查令，对被执行人及其住所或财产隐匿地进行搜查；

（5）强制被执行人和有关单位、公民交付法律文书指定的财物或票证；

（6）强制被执行人迁出房屋或退出土地；

（7）强制被执行人履行法律文书指定的行为；

（8）办理财产权证照转移手续；

（9）强制被执行人支付迟延履行期间的债务利息或迟延履行金；

（10）依申请执行人申请，通知对被执行人负有到期债务的第三人向申请执行人履行债务。

《民事诉讼法》《最高人民法院关于适用〈中华人民共和国民事诉讼法〉执行程序若干问题的解释》《最高人民法院关于限制被执行人高消费的若干规定》《最高人民法院关于公布失信被执行人名单信息的若干规定》《最高人民法院关于网络查询、冻结被执行人存款的规定》，对于执行措施规定了以下内容：

（1）被执行人未按执行通知履行法律文书确定的义务，应当书面报告当前以及收到执行通知之日前1年的财产情况，具体包括：收入、银行存款、现金、有价证券；土地使用权、房屋等不动产；交通运输工具、机器设备、产品、原材料等动产；债权、股权、投资权益、基金、知识产权等财产性权利；其他应当报告的财产。

（2）被执行人不履行法律文书确定的义务的，人民法院可以对其采取或者通知有关单位协助采取限制出境，在征信系统记录、通过媒体公布不履行义务信息及法律规定的其他措施。对被执行人限制出境的，应当由申请执行人向执行法院提出书面申请；必要时，执行法院可以依职权决定。

（3）被执行人具有履行能力而不履行生效法律文书确定的义务，并具有下列情形之一的，人民法院应当将其纳入失信被执行人名单，依法对其进行信用惩戒：以伪造证据、暴力、威胁等方法妨碍、抗拒执行的；以虚假诉讼、虚假仲裁或者以隐匿、转移财产等方法规避执行的；违反财产报告制度的；违反限制高消费令的；被执行人无正当理由拒不履行执行和解协议的；有履行能力而拒不履行生效法律文书确定义务的。

人民法院应当将失信被执行人名单信息，向政府相关部门、金融监管机构、金融机构、承担行政职能的事业单位及行业协会等通报，供相关单位依照法律、法规和有关规定，在政府采购、招标投标、行政审批、政府扶持、融资信贷、市场准入、资质认定等方面，对失信被执行人予以信用惩戒。人民法院应当将失信被执行人名单信息向征信机构通报，并由征信机构在其征信系统中记录。国家工作人员、人大代表、政协委员等被纳入失信被执行人名单的，人民法院应当将失信情况通报其所在单位和相关部门。国家机关、事业单位、国有企业等被纳入失信被执行人名单的，人民法院应当将失信情况通报其上级单位、主管部门或者履行出资人职责的机构。

（4）被执行人未按执行通知书指定的期间履行生效法律文书确定的给付义务的，人民法院可以限制其高消费。被执行人为自然人的，被限制高消费后，不得有以下高消费及非生活和工作必需的消费行为：乘坐交通工具时，选择飞机、列车软卧、轮船二等以上舱位；在星级以上宾馆、酒店、夜总会、高尔夫球场等场所进行高消费；购买不动产或者新建、扩建、高档装修房屋；租赁高档写字楼、宾馆、公寓等场所办公；购买非经营必需车辆；旅游、度假；子女就读高收费私立学校；支付高额保费购买保险理财产品；乘坐G字头动车组列车全部座位、其他动车组列车等以上座位等其他非生活和工作必需的消费行为。被执行人为单位的，被限制高消费后，禁止被执行人及其法定代表人、主要负责人、影响债务履行的直接责任人员、实际控制人实施上述规定的行为。

限制高消费一般由申请执行人提出书面申请，经人民法院审查决定；必要时人民法院可以依职权决定。被执行人违反限制高消费令进行消费的行为属于拒不履行人民法院已经发生法律效力的判决、裁定的行为，经查证属实的，根据《民事诉讼法》第一百一十四条规定，予以拘留、罚款；情节严重，构成犯罪的，追究其刑事责任。

（5）人民法院与金融机构已建立网络执行查控机制的，可以通过网络实施查询、冻结被执行人存款等措施。

7. 执行中止和终结

执行中止是指在执行过程中，因发生特殊情况，需要暂时停止执行程序。有下列情况之一的，人民法院应裁定中止执行：

（1）申请人表示可以延期执行的。

（2）案外人对执行标的提出确有理由异议的。

（3）作为一方当事人的公民死亡，需要等待继承人继承权利或承担义务的。

（4）作为一方当事人的法人或其他组织终止，尚未确定权利义务承受人的。

（5）人民法院认为应当中止执行的其他情形，如被执行人确无财产可供执行等。中止的情形消失后，恢复执行。

在执行过程中，由于出现某些特殊情况，执行工作无法继续进行或没有必要继续进行的，结束执行程序。有下列情况之一的，人民法院应当裁定终结执行：

（1）申请人撤销申请的；

（2）据以执行的法律文书被撤销的；

（3）作为被执行人的公民死亡，无遗产可供执行，又无义务承担人的；

（4）追索赡养费、扶养费、抚育费案件的权利人死亡的；

（5）作为被执行人的公民因生活困难无力偿还借款，无收入来源，又丧失劳动能力的；

（6）人民法院认为应当终结执行的其他情形。

第五节 行政复议和行政诉讼制度

一、行政复议制度

（一）行政复议范围

根据《中华人民共和国行政复议法》（以下简称《行政复议法》）第六条规定，有 11 种情形可以申请行政复议，其中与建设工程密切相关的情形如下：

（1）对行政机关作出的警告、罚款、没收违法所得、没收非法财物、责令停产停业、暂扣或者吊销许可证、暂扣或者吊销执照、行政拘留等行政处罚决定不服的；

（2）对行政机关作出的限制人身自由或者查封、扣押、冻结财产等行政强制措施决定不服的；

（3）对行政机关作出的有关许可证、执照、资质证、资格证等证书变更、中止、撤销的决定不服的；

（4）认为行政机关侵犯合法的经营自主权的；

（5）认为行政机关违法集资、征收财物、摊派费用或者违法要求履行其他义务的；

（6）认为符合法定条件，申请行政机关颁发许可证、执照、资质证、资格证等证书，或者申请行政机关审批、登记有关事项，行政机关没有依法办理的；

（7）认为行政机关的其他具体行政行为侵犯其合法权益的。

另外，公民、法人或者其他组织认为行政机关的具体行政行为所依据的下列规定不合法，在对具体行政行为申请行政复议时，可以一并向行政复议机关提出对该规定的审查申请：

（1）国务院部门的规定；

（2）县级以上地方各级人民政府及其工作部门的规定；

（3）乡、镇人民政府的规定。

上述所列规定不含国务院部、委员会规章和地方人民政府规章。规章的审查依照法律、

《中华人民共和国
行政复议法》

行政法规办理。

下列事项应按规定的纠纷处理方式解决，不能提起行政复议：

（1）不服行政机关作出的行政处分或者其他人事处理决定的，应当依照有关法律、行政法规的规定提起申诉；

（2）不服行政机关对民事纠纷作出的调解或者其他处理，应当依法申请仲裁或者向法院提起诉讼。

案例：

2019年1月16日，浦东城管局在现场检查中发现上海市浦三路246号、248号房屋为砖混结构，用于出租经营，一家为"海上茶栈"，一家为"嘉兴粽子"，两间房屋经现场测量长为7.4 m、宽为5 m，面积为37 m²，许某某无法提供相关部门的审批手续。经询问，许某某确认上述房屋是其于1994年搭建于自己家天井及天井外的房屋，没有相关部门的审批手续。许某某手中有1994年南码头房产管理所同意其居改非的《协议书》及同意天井升高的申请书。《协议书》中甲方为上海南码头房管所，乙方为许某某，协议载明乙方申请在181弄32号101室天井建临房8 m²开业，甲方同意天井破墙开店，第一条约定乙方在该地建造临房的一切费用自理，产权归甲方所有，第五条约定如遇到国家市政建设动迁，或街坊环境整治临房需拆除时，乙方应无条件服从。经浦东城管局调查，在业主清册和公建配套清册中均无浦三路246、248号地址房屋。2019年6月10日，浦东城管局作出（沪浦）责拆决字〔2019〕第210161号责令限期拆除违法建筑决定，责令许某某自收到决定书之日起10日内自行拆除上述违法建筑，并于次日制作（沪浦）责拆告字〔2019〕第210134号《责令限期拆除违法建筑公告》，张贴于违法建筑处。许某某不服，向××区政府申请行政复议。浦东新区政府受理后，经补正和延长审理期限程序，在法定期限内，于2019年10月8日作出浦府复决字（2019）第372号行政复议决定，维持责令限期拆除违法建筑决定。

分析：

浦东城管局经现场检查发现违法行为后，依法履行立案、调查后作出被诉责令限期拆除违法建筑决定，认定事实清楚，适用法律正确，符合法定程序。浦东新区政府受理行政复议申请后，经审查在延长期限内作出维持责令限期拆除违法建筑行政复议决定，事实清楚，适用法律正确，程序合法。

（二）行政复议申请

《行政复议法》第九条规定："公民、法人或者其他组织认为具体行政行为侵犯其合法权益的，可以自知道该具体行政行为之日起60日内提出行政复议申请；但是法律规定的申请期限超过60日的除外。因不可抗力或者其他正当理由耽误法定申请期限的，申请期限自障碍消除之日起继续计算。"

如果公民认为具体行政行为侵犯了自己的合法权益，应当自知道该具体行政行为之日起60日内提出行政复议申请。如果其他法律、法规规定的复议申请期限短于60日的，则一律按60日执行；如果其他法律规定的申请期限长于60日的，则按照该法律执行。

遇到以下特殊情况，申请期限可以延长：一是因不可抗力，如因为地震、洪水等自然灾害的阻碍，耽误法定申请期的；二是因其他正当理由，如当事人患重病或者交通中断等原因，致使当事人无法提出复议申请，耽误法定申请期限的。对以上情况，允许申请人补足所耽误的期限，即自障碍消除之日起继续计算法定申请期限。

依法申请行政复议的公民、法人或者其他组织是申请人；作出具体行政行为的行政机关是被申请人。申请人可以委托代理人代为参加行政复议。申请人申请行政复议，可以书面申请，也可以口头申请。

对于行政复议，应当按照《行政复议法》的规定向有权受理的行政机关申请。如对县级以上地方各级人民政府工作部门的具体行政行为不服的，由申请人选择，可以向该部门的本级人民政府申请行政复议，也可以向上一级主管部门申请行政复议。

申请行政复议，凡行政复议机关已经依法受理的，或者法律、法规规定应当先向行政复议机关申请行政复议、对行政复议决定不服再向人民法院提起行政诉讼的，在法定行政复议期限内不得向人民法院提起行政诉讼。公民、法人或者其他组织向人民法院提起行政诉讼，人民法院已经依法受理的，不得申请行政复议。

(三)行政复议受理

行政复议机关收到行政复议申请后，应当在5日内进行审查，依法决定是否受理，并书面告知申请人；对符合行政复议申请条件，但不属于本机关受理范围的，应当告知申请人向有关行政复议机关提出。

根据《行政复议法》第二十一条规定，行政复议期间具体行政行为不停止执行；但是，有下列情形之一的，可以停止执行：

(1)被申请人认为需要停止执行的；

(2)行政复议机关认为需要停止执行的；

(3)申请人申请停止执行，行政复议机关认为其要求合理，决定停止执行的；

(4)法律规定停止执行的。

(四)行政复议决定

行政复议原则上采取书面审查的办法，但是申请人提出要求或者行政复议机关负责法制工作的机构认为有必要时，可以向有关组织和人员调查情况，听取申请人、被申请人和第三人的意见。行政复议决定作出前，申请人要求撤回行政复议申请的，经说明理由，可以撤回；撤回行政复议申请的，行政复议终止。

《行政复议法》第三十一条规定："行政复议机关应当自受理申请之日起六十日内作出行政复议决定；但是法律规定的行政复议期限少于六十日的除外。"

根据《行政复议法》第二十八条规定，行政复议决定的主要类型如下：

(1)对于具体行政行为认定事实清楚，证据确凿，适用依据正确，程序合法，内容适当的，决定维持。

(2)对于被申请人不履行法定职责的，决定其在一定期限内履行。

(3)对于具体行政行为有下列情形之一的，决定撤销、变更或者确认该具体行政行为违法：主要事实不清、证据不足的；适用依据错误的；违反法定程序的；超越或者滥用职权的；具体行政行为明显不当的。决定撤销或者确认该具体行政行为违法的，可以责令被申请人在一定期限内重新作出具体行政行为。

(4)被申请人不按照规定提出书面答复、提交当初作出具体行政行为的证据、依据和其他有关材料的，视为该具体行政行为没有证据、依据，决定撤销该具体行政行为。

《行政复议法》第二十九条规定："申请人在申请行政复议时可以一并提出行政赔偿请求，行政复议机关对符合国家赔偿法的有关规定应当给予赔偿的，在决定撤销、变更具体行政行为或者确认具体行政行为违法时，应当同时决定被申请人依法给予赔偿。"

案例：

申请人：陈某；被申请人：某区人民政府；申请人请求：撤销被申请人作出的政府信息公开告知书，责令被申请人重新作出答复。

2019年12月12日，被申请人收到了申请人向其邮寄的关于申请公开涉案项目的征收土地公告的信息公开申请。2019年12月30日，被申请人作出了《政府信息公开告知书》，告知申请人其申请事项的公开主体应该是该区自然资源和规划局。申请人认为，根据《土地管理法》等相关规定，被申请人应当向申请人公开其申请内容，被申请人的答复内容违反了法律法规规定，侵害了申请人的知情权。

分析：

本案例的焦点为被申请人是否是征收土地公告的信息公开的公开主体。根据《土地管理法》第47条规定，国家征收土地，依照法定程序批准后，由县级以上地方人民政府予以公告并组织实施。申请人申请的"征收土地公告"属于被申请人制作和保存，根据《中华人民共和国政府信息公开条例》第十七条"行政机关制作的政府信息，由制作该政府信息的行政机关负责公开；行政机关从公民、法人或者其他组织获取的政府信息，由保存该政府信息的行政机关负责公开。法律、法规对政府信息公开的权限另有规定的，从其规定。"申请人向被申请人提出信息公开，申请公开"征收土地公告"并无不妥。被申请人告知申请人向该区自然资源和规划局提出公开申请，而未能提供申请人应当向该区自然资源和规划局提出公开申请的相关证据，故其作出的政府信息公开告知，属证据不足，依法应予撤销。

二、行政诉讼

（一）行政诉讼的范围

根据《中华人民共和国行政诉讼法》（以下简称《行政诉讼法》）第十二条规定，人民法院受理公民、法人或者其他组织提起的下列诉讼：

（1）对行政拘留、暂扣或者吊销许可证和执照、责令停产停业、没收违法所得、没收非法财物、罚款、警告等行政处罚不服的；

（2）对限制人身自由或者对财产的查封、扣押、冻结等行政强制措施和行政强制执行不服的；

（3）申请行政许可，行政机关拒绝或者在法定期限内不予答复，或者对行政机关作出的有关行政许可的其他决定不服的；

（4）对行政机关作出的关于确认土地、矿藏、水流、森林、山岭、草原、荒地、滩涂、海域等自然资源的所有权或者使用权的决定不服的；

（5）对征收、征用决定及其补偿决定不服的；

（6）申请行政机关履行保护人身权、财产权等合法权益的法定职责，行政机关拒绝履行或者不予答复的；

（7）认为行政机关侵犯其经营自主权或者农村土地承包经营权、农村土地经营权的；

(8)认为行政机关滥用行政权力排除或者限制竞争的;

(9)认为行政机关违法集资、摊派费用或者违法要求履行其他义务的;

(10)认为行政机关没有依法支付抚恤金、最低生活保障待遇或者社会保险待遇的;

(11)认为行政机关不依法履行、未按照约定履行或者违法变更、解除政府特许经营协议、土地房屋征收补偿协议等协议的;

(12)认为行政机关侵犯其他人身权、财产权等合法权益的。

除前款规定外,人民法院受理法律、法规规定可以提起诉讼的其他行政案件。

同时,《行政诉讼法》第十三条规定,人民法院不受理公民、法人或者其他组织对下列事项提起的诉讼:

(1)国防、外交等国家行为;

(2)行政法规、规章或者行政机关制定、发布的具有普遍约束力的决定、命令;

(3)行政机关对行政机关工作人员的奖惩、任免等决定;

(4)法律规定由行政机关最终裁决的行政行为。

案例:

2013年10月22日,×区政府发布通告,明确根据×市人民政府意见对×片区进行征地拆迁,×村集体土地在该拆迁范围内,原告的房屋坐落于被拆迁集体土地上。2013年11月,被告委托评估机构作出的《房屋补偿评价表》载明:原告房屋的实际建筑面积为1 086.93 m^2,房屋补偿价1 300元/m^2,房屋价值1 413 009元,附着物价值2 300元,合计1 415 309元。

2018年9月26日,被告组织人员对原告的房屋实施了拆除,该拆除行为被法院行政判决确认违法并已生效。原告向被告邮寄《国家赔偿申请书》,被告于2019年9月4日收悉后一直未予答复,原告于2019年12月3日向法院提起行政赔偿诉讼。

分析:

集体土地征收时,未对原集体土地上的房屋进行征收补偿。征收时,包括被征收房屋所在的土地已经征为国有土地。如果补偿安置时被征收房屋所在土地已纳入城市规划区,基本实现城镇化,房屋价值已经普遍升值,按照若干年前集体土地征收时的价格进行补偿安置,显然会严重损害被征收人的合法权益。

在确定房屋赔偿标准时,虽然案涉征收工作于2013年启动,《拆迁房屋补偿评价表》也于同年11月做出,但是在原被告未达成补偿安置协议的情况下,被告一直未对原告作出确定的征收补偿决定。为体现对违法征收和违法拆除行为的惩戒,并有效维护原告合法权益,对原告房屋的赔偿,不应低于赔偿时改建地段或者就近地段类似房屋的市场价值。

因行政机关违反正当程序,不依法公证或者依法制作证据清单,给原告履行举证责任造成困难的,且被告也无法举证证明实际损失金额的,人民法院可在原告就损失金额所提供证据能够初步证明其主张的情况下,依法作出不利于行政机关的损失金额认定。×区政府可以结合原告所提供的物品损失,按照有利于原告的原则酌情确定赔偿数额。

在确定行政赔偿标准与额度的过程中,在不违反法律、法规禁止性规定的情况下,对原告的损失赔偿,要填平补齐其受损的财产权利,确保其在同等条件下获得不低于其他被征收人所享受的拆迁安置补偿利益。对于搬迁补助费、临时安置补助费等损失赔偿问题,×区政府应当按照当地拆迁补偿安置政策并结合本案例实际情况确定合理的赔偿数额。

(二)行政诉讼的管辖

1. 级别管辖

《行政诉讼法》第十四条至第十七条规定:"基层人民法院管辖第一审行政案件。中级人民法院管辖下列第一审行政案件:

(1)对国务院部门或者县级以上地方人民政府所做的行政行为提起诉讼的案件;

(2)海关处理的案件;

(3)本辖区内重大、复杂的案件;

(4)其他法律规定由中级人民法院管辖的案件。

高级人民法院管辖本辖区内重大、复杂的第一审行政案件。最高人民法院管辖全国范围内重大、复杂的第一审行政案件。"

2. 一般地域管辖

《行政诉讼法》第十八条至第二十条继续规定:"行政案件由最初作出行政行为的行政机关所在地人民法院管辖。经复议的案件,也可以由复议机关所在地人民法院管辖。经最高人民法院批准,高级人民法院可以根据审判工作的实际情况,确定若干人民法院跨行政区域管辖行政案件。对限制人身自由的行政强制措施不服提起的诉讼,由被告所在地或者原告所在地人民法院管辖。因不动产提起的行政诉讼,由不动产所在地人民法院管辖。"

《行政诉讼法》第二十一条规定:"两个以上人民法院都有管辖权的案件,原告可以选择其中一个人民法院提起诉讼。原告向两个以上有管辖权的人民法院提起诉讼的,由最先立案的人民法院管辖。"

3. 指定管辖

《行政诉讼法》第二十二条规定:"人民法院发现受理的案件不属于本院管辖的,应当移送有管辖权的人民法院,受移送的人民法院应当受理。受移送的人民法院认为受移送的案件按照规定不属于本院管辖的,应当报请上级人民法院指定管辖,不得再自行移送。"

《行政诉讼法》第二十三条规定:"有管辖权的人民法院由于特殊原因不能行使管辖权的,由上级人民法院指定管辖。人民法院对管辖权发生争议,由争议双方协商解决。协商不成的,报它们的共同上级人民法院指定管辖。"

《行政诉讼法》第二十四条规定:"上级人民法院有权审理下级人民法院管辖的第一审行政案件。下级人民法院对其管辖的第一审行政案件,认为需要由上级人民法院审理或者指定管辖的,可以报请上级人民法院决定。"

(三)行政诉讼的起诉和受理

1. 起诉

关于行政诉讼的起诉,《行政诉讼法》第四十四条至第五十条规定如下:

对属于人民法院受案范围的行政案件,公民、法人或者其他组织可以先向行政机关申请复议,对复议决定不服的,再向人民法院提起诉讼;也可以直接向人民法院提起诉讼。法律、法规规定应当先向行政机关申请复议,对复议决定不服再向人民法院提起诉讼的,依照法律、法规的规定。

公民、法人或者其他组织不服复议决定的,可以在收到复议决定书之日起十五日内向人民法院提起诉讼。复议机关逾期不做决定的，申请人可以在复议期满之日起十五日内向人民法院提起诉讼。法律另有规定的除外。

公民、法人或者其他组织直接向人民法院提起诉讼的，应当自知道或者应当知道作出行政行为之日起六个月内提出。法律另有规定的除外。因不动产提起诉讼的案件自行政行为作出之日起超过二十年，其他案件自行政行为作出之日起超过五年提起诉讼的，人民法院不予受理。

公民、法人或者其他组织申请行政机关履行保护其人身权、财产权等合法权益的法定职责，行政机关在接到申请之日起两个月内不履行的，公民、法人或者其他组织可以向人民法院提起诉讼。法律、法规对行政机关履行职责的期限另有规定的，从其规定。

公民、法人或者其他组织在紧急情况下请求行政机关履行保护其人身权、财产权等合法权益的法定职责，行政机关不履行的，提起诉讼不受前款规定期限的限制。

公民、法人或者其他组织因不可抗力或者其他不属于其自身的原因耽误起诉期限的，被耽误的时间不计算在起诉期限内。

公民、法人或者其他组织因前款规定以外的其他特殊情况耽误起诉期限的，在障碍消除后十日内，可以申请延长期限，是否准许由人民法院决定。

提起诉讼应当符合下列条件：

(1)原告是符合《行政诉讼法》第二十五条规定的公民、法人或者其他组织；

(2)有明确的被告；

(3)有具体的诉讼请求和事实根据；

(4)属于人民法院受案范围和受诉人民法院管辖。

起诉应当向人民法院递交起诉状，并按照被告人数提出副本。书写起诉状确有困难的，可以口头起诉，由人民法院记入笔录，出具注明日期的书面凭证，并告知对方当事人。

2. 受理

关于行政诉讼的受理，《行政诉讼法》第五十一条至第五十三条的规定如下：

人民法院在接到起诉状时对符合规定的起诉条件的，应当登记立案。对不能当场判定是否符合规定的起诉条件的，应当接收起诉状，出具注明收到日期的书面凭证，并在七日内决定是否立案。不符合起诉条件的，作出不予立案的裁定。裁定书应当载明不予立案的理由。原告对裁定不服的，可以提起上诉。

起诉状内容欠缺或者有其他错误的，应当给予指导和释明，并一次性告知当事人需要补正的内容。不得未经指导和释明即以起诉不符合条件为由不接收起诉状。

对于不接收起诉状、接收起诉状后不出具书面凭证，以及不一次性告知当事人需要补正的起诉状内容的，当事人可以向上级人民法院投诉，上级人民法院应当责令改正，并对直接负责的主管人员和其他直接责任人员依法给予处分。

人民法院既不立案，又不作出不予立案裁定的，当事人可以向上一级人民法院起诉。上一级人民法院认为符合起诉条件的，应当立案、审理，也可以指定其他下级人民法院立案、审理。

公民、法人或者其他组织认为行政行为所依据的国务院部门和地方人民政府及其部门制定的规范性文件不合法，在对行政行为提起诉讼时，可以一并请求对该规范性文件进行审查。

（四）行政诉讼的审理和判决

1. 审理

行政诉讼期间，除《行政诉讼法》规定的情形外，不停止具体行政行为的执行。法院审理行政案件，不适用调解。除涉及国家秘密、个人隐私和法律另有规定的外，人民法院应公开审理行政案件，涉及商业秘密的案件，当事人申请不公开审理的，可不公开审理。

《行政诉讼法》第六十三条规定："人民法院审理行政案件，以法律和行政法规、地方性法规为依据。地方性法规适用于本行政区域内发生的行政案件。人民法院审理民族自治地方的行政案件，并以该民族自治地方的自治条例和单行条例为依据。人民法院审理行政案件，参照规章。"

审理行政案件的程序，《行政诉讼法》第六十七条至第七十四条规定如下：

人民法院应当在立案之日起五日内，将起诉状副本发送被告。被告应当在收到起诉状副本之日起十五日内向人民法院提交作出行政行为的证据和所依据的规范性文件，并提出答辩状。人民法院应当在收到答辩状之日起五日内，将答辩状副本发送原告。被告不提出答辩状的，不影响人民法院审理。

行政行为证据确凿，适用法律、法规正确，符合法定程序的，或者原告申请被告履行法定职责或者给付义务理由不成立的，人民法院判决驳回原告的诉讼请求。

行政行为有下列情形之一的，人民法院判决撤销或者部分撤销，并可以判决被告重新作出行政行为：主要证据不足的；适用法律、法规错误的；违反法定程序的；超越职权的；滥用职权的；明显不当的。

人民法院判决被告重新作出行政行为的，被告不得以同一的事实和理由作出与原行政行为基本相同的行政行为。

人民法院经过审理，查明被告不履行法定职责的，判决被告在一定期限内履行。人民法院经过审理，查明被告依法负有给付义务的，判决被告履行给付义务。

行政行为有下列情形之一的，人民法院判决确认违法，但不撤销行政行为：

（1）行政行为依法应当撤销，但撤销会给国家利益、社会公共利益造成重大损害的；

（2）行政行为程序轻微违法，但对原告权利不产生实际影响的。

行政行为有下列情形之一，不需要撤销或者判决履行的，人民法院判决确认违法：

（1）行政行为违法，但不具有可撤销内容的；

（2）被告改变原违法行政行为，原告仍要求确认原行政行为违法的；

（3）被告不履行或者拖延履行法定职责，判决履行没有意义的。

2. 判决

《行政诉讼法》第八十条规定："人民法院对公开审理和不公开审理的案件，一律公开宣告判决。当庭宣判的，应当在十日内发送判决书；定期宣判的，宣判后立即发给判决书。宣告判决时，必须告知当事人上诉权利、上诉期限和上诉的人民法院。"

《行政诉讼法》第八十一条继续规定："人民法院应当在立案之日起六个月内作出第一审判决。有特殊情况需要延长的，由高级人民法院批准，高级人民法院审理第一审案件需要延长的，由最高人民法院批准。"

当事人不服人民法院第一审判决的，可向上级人民法院提出上诉，《行政诉讼法》第八十五条规定："当事人不服人民法院第一审判决的，有权在判决书送达之日起十五日内向上一级人民法院提起上诉。当事人不服人民法院第一审裁定的，有权在裁定书送达之日起十日内向上一级人民法院提起上诉。逾期不提起上诉的，人民法院的第一审判决或者裁定发生法律效力。"

《行政诉讼法》第八十八条规定："人民法院审理上诉案件，应当在收到上诉状之日起三个月内作出终审判决。有特殊情况需要延长的，由高级人民法院批准，高级人民法院审理上诉案件需要延长的，由最高人民法院批准。"

《行政诉讼法》第九十条至第九十三条继续规定如下：

当事人对已经发生法律效力的判决、裁定，认为确有错误的，可以向上一级人民法院申请再审，但判决、裁定不停止执行。

当事人的申请符合下列情形之一的，人民法院应当再审：

(1)不予立案或者驳回起诉确有错误的；

(2)有新的证据，足以推翻原判决、裁定的；

(3)原判决、裁定认定事实的主要证据不足、未经质证或者系伪造的；

(4)原判决、裁定适用法律、法规确有错误的；

(5)违反法律规定的诉讼程序，可能影响公正审判的；

(6)原判决、裁定遗漏诉讼请求的；

(7)据以作出原判决、裁定的法律文书被撤销或者变更的；

(8)审判人员在审理该案件时有贪污受贿、徇私舞弊、枉法裁判行为的。

各级人民法院院长对本院已经发生法律效力的判决、裁定，发现有《行政诉讼法》第九十一条规定的情形之一，或者发现调解违反自愿原则或者调解书内容违法，认为需要再审的，应当提交审判委员会讨论决定。最高人民法院对地方各级人民法院已经发生法律效力的判决、裁定，上级人民法院对下级人民法院已经发生法律效力的判决、裁定，发现有《行政诉讼法》第九十一条规定的情形之一，或者发现调解违反自愿原则或者调解书内容违法的，有权提审或者指令下级人民法院再审。

最高人民检察院对各级人民法院已经发生法律效力的判决、裁定，上级人民检察院对下级人民法院已经发生法律效力的判决、裁定，发现有《行政诉讼法》第九十一条规定的情形之一，或者发现调解书损害国家利益、社会公共利益的，应当提出抗诉。

地方各级人民检察院对同级人民法院已经发生法律效力的判决、裁定，发现有《行政诉讼法》第九十一条规定情形之一，或者发现调解书损害国家利益、社会公共利益的，可以向同级人民法院提出检察建议，并报上级人民检察院备案；也可以提请上级人民检察院向同级人民法院提出抗诉。

各级人民检察院对审判监督程序以外的其他审判程序中审判人员的违法行为，有权向同级人民法院提出检察建议。

3. 执行

《行政诉讼法》第九十四条至第九十七条规定如下：

当事人必须履行人民法院发生法律效力的判决、裁定、调解书。公民、法人或者其他组织拒绝履行判决、裁定、调解书的，行政机关或者第三人可以向第一审人民法院申请强制执行，或者由行政机关依法强制执行。

行政机关拒绝履行判决、裁定、调解书的，第一审人民法院可以采取下列措施：

(1)对应当归还的罚款或者应当给付的款额，通知银行从该行政机关的账户内划拨。

（2）在规定期限内不履行的，从期满之日起，对该行政机关负责人按日处 50~100 元的罚款。

（3）将行政机关拒绝履行的情况予以公告。

（4）向监察机关或者该行政机关的上一级行政机关提出司法建议。接受司法建议的机关，根据有关规定进行处理，并将处理情况告知人民法院。

（5）拒不履行判决、裁定、调解书，社会影响恶劣的，可以对该行政机关直接负责的主管人员和其他直接责任人员予以拘留；情节严重，构成犯罪的，依法追究刑事责任。

公民、法人或者其他组织对行政行为在法定期间不提起诉讼又不履行的，行政机关可以申请人民法院强制执行，或者依法强制执行。

4. 侵权的赔偿责任

《行政诉讼法》第七十六条规定："人民法院判决确认违法或者无效的，可以同时判决责令被告采取补救措施；给原告造成损失的，依法判决被告承担赔偿责任。"

《中华人民共和国国家赔偿法》（以下简称《国家赔偿法》）第三条规定："行政机关及其工作人员在行使行政职权时有下列侵犯人身权情形之一的，受害人有取得赔偿的权利：

（1）违法拘留或者违法采取限制公民人身自由的行政强制措施的；

（2）非法拘禁或者以其他方法非法剥夺公民人身自由的；

（3）以殴打、虐待等行为或者唆使、放纵他人以殴打、虐待等行为造成公民身体伤害或者死亡的；

（4）违法使用武器、警械造成公民身体伤害或者死亡的；

（5）造成公民身体伤害或者死亡的其他违法行为。"

《国家赔偿法》第四条规定："行政机关及其工作人员在行使行政职权时有下列侵犯财产权情形之一的，受害人有取得赔偿的权利：

（1）违法实施罚款、吊销许可证和执照、责令停产停业、没收财物等行政处罚的；

（2）违法对财产采取查封、扣押、冻结等行政强制措施的；

（3）违法征收、征用财产的；

（4）造成财产损害的其他违法行为。"

同时，《国家赔偿法》第五条也规定："属于下列情形之一的，国家不承担赔偿责任：

（1）行政机关工作人员与行使职权无关的个人行为；

（2）因公民、法人和其他组织自己的行为致使损害发生的；

（3）法律规定的其他情形。"

知识筑基

1. 调解的方式有哪些，特点是什么？

2. 仲裁的协议应具备哪些基本内容？

3. 民事诉讼中的证据种类有哪些，效力如何？

4. 申请法院执行的条件有哪些？

5. 行政复议的范围有哪些？

上诉人威某某(以下简称鲲鹏公司)为与被上诉人威某某(以下简称西港公司)、原审第三人山某某(以下简称重点建设公司)土地使用权纠纷一案,不服山东省高级人民法院(2005)鲁民一初字第8号民事裁定,向本院提起上诉。本院依法组成合议庭,于2005年10月26日对鲲鹏公司和西港公司进行了询问。鲲鹏公司的委托代理人刘景红,西港公司的委托代理人孟颖参加询问。本案现已审理终结。

一审法院在审理本案的过程中,西港公司在答辩期内提出异议,认为本案与山东省高级人民法院(2005)鲁民一初字第5号民事案件系同一实质标的和同一合同事实再次起诉,一审法院受理本案属重复立案。鲲鹏公司一审期间对此答辩认为,本案为给付之诉,山东省高级人民法院(2005)鲁民一初字第5号案件为确认之诉,一审法院受理本案不属重复立案。

一审法院经审查认为:鲲鹏公司与西港公司、重点建设公司土地使用权纠纷一案(以下简称第8号民事案件),与2005年5月26日立案的西港公司诉鲲鹏公司房地产开发合作合同纠纷一案(以下简称第5号民事案件)主体相同,案件事实相同,法律关系相同。1.在主体方面,虽然鲲鹏公司诉西港公司、重点建设公司土地使用权纠纷一案中,增加了第三人重点建设公司,但在诉讼请求中,未向其主张任何权利,从法律地位看,重点建设公司应为无独立请求权第三人,因此,两案的主体基本相同。2.在案件事实方面,无论鲲鹏公司诉西港公司土地使用权纠纷,还是西港公司诉鲲鹏公司房地产开发合作合同纠纷,双方诉争的焦点主要是2003年3月25日双方签订的《房地产开发合作合同》效力问题,故两案的事实相同。3.在法律关系方面,鲲鹏公司与西港公司双方发生的纠纷均围绕着一个房地产开发合作合同而产生的权利义务关系。所以两案的主体相同,事实相同,法律关系相同。本案鲲鹏公司的诉讼请求应当在一审法院已经立案审理的西港公司诉其房地产开发合作合同纠纷一案(第5号民事案件)中提起反诉,申请追加第三人,一并审理解决,而没有必要就同一实质标的和同一合同事实再次起诉,鲲鹏公司再次起诉的行为既增加了当事人诉累,又造成法院诉讼资源的浪费,同时违反了《民事诉讼法》一事不得再理的原则。西港公司提出的异议成立。据此,一审法院依据《民事诉讼法》第三十八条,《最高人民法院关于适用〈中华人民共和国民事诉讼法〉若干问题的意见》第一百三十九条之规定,于2005年8月29日裁定驳回鲲鹏公司对西港公司、重点建设公司的起诉。

鲲鹏公司不服一审裁定,向本院提出上诉称:1.一审裁定书叙述的内容与案件事实不符,其在一审中已经于2005年8月24日提交申请,请求将第三人变更为被告,并承担合同无效的连带赔偿责任;2.根据《最高人民法院关于适用〈中华人民共和国民事诉讼法〉若干问题的意见》第139条第2款,驳回起诉裁定应当由负责审理该案的审判员、书记员署名,而本案合议庭成员为立案庭法官,故程序错误;3.一审认为重复立案的理由不成立,因为一审认定鲲鹏公司可以提出反诉恰恰说明不属于重复起诉;4.两个案件的诉讼性质、诉讼请求及数量、诉讼标的物、诉讼主体及数量、法律事实和法律关系均不相同,不属于重复起诉;5.鲲鹏公司的起诉符合《民事诉讼法》第一百零八条的规定,而一审裁定依据的《民事诉讼法》第三十八条针对管辖权异议,《最高人民法院关于适用〈中华人民共和国民事诉讼法〉若干问题的意见》第一百三十九条针对不符合起诉条件的情形,适用法律错误。

西港公司答辩称:1.第5号民事案件与山东省威海市中级人民法院(2005)威民一初字

第 28 号民事案件的结论解决了鲲鹏公司在本案中的诉求，鲲鹏公司再次提起诉讼属于重复起诉；2. 一审法院对本案重复起诉的认定，符合案件事实及法律规定，鲲鹏公司主张追加被告、变更诉讼请求没有事实和法律依据；3. 一审法院审理程序，符合最高人民法院《关于人民法院立案工作的暂行规定》；4. 一审法院驳回鲲鹏公司的起诉，并未剥夺其诉权，鲲鹏公司可以在第 5 号民事案件中申请追加，没有必要另行起诉。

本院经审理查明：2005 年 5 月 25 日，鲲鹏公司在山东省威海市中级人民法院起诉西港公司，请求确认双方签订的《房地产开发合作合同》有效，并要求西港公司办理合作项目的开工手续及缴纳相应费用。2005 年 5 月 26 日，西港公司在山东省高级人民法院起诉鲲鹏公司，请求确认双方之间的《房地产开发合作合同》无效。山东省高级人民法院将前述两个诉讼合并为第 5 号民事案件，并于 2005 年 7 月 11 日，对该案进行了开庭审理。2005 年 7 月 25 日，鲲鹏公司向一审法院提起本案诉讼，请求西港公司按照双方的《房地产开发合作合同》交付土地使用权。

鲲鹏公司于 2005 年 8 月 24 日举证期限届满前向一审法院提出《追加被告、变更诉讼请求申请书》，申请将第三人重点建设公司变更为被告，并请求判令西港公司与重点建设公司之间的《合作协议书》无效，由西港公司与重点建设公司承担连带赔偿责任。一审法院于 2005 年 8 月 25 日收到该申请书。

本院认为：本案是否构成重复起诉，应当结合当事人诉讼请求的依据及行使处分权的具体情况进行综合判断。鲲鹏公司在 2005 年 8 月 24 日《追加被告、变更诉讼请求申请书》中，已将重点建设公司变更为被告，故本案与第 5 号民事案件的当事人并不相同。鲲鹏公司在第 5 号民事案件中的诉讼请求为确认之诉与给付之诉的合并之诉，但该案诉讼请求中的给付内容与本案鲲鹏公司于 2005 年 7 月 25 日提起的给付之诉的内容并不相同，鲲鹏公司在第 5 号民事案件中的诉讼请求不能涵盖本案中鲲鹏公司的诉讼请求。且鲲鹏公司在《追加被告、变更诉讼请求申请书》中，已将本案诉讼请求变更为"请求判令西港公司与重点建设公司之间的《合作协议书》无效，并由西港公司与重点建设公司承担连带赔偿责任"，故本案与第 5 号民事案件诉讼请求也不相同。一审裁定认为鲲鹏公司的起诉违反《民事诉讼法》一事不再审理的原则，驳回鲲鹏公司对西港公司和重点建设公司的起诉，适用法律错误，应予纠正。

综上，依据最高人民法院《关于适用〈中华人民共和国民事诉讼法〉若干问题的意见》第一百八十七条之规定，裁定如下：

一、撤销山东省高级人民法院(2005)鲁民一初字第 8 号民事裁定；

二、指令山东省高级人民法院对本案进行审理。

（本案例摘自中国裁判文书网最高院民事裁定书）

参 考 文 献

[1] 全国一级建造师执业资格考试用书编写委员会．建设工程法规及相关知识[M]．北京：中国建筑工业出版社，2021.

[2] 陈会玲，郭海虹．建设工程法规[M]．2版．北京：北京理工大学出版社，2019.

[3] 张培新．建筑工程法规[M]．3版．北京：中国电力出版社，2014.

[4] 段燕山．有关撤回、撤销、注销、吊销四种行为的理解与辨析[J]．职工法律天地，2017(9).

[5] 徐晓明．行政许可撤销制度研究．行政法学研究，2008(4)：61-66.

[6] 杨晓玲．终止性行政许可行为[D]．北京：中国政法大学，2005.

[7] 林密．工程项目招投标与合同管理[M]．3版．北京：中国建筑工业出版社，2013.

[8] 方洪涛，王铁，吕宗斌．工程项目招投标与合同管理[M]．2版．北京：北京理工大学出版社，2013.

[9] 中华人民共和国民法典，2021.

[10] 建设工程质量管理条例，2017-10-07.

[11] 中华人民共和国建筑法，2011-04.

[12] 中华人民共和国标准化法，2017-11-06.

[13] 靳燕英，俞燕．经济法[M]．上海：上海交通大学出版社，2018.